古代歷史文化 研究輯刊

二二編

王明蓀 主編

第 14 冊

晚清海關年度貿易報告與西方經濟思想的輸入

鄭元 著

國家圖書館出版品預行編目資料

晚清海關年度貿易報告與西方經濟思想的輸入／鄭元 著 — 初
版 — 新北市：花木蘭文化事業有限公司，2019〔民 108〕
目 2+294 面；19×26 公分
（古代歷史文化研究輯刊 二二編；第 14 冊）
ISBN 978-986-485-908-5（精裝）
1. 國際貿易史 2. 晚清史
618   108011813

ISBN-978-986-485-908-5

9 789864 859085

古代歷史文化研究輯刊
二二編　第十四冊　　　　　　ISBN：978-986-485-908-5

晚清海關年度貿易報告與西方經濟思想的輸入

作　　　者	鄭元	
主　　　編	王明蓀	
總 編 輯	杜潔祥	
副總編輯	楊嘉樂	
編　　　輯	許郁翎、王筑、張雅淋　美術編輯　陳逸婷	
出　　　版	花木蘭文化事業有限公司	
發 行 人	高小娟	
聯絡地址	235 新北市中和區中安街七二號十三樓	
	電話：02-2923-1455／傳眞：02-2923-1452	
網　　　址	http://www.huamulan.tw 信箱 hml 810518@gmail.com	
印　　　刷	普羅文化出版廣告事業	
初　　　版	2019 年 9 月	
全書字數	285616 字	
定　　　價	二二編 25 冊（精裝）台幣 63,000 元	版權所有・請勿翻印

晚清海關年度貿易報告與西方經濟思想的輸入

鄭元　著

作者簡介

鄭元，男，1982 年 2 月出生，河北石家莊人，祖籍山西五臺。河北師範大學歷史學博士，現就職於石家莊職業技術學院馬克思主義學院，講師。2007 年考入河北師範大學歷史文化學院，攻讀中國近現代史專業碩士研究生。2010 年在河北師範大學歷史文化學院攻讀中國近現代史專業博士研究生。在攻讀碩博期間，皆師從王宏斌教授，從事晚清經濟史方向的研究。其博士論文爲《晚清海關年度貿易報告與西方經濟思想的輸入》。本書由其博士論文修訂而成。

提　　要

　　海關貿易報告是由近代海關造冊處負責編輯、校對、印刷、出版、發行的一類重要經濟資料。報告通過統計數據、文字描述和繪圖等形式，介紹了中國對外貿易的基本情況。貿易報告因其種類繁多、數據權威、內容廣泛，對研究近代中國經濟及社會狀況有著十分重要的價值。

　　在各種形式的海關貿易報告中，年度貿易報告是非常重要的一種。它主要通過文字描述的方式介紹各年對外貿易的基本情況，並對一些重要經濟問題進行分析。由於近代中國海關一直是洋人管理，所以貿易報告主要由外籍人士負責撰寫。撰寫者的很多經濟思想也就反映在了報告之中。因此，近代海關年度貿易報告成爲西方經濟思想輸入中國的一個重要渠道，同時也是這些經濟思想在付諸於中國經濟實踐的一個重要成果。

　　本書以晚清時期的海關年度貿易報告爲研究對象，從經濟思想角度對其進行文本解讀，主要從貿易平衡思想、貨幣思想和改善貿易條件三個方面進行探討，力圖通過本書的研究，使我們能夠弄清晚清海關年度貿易報告在對中國的經濟問題進行分析時，都運用了哪些西方經濟思想，如何通過這些西方經濟思想來分析近代中國的經濟問題，從而對貿易報告有一個更加全面的認識，並給予它一個合理的評價。

目
次

緒　論

一、選題意義

　　海關是對出入國境的一切商品和物品進行監督、檢查並照章徵收關稅的國家行政機關。它在促進本國經濟發展，增加國家財政收入，維護國際貿易秩序等方面都發揮著重要作用。1858 年 11 月 8 日，清朝同英國簽訂的《中英通商章程善後條約》規定：海關聘用英人幫辦稅務；海關對進出口貨一律按時價值百抽五徵稅；洋貨運銷內地或英商從內地收購土貨出口，只納子口稅2.5%，不再納釐金稅；「洋藥」（鴉片）准許進口貿易，每百斤納進口稅銀 30兩。此後，中國海關開始處於外籍稅務司的控制之下。這套以洋員管理爲主的近代海關制度在中國沿用了 90 餘年，直到中華人民共和國成立後才退出歷史舞臺。由於海關滲透到近代中國社會的各個領域，所以它的業務非常龐雜。它以徵收對外貿易關稅、監督對外貿易爲核心，兼辦港務、航政、郵政、氣象、檢疫、引水、燈塔、航標等海事業務，還經辦外債、內債、賠款及以郵政爲主的洋務，從事大量的業餘外交活動〔註1〕。

　　近代海關不僅在中國近代化進程中發揮了極其重要的作用，還爲我們留下了大量珍貴歷史資料。這些歷史資料對近代經濟、政治、文化等領域的研究都有著十分重要的意義。其中，由海關造冊處編輯、校對、印刷、出版、發行的海關貿易報告是非常重要的一種。貿易報告通過統計數據、文字描述和繪圖等形式，介紹了中國對外貿易的基本情況。年度貿易報告則是最重要的貿易報告之一。它對中國各年對外貿易的整體形勢和一些具體問題進行了

〔註 1〕陳詩啓：《中國近代海關史》，人民出版社 2002 年版，第 3 頁。

介紹和分析，具有很高的研究價值。由於近代中國海關從建立起就一直由洋人負責管理，所以年度貿易報告也主要由外籍工作者負責撰寫。撰寫者的很多經濟思想便反映在了報告中。年度貿易報告作爲一種權威的經濟出版物，在當時就受到了國內外的高度重視，有著很大的影響力。因此，它是西方經濟思想輸入中國的一座重要橋樑，同時也是這些經濟思想在中國進行實踐應用的一項重要成果。

目前學術界對海關貿易報告的專門性研究還較爲缺乏。本書以 1882～1911 年的海關年度貿易報告爲研究對象，從經濟思想角度對年度貿易報告進行解讀。希望通過本書的研究，能夠對晚清時期的海關年度貿易報告有一個更爲深入和全面的瞭解。

二、學術史回顧

國內對於近代海關的研究早在民國時期便已開始。這一時期的研究者大多關注主權和關稅問題。如黃序鵷的《海關通志》（商務印書館 1915 年版）；吉田虎雄的《中國關稅與釐金》（東京北文館 1915 年版）；楊德森的《中國海關制度沿革》（商務印書館 1925 年版）；李培恩的《關稅自主問題》（商務印書館 1928 年版）、《關稅與國權補遺》（商務印書館 1930 年版）；金葆光大的《海關權與民國前途》（商務印書館 1928 年版）；賈士毅的《關稅與國權》（商務印書館 1929 年版）；江恒源的《中國關稅史料》（中華書局 1930 年版）；馬寅初的《中國關稅問題》（商務印書館 1930 年版）；華民的《中國海關之實際狀況》（神州國光社 1933 年版）；周念明的《中國海關之組織及其事務》（商務印書館 1934 年版）；李權時的《中國關稅問題》（商務印書館 1936 年版）等。

一些長期任職於中國海關的外籍稅務司也有不少對中國海關的論著或回憶錄。如英籍總稅務司赫德的《這些從秦國來——中國論文集》（Robert Hart, "These from the land of Sinim", Essays on the China Question. London: Chapman and Hall, 1901. 鄺兆江譯漢，載於〔臺北〕《大陸雜誌》第 70 卷，第 3 期）；美籍稅務司馬士著《中華帝國對外關係史》（Hosea Ballou Morse, The International Relations of the Chinese Empire. 3 vols. London, New York [etc.]: Longmans, Green, and Co., 1910-1918. 張匯文等譯漢，商務印書館 1957、1958、1960 年三卷本）；英籍稅務司慶丕的回憶錄《在中國海關服務——四十七年的

親身經歷》（Paul Heury King, In the Chinese Customs Service: A personal Record of Forty-Seven Years. London: Heath Cranston Ltd., 1930.）；英籍稅務司班思德的《最近百年中國對外貿易史》（載於《最近十年各埠海關報告（1922～1931年）》上卷，海關總稅務司署統計科 1932 年版）、《中國沿海燈塔志》（T.R. Banister, The Coastwise Lights of China: an Illustrated account of the Chinese Maritime Customs Lights Service. 李廷之譯漢，海關總稅務司署統計科 1933 年版）；英籍稅務司魏爾特（或譯萊特）的《辛亥革命以來中國海常關稅的徵收及支配——海關總稅務司所管債務賬戶》（Stanley F. Wright, The Collection and Disposal of the Maritime and Native Customs Revenue since the Revolution of 1911, with an Account of the Loan Services Administered by the Inspector General of Customs (2nd. ed.). Shanghai: Statistical Department of the Inspectorate General of Customs, 1927. 海關總稅務司署統計科 1927 年版）、《自民國元年起至二十三年止關稅紀實》（Stanley F. Wright, and John H. Cubbon, China's Customs Revenue since the Revolution of 1911. Shanghai: Statistical Department of the Inspectorate General of Customs, 1935.；海關總稅務司署統計科 1936 年中文版）、《中國關稅沿革史》（Stanley F. Wright, China's Struggle for Tariff Autonomy: 1843-1938. Shanghai: Kelly and Walsh, 1938. 三聯書店 1958 年版、商務印書館 1963 年新版，姚曾廣中譯本）、《赫德與中國海關》（Stanley F. Wright, Hart and the Chinese Customs. Belfast: Wm. Mullan and Son, 1950.）；日籍稅務司高柳松一郎的《中國關稅制度論》（內外出版株式會社 1920 年版；李達譯漢，商務印書館 1927 年版）等。由於這些外籍稅務司都具有海關工作的經歷，所以他們的作品對於研究中國近代海關具有很高的價值。

中國人民共和國成立後，在 50 年代出版了彭雨新的《清代關稅制度》（湖北人民出版社 1956 年版），之後國內的海關研究一度趨於沈寂。80 年代，海關史的研究開始變得活躍起來，出版了大批關於近代海關的專著。其中大陸方面有陳詩啓著《中國近代海關史問題初探》（中國展望出版社 1987 年版）；蔡渭洲著《中國海關簡史》（中國展望出版社 1989 年版）；湯象龍著《中國近代海關稅收和稅收分配統計（1861~1910）》（中華書局 1990 年版）；中國海關學會編《海關職工革命鬥爭史文集》（中國展望出版社 1990 年版）；葉松年著《中國近代海關稅則史》（三聯書店 1991 年版）；林仁川著《福建對外貿易與海關史》（鷺江出版社 1991 年版）；戴一峰著《近代中國海關與中國財政》（廈

門大學出版社 1993 年版）；葉鳳美著《失守的國門──舊中國的海關》（高等教育出版社 1993 年版）；陳詩啓著《中國近代海關史》（晚清部分，人民出版社 1993 年版；民國部分，人民出版社 1999 年版；合訂本，人民出版社 2002 年版）；王鶴鳴著《蕪湖海關》（黃山書社 1994 年版）；黃國盛著《鴉片戰爭前的東南四省海關》（福建人民出版社 2002 年版）；連心豪著《中國海關與對外貿易》（嶽麓書社 2004 年版）等。臺灣方面有趙淑敏著《中國海關史》（中央文物供應社 1982 年版）；林樂明著《海關服務卅五年回憶錄》（龍門書店 1982 年版）；葉元章著《抗戰前海關往事瑣憶》（無出版社 1987 年印行）；盧海鳴著《海關蛻變年代──任職海關四十二載經歷》（雨利美術印刷有限公司 1993 年印行）；王樹德著《服務海關四十一載瑣記》（無出版社 1990 年印行）；葉倫會著《中華民國海關簡史》（臺灣關稅總局 1995 年版）等。

　　國外在這一時期也不乏研究中國近代海關的論著出現。其中有英國倫敦大學亞非學院的詹‧艾奇森撰寫博士學位論文《清至民國過渡時期的中國海關──審視九一八事變前一個西式財政機構與政府之間的關係》（Jean Aitcheson, The Chinese Maritime Customs Service in the Transition from the Ch'ing to the Nationalist Era: An Examination of the Relationship between a Western-style Fiscal Institution and Chinese Government in the Period before the Manchurian Incident. Ph.D., Modern History: London, School of Oriental and African Studies, 1983.）；尤金‧拜恩撰寫的學士學位論文《安格聯爵士之免職》（Eugene Byrne, The Dismissal of Sir Francis Aglen. B.A., Modern Languages: University of Westminster, 1993.）；蕭良林（音）著《中國對外貿易統計（1864～1949）》（Hsiao Liang-lin. China's Foreign Trade Statistics 1864-1949. Cambridge, Mass.: East Asian Research Center, Harvard University, 1974.）；馬丁‧艾特金著《危機中的「帝國」──英國外交與中國海關的更替（1927～1929）》（Martyn Atkins, Informal Empire in Crisis: British Diplomacy and the Chinese Customs Succession, 1927-1929. Ithaca, N.Y.: East Asia Program of Cornell University, 1995.）；費正清等著《馬士──中國海關稅務司與歷史學家》（John King Fairbank, Martha Henderson Coolidge, Richard Joseph Smith, H.B.Morse: Customs Commissioner and Historian of China. Lexington: University Press of Kentucky, 1995.）；湯姆司‧萊恩斯著《中國海關與中國貿易統計》（Thomas P. Lyons, China Maritime Customs and China's Trade Statistics,

1859-1948. Trumansburg, N.Y.: Willow Creek Press, 2003.）；賓下武志著《中國近代經濟史研究——清末海關財政與開港場市場圈》（汲古書院 1989 年版）；宮崎大學岡本隆司著《近代中國與海關》（名古屋大學出版會 1999 年版）等。

　　80 年代以來，國內還發表了數百篇關於近代海關的專業論文，比較重要的有陳詩啓的《中國半殖民地海關的創設及其鞏固過程（1840～1875）》（《廈門大學學報》1980 年第 1 期）、《中國近代海關史總述之二——中國半殖民地海關的擴展時期（1875～1901）》（《廈門大學學報》1980 年第 2 期）、《論中國近代海關行政的幾個特點》（《歷史研究》1980 年 05 期）、《海關總稅務司和海關稅款保管權的喪失》（《廈門大學學報》1982 年第 4 期）、《南京政府的關稅行政改革》（《歷史研究》1995 年第 3 期）、《中國近代海關海務部門的設立和海務工作的設施》（《近代史研究》1986 年第 6 期）、《中國海關與引水問題》（《近代史研究》1989 年第 5 期）；姚賢鎬的《兩次鴉片戰爭後西方侵略勢力對中國關稅主權的破壞》（《中國社會科學》1981 年第 3 期）、《第一次鴉片戰爭後中國海關行政權喪失述略》（《社會科學戰線》1983 年第 3 期）；吳義雄的《鴉片戰爭前粵海關稅費問題與戰後海關稅則談判》（《歷史研究》2005 年第 1 期）；戴一峰的《近代中國租借地海關及其關稅制度試探》（《海關研究》1987 年第 2 期）；夏良才的《海關與中國近代化的關係——論中國海關駐倫敦辦事處》（《歷史研究》1991 年第 2 期）；薛鵬的《中國近代保稅關棧的起源和設立》（《近代史研究》1991 年第 3 期）；張生的《南京國民政府初期關稅改革述評》（《近代史研究》1993 年第 2 期）；張踐的《晚清自開商埠述論》（《近代史研究》1994 年第 5 期）；詹慶華的《中國近代海關總稅務司募用洋員特權問題新論》（《近代史研究》1995 年第 1 期）；王良行的《1929 年中國固定稅則性質之數量分析》（《近代史研究》1995 年第 4 期）；曾業英的《日本侵佔華北海關及其後果》（《近代史研究》1995 年第 4 期）；張九洲的《「值百抽五」的稅則究竟何時確立？》（《史學月刊》1996 年第 1 期）；戴一峰的《中國近代海關史研究述評》（《廈門大學學報》1996 年第 3 期）；向中銀的《晚清時期外聘洋員生活待遇初探》（《近代史研究》1998 年第 5 期）；吳義雄的《鴉片戰爭前粵海關稅費問題與戰後海關稅則談判》（《歷史研究》2005 年第 1 期）等等。

　　大量重要的海關史料也被整理、編譯並出版。其中包括中國海關總署研究室與中國近代經濟史資料編輯委員會合作出版的《帝國主義與中國海關》資料叢編：《中國海關與中法戰爭》、《中國海關與緬藏問題》、《中國海關與中

葡里斯本草約》、《中國海關與中日戰爭》、《中國海關與英德續借款》、《中國
海關與義和團運動》、《中國海關與庚子賠款》、《中國海關與郵政》、《中國海
關與辛亥革命》、《一九三八年英日關於中國海關的非法協定》（科學出版社
1957～1961 年版；中華書局 1962～1965 年版；中華書局 1983 年再版）；中國
海關學會續出其第 11 編：《辛丑和約訂立以後的商約談判》（中華書局 1994
年版）；青島檔案館編輯出版了《帝國主義與膠海關》（檔案出版社 1986 年版）；
費正清、卡特琳‧布魯爾和馬樂森選編了二卷本的《總稅務司在北京——赫
德信函（1868～1907）》（ed. John King Fairbank, Katherine Frost Bruner, and
Elizabeth MacLeod Matheson, The I. G. in Peking: Letters of Robert Hart, Chinese
Maritime Customs, 1868-1907. Cambridge, Mass.: The Belknap Press of Harvard
University Press, 2 vols. 1975.）；中國第二歷史檔案館與中國社會科學院近代史
研究所合作編譯出版了《中國海關密檔——赫德、金登幹函電彙編（1868～
1907）》（陳霞飛主編，中華書局 1990～1996 年版，九卷本）；外文出版社出
版了英文版（Archives of China's Imperial Maritime Customs Correspondence
Between Robert Hart and Duncan Campbell, 1874-1907.）；哈佛大學東亞研究中
心出版了費正清等人編輯的《赫德日記》（ed. by Katherine. F. Bruer, John K.
Fairbank, and Richard J. Smith, Robert Hart's Journals. 2vols. Cambridge, Mass.:
East Asian Research Center of Harvard University, 1986., 1991.）；中國海關出版
社出版先後翻譯並出版了《赫德日記》第 1 卷：《步入中國清廷仕途》（Edited
and with narratives by Katherine Frost Bruner, John King Fairbank, and Richard
Joseph Smith, Entering China's Service: Robert Hart's Journals, 1854-1863.
Cambridge, Mass.: Council on East Asian Studies, Harvard University: Distributed
by the Harvard University Press, 1986. 中國海關出版社 2003 年中文版）、《赫德
日記》第 2 卷：《中國早期現代化》（Edited and with narratives by Richard Joseph
Smith, John King Fairbank, and Katherine Frost Bruner, Robert Hart and China's
Early Modernization: His Journals, 1863-1866. Cambridge, Mass.: Published by
the Council on East Asian Studies, Harvard University: Distributed by the Harvard
University Press, 1991. 北京：中國海關出版社 2005 年中文版）；天津市檔案
館、中國集郵出版社編合編了《清末天津海關郵政檔案選編》（中國集郵出版
社 1988 年版）；朱榮基編著了《近代中國海關及其檔案》（海天出版社 1996
年版）；廈門大學中國海關史研究中心翻譯出版了《廈門海關歷史檔案選編》

（廈門大學出版社 1997 年版）；中國第二歷史檔案館與中國海關總署辦公廳
合作，出版了《中國舊海關史料》（京華出版社 2001 年版，共 170 卷）；黃臻
等編譯《歷史鏡鑒：舊中國海關戒律》（中國海關出版社 2001 年版）；海關總
署編譯了 Documents illustrative of the Origin, Development, and Activities of the
Chinese Customs Service. 7 vols. Shanghai: Statistical Department of the Inspectorate
General of Customs, 1940.（《中國海關的起源發展及其活動文件彙編》，或簡譯
《中國近代海關歷史文件彙編》），命名爲《舊中國海關總稅務司署通令選編
（1861～1942）》（中國海關出版社 2003 年版，3 卷本）等。

　　學者們還不斷整理並出版了大量的近代海關的各類報告。如 1962 年陳志
川編印了《清朝臺灣海關十年報告書－清光緒 8 年至 17 年淡水與臺南海關文
獻（1881～1891）》；1985 年上海社會科學出版社出版了徐雪筠等的《上海近
代社會經濟發展概況——海關十年報告編譯（1881～1931）》；1986 年對外貿
易教育出版社出版了交通部煙台港管理局的《近代山東沿海通商口岸貿易統
計資料（1859～1949）》；檔案出版社出版了青島市檔案館的《帝國主義與膠
海關》；1987 年四川大學出版社出版了周勇、劉景修的《近代重慶經濟與社會
發展》；1988 年中國海關學會汕頭海關小組內部發行了汕頭市地方志編纂委員
會辦公室的《潮海關史料彙編》；1989 年天津檔案館出版了吳弘明的《津海關
年報檔案彙編（1865～1888）》；1990 年鷺江出版社出版了秦惠中的《近代廈
門社會經濟概況》；1991 年南京大學出版社出版了陸允昌的《蘇州洋關史料》；
1992 年華藝出版社出版了池賢仁、陳家環的《近代福州及閩東地區社會經濟
概概況（1865～1931）》；1993 年天馬圖書有限公司出版了穆德和等的《近代
武漢經濟與社會－海關十年報告（江漢關 1882～1931）》；廣州出版社出版了
張富強的《廣州現代化歷程——粵海關十年報告編譯》；天津社科院歷史所內
部發行了吳弘明的《津海關年報檔案彙編（1865～1911）》；上海社會科學院出
版社出版了李必樟譯的《上海近代貿易經濟發展概況——1854～1898 年英國
駐滬領事貿易報告彙編》；1995 年暨南大學出版社出版了潘啓後的《近代廣州
口岸經濟社會概況》；1996 年暨南大學出版社出版了廣州地方志編纂委員會辦
公室、廣州海關志編纂委員會編譯的《近代廣州口岸經濟社會概況——粵海
關報告彙集》；1997 年中研院臺灣史所籌備處出版了黃富三、林滿紅、翁佳音
的《清末臺灣海關歷年資料（1867～1895）》上下二冊；1998 年澳門基金會出
版了莫世祥、虞和平、陳奕平的《近代拱北海關報告彙編》；1998 年拱北海關

志編輯委員會出版了蘇福海的《拱北關史料集》；2002 年浙江人民出版社出版了杭州海關的《近代浙江通商口岸經濟社會概況：浙海關、甌海關、杭州海關貿易報告集成》；2003 年寧波出版社出版了陳梅龍、景消波的《近代浙江對外貿易及社會變遷：寧波溫州杭州海關貿易報告譯編》；2006 年天津社會科學院出版社出版了吳弘明的《津海關貿易年報（1865～1946）》等。

　　許多地方海關志相繼出版。如福州海關編《福州海關志》（鷺江出版社 1991 年版）；拱北海關編《拱北海關志》（海洋出版社 1993 年版）；九龍海關編志辦公室編《九龍海關志》（廣東人民出版社 1993 年版）；天津海關編志室編《天津海關志》（津新出圖字 1993 年版）；南京市地方志編纂委員會編《南京海關志》（中國城市出版社 1993 年版）；廈門海關編《廈門海關志》（科學出版社 1994 年版）；《上海海關志》編纂委員會編《上海海關志》（上海社會科學院出版社 1997 年版）；廣州海關編志辦公室編《廣州海關志》（廣東人民出版社 1997 年版）等。

　　爲方便海關研究，陳詩啓主編了一冊三套的中國海關史研究工具書，第一冊爲《中國近代海關地名錄（英漢對照）》（中國海關史研究中心 1989 年版），第二冊爲《中國近代海關常用語英漢對照》（中國海關史研究中心 1989 年版），第三冊爲《中國近代海關機構職銜名稱英漢對照》（中國海關史研究中心 1990 年版）。陳詩啓和孫修福共同主編了《中國近代海關常用詞語英漢對照寶典》（中國海關出版社 2002 年版）。孫修福還編著了《近代中國華洋機構譯名大全》（中國海關出版社 2003 年版）。

　　海關人物研究也取得了很多成果。國外在這方面起步較早，有裴麗珠的《赫德爵士》（Juliet Bredon, Sir Robert Hart, London, Hutchison & Co. 1909 ）；坎貝爾的《金登幹傳》（R. R. Campbell, James Duncan Campbell—A Memory by His Son, Cambridge, 1970.）；葛松的《李泰國與中英關係》；魏爾特的《赫德與中國海關》；費正清等的 H. B Morse: Customs Commission and Historian of China 等專著。80 年代以來，國內也出現了幾部關於赫德的專著，分別是漢超著《赫德傳》（上海人民出版社 1986 年版）；汪敬虞著《赫德與近代中西關係》（人民出版社 1987 年版）；邱克著《局內旁觀者——赫德》（陝西人民出版社 1990 年版）；王宏斌著《赫德爵士傳》（文化藝術出版社 2000 年版）；趙天長著《孤獨的外來者——大清海關總稅務司赫德》（文匯出版社 2003 年版）。而其他關於近代海關的專著，也都或多或少對赫德有所論述。一些以赫德爲研

究對象的論文也陸續發表。比較重要的有〔美〕司馬富的《赫德與中國早期現代化》(《近代史研究》1989 年第 6 期)；李丹慧的《赫德的權力錯位和矛盾性格》(《近代史研究》1991 年第 3 期)；連心豪、詹慶華的《論赫德、海關近代化與洋務運動的關係》(《中國社會經濟史研究》1993 年第 1 期)；〔美〕鄺兆江的《局內局外的困惑：赫德〈旁觀三論〉讀後》(《中國海關與中國近代社會——陳詩啓教授九秩華誕祝壽文集》)等。還有不少學者對其他海關人物進行了研究。如唐啓華的《北洋政府時期海關總稅務司安格聯之初步研究》(《中研院近代史研究所研究集刊》第 24 期，中研院近代史研究所 1995 年版)；葉鳳美的《梅樂和與中國海關》(吳倫霓霞等：《中國海關史論文集》，第 497～516 頁)；張寄謙的《金登干與中國海關》(《近代史研究》1989 年第 6 期)；汪敬虞的《賀璧理與黃浦的疏濬》(《上海研究論叢》1989 年第 2 期)；黃國盛的《李泰國與外籍稅務司制度的產生》(《內蒙古大學學報》1990 年第 1 期)；尙作湖的《德璀琳其人》(《海關研究》1991 年第 1 期)；汪敬虞的《1927 年海關總稅務司安格聯的去職》(《中國經濟史研究》1994 年增刊)；詹慶華的《略論英人賀璧理與「門戶開放」政策的形成》(《歷史教學》1996 年第 2 期)；戚其章的《琅威理與北洋海軍》(《近代史研究》1998 年第 6 期)；孫邦華的《簡論丁韙良》(《史林》1999 年第 4 期)等。此外，還有一些學者將海關洋員作爲一個社會群體加以整體研究〔註2〕。

　　這些成果表明，海關史的研究已經取得了長足的進展，有力推動了中國近代史研究工作的發展。下面就對學者們在一些重要問題上的主要觀點進行一個簡略介紹。

〔註 2〕譚啓浩：《清末稅務司的品秩》，《中國海關》1995 年第 2 期；方志欽：《近代中國海關的特異功能——洋員對華的情報活動》，《廣東社會科學》1995 年第 5 期；向中銀：《晚清時期外聘人才管理制度初探》，《社會科學研究》1997 年第 1 期；向中銀：《淺論晚清聘用洋員的指導思想》，《安徽史學》1997 年第 1 期；向中銀：《晚清時期外聘洋員生活待遇初探》，《近代史研究》1998 年第 5 期；周武：《論晚清駐滬領事和外籍關員》，《學術月刊》2000 年第 3 期；向中銀：《略論外籍雇員在晚清新式人才培養中的作用》，《晉陽學刊》2000 年第 6 期；向中銀：《略論外籍雇員在晚清軍事近代化中的作用》，《求索》2001 年第 2 期；孫修福、何玲：《外籍稅務司制度下的中國海關人事制度的特點與弊端》，《民國檔案》2002 年第 2 期；李愛麗：《晚清美籍稅務司研究——以粵海關爲中心》，天津古籍出版社 2005 年版；詹慶華：《中西海關洋員與中西文化傳播（1854～1950 年)》，廈門大學博士論文，2005 年；文松：《近代中國海關洋員概略研究——以五任總稅務司爲主》，中國海關出版社，2006 年。

　　中國近代海關的作用與影響一直是學者們所關注的熱點問題，並且存在很大爭議。一些學者對其持全盤否定態度，只把它看成列強侵略和控制中國的工具。也有學者認爲近代海關引進了大量西方的先進技術設備和管理方法，對中國的近代化起到了積極的作用。顯然，這兩種觀點都有一定的片面性。另有一些學者主張應該看到海關的兩面性。如陳詩啓認爲，近代海關是英國維多利亞女王在全球建立大英帝國時代的產物，它「一方面是作爲資本主義因素出現在中國的，這就不可避免地帶進了資本主義的新事物；另一方面，也是主導方面，它是作爲維護，發展列強經濟的工具，因而也不可避免地阻礙了中國社會的發展」。「其終極只是加強了海關的力量，擴大了海關的權力，從而支持了外籍稅務司制度的長期存在，維護以英國爲首的列強的利益」。〔註 3〕隨著對海關研究的不斷深入，越來越多的學者傾向於要全面看待近代海關的作用和影響，應該對它所產生過的積極作用給予足夠的重視。

　　在對近代海關制度的認識上，學界也有各自的看法。一些學者強調了海關所具有的侵略性。如陳詩啓認爲近代中國海關實行的是一套外籍稅務司制度，它作爲近代西方列強「對華關係的基石」，「在更廣泛的範圍維護和發展了列強特別是英國在華的經濟利益」〔註 4〕。湯象龍通過對海關稅收及分配情況進行統計分析，認爲近代海關稅務司制度是西方侵略者與中國封建統治階級相互勾結的產物，具有半殖民地半封建的性質〔註 5〕。康之國從海關的行政管理權，稅則稅率的制定權，關稅徵收權、保管、支出權等方面論證了中國海關已經完全成爲西方列強的進行殖民侵略工具〔註 6〕。蘇鑫鴻、李澤或通過海關與近代賠款之間關係，論證了近代海關制度具有殖民性〔註 7〕。但只強調海關的侵略性並不足以全面認識近代海關制度，還有一些學者意識到應注意到清政府的因素。如戴一峰認爲清政府的態度變化對洋關制度的形成也起到推波助瀾的作用，在一些具體制度的推行過程中也加入了清政府的

〔註 3〕陳詩啓：《中國近代海關史〈晚清部分〉》，人民出版社 1993 年版，第 3 頁。

〔註 4〕陳詩啓：《中國近代海關史》，「再版序言」，人民出版社 2002 年版，第 2～3 頁。

〔註 5〕湯象龍：《中國近代海關稅收和分配統計》，中華書局 1992 年版，第 12 頁。

〔註 6〕康之國：《試論近代中國海關完全殖民地化的特徵》，《史學月刊》1995 年第 5 期。

〔註 7〕蘇鑫鴻、李澤或：《近代賠款與中國海關》，《史學月刊》1990 年第 2 期；薛鵬志：《中國海關與庚子賠款談判》，《近代史研究》1998 年第 1 期；康之國：《赫德與近代中國賠款》，《河南教育學院學報》1999 年第 3 期。

意圖〔註 8〕。詹慶華指出總稅務司募用洋員特權的形成過程，也與清政府要員何桂清、薛煥等人對於財政稅收、軍餉等的需要密切相關〔註 9〕。薛鵬志則具體分析了海關保稅制度建立過程中的清政府因素〔註 10〕。通過從不同角度對這一問題進行探討，有助於我們更全面地認識近代海關制度。

　　近代關稅問題也是史學工作者們的一個關注熱點。葉松年對近代中國關稅自主權的喪失和收回進行了全面和詳盡的考察，對各時期稅則的沿革、修訂情況都有所論述〔註 11〕。陳敏輝認爲第一次鴉片戰爭後訂立的第一個不平等協定稅則並沒有確定「值百抽五」的徵稅原則，大多數貨物的進出口關稅率也並未做到「值百抽五」〔註 12〕。王國平指出了協定稅則與片面協定稅則在內涵上的不同，認爲近代中國的稅則制度對中國造成的危害和屈辱並不在於協定稅則，而是片面協定稅則〔註 13〕。吳義雄認爲戰後《海關稅則》的訂立是戰前中外關於粤海關稅費問題爭端長期持續與演化的結果〔註 14〕。戴一峰通過具體考察租借地、東北地區、西南邊疆地區關稅制度的地域性特點，指出政治、經濟環境的差異是造成這些地區所實行的關稅制度與其他口岸海關顯著不同的主要原因〔註 15〕。久保亨以抗日戰爭前南京國民政府收回關稅自主權、稅收政策的變動以及幣制改革爲中心，探討期間複雜的中外關係，及戰爭前東亞的國際關係等問題，並對南京國民政府的關稅改革及關稅政策

〔註 8〕　戴一峰：《論鴉片戰爭後清朝中西貿易管理徵稅體制的變革》，《海關研究》1991年第 1 期；《近代洋關制度形成時期清政府態度剖析》，《中國社會經濟史研究》1992 年第 3 期；《晚清中央與地方財政關係：以近代海關爲中心》，《中國經濟史研究》2000 年第 4 期。

〔註 9〕　詹慶華：《中國近代海關總稅務司募用洋員特權問題新論》，《近代史研究》1995年第 1 期。

〔註 10〕　薛鵬志：《中國近代保稅關棧的起源和設立》，《近代史研究》1991 年第 3 期。

〔註 11〕　葉松年：《中國近代海關稅則史》，上海三聯書店，1991 年版。

〔註 12〕　陳敏輝：《第一次鴉片戰爭後進出口稅率事實考》，《福建師範大學學報》1994年第 3 期；張九洲：《「值百抽五」的稅則究竟何時確立？》，《史學月刊》1996年第 1 期。

〔註 13〕　王國平：《論近代中國的協定稅則》，《江海學刊》2003 年第 3 期。

〔註 14〕　吳義雄：《鴉片戰爭前粤海關稅費問題與戰後海關稅則談判》，《歷史研究》2005年第 1 期。

〔註 15〕　戴一峰：《近代中國租借地海關及其關稅制度試探》，《海關研究》1987 年第 2期；《清末東北地區開埠設關及其關稅制度》，《社會科學戰線》1988 年第 2期；《十九世紀後期西南邊疆的開埠設關及其關稅制度》，《海關研究》1990年第 1 期。

給予了積極的評價〔註 16〕。這些研究讓我們對近代關稅問題有了較爲全面的瞭解。

走私作爲逃避海關監管的違法貿易行爲，一直是海關所重點打擊的。學界對近代的走私活動和緝私制度也進行了一定的專門研究。孫寶根認爲晚清時期並不存在嚴格意義上的海關緝私組織與緝私制度，海關緝私的功效十分有限。直到南京國民政府時期，在國家法權思想與民族自主精神的基礎上才初步確立海關緝私制度，使緝私工作取得一定成效，但抗戰時期由於受到日本因素干擾，這一體制嚴重癱瘓〔註 17〕。連心豪具體考察南京國民政府建立初期、抗日戰爭時期和戰後三個階段中的走私活動及海關緝私工作、緝私制度以及緝私成效等，指出走私與緝私不是單純的經濟問題，它還具有深刻的社會和政治因素〔註 18〕。他還在《水客走水——近代中國沿海的走私與反走私》一書中，對近代中國沿海地區的走私活動進行專門研究，考察近代沿海各地區走私活動的範圍、規模、種類、內容、形式手段、組織結構及其性質特點與變化趨勢，探索走私活動消長的規律〔註 19〕。齊春風則全面研討了抗戰前後日本在華的走私活動以及中國的緝私情況，認爲抗戰時期，國民政府的緝私機構發生重大變化，總的來說，海關的緝私作用日漸縮小，情報機關介入並最終掌握了緝私大權〔註 20〕。通過這些研究，使我們對近代海關的走私情況和緝私制度有了一個比較清晰的認識。

中國近代海關的特殊地位使它在中外關係上起著舉足輕重的作用。「負責管理海關的洋員，一面是外國人，和外國駐華使館及駐華官員有著密切的聯繫；一面又是清政府募用的人員，和主管對外交涉的總理衙門有著隸屬關

〔註 16〕〔日〕久保亨著、王小嘉譯：《走向自立之路——兩次世界大戰之間中國的關稅通貨政策和經濟發展》，中國社會科學出版社 2004 年版。

〔註 17〕孫寶根：《論近代中國海關緝私制度的確立》，《廣西民族學院學報》2004 年第 2 期；《晚清海關緝私體制述論》，《蘇州科技學院學報》2004 年第 2 期；《抗戰時期國民政府緝私制度》，《蘇州大學學報》2004 年第 1 期。

〔註 18〕連心豪：《南京國民政府建立初期海關緝私工作述評》，《中國社會經濟史研究》1989 年第 4 期；《抗日戰爭時期海關緝私工作的破壞》，《中國社會經濟史研究》1991 年第 2 期；《戰後中國海關緝私述論》，《廈門大學學報》1992 年第 4 期；《南京國民政府建立初期的海關緝私工作的整頓與加強》，《廈門大學學報》1997 年第 4 期。

〔註 19〕連心豪：《水客走水——近代中國沿海的走私與反走私》，江西高校出版社 2005 年版。

〔註 20〕齊春風：《中日經濟戰中的走私活動（1937～1945）》，人民出版社 2002 年版。

係」，「他們以兩種身份周旋於淸政府與外國官方人員之間，這就爲他們參與外交活動提供了機會」。〔註 21〕國內外的學者對於近代海關在外交上的表現和作用有著各自不同的見解。國外研究者大多對海關在中外關係中所發揮出的作用給予了很高的評價。馬士將近代中國對外關係分爲了三個不同時期，對以總稅務司赫德爲首的近代海關在這三個時期內所扮演的角色給予高度的評價〔註 22〕。費正清把赫德爲首的近代海關看做是中外條約制度的具體實施者並對其表示肯定〔註 23〕。國內學者則有一些不同看法。如陳詩啓認爲，「總稅務司在開拓淸政府近代外交方面，起了很大作用；但是因爲他是英國利益的代表，本身又有極其強烈的權力欲望，這就是爲淸政府開拓出來的外交，不但是爲了維護英國利益，甚至是爲了維護和擴張總稅務司一己的權勢」，歸根結底，「總稅務司業餘外交活動的結果，犧牲了中國的權益，穩定了英國在華地位，維護滿族對漢族的統治，擴大總稅務司的權力。至於中國的外交地位，不但沒有改善，甚至是大大低落了，中國的半殖民地地位更加深化了」。〔註 24〕由於所持立場和思考角度的不同，中外很多學者在對這一問題的認識上存在了很大差異。

近代海關兼辦了郵政、教育、港務、航政、氣象等大量洋務及海事業務，學界對這些業務也比較重視。國外學者對海關所參與的這些活動，基本上都給予了積極評價。80 年代之前，國內學者大多是將這些業務視爲帝國主義對中國進行經濟侵略的具體證據加以大力批判。80 年代後，學者們對這些業務的態度有所改變，大都承認它們在客觀上起到了一定的積極意義。陳詩啓認爲，海關的海務工作一方面大大便利了外商輪船的航行，從而加速了它們在中國的經濟侵略作用，但另一方面，所建立的助航設備系統、航船氣象信息系統等先進設施對於中國的商輪、民船，甚至海軍艦艇的航行也有不可忽視的作用，海務工作的公益性質不容忽視〔註 25〕。夏良才以中國海關駐倫敦辦事處爲中心，充分肯定了近代海關在從事的海事業務上起到的積極意義。但

〔註 21〕陳詩啓：《中國近代海關史》，第 256 頁。
〔註 22〕〔美〕馬士著、張匯文等譯：《中華帝國對外關係史》，上海書店出版社 2000 年版。
〔註 23〕〔美〕費正清、劉廣京編，中國社會科學院歷史研究所編譯室譯：《劍橋中國晚淸史（1800～1911 年）》，中國社會科學出版社 1993 年版。
〔註 24〕陳詩啓：《中國近代海關史》，第 292 頁。
〔註 25〕陳詩啓：《中國近代海關海務部門的設立和海務工作的設施》，《近代史研究》1986 年第 6 期。

他也強調所有的這一切作用都有很大的局限性。它構成近代化的積極因素抑或消極因素，很大程度上取決於掌握近代化的人〔註 26〕。龐百騰指出，從長遠看，港口與助航設施的現代化既有益於中國人也有益於外國商人。但在起初中國人還不能完全利用它們之前，它們的直接和短期效應就是加劇了西方的經濟侵略。因此，從這一方面看來，海關拉大了中國沿海通商口岸與內地以及中國作爲一個整體與帝國主義列強之間的差距〔註 27〕。陳霞飛談到，「中國海關在管理的現代化與引進西方技術方面，有可觀的成就，這是事實。但是根本問題在於：它是爲列強利益服務的。」「怎麼能夠僅僅因爲它的管理辦法較爲先進與若干技術的引進，以及掛一個『中國』牌子，就稱之爲中國的『現代化』呢？」〔註 28〕張海鵬反對將近代「開關」與中國對外開放相類比，而應實事求是地分析造成這種「開關」的歷史原因和後果〔註 29〕。一些學者還具體研究了近代海關的引水問題〔註 30〕。海關所兼管的郵政也受到了一定的關注〔註 31〕。這些海關兼辦業務的研究成果，有助於增進我們對近代海關的全面認識。

〔註 26〕 夏良才：《海關與中國近代化的關係——論中國海關駐倫敦辦事處》，《歷史研究》1991 年第 2 期。

〔註 27〕 〔美〕龐百騰：《中國的國防現代化與海關歲入：1875～1879》，廈門大學中國海關史研究中心編：《中國海關與中國近代社會——陳詩啓教授九秩華誕祝壽文集》，廈門大學出版社 2005 年版，第 1～24 頁。

〔註 28〕 陳霞飛：《再談舊中國海關與中國現代化》，吳倫霓霞等：《中國海關史論文集》，第 281～290 頁。

〔註 29〕 張海鵬：《也談外國侵略與近代中國的「開關」》，《紅旗》1987 年第 6 期。

〔註 30〕 轟寶璋：《十九世紀中葉中國領水主權的破壞及外國在華輪運勢力的擴張》，《中國經濟史研究》1987 年第 1 期；陳詩啓：《中國海關與引水問題》，《近代史研究》1989 年第 5 期；李恭忠：《〈中國引水總章〉及其在近代中國的影響》，《歷史檔案》2000 年第 3 期；《近代中國引水權的收回》，（臺北）《近代中國》第 141 期，2001 年 2 月；《觀念的成長與主體的缺席：20 年代初收回引水權的嘗試》，《福建論壇》2001 年第 3 期；《條約文本與實踐：晚清上海港引水權的喪失》，《徐州師範大學學報》2003 年第 4 期。

〔註 31〕 黃成：《清末近代郵政的創辦和發展》，《杭州大學學報》1983 年第 3 期；姚琦：《海關與中國郵政的創辦史》，《上海電力學院學報》1991 年第 1 期；黃福才：《試論近代海關郵政與民信局的關係》，《中國社會經濟史研究》1996 年第 3 期；康之國：《赫德與近代中國的郵政》，《河南商業高等專科學校學報》1999 年第 2 期；王建華、江宏衛：《略論赫德與晚清中國國家郵政》，《蘇州大學學報》2000 年第 1 期；樊清：《古郵驛的衰落與近代郵政的興辦》，《河北師範大學學報》2002 年第 1 期。

　　海關人物的研究大多集中在赫德身上。赫德作爲一位對近代中國產生了重大而深遠影響的歷史人物，對他的評論也是眾說不一。《清史稿》中稱：「赫德久總稅務，兼司郵政，頗與聞交涉，號曰『客卿』，皆能不負所事」〔註32〕，給予了他高度的肯定。馬士把他看做看作對中國的將來「抱有希望」的人們當中「對中國最友好而且又是最賢明的顧問」，是「中國堅定不渝的朋友」，是「堅定地」推進中國「改革」的朋友〔註33〕。魏爾特認爲「赫德是具有推動作用和控制力的天才，是光芒四射的核心人物」，因爲有了赫德，「整個海關閃耀著生命和活力」。〔註34〕陳霞飛指出：「在長期的交往中，友誼、忠誠的朋友，都是有的。但它只存在於人民與人民之間，而不存在於侵略者與被侵略者之間」，「我們不排除赫德本人當時確信他對清政府的『忠誠』或『友誼』」，「但它是有限度的。其限度是在大英帝國的利益與清政府的利益不相矛盾的前提下」，更確切地說，「赫德是一個有眼光的殖民者」。〔註35〕盧漢超在他的《赫德傳》中，運用大量詳實的史料，對於赫德在華半個世紀的言行基本給予中肯的評價。汪敬虞的《赫德與近代中西關係》把赫德的具體活動在中西關係這一大背景下進行考察，認爲儘管赫德爲中國海關引進了西方的先進管理制度，並在很多方面帶來一些先進事物，但是其目的是通過海關介入中國的內政外交，從而更好地控制中國，以維護列強在華的利益。邱克針對汪敬虞的觀點提出了不同的看法，認爲赫德對中國海關的改造和引進大量西方先進技術設備與管理方法都是不爭的事實，客觀上都推動了中國的資本主義發展，這是歷史的進步〔註36〕。王宏斌的《赫德爵士傳》中認爲赫德是一個非常複雜的人物，他一方面作爲英國人，「爲英國利益服務」；另一方面作爲清廷「客卿」，「在中國利益與英國利益不發生衝突的情況下」，「在列強面前爲中國據理力爭，做了許多有利於清朝統治的事務」。《清史稿》對於其評價也不能看成虛語，赫德與其說是帝國主義的代理人，或者說是一個「食其祿者忠其事」的大清忠臣，不如說是一個多重角色結合體更爲確切〔註37〕。在對赫德進行研究時，只有充分認識到他的複雜性，才能給他一個更爲公允的評價。

〔註32〕趙爾巽等撰：《清史稿》卷435，中華書局1977年版，第12364頁。
〔註33〕馬士：《中華帝國對外關係史》第2卷，「二、三卷前言」，第2～4頁。
〔註34〕魏爾特：《赫德與中國海關》，「序言」，第1～2頁。
〔註35〕陳霞飛主編：《中國海關密檔》，「前言」，中華書局1990年版，第13頁。
〔註36〕邱克：《評汪敬虞先生〈赫德與近代中西關係〉》，《近代史研究》1989年第3期；《局內旁觀者——赫德》，陝西人民出版社1990年版。
〔註37〕王宏斌：《赫德爵士傳：大清海關洋總管》，文化藝術出版社2000年版。

海關檔案所記載的內容十分豐富，涉及近代社會的許多方面，爲我們研究近代經濟提供了豐富的資料。一些學者利用這些資料進行了各種相關研究。日本和臺灣的學者在這方面起步較早。其中，濱下武志利用大量的中、英、日海關文獻，選取與海關密切相關的幾個方面加以考察〔註 38〕。岡本隆司從海關稅與借款、賠款以及中央財政與地方財政的關係著眼，探討晚清至民國的海關體制、海關稅徵收與財政經濟的變化〔註 39〕。松浦章以蕪湖的大米等農作物市場爲例，分析了清朝的商品流通與洋關建立之間的關係〔註 40〕。木野英根據 1888 年中國海關特別報告第 11 號「訪察茶葉情形文件」中閩海關稅務司漢南的調查報告，分析福建茶葉貿易變動與同中國海關之間的內在聯繫〔註 41〕。臺灣方面多利用檔案從地區貿易與經濟變遷的角度進行研究〔註 42〕。90 年代以來，一些大陸學者也開始利用海關檔案資料對近代社會經濟變遷進行研究。戴一峰分析了海關與常關、海關與釐金制度、海關與內外債及賠款、海關與晚清財政整頓和改革等近代社會經濟問題〔註 43〕。林仁川通過研究福建對外貿易和海關機構演變之間的關係，認爲福建海關機構的變遷是其對外貿易本身發展的必然結果〔註 44〕。章有義通過海關報告來對近代中國農業生產力狀況進行考證，認爲即使在通商口岸地區，古老的農耕方

〔註 38〕 〔日〕濱下武志：《中國近代經濟史研究——清末海關財政與開放港口市場區域》。

〔註 39〕 〔日〕岡本隆司：《近代中國與海關》。

〔註 40〕 〔日〕松浦章：《清代蕪湖海關的變遷》，中國海關史第二次國際學術研討會論文（廈門大學，1990 年）。

〔註 41〕 〔日〕木野英：《福建紅茶貿易衰退與中國海關》，中國海關史第二次國際學術研討會論文（廈門大學，1990 年）。

〔註 42〕 謝世芬：《九江貿易研究（1861～1911）》，碩士論文，臺灣大學歷史研究所 1977 年）；范毅軍：《汕頭貿易與韓江流域的經濟變遷（1867～1931）》，碩士論文，臺灣師範大學 1981 年；張淑芬《近代四川盆地對外貿易與工商業變遷》，碩士論文，臺灣師範大學 1982 年；葉淑貞：《天津港的貿易對其腹地經濟之影響》，碩士論文，臺灣大學經濟研究所 1983 年；劉素芬：《煙台貿易研究（1867～1919）》，臺灣商務書館 1990 年版）；謝國興：《安徽的對外貿易與經濟變遷 1877～1937》，《中研院近代史研究所集刊》第 20 期，中研院近代史研究所 1991 年版；戴文峰：《〈海關醫報〉與清末臺灣開港地區的疾病》，臺北《思與言》第 33 卷第 2 期，1995 年；林滿紅：《茶、糖、樟腦業與臺灣之社會經濟變遷》，聯經出版事業公司 1997 年版；蘇芳玉：《清末洋人在臺醫療史——以長老教會、海關爲中心》，碩士論文，中央大學歷史研究所 2002 年。

〔註 43〕 戴一峰：《近代中國海關與中國財政》，廈門大學出版社 1993 年版。

〔註 44〕 林仁川：《福建對外貿易與海關史》，鷺江出版社 1991 年版。

法依然占支配地位，複種輪作沒有什麼創新，農民普遍使用的仍然是浪費體力的古老農具，農民依舊依靠傳統農家肥，改良種子和新品種的引進有名無實。過高估計我國近代農業生產力新因素的作用是沒有根據的〔註45〕。很多學者還利用海關檔案資料考察了不同地區的開埠和區域社會經濟的變動情況，對近代海關與地區社會經濟發展之間的關係進行了探討〔註46〕。這些成果對經濟史和海關史的研究起到了很好的推動作用。

　　還有一些學者對海關貿易報告進行了文本研究。鄭友揆按照海關貿易統計年刊的內容變化，將其分三個時期進行討論〔註47〕。張存武分別介紹了海關年報、月報、十年報告和常關報告，重點論述了年報〔註48〕。濱下武志開列了各個系統的文獻目錄，將中國近代海關的發行物主要分為以下七項：1.Statistics Series（貿易統計、貿易報告、十年報告及其他）；2.Special Series（針對特定的主體所作的專門論述）；3.Miscellaneou Series（商品介紹及其他）；4.Service Series（海關職員錄、公務要點等）；5.Office Series（關係海關公務全域的資料）；6.Inspectorare Series（總稅務司所髮指令及其他）；7.Postal Series（郵政業務相關資料）。以上七項，加上其他發行物，便構成海關資料的整體〔註49〕。詹慶華對海關貿易報告的基本形式和內容進行了介紹，還總結了海關貿易報告的特點及其傳播和影響，並綜合評價海關貿易報告的史料和

〔註45〕章有義：《海關報告中的近代中國農業生產力狀況》，《中國農史》1991年第2期。

〔註46〕王鶴鳴：《蕪湖開埠與安徽近代經濟的發展》，吳倫霓霞等：《中國海關史論文集》，第171～182頁；李金強：《從〈福建十年報告〉觀察近代福建社會之變遷》，吳倫霓霞等：《中國海關史論文集》，第183～204頁；莫世祥：《近代澳門貿易地位的變遷——拱北海關報告展示的歷史軌跡》，《中國社會科學》1999年第6期；張海英：《海外貿易與近代蘇州地區的絲織業》，《江漢論壇》1999年第3期；梁民愫：《三都澳開埠與閩東社會經濟發展的動力因素：兼論近代中國自開商埠體系的歷史地位與歷史效用》，《江西師範大學學報》2001年第4期；曾桂林：《岳、長開埠與近代湖南社會經濟的發展》，《湖南大學學報》2002年第6期；陸遠權：《重慶開埠與四川社會變遷（1891～1911）》（博士論文，華東師範大學，2003年）；王哲、吳松弟：《中國近代港口貿易網絡的空間結構——基於舊海關對外—埠際貿易數據的分析（1877～1947）》，《地理學報》2010年第10期。

〔註47〕鄭友揆：《我國海關貿易統計編製方法及其內容之沿革考》，《社會科學雜誌》1934年第5卷3期。

〔註48〕張存武：《中國海關出版品簡介》，《近代史研究所集刊》1970年第9期。

〔註49〕賓下武志著，高淑娟、孫彬譯：《中國近代經濟史研究-清末海關財政與通商口岸市場》，江蘇人民出版社2006年版。

學術價值〔註50〕。吳松第、方書生依據哈佛所藏的中國近代海關出版物和《中國舊海關史料》所收錄的資料，系統地論述了中國近代海關貿易報告及統計的各種形式，包括月報、季報、年報、十年報告、海關國內貿易冊以及其他貿易報告，最後還指出了舊海關出版物的意義和局限性〔註51〕。韓李敏以浙江史料爲例，對《海關十年報告》的特點進行了剖析〔註52〕。梁慶歡從文獻目錄學的視角對《中國舊海關史料》進行了文本解讀，探討了近代中國海關貿易報告的源流、變遷及其內在發展脈絡〔註53〕。這些研究增強了我們對海關貿易報告的瞭解，也便於在今後的研究中更好的使用海關貿易報告。

　　儘管史學界對於中國近代海關史的研究已經取得了豐碩的成果，但依然存在很多薄弱之處。就貿易報告來說，學者們大多是把貿易報告當成一種重要的史料來加以利用，而對文本內容的解讀明顯不足。過去的研究雖然注意到了貿易報告的種類、形式、特點、變化、影響等方面，卻還缺乏從經濟思想角度對報告進行探討，沒有對報告中的經濟思想進行過深入研究，而這正是本書所要解決的主要問題。

三、資料來源

　　本書的主要研究資料來自於中國第二歷史檔案館和中國海關總署辦公廳於 2001 年聯合出版的《中國舊海關史料》。《中國舊海關史料》不但收錄自 1859 年至 1948 年由近代中國各口海關和海關總稅務司署造冊處（南京國民政府時期改稱統計科）編輯出版的《進出口貿易報告》、《貿易統計報告》、《中國各條約口岸貿易統計報告》、《根據條約向國外開放貿易各中國口岸貿易統計報告》、《各口岸貿易統計報告》、《各口岸貿易統計報告和調查報告》、《通商各關華洋貿易總冊》、《貿易統計報告和調查報告》、《通商各關華洋貿

〔註50〕 詹慶華：《中國近代貿易報告述論》，《中國社會經濟史研究》2003 年第 3 期；詹慶華：《中國海關洋員與中西文化傳播——全球化視野》，廈門大學 2005 年博士論文。

〔註51〕 吳松第、方書生：《一座尚未充分利用的近代史資料寶庫——中國舊海關係列出版物評述》，《史學月刊》2005 年第 3 期。

〔註52〕 韓李敏：《海關十年報告及其史料價值述評》，《浙江檔案》2001 年第 3 期；韓李敏：《海關十年報告及其史料價值述評（中）》，《浙江檔案》2001 年第 4 期；韓李敏：《海關十年報告及其史料價值述評（下）》，《浙江檔案》2001 年第 5 期。

〔註53〕 梁慶歡：《〈中國舊海關史料（1859～1948）〉文本解讀》，廈門大學 2007 年碩士論文。

易論略》、《通商各關華洋貿易全年清冊（總）》、《通商海關華洋貿易總冊》、《海關中外貿易統計年刊》、《最近十年各埠海關報告》。還收錄了僞滿洲國財政部、經濟部編輯出版的《滿洲國外國貿易統計年報》、《滿洲國對外貿易統計月刊》〔註 54〕。

　　《中國舊海關史料》大致由兩部分構成，第一部分爲貿易統計，第二部分爲貿易報告，內容涉及的省份有黑龍江、吉林、遼寧、河北、天津、山東、江蘇、上海、浙江、福建、廣東、廣西、西藏、雲南、湖南、湖北、江西、安徽、臺灣、海南、四川、重慶、新疆、甘肅、陝西等，多達 60 餘個港埠。貿易統計方面，以貿易年刊爲主，主要內容涉及當時貿易、匯兌、關稅、金融等方面，且按年、關口、國別分列進出口貿易和轉口貿易資料，準確地記載了清政府、北洋政府、南京國民政府和汪僞政權、僞滿洲國政權各統治時期各關各種進出口貨物的數量、貨值、稅收額及減免稅等〔註 55〕。其中，在《中國舊海關史料》中收錄的海關年度貿易報告、十年報告、貿易統計報告是本書最核心的研究資料。

四、研究方法、創新點

　　本書以晚清時期的海關年度貿易報告爲研究對象，採用歸納、分析、比較的方法，對年度貿易報告的主要內容進行系統梳理，從貿易平衡思想、貨幣思想和改善貿易條件三個方面進行探討。通過將年度貿易報告中所反映出的經濟思想同西方經濟思想進行對照，以找出這些經濟思想的淵源。同時還會把年度貿易報告中的一些經濟思想與國內的相似經濟思想進行對比，尋找它們之間的異同。在對貿易報告內容進行解讀時，以馬克思主義唯物史觀爲指導，結合時代背景，對報告中所體現出的主要經濟思想和反映出的經濟問題進行辯證分析，並運用一些經濟學的基本原理進行評論。

　　本書的主要創新點在於首次對晚清時期的海關年度貿易報告進行較爲深入的文本解讀，對報告所體現出的主要經濟思想進行剖析。希望通過本書的研究，使我們能夠基本瞭解晚清的海關年度貿易報告中主要包含了哪些西方經濟思想，年度貿易報告是如何運用這些西方經濟思想來對中國經濟問題進

〔註 54〕　中國第二歷史檔案館、中國海關總署辦公廳合編：《中國舊海關史料》第 1 冊，凡例，京華出版社 2001 年版。

〔註 55〕　中國第二歷史檔案館，中國海關總署辦公廳合編：：《中國舊海關史料》第 1 冊，京華出版社 2001 年版，第 V～VI 頁。

行觀察和評論的；年度貿易報告都體現出了什麼樣的經濟視角，不同時期的經濟視角和關注重點出現了什麼樣的變化以及變化的原因是什麼；年度貿易報告在西方經濟思想輸入中國的過程中發揮了什麼樣的作用。本文對年度貿易報告內容的解析，還可以幫助我們對近代中國的經濟狀況有一個更全面的瞭解，並對年度貿易報告以及近代海關給出一個更為合理的評價。

第一章　海關貿易報告的編纂情況

　　海關貿易報告是近代中國海關編寫並出版的一類重要刊物。1859 年，海關總稅務司赫德爲了加強對海關的管理，開始要求海關撰寫各種形式的報告。赫德要求各關不僅要上報人事報告（the Confidential Report on Staff）、各關醫務報告（Medical Reports）和各地稅務司移交報告，還要有日報（Daily Returns）、週報（Weekly Returns）、月報（Monthly Returns or Reports）、季報（Quarterly Returns or Customs Gazette）、年報（Annual Trade Returns & Reports）及十年報告（Decennial Reports）等。這些報告多爲報表或文字形式，有些會附帶圖表。總稅務司對每一種報告皆有統一的格式要求。各種貿易報告和統計表在 1864 年之前都是由各關就地印刷，1864 年開始集中在上海進行印刷。赫德要求各關貿易報告（含 1863 年報告）要及時送達位於上海的江海關稅務司，由江海關負責印刷出版〔註1〕。1873 年，貿易報告的印刷出版工作轉歸造冊處稅務司主管〔註2〕。一直到 1949 年，海關造冊處〔註3〕都一直承擔著貿易報告的編輯、校對、印刷、出版、發行等工作。由於這些統計冊和報告卷帙浩繁，幾易其名，有的學者爲了稱呼方便，還將其統稱爲「關冊」〔註4〕。隨著時間推移，海關貿易報告的種類逐漸增多，內容也在不斷完善，不僅對海關事務有著非常全面的記錄和分析，還涉及了當時的政治、經濟、文化、教育、外交等方面的內容。其內容豐富翔實，有較高的可信性。貿易報

〔註1〕《總稅務司通令》，1861～1875 年（第一輯），No.：1，1864 年。
〔註2〕陳霞飛主編：《中國海關密檔》（1），中華書局，1990 年，頁 382，編者注。
〔註3〕1932 年後改稱統計科。
〔註4〕鄭友揆：《中國的對外貿易和工業發展，1840～1948》，上海社會科學院出版社，1984 年，頁 XII、298。

告成爲國內外人士瞭解近代中國貿易狀況最可靠的經濟資料。它們不僅在國內擁有一定的影響力，在國際上也享有了很高的聲譽。

海關貿易報告的主要傳播渠道爲免費贈送和公開銷售。在免費贈送方面，海關內部的發放是由各關總稅務司署造冊處（上海）負責。對海關以外的單位和個人，如果能通過當地海關稅務司轉送的，一般由造冊處一併寄送各關後，再由各關稅務司轉送。送給中國地方政府衙門和個人的，有些也是通過所在地稅務司轉送。北京的中國高層官僚經常由總稅務司署贈送，從免費贈閱者名冊中可知，總稅務司署每年都預留了比署內機關多得多的中文本海關報告（如年報等），專供贈閱在京中國高層官員。對於外國單位（含駐華機構）和個人，如果地址詳細的，一般由造冊處郵寄，也有由中國海關倫敦辦事處轉送，對地址不詳的，通常是經人轉送，如對有關國家在華的海軍將領，一般由其國家在華（總）領事轉送〔註5〕。免費贈送的對象是國內外的一些單位和個人，贈送的範圍涵蓋了當時的主要國家和地區。東方地區主要有中國（包括臺灣、香港、澳門）、日本、越南、菲律賓、新加坡、爪哇、錫蘭、印度等，而歐美地區主要有英國、法國、德國、美國、俄羅斯等。其中，大部分報告贈送到了東方地區，而東方地區的贈送對象又主要集中在中國。海關向中國贈送的貿易報告的單位以政府機構爲主，同時涉及社會團體、新聞媒體、大學院校圖書館、公共機構、報刊雜誌社等單位。在向海外贈送報告的單位中，文化教育機構所佔比例較大。而贈送給個人的報告主要包括國內外的政府官員、文化界人士和經濟界人士等。根據 1882 和 1890 年的免費贈送者名冊可知，贈送單位（含個人）分別爲 404 和 510 個，贈送各類報告總份數爲 1533 和 1423 份〔註6〕。在公開銷售方面，根據海關總稅務司的通令和要求，貿易報告發行環節，一般設有專門的經銷點定價銷售，當時在全球許多地方都可購買。如別發洋行（Kelly & Walsh Ltd.）在上海、香港、日本橫濱、新加坡等地的分支機構，壁恒洋行（Max Noessler）在上海、橫濱、德國不來梅等地的機構，倫敦的 P.S.King& Son 公司、紐約的 G.E.Stechert & Co 公司等都有代售。爲擴大影響，總稅務司在 1924 年出版第 4 期十年報告時又增加了銷售點，如增加了上海商務印書館、上海伊文思圖書有限公司（Edwar Evans&

〔註 5〕詹慶華，《中國近代海關貿易報告的傳播及影響》，廈門大學學報（哲學社會科學版），2003 年第 4 期。

〔註 6〕詹慶華，《中國近代海關貿易報告的傳播及影響》，廈門大學學報（哲學社會科學版），2003 年第 4 期。

Sons)、天津印字館，1933 年第 5 期十年報告發行時增加了上海的華美印刷公司（The Chinese-American Publishing Company）、上海的內山（Uchiyama）書社、北京的法國書局、天津的東方書局等銷售點。除了專設的代銷點外，全國各地海關也是代售點。一般來說，十年報告因篇幅長，各期銷價有 5、7.5、12 元不等，月報、季報和年報的售價大多在 1～5 元範圍內，銷售點與十年報告大致相同〔註 7〕。海關通過免費贈送和公開銷售的方式，使海關貿易報告得到了廣泛的傳播，擴大了它們的影響力。

　　隨著我國對近代海關研究的不斷重視，這些重要資料被相繼整理、翻譯並出版。而 2001 年中國第二歷史檔案館和中國海關總署辦公廳聯合出版的《中國舊海關史料》，更是將包括海關貿易報告在內的大量重要海關史料集中收錄，這極大便利了歷史研究者的查閱。

　　在眾多的報告之中，以年度貿易報告和十年報告最具研究價值。年度貿易報告是近代海關最重要的報告形式之一。根據總稅務司 1865 年第 3 號通令要求，海關編寫並正式出版了年度統計報表（Annual Returns）和年度貿易報告（Trade Reports）。年度統計報表出版時名稱爲「Retuns of Trade at the Treaty Ports」，年度貿易報告出版時名稱爲「Reports on Trade at the Treaty Ports」，二者分開出版。1882 年以前的年度報告要求寫明本口貿易的總體情況、貿易值、進口、出口、內地轉口貿易、航運、稅收以及所在地的政治、經濟等方面內容。1882 年，總稅務司要求年報內容應重點放在與進出口貿易有關的事務方面，篇幅限在 4 頁紙之內，出版時與海關年度報表（Trade Returns）合併爲同一冊〔註 8〕，名稱爲「Returns of Trade at the Treaty Ports, and Trade Reports」〔註 9〕，英文本年報與年度報表合二爲一出版，中文本年度報表（Returns）繼續單獨出版。1890 年，總稅務司又要求各關稅務司在上報 1889 年年報的內容時依次寫明本口貿易情形概況、稅收、外洋貿易、沿海貿易、內地稅則、船隻、旅客、金銀、藥土（洋藥、土藥）、雜論等十項內容，篇幅不得超過 4 頁紙〔註 10〕。

〔註 7〕詹慶華，《中國近代海關貿易報告的傳播及影響》，廈門大學學報（哲學社會科學版），2003 年第 4 期。

〔註 8〕China, the Maritime Customs, Inspector General. s Circulars, 1889～1893 年（second series），（以下簡稱《通令》），No.：524：5 通令 6，1876～1882 年（第二輯），No.：200。

〔註 9〕1895 年更名爲「Returns of Trade and Trade Reports」。

〔註 10〕《通令》，1889～1893 年（第二輯），NO：523。

從 1889 年開始，海關爲了更好滿足中方的需要，又出版了符合中國閱讀習慣的中文本貿易報告報，中文本年度統計報表（Returns）也被合併其中。中文本貿易報告的出版有助於國內人士對貿易報告進行閱讀，可以使更多中國人能夠瞭解到貿易報告的內容。在 1912 年之前，合併後的年報英文本和中文本是分開出版的，到 1913 年始出現中英合璧版本。造冊處在出版中文本年報時一般分爲上下兩冊，上冊爲《××年通商各口華洋貿易情形總論》，由造冊處稅務司撰寫；下冊名爲《××年各口華洋貿易情形論略》，包含了各關稅務司提交的年報。1925～1930 年名稱改爲《中華民國××年通商各口華洋貿易統計報告書》（Reporton Trade of China）。1931～1949 年封面又改爲《中華民國××年中外貿易統計年刊》（The Trade of China），將各關報告內容摘要在內，文字相對之前也更爲簡略。

年度貿易報告所涉及的關口在清末時期有著明顯的變化。從數量上看，1882 年的海關年度貿易報告只收集了 19 個關口的貿易統計與貿易報告，包括山海關、津海關、東海關、江漢關、九江關、鎮江關、江海關、浙海關、閩海關、打狗與臺灣府、廈門關、潮海關、粵海關、淡水與基隆關、瓊海關、宜昌關、蕪湖關、歐海關、北海關。1911 年則收集了 46 個關口的貿易統計與貿易報告，包括山海關、秦王島關、津海關、東海關、膠州關、重慶關、宜昌關、沙市關、長沙關、岳州關、江漢關、九江關、蕪湖關、金陵關、鎮江關、江海關、蘇州關、杭州關、浙海關、甌海關、三都澳關、閩海關、廈門關、潮海關、粵海關、九龍關、拱北關、江門關、三水關、梧州關、瓊海關、北海關、龍州關、蒙自關、思茅關、騰越關、亞東關、安東與大東溝關、南寧關、大連關、濱江關（哈爾濱）、三姓關、吉林關、渾春關、延吉關、奉天關。1882～1913 年海關貿易報告中所包括的國內關口增減情況見表 1.1：

表 1.1 1982～1913 年海關年度貿易報告所統計的國內關口的變化情況

年　份	統計範圍（關數）
1882	山海關、津海關、東海關、江漢關、九江關、鎮江關、江海關、浙海關、閩海關、打狗與臺灣府、廈門關、潮海關、粵海關、淡水與基隆關、瓊海關、宜昌關、蕪湖關、歐海關、北海關，共 19 關。
1887	增加九龍、拱北等 2 關，共 21 關。
1889	增加龍州、蒙自等 2 關，共 23 關。
1891	增加重慶關，共 24 關。

1894	增加亞東關，共 25 關。
1896	增加沙市、蘇州、杭州等 3 關，減少淡水、打狗等 2 關，共 26 關。
1897	增加梧州、三水、思茅等 3 關，共 29 關。
1899	增加膠州、金陵、三都澳、岳州等 4 關，共 33 關。
1900	增加騰越關，共 34 關。
1902	增加秦王島關，共 35 關。
1904	增加長沙、江門等 2 關，共 37 關。
1907	增加安東與大東溝、南寧、大連等 3 關，共 40 關。
1908	增加濱江（哈爾濱）關，共 41 關。
1909	增加璦琿、奉天等 2 關，共 43 關。
1910	增加三姓、吉林、渾春、延吉等 4 關，減少奉天關，共 46 關。
1911	增加奉天關，減少璦琿，共 46 關。
1913	增加滿洲里、綏芬河等 2 關，減少吉林關，共 47 關。

資料來源：摘自 1882～1913 年海關貿易報告

　　從海關年度貿易報告中所涉及關口的數量變化情況可以看出，中國在清末的通商口岸數量有著非常明顯的增加，表明中國在這一時期的對外開放程度在不斷提升。

　　十年報告是另外一種非常重要的報告形式。1890 年，總稅務司在第 524號通令中要求各關稅務司撰寫「十年報告」（Decennial Reports）。「十年報告」第一期的時間段爲 1882～1891 年，第二期爲 1892～1901 年，第三期爲 1902～1911 年，第四期十年爲 1912～1921 年，第五期爲 1922～1931 年。個別地方的海關還完成了第六期（1932～1941 年）。其中第一期十年報告出版時的詳細名稱爲「Decennial Reports on the Ports Open to Foreign Commerce in China and Corea and on the Condition and Development of the Treaty Port Provinces」，第二期的名稱爲「Decennial Reports on the Trade, Navigation, Industries, etc., of the Ports Open to Foreign Commerce, and on the Condition and Development of the Treaty Port Provinces」，第三、四、五期名稱與第二期相似，僅去掉了「Navigation」。前四期十年報告皆爲英文本，第五期十年報告出現了中文本，中文本的名稱爲「最近十年各埠海關報告」。

　　十年報告對格式和篇幅都有統一要求，所涉及的內容十分廣泛，還經常根據總稅務司通令進行調整。1890 年的第 524 號通令明確要求十年報告按 26

個標題性項目進行撰寫，主要內容涉及十年間本省本口岸發生的重大事件、貿易發展情況、稅收增減、鴉片貿易與種植情況、貨幣金融及物價升降、進出口貨值、人口變化、市政建設（如道路警察路燈等設施）、港口交通及助航設施、氣候自然災害及人為事故的防範措施、名人到訪與官員升遷、特殊文化事業（如圖書館建設、文學俱樂部、文學獎勵等）、秀才舉人數及受教育比例（如婦女教育情況）、本省特產及工業和交通工具、民船經營及擔保、本地錢莊及其運作模式、本地郵政運作情況、海關章程及職員情況、軍事及工業、宗教與信徒、會館及其章程、本地著名官員、本地名著、地方歷史及未來前景展望等等，其內容涉及到了政治、經濟、軍事、文化、社會生活等眾多方面。報告儘量要寫得讓人感興趣，每份報告篇幅可擴充到 30 頁〔註 11〕。在撰寫第三期十年報告時，總稅務司安格聯在第 1737 號通令中指出：考慮到前兩期十年報告已對各口情況作過綜合性的描述，這一期為避免重複，要求筆墨放在各地物質和道德的進步方面，一切無關緊要的內容和表格儘量少費筆墨，因此報告項目減到 21 項，即貿易與航運、稅收、鴉片、貨幣與金融、人口、港口設施、燈塔航標、郵政電報、各省行政和省議會、司法、農業、礦山與礦物、製造業、鐵路公路、教育、衛生改善和博物館、移民、物價與工資、饑荒水災霍亂及傳染病、陸海軍、當地報刊等，總稅務司安格聯認為這些欄目足以描述各口岸十年內發展情況，如果還不夠，針對各地特殊情況可以增加其他一些內容，但是除非萬不得已，每一段篇幅盡可能不超過 30 行（500字左右）〔註 12〕。第五期十年報告根據統計科稅務司華善（Percy R. Walsham）提出要求，內容上又進行了一次調整。報告的內容包括了 17 個欄目，即貿易、航業、關稅、金融、農業、礦業、交通、航行設施、地方行政、司法與公安、軍事、衛生、教育、文藝、人口、治安等〔註 13〕。

近代海關所出版的各種貿易報告基本是由在海關工作的外籍人員編寫的。例如先後有 7 位就職於海關造冊處的稅務司負責撰寫了 1882～1911 年的全國年度貿易報告，他們皆來自英國和美國，見表 1.2。各口的年度貿易報告也大多是由來自歐美的工作人員撰寫。這些撰寫者一般都在故鄉接受過正規

〔註 11〕《總稅務司通令》，1889～1893 年（第二輯），No.：524。

〔註 12〕總稅務司通令第 1737 號，見 China, the Maritime Customs, 5 Decennial Reports, 1912（19216，1924 年，Shang hai，頁 V）VI。

〔註 13〕《總稅務司通令》第 4133 號，見總稅務司署統計科譯印：《最近十年各埠海關報告》，上卷，1934 年版，上海。

教育，一些人甚至畢業於國際知名院校，如杜德維和馬士都曾就讀於美國著名的哈佛學院。這些外籍人士所掌握的經濟思想也基本來自西方。在撰寫貿易報告時，他們會運用所掌握的經濟思想來對報告中所涉及的內容進行分析，以西方人的視角來看待近代中國的各種經濟問題，並提出很多幫助中國改善貿易狀況的建議。國內人士通過接觸這些貿易報告，尤其是對中文本的貿易報告的翻閱，就可以在不同程度上瞭解到報貿易告中的各種經濟思想和經濟視角。因此，貿易報告不僅是瞭解當時中國貿易形勢及經濟狀況的重要資料，也是近代西方經濟思想在中國進行傳播的一個重要渠道。

表 1.2　1882～1911 年撰寫全國年度貿易報告的海關造冊處稅務司

年代	中文名	英文名	國籍	年代	中文名	英文名	國籍
1882	杜德維	Drew, E.B.	美國	1897	戴樂爾	Taylor, F.E.	英國
1883	杜德維	Drew, E.B.	美國	1898	戴樂爾	Taylor, F.E.	英國
1884	杜德維	Drew, E.B.	美國	1899	戴樂爾	Taylor, F.E.	英國
1885	杜德維	Drew, E.B.	美國	1900	戴樂爾	Taylor, F.E.	英國
1886	杜德維	Drew, E.B.	美國	1901	戴樂爾	Taylor, F.E.	英國
1887	吉德	McKean E.	英國	1902	戴樂爾	Taylor, F.E.	英國
1888	吉德	McKean, E.	英國	1903	馬士	Morse, H.B.	美國
1889	吉德	McKean, E.	英國	1904	馬士	Morse, H.B.	美國
1890	吉德	McKean, E.	英國	1905	馬士	Morse, H.B.	美國
1891	葛顯禮	Kopsch, H.	英國	1906	馬士	Morse ,H.B.	美國
1892	葛顯禮	Kopsch, H.	英國	1907	湛瑪斯	Chalmers, J.L.	英國
1893	葛顯禮	Kopsch, H.	英國	1908	湛瑪斯	Chalmers, J.L.	英國
1894	葛顯禮	Kopsch, H.	英國	1909	湛瑪斯	Chalmers, J.L.	英國
1895	葛顯禮	Kopsch, H.	英國	1910	湛瑪斯	Chalmers, J.L.	英國
1896	葛顯禮	Kopsch, H.	英國	1911	慶丕	King, P.H.	英國

資料來源：摘自 1882～1911 年海關貿易報告

第二章　年度貿易報告對貿易平衡的評析

　　海關年度貿易報告一直對中國進出口貿易的平衡狀況極為關注。報告在介紹中國每年的基本貿易狀況時，除了對主要進口商品的銷售形勢和影響銷售的主要因素有詳細說明外，還重點分析了出口商品的基本情況，指出了它們所存在的主要問題，並提出了很多改進建議。報告希望國產商品通過提升自身競爭力來擴大出口和抵制進口，以扭轉貿易逆差，實現對外貿易的平衡。這充分體現出了晚期重商主義所推崇的貿易差額論的思想。

第一節　重商主義概述

　　重商主義（mercantilism）也稱作「商業本位」，是歐洲資本主義原始積累時期出現的代表商業資產階級利益的一種經濟學說，它對資本主義生產方式進行了最初的理論考察，在 15 世紀開始盛行於歐洲。許多歐洲國家都曾大力推行過重商主義經濟政策。這些政策的實施，有力推動了歐洲商品經濟的發展和工場手工業的進步，對鞏固資本主義生產方式和促進歐洲的崛起都起到了一定的積極作用。

　　重商主義萌芽於 14 世紀末，經歷了兩個主要發展階段，分別是大約從 15 世紀到 16 世紀中葉的早期重商主義階段和大約從 16 世紀中葉到 17 世紀的晚期重商主義階段。無論是早期重商主義者還是晚期重商主義者，都認為金銀是國家必不可少的財富。貴金屬貨幣數量的多寡是衡量一個國家富裕程度的基本尺度。國內貿易不能增加一國金銀貨幣的總量，只有對外貿易才能使它

們有所增加。除開採金銀礦外，對外貿易是貨幣財富的真正來源。他們都將通過貿易輸入貨幣視爲使國家致富的主要途徑，提倡採取各種措施來確保金銀流向國內。重商主義把國際貿易看做是一種「零和」博弈，認爲不可能所有貿易參加國同時做到出超，並且任一時點上的金銀總量是固定的，一國的獲利總是基於其他國家的損失，要增加一國的財富總量，就必須在國際貿易中多出口和少進口，實現貿易收支的順差，形成外國對本國的貴金屬支付。

早期和晚期的重商主義反映了資本主義經濟在不同歷史時期的不同要求，因此兩個階段的側重點也有所不同。早期的重商主義者大多認爲一國的所有進口都會減少國家所積累的貨幣或「財富」，而所有的出口則會增加國家所積累的貨幣或「財富」，因此增加國民財富的貿易政策應該是盡可能少地輸入，盡可能多地輸出，最好的政策是只輸出不輸入。他們在對外貿易上更強調少買。這一時期的重商主義把商品與貨幣對立起來，認爲商品不是財富，金銀才是財富。他們提倡嚴禁將貨幣輸出國外，力求用行政手段控制貨幣運動，以貯藏盡可能多的貨幣。在 16 世紀中葉之前的大約 150 年時間內，歐洲主要君主國的貿易政策都帶有重金主義的特徵。比如英國在愛德華四世統治期間，就將輸出金銀定爲大罪，與叛國罪相提並論。而歐洲大陸的西班牙、葡萄牙等國亦有類似法規或政策。一些國家還規定外國商人不得將通過貿易所得的金銀帶走，必須全部用來購買本國商品。晚期重商主義者不再強調每筆生意都要進大於出，他們大多認爲只要購買外國商品所花費的貨幣總額少於出售本國商品所得到的貨幣總額，就可以獲得更多的貨幣。只要在貿易中能夠整體上保持順差，即出口總量大於進口總量，就會增加一國的貨幣存量，從而增加一國的財富。他們在對外貿易上更強調多賣。晚期重商主義認爲政府應該竭力鼓勵出口，大力推行促進工商業的發展的各項政策，增加那些對提高本國未來出口有幫助的進口。晚期重商主義已經把商品與貨幣聯繫起來，注意到貨幣所具有的資本職能，認爲擱置不用的金銀不是貨幣，貨幣只有投入流通領域才會增殖。只要是出於擴大貿易的目的，適當的金銀輸出是有利的，這樣才能最終增加金銀的流入量。

由於重商主義只是一種理論和政策體系，所以即使同一時期，不同重商主義者的具體主張也會有所差異。各國由於國情不同，所推行的重商主義政策也往往不盡相同。同一國家或地區的具體政策也會隨著時間的推移而有所調整。總的來看，在重商主義流行的幾個世紀中，西歐各君主國大多採取了

關稅保護政策，對除原材料外的進口貨徵收高額進口關稅，還限制外國製成品，尤其是奢侈品的進口。國家紛紛積極干預對外貿易和國內工商業，補貼出口製成品，獎勵在國外出售本國產品的商人，禁止本國熟練工人外流和工具設備的出口，為國內工場手工業者發放貸款，還推行了一系列促進國內工商業發展的政策。它們以獨佔某海外地區貿易為目的，大力開闢海外殖民地，並由政府設立特許貿易公司。各國還競相頒佈《航海法》，以武力壟斷海上運輸，實行國家對外貿運輸的特許與壟斷經營。

與西方相比，中國的重商思想顯得較為缺乏。這是由於中國古代社會一直對農業生產高度重視，認為國家應該以農為本，長期推行重農抑商政策，工商業的發展時常受到限制。但隨著中國商品經濟不斷進步，重商思想也在逐漸發展。至少在清初，中國已經出現了一些類似重商主義的經濟思想。其中靳輔〔註1〕和慕天顏〔註2〕的思想具有很強的代表性。

靳輔認為：「然天下賴以往來不絕者，惟白銀為最。蓋天下之物，無貴賤，無小大，悉皆準其價值於銀，雖奇珍異寶，莫不皆然，是銀操世寶之權慕重，而不可片時或缺者也。但海內之銀見存有限，而日耗無窮。……凡天下增銀為流通不匱乏之計者，洵當並為興舉也。夫銀之為物產自山中，然多生於海外日本諸國，而直省則間或有之。今直省之間有者，固當開採，而海外之產亦宜使之源源而來，以足天下之用也。……至於海外之銀，向有各直省貪利之民往往操綢、絲、藥餌等物為彼地所需者，乘船而往，易銀而歸。……實因海禁太嚴，財源杜絕，有耗無增，是以民生窮困。……臣聞內地絲綢等一切貨物載至日本等處，多者獲利三四倍，少亦有一二倍。江浙閩粵四省但得每省每歲有值銀一百萬兩之貨物，出洋則四省之民每歲可增貨財七八百萬。……倘果蒙皇上允行，則海內之貨易於求售，可免過賤虧商，而海外之銀必淵源而至，雖有日耗，隨有日增，其所以資天下流通不匱之用者無盡無休。」〔註3〕

慕天顏在請求朝廷解除海禁時說：「自兩稅之法行，而國用之徵求惟以金錢為急。上下相尋，惟乏金之是患也，久矣。然銀兩之所由生，其途二焉，

〔註1〕靳輔（1633～1692），字紫垣，漢軍鑲黃旗人，清康熙時治河名臣。官至河道總督。著有《治河方略》、《靳文襄公奏疏》等。

〔註2〕慕天顏（1624～1696），字拱極，甘肅靜寧人。順治十二年進士，授浙江錢塘知縣。康熙間歷任江蘇布政使、江寧巡撫。

〔註3〕靳輔：《靳文襄公奏疏》，《生財裕餉第二疏——開洋》卷7，第877～890頁。

一則礦礫之銀也。一則番舶之銀也。自開採既停，而坑冶不當復問矣；自遷海既嚴，而片帆不許出洋矣。生銀之兩途並絕，則今直省之所流轉者，止有現在之銀兩。凡官司所支計，商賈所貿市，人民所恃以變通，總不出此。而且消耗者去其一，湮沒者去其一，埋藏製造者有去其一，銀日用而日虧，別無補益之路，用既虧而愈急，終無生息之期。如是求財之裕，求用之舒，何異塞水之源，而望其流之溢也。豈惟舒裕爲難，而匱詘之憂日甚一日，將有不可勝言者矣。……惟一破目前之成例，曰開海禁而已。蓋礦礫之開事繁而難成，工費而不可必，所取有限，所傷必多，其事未可聚論也。惟番舶之往來，以吾歲出之貨，而易其歲入之財；歲有所出，則於我毫無所損，而殖產交易，愈足以鼓藝業之勤；歲有所入，則在我日見其贏，而貨賄會通，立可去貧寡之患。銀兩既以充溢，課餉賴爲轉輸，數年之間，富強當可坐致，較之守故局，議節議捐，其得失輕重，有不啻徑庭者矣。」〔註4〕

應當說，靳輔和慕天顏的經濟思想與西方的重商主義思想具有很多相似之處。他們都認爲白銀是國家的重要財富，把充足的白銀視爲國家富裕和商業繁榮的保證。二人把開採銀礦和對外貿易看做是國家獲取白銀的兩個主要途徑，認爲國內的銀礦有限並且難於開採，開採銀礦並不是增加白銀的良策，而與海外通商則是使中國得到充足白銀的最理想途徑。他們都主張解除海禁，開展對外貿易，通過出口本國貨物來換取大量的海外白銀，以促進國內貿易的發展和增加國家的收入。慕天顏更是注意到對外貿易對國內手工業的發展有所幫助，認爲「殖產交易」可以「鼓藝業之勤」。他們的這些觀點與重商主義的看法是接近的。在清朝初年，這些重商觀點十分可貴，是在中國封建社會後期商品經濟不斷發展的情況下的產物，是中國古代經濟思想中的亮點。可惜的是，二人的主張都未能引起統治者的重視。

靳、慕的看法同西方的重商主義相比，也存在著一些不同之處。西方的重商主義思想強調對外貿易中要使本國的出口大於進，並提出了一系列鼓勵出口和限制進口的政策和措施。靳輔和慕天顏則並沒有對進口給予足夠的重視，將對外貿易簡單的看成是用出口貨物換取國外白銀的行爲，也缺乏具體的鼓勵出口和限制進口的措施，沒有把對外貿易看成是一種具有很強競爭性的商業活動。重商主義主對本國工場手工業十分重視，主張國家主動推行一

〔註4〕慕天顏：《請開海禁疏》，《皇朝經世文編》卷26，《戶政》一，《理財》上，第39～41頁。

系列促進本國工場手工業發展的政策措施，以提高本國商品的競爭力。靳、慕並沒有提出發展國內工場手工業的看法。此外，西方的重商主義已經十分重視通過精確的數量統計來瞭解國內金銀實際數量的變化，將對金銀流向的認識建立在不斷完善的科學統計的基礎之上。中國的各種經濟思想普遍缺乏對科學統計的運用。他們並不是在大量數據統計的基礎上來分析國內金銀的實際數量和流向，而是根據物價高低等因素來進行判斷。例如，中國往往採用的是「物多則賤，少則貴」的方法，將物價的升降和白銀數量的增減直接聯繫起來。當物價上漲時，就認為是白銀數量增加造成的；而物價下跌時，就認為是白銀數量減少造成的。這種判斷方法顯然是錯誤的。導致物價變化的因素很多，並非只和白銀數量的多少有關，把物價變化和白銀數量變化直接掛鉤顯然是不合適的。只有通過科學的數量統計，才能真正掌握國內白銀數量的變化及流向。

第二節 貿易差額論對年度貿易報告的影響

重商主義作為最早的國際貿易理論，對西方乃至全世界的貿易思想及政策都產生了重大影響。在中國近代海關工作的外籍人員也都不同程度受到重商主義的影響，並在年度貿易報告中有所體現。因此，海關年度貿易報告帶有了明顯的重商主義烙印。其中，貿易差額論思想體現的尤為明顯。

中國在對外貿易中的進出口價值是否平衡，一直是近代海關最為關心的經濟問題之一。在年度貿易報告中，一直強調出口貨物的總價值不應低於進口貨物和各項還款的價值之和，以避免白銀外流。如1898年的全國貿易報告中說：「詳核歷年總冊，進口貨物每多於出口，在留心時事者，總以為銀錢流出，竊有隱憂，不但購辦洋貨，尚有借款利息亦需償還，再加採辦軍裝、出使經費，種種出項無非兌銀出口，漏卮不塞，伊於胡底。」〔註5〕1899年的全國貿易報告指出：「況現在國家尚有應還之洋款，非多備出口土貨不足以開源節流。緣以銀還款，流不能節；以貨還款，而源自開。」〔註6〕1904年的全國貿易報告中認為：「論進出款事，均應時在念中。大凡各國出款，皆借貨物

〔註5〕《光緒二十四年通商各口華洋貿易情形總論》，《中國舊海關史料》第28冊，京華出版社2001年版，中文第12頁。

〔註6〕《光緒二十五年通商各口華洋貿易情形總論》，《中國舊海關史料》第30冊，京華出版社2001年版，中文第14頁。

以相抵制。中國既有進口洋貨，又有賠還款項，全恃出口土貨。如貨不足抵，即須現銀以補之。可見出口貨多，利不外溢；出口銀多，受累匪淺。」〔註7〕在地方的年度貿報告中，也有著類似的論述。如 1890 年鎮江的貿易報告指出：「若照出口土貨所售之銀以抵進口之貨數，實不能敷。由於內地土產無多，故往上海購辦洋布、洋藥者，均須置備現銀。華人每謂洋貨之銷行日旺，中國金銀流出外洋者不知凡幾，果能出口之土貨日漸加增，庶利源不至外溢。現據商人云，洋貨運入內地最爲便捷，若能土貨運出內地亦如洋貨之利便，則土貨之暢銷當可與洋貨相埒。」〔註8〕可以看出，這些年度貿易報告認爲中國只有出口貨物的總值能夠與進口貨物以及賠還的款項總值相互抵消，才能保證利不外溢，否則就只能不斷輸出白銀，使國家受累匪淺。報告中的這些表述體現出了貿易差額論的思想。

貿易差額論又稱「貿易平衡論」，是晚期重商主義的代表性觀點。它強調一個國家在對外貿易時，應儘量使輸出超過輸入，形成有利於本國的貿易差額，以增加國家的金銀財富。這種思想在西方曾經盛行一時。在它出現之前，歐洲所流行的是早期重商主義所倡導的貨幣差額論。貨幣差額論強調在對外貿易中，應當儘量保證每筆交易都實現順差，主張通過法律和行政手段來禁止金銀的輸出，以確保金銀能夠留在國內。但隨著各國的商貿交往日益頻繁，經濟聯繫更加緊密，對貨幣交易進行限制和管制的辦法已經無法再適應商品經濟發展的需要，因此被晚期重商主義強調整體貿易順差的貿易差額論所取代。

在 16 世紀，貿易差額就已經開始在西方流行。托馬斯‧孟〔註9〕在《英國得自對外貿易的財富》一書中對貿易差額論有著經典的表述。他說：「對外貿易是增加我們的財富和現金的通常手段，在這一點上我們必須時刻謹守這一原則：在價值上，每年賣給外國人的貨物，必須比我們消費他們的爲多。」〔註10〕從托馬斯‧孟的表述說明，此時的重商主義者已經不再追求每一項對

〔註7〕《光緒三十年通商各口華洋貿易情形總論》，《中國舊海關史料》第 40 冊，京華出版社 2001 年版，中文第 30～31 頁。

〔註8〕《光緒十六年鎮江口華洋貿易情形論略》，《中國舊海關史料》第 16 冊，京華出版社 2001 年版，中文第 139 頁。

〔註9〕托馬斯‧孟（Thomas Mun，1571～1641），晚期重商主義的代表人物，英國貿易差額說的主要倡導者。出生於倫敦的一個商人家庭，早年從商，成爲英國的大商人。1615 年擔任東印度公司的董事，後又任政府貿易委員會的常務委員。

〔註10〕〔英〕托馬斯‧孟，南懷宇譯：《英國得自對外貿易的財富》，商務印數館 1965 版，第 4 頁。

外貿易都實現順差，而是強調一國的總體對外貿易保持順差，從而使金銀流向國內。晚期重商主義所主張的貿易差額論也反對過去禁止將金銀輸出到國外的做法，認爲只要輸出貨幣能爲國家帶來更多的收入，就應當鼓勵。貿易差額論的盛行爲西方的資本主義原始積累和資本主義生產方式的成長起到了一定的幫助，對後世也產生了深遠的影響。時至今日，貿易差額論依然對世界各國的外貿政策有著不同程度的影響。

　　確保總出口大於總進口對於晚清時期的中國經濟有著極爲重要的意義。眾所周知，在對近代對外貿易中，中國的入超年份多於出超年份，清末更是如此。白銀一直是近代中國的基本貨幣，它的充足與否，關係到中國的經濟能不能順暢運行。而讓土貨的出口價值不低於洋貨的進口價值，是阻止白銀外流的最重要手段之一。所以保持中國對外貿易的平衡至關重要。年度貿易報告爲了幫助中國實現貿易的平衡，提出了很多有益的建議。

　　年度貿易報告將促進出口看成是維持對外貿易平衡的重中之重，認爲要想確保本國產品的競爭力，就要先發展易於仿製的工業品，充分利用國內的自然資源。例如 1889 年的全國貿易報告針對洋貨進口過多所導致的貿易逆差的局面，建議優先發展容易仿造的工業品和國內盛產的農產品及礦產，以抵制洋貨。報告認爲：「洋貨中，中國當先擇易於仿行者，力圖自造，以免利源外溢。」在工業品上，報告推薦了較易仿製的火柴。對於農產品和礦產，報告稱：「若煤斤、棉花、米糧，中國土產極富，使收成暢旺，無須購之外洋。計十五年進口之煤約三十七萬噸（英國二千二百四十磅得中國一千六百八十斤爲一噸），自日本來者過半，此後中國開採日廣，不惟無須仰求於人，更可運銷他國。其外洋棉花進口計十一萬三千五百擔，皆運銷廣東一省，此非常業，蓋中國棉花之出洋較洋花之入口多逾四倍，將來亦可改銷土產也。」〔註11〕1902 年的全國貿易報告中也提倡充分利用中國的天然條件來增加土貨的出口，以維持對外貿易的平衡。「中國地大物博，生成材料天然之利，愈出愈多。如其出口土貨竟能稍增，進口洋貨比其略少，則出入款項即可扯平。」〔註12〕中國擁有十分豐富的煤炭資源，一旦進行大規模開採，不僅可以滿足國內的需求，還能大量出口。但限於落後的技術和匱乏的資金，國內難以建立足

〔註11〕　《光緒十五年通商各口華洋貿易情形總論》，《中國舊海關史料》第 15 冊，京華出版社 2001 年版，中文第 14～15 頁。
〔註12〕　《光緒二十八年通商各口華洋貿易情形總論》，《中國舊海關史料》第 36 冊，京華出版社 2001 年版，中文第 11 頁。

夠的近代化煤礦。運輸的不便和過重的賦稅又使得國產煤炭的成本過高,難以同洋煤競爭。因此,中國每年仍需進口煤炭。1898 年的全國貿易報告對中國在擁有大量優質煤礦的情況下依然大量進口煤炭的狀況表示了惋惜。「所惜者,中國煤礦既旺,質又甚佳,何以不設法開採,免購他人之物,而又增一大宗之進項也。」〔註 13〕1901 年的全國貿易報告中表達了希望國內開採更多煤炭,以避免進口洋煤,減少利源的外溢的看法。報告說:「洋煤進口仍多,足見中國自有之利不肯設法開採,任憑利源外溢。以本年進口洋煤而論,竟有一百十五萬二千九百餘噸之多。」〔註 14〕貿易報告中所給出的充分利用國內的自然資源來維持貿易的平衡的意見,符合當時中國的實際情況。中國作爲一個疆域遼闊,自然資源豐富,但近代化水平較爲落後的國家,先充分發揮本國的資源優勢來擴大出口,是比較合理的選擇。

晚清時期中國出口的商品以農產品或者初級加工的工業品爲主,這和國內的工業技術落後有很大關係。而出口商品的技術含量不足是中國在對外貿易中處於不利位置的重要原因。在本國科技水平較爲落後的情況下,引進國外先進機器是提升土貨競爭力的重要手段。1895 年的全國貿易報告對中日剛剛簽訂的《馬關條約》中允許將各項機器任便裝運進口的條款給予了積極的評價。報告說:「伏查馬關新訂條約可准華洋各商裝運機器進口,似此推廣,利源商務之起色,有不期然而然者矣。」〔註 15〕上海同年的報告也談道:「按馬關所訂之合約,華洋各商俱可任便購運機器,興作各項工藝。本埠已建有紡織、繅絲等廠,將來中國所產紗布諸貨勢必與印度來者相爭衡。」〔註 16〕

進口機器設備對於科技水平明顯落後的於西方國家的中國來說,具有重要的意義。一個工業技術落後的國家要想成爲工業強國,絕不可能一蹴而就,需要經過一個漫長的追趕過程。從國外進口先進的技術設備是一國在技術相對落後時,迅速提升本國商品附加值,增強出口商品競爭力的最好選擇。貿易報告看到了開放機器進口爲中國經濟發展帶來的好處,尤其是對於提高土

〔註 13〕 《光緒二十四年通商各口華洋貿易情形總論》,《中國舊海關史料》第 28 冊,
　　　　京華出版社 2001 年版,中文第 14 頁。

〔註 14〕 《光緒二十七年通商各口華洋貿易情形總論》,《中國舊海關史料》第 34 冊,
　　　　京華出版社 2001 年版,中文第 16 頁。

〔註 15〕 《光緒二十一年通商各口華洋貿易情形總論》,《中國舊海關史料》第 22 冊,
　　　　京華出版社 2001 年版,中文第 11 頁。

〔註 16〕 《光緒二十一年上海口華洋貿易情形論略》,《中國舊海關史料》第 22 冊,京
　　　　華出版社 2001 年版,中文第 159 頁。

貨的競爭力，促進中國實現貿易平衡方面的幫助，因此對這一條款給予了較高的評價。

1897 年的全國貿易報告介紹了購進機器對提高土貨競爭力所帶來的幫助。報告說：「並聞蕪湖、鎮江現用機器提出蛋黃，僅存蛋白。漢口亦購機器仿製火柴。福州上年購辦機器焙製各茶，漢口本年已經仿傚。又聞上海將雞、鴨各毛亦效西法，購用機器分別揀淨，人工既省，出貨又多，誠所謂事半而功倍。風氣已開，商人為利是圖，誰不樂相則效？逆料此項貿易將來中國可以獨擅其利。謂予不信，不妨拭目以俟之。」〔註 17〕1902 年蘇州的報告記錄了用機器榨油的優勢。「菜子運往東洋者四萬擔，比之從前可謂多矣。該菜子產於常熟地方，聞日商運回，係用機器榨油。以鄙人愚見，倘華人購置機器，自行榨油，運往東洋銷售，則運油之費比運菜子較省，必能獲利。」〔註 18〕可見，貿易報告中對通過引進機器來提升中國商品的競爭力的做法十分推崇，並希望推廣這種做法，以扭轉對外貿易不利的局面。

但也應該看到，中國近代民族工業在引進國外機器設備後，也並非就能一帆風順，依然會面對巨大的競爭壓力。一些貿易報告中也注意到了在使用進口機器後所面臨的一些挑戰。如 1909 年廣州的報告講道，購機器製造零碎雜物，年復一年，獲利漸少，這是由於此項營業洋行則貶價競爭，商販則資本無多，清款無期所導致的〔註 19〕。

貿易報告還對華人在工業品仿製方面所取得的進步給予了充分的讚揚。如 1908 年的全國報告談了工業品仿製方面所取得的一些成就。「出口貨物之茂盛，及各項工業之進步，將來佳兆不卜可知。本年上海仿製棉紗運銷各口計三十五萬擔，值八百七十七萬二千兩，較之上年，百分中多有八十八。麵粉計七十五萬三千一百八十擔，值二百七十一萬七千兩，較之上年，百分中多有三十八。漢口之特色即係漢陽鐵廠之鐵與鋼，礦苗產自大冶，煤炭產自萍鄉。以上僅舉大宗之貨而言，已臻此極。餘如他處他貨，諒不數年後，中國亦當列入工業之國。其故即因天然之出產生成美利，人民之性質素耐勤勞，

〔註 17〕 《光緒二十三年通商各口華洋貿易情形總論》，《中國舊海關史料》第 26 冊，京華出版社 2001 年版，中文第 11 頁。

〔註 18〕 《光緒二十八年蘇州口華洋貿易情形論略》，《中國舊海關史料》第 36 冊，京華出版社 2001 年版，中文第 208 頁。

〔註 19〕 《宣統元年廣州口華洋貿易情形論略》，《中國舊海關史料》第 51 冊，京華出版社 2001 年版，中文第 390 頁。

再加在上者隨時鼓勵，轉瞬之成效諒有可觀。」〔註20〕1909 年的全國貿易報告說：「華人仿製工藝大有進步。若論進口洋貨在出售之國視爲所得之利，終覺遜於出口之土貨。雖洋貨所得價值除一千九百五年外，當推本年爲最占優勝之年分。」〔註21〕「煤油實爲家用必需之物，較上年數目十成中減少兩成有奇。揆厥來由，計有數端。大約貨價太昂，菜油多出，兼之中國各處城市近來設電光機器，既穩且便又雅觀，均足與煤油燈爭勝一時，並恐將來更有甚至焉。」〔註22〕從中我們可以看出，中國通過自身的努力，民族工業在清末時已經取得了顯著的進步。

國產貨物品質差、摻假多的問題，一直是中國商品出口的頑疾。貿易報告多次指出了此類問題的危害性，強調保證貨物品質的重要性。如 1894 年的全國貿易報告介紹中國的羊毛出口所存在的質量缺陷和所具備的發展潛力。「惜羊毛獨尚粗而不細，倘能再加精選，則羊毛之市當可甲於天下。目前應推新金山所產爲巨擎，竊以中國郊原平曠，利於畜牧。如長江以北，暨蒙古等處，其牧野之場廣而且大，尤非新金山所可及。刻當銀價咸宜，羊毛生意自必悉如所願。」〔註23〕報告中還說：「以中國地大物博，若此後於土產能盡人事栽培，開拓銷路，亦足以補其失。」〔註24〕報告認爲中國的土產只要能盡人事栽培，前景會十分樂觀。1899 年的全國貿易報對摻假貨物的種類進行了舉例說明。「所謂摻假各物，茲舉大者而言之。如草帽纓、黃白蠟、山羊皮、生牛皮、毛類、牛油、麝香、大黃、五棓子、信石、麻、菸葉等，均係流弊甚多。其意不過希圖欺飾，買主多得漁利。」由於土貨的摻假對中國貿易有著嚴重的危害，「國家既知此等流弊，應該設法整頓。」報告希望政府應該有更多作爲，通過積極開導，使商民意識到貨物質量的重要性，以保證土貨的品質，提升出口商品的競爭力。「中國地大物博，出產甚饒。國家亟應開導商

〔註20〕 《〔光緒三十四年通商各口華洋貿易情形總論》，《中國舊海關史料》第 48 冊，京華出版社 2001 年版，中文第 10 頁。
〔註21〕 《宣統元年通商各口華洋貿易情形總論》，《中國舊海關史料》第 51 冊，京華出版社 2001 年版，中文第 9 頁。
〔註22〕 《宣統元年通商各口華洋貿易情形總論》，《中國舊海關史料》第 51 冊，京華出版社 2001 年版，中文第 17～18 頁。
〔註23〕 《光緒二十年通商各口華洋貿易情形總論》，《中國舊海關史料》第 21 冊，京華出版社 2001 年版，中文第 15 頁。
〔註24〕 《光緒二十年通商各口華洋貿易情形總論》，《中國舊海關史料》第 21 冊，京華出版社 2001 年版，中文第 16 頁。

民，指出某貨因其作偽不合銷路，某貨因其草率不得善價，使商民自知觀感，群相警戒，勿爲目前之小利而礙及後來之絕大生意。」〔註25〕1900 年的全國貿易報告指出，土貨的貨色之雜是由於貪圖小利，以假混眞，不肯留心工作，銷路難合〔註26〕。1901 年的貿易報告認爲：「國家如能整頓土貨，不使作偽，亦非窒礙難行之事。」報告進行了舉例說明。「即如棉花向有侵水之弊，嗣由上海關道出示禁止，而各紗廠因此頗得獲利之效。煙葉中國本好，商人亦能賺利。光緒二十四年出口已有三十七萬一千一百餘擔，迨後華商只知貪目前之小利，而不顧後來生意，每每黴濕損壞之葉摻雜其中，以致今年大爲減色。本年比去年雖覺稍起，但出口亦僅有十五萬八千三百餘擔。豬鬃一項頗不爲缺，貨色亦佳，惟不揀選，以致出口不能見旺。」〔註 27〕報告還舉了大黃和草帽辮的例子進行說明。「大黃本年出口則僅有五千五百一擔，各商皆有怨言，以爲華人挖裝不肯留心，以至如此。草帽纓本年出口有九萬四千七十五擔，自光緒二十三年後，即以本年爲最。惟美國市面則愛銷日本貨物，因其制作整齊，貨色匀靜。」〔註28〕報告在分析妨礙土貨銷售的原因時說：「惟洋商嘖有煩言，實緣外洋銷售土貨愈多，洋商在華自然爭購。因其多購，而華商即乘機或以次等充作上等，或以偽貨摻作眞貨，百病叢生，防不勝防。」〔註29〕1908 年的全國貿易報告再次強調商品作偽的危害。「所慮者，希圖厚利不顧名譽作偽之事時有所聞。即如棉之浸水，煤之摻石，麥之不潔，以及絲、茶仍以積習相沿，不圖整頓。當此商務競爭之時，自甘退讓，終不免處於危地。」〔註30〕

除質量問題外，交通不便和稅釐過重也制約著土貨的競爭力。1899 年的全國貿易報告談了土貨價格過高的問題。「價值之大由於水陸兩途運費浩繁，

〔註25〕《光緒二十五年通商各口華洋貿易情形總論》，《中國舊海關史料》第 30 冊，京華出版社 2001 年版，中文第 14～15 頁。

〔註26〕《光緒二十六年通商各口華洋貿易情形總論》，《中國舊海關史料》第 32 冊，京華出版社 2001 年版，中文第 14 頁。

〔註27〕《光緒二十七年通商各口華洋貿易情形總論》，《中國舊海關史料》第 34 冊，京華出版社 2001 年版，中文第 17 頁。

〔註28〕《光緒二十七年通商各口華洋貿易情形總論》，《中國舊海關史料》第 34 冊，京華出版社 2001 年版，中文第 18 頁。

〔註29〕《光緒二十七年通商各口華洋貿易情形總論》，《中國舊海關史料》第 34 冊，京華出版社 2001 年版，中文第 17 頁。

〔註30〕《光緒三十四年通商各口華洋貿易情形總論》，《中國舊海關史料》第 48 冊，京華出版社 2001 年版，中文第 10 頁。

兼之沿途關卡節節抽收，釐稅甚重。」報告認為：「如有鐵路，水腳無幾，貨價固廉。再能多運，貨價尤減。殆以無奇貨之可居，爭相出售，價不能昂。」〔註31〕1901 年的全國貿易報告說：「殆以洋債甚多，土貨不旺，債恐難償，實與大局有關，支持不易。按新約大綱所定，每年償款須關平銀一千八百萬兩始可敷足。以後出口土貨如比本年能增一成半之數，即敷抵償。此項鉅款若照極旺之光緒二十五年，出口貨價已有一萬九千五百七十八萬四千餘兩，則一成半之數不難增。至鐵路、火車再能日漸推廣，其區區一成半之數，更係易事。」〔註32〕

　　近代中國擁有大量的出洋務工人員，其中多數來自東南沿海地區。他們帶回的大量財富對當地的經濟有著不可忽視的影響。1904 年廈門的報告就對此進行了分析。報告說：「本處用以買進洋貨之款，共關平銀九百九十四萬二千餘兩，而出洋土貨之售價共只關平銀二百一萬八千餘兩，彼此相衡，幾短八百萬兩。苟無以補，此漏卮不免有財源外溢之患。然人多謂洋客攜歸之款或足相償，蓋廈門一帶各居民出外謀生者眾，或應雇工，或為貿易，或已歸，或未返，而每歲付銀回家者，十有其八。此等旅客早晚必歸故鄉，歸時不但錢財與之俱來，且染西國起居飲食之習，大牛衣西國之布帛，居西式之房屋，效西人之度日。此等人較為富足，閩省南方各處莫不有之，故廈地洋貨各商多蒙其利益。若謂與其費此鉅萬之資以購西國製成之物，雖購用者暫獲暢適，而使本國銀錢去不復回。何如以之開本土之礦，並展拓各項工藝，之為愈乎。販運製成之生料進口固為貿易之佳兆，惟本年結冊所紀，運進之大宗貨物多屬洋藥及已成之布疋、金類等，倘略加奮發有為，此等貨本土非但足用，更可轉運出洋。綜觀本口，現在貿易實未得謂之佳境也。」〔註33〕廈門的報告提出的利用這些從海外歸來的人員帶回的大量財富，發展本地的工業，以抵制洋貨的進口和促進土貨的出口的建議，符合廈門的實情，是十分可取的。

　　通過對上述介紹，我們不難看出，貿易報告將維持對外貿易平衡的重點放在了提升土貨的競爭力上，表達了希望通過仿製國外工業品和利用本國自

〔註31〕 《光緒二十五年通商各口華洋貿易情形總論》，《中國舊海關史料》第 30 冊，京華出版社 2001 年版，中文第 14 頁。

〔註32〕 《光緒二十七年通商各口華洋貿易情形總論》，《中國舊海關史料》第 34 冊，京華出版社 2001 年版，中文第 17 頁。

〔註33〕 《光緒三十年廈門口華洋貿易情形論略》，《中國舊海關史料》第 40 冊，京華出版社 2001 年版，中文第 285～286 頁。

然資源優勢來增強土貨的競爭力，以保持進出口平衡的看法。報告中還談了一些制約土貨競爭力的問題，提出了很多有價值的改進辦法。些都是貿易差額論思想在貿易報告中的具體應用。

　　除此之外，貿易差額論的思想在幾種大宗進出口商品的分析中體現的尤為明顯。由於這些大宗商品對中國能否保持貿易平衡有著極大的影響，因此貿易報告中不僅記錄了它們每年銷售數量和價值的變化，還分析了變化的原因，提出了很多整頓辦法。本章將在後面各節對貿易報告中關於茶、絲、鴉片、棉織品等主要大宗商品的內容進行逐一介紹。

第三節　茶與貿易平衡

　　茶葉是近代中國最重要的出口商品之一，對維持貿易平衡有著舉足輕重的作用。海關對於茶葉的出口格外關注。在貿易報告中，對每年茶葉的銷售狀況都進行了介紹，還分析了日益衰敗的華茶所存在的各種病症，並給出了很多整頓茶務建議。

一、華茶的衰敗

　　中國是茶的故鄉和茶文化的發源地。有益於人類健康的茶葉一直深受中國人的喜愛。16 世紀，荷蘭商船將茶葉帶進歐洲。在歐洲茶商的努力推廣下，越來越多的西方人逐漸喜歡上了這種來自東方的飲品。至 18、19 世紀，它已經受到西方各國的廣泛青睞。由於歐美對茶的需求不斷增加，中國的茶葉出口量也出現了顯著的提升。茶成為清代出口價值最多的商品，並長期在中國的出口貨物中佔有很大的比重。

　　在 19 世紀中期之前，中國出口的茶葉一直在國際市場上處於壟斷地位，並為中國帶來巨額的外貿收入。至 19 世紀 60 年代，華茶的銷量依然在國際市場上佔據絕對優勢，保持了超過 90% 的市場份額。但隨著印度、錫蘭、日本等國茶業的興起，國際茶業市場上的華茶獨大的局面被徹底打破。華茶所佔據的市場份額開始被這些新興的茶葉出產國不斷蠶食。從 70、80 年代開始，來自印度、錫蘭和日本出口的茶葉在國際市場上已經對華茶形成了巨大的競爭。在日益激烈的競爭中，華茶節節敗退。至 90 年代，華茶的國際市場份額已經下降到 30% 多，1910 年更是跌至 27.74%。茶葉在中國出口商品中所佔的比重也大幅下降，從 19 世紀前期占總份額的 80% 以上，跌到 19 世

紀末的不足 20%的份額。1891 年，生絲取代了茶葉，成爲中國出口價値最多的商品。

表 2.1　1868～1911 年中國茶葉出口總量、總值及均價

年份	總量（萬擔）	總值（萬海關兩）	均價（海關兩／擔）	年份	總量（萬擔）	總值（萬海關兩）	均價（海關兩／擔）
1868	144.09	3336.81	23.16	1890	166.54	2666.35	16.01
1869	152.85	3327.72	21.77	1891	175.00	3102.86	17.73
1870	136.91	2718.37	19.86	1892	166.27	2598.35	15.63
1871	167.83	3619.91	21.57	1893	182.08	3055.87	16.78
1872	177.46	4021.11	22.66	1894	186.23	3185.46	17.10
1873	161.74	3527.75	21.81	1895	186.57	3244.99	17.39
1874	173.54	4118.60	23.73	1896	171.28	2015.69	17.61
1875	181.84	3669.75	20.18	1897	153.22	2921.65	19.07
1876	176.28	3664.79	20.79	1898	153.22	2921.65	19.07
1877	190.99	3334.01	17.46	1899	153.86	2887.95	18.77
1878	189.90	3201.32	16.86	1900	163.08	3146.91	19.30
1879	198.75	3327.17	16.74	1901	138.43	2544.48	18.38
1880	209.71	3572.82	17.04	1902	115.80	1851.28	15.99
1881	213.75	3289.03	15.39	1903	151.92	2285.98	15.05
1882	201.71	3133.22	15.53	1904	167.75	2633.36	15.70
1883	198.71	3217.40	16.19	1905	145.12	3020.20	20.81
1884	201.62	2905.51	14.41	1906	136.93	2544.57	18.58
1885	212.87	3226.90	15.16	1907	140.41	2662.96	18.97
1886	221.72	3350.48	15.11	1908	161.01	3173.60	19.71
1887	215.30	3004.11	13.95	1909	157.61	3293.31	20.89
1888	216.75	3029.33	13.98	1910	149.84	3356.71	22.40
1889	187.73	2825.73	15.05	1911	156.08	3593.12	23.02

根據海關貿易報告，1868～1903 年的出口總值爲市價，未包含關稅、出口商利潤及其他相關費用。1904～1911 年的海關計價以離岸價（F.O.B）爲標準。

資料來源：摘自海關貿易統計報告。

　　從表 3.1 可以看出，十九世紀 80 年代末，中國的茶葉出口量開始出現滑趨勢。華茶出口規模從 1880～1888 年每年出 200 萬擔以上，下降到 1897～1911 年每年出口 150 萬擔左右。

　　早在 80 年代，貿易報告就開始關注華茶在主要出口國的銷售形勢以及影響其銷售的主要國際因素。如 1882 的全國貿易報告稱，本年中國的茶葉價格在歐洲市場上的下跌是因為受到了來自日本和印度阿薩姆邦所產茶葉的競爭。由於它們的衝擊，中國茶葉的銷量和利潤都有所下滑〔註 34〕。日本綠茶的競爭也對銷往美國市場的中國綠茶產生了明顯影響。同時，美國的茶葉市場也出現了一些變化。紐約每周的競價可以使茶商拿到最低出價的茶葉。茶商能夠以很低的價格購得綠茶，也和此項進口貿易中出現了向少數大商家集中的趨勢有關。這些商家擁有龐大的規模和雄厚的資本，使它們可以承受很低的利潤〔註 35〕。1883 年的全國貿易報告提到，本年英國和美國市場的綠茶價格有了明顯提升。其中，由於美國開始推行禁止輸入不正茶的條例，對進口茶葉實行嚴格質量檢查，使中國茶葉對美出口數量明顯減少。1882 年出現的經濟危機也是影響美國茶葉進口另一個重要因素。美國進口的綠茶從 18000000 磅降至 11500000 磅。中國對英國的出口則增加了 700000 磅。兩國的綠茶價格都有大幅提升。同時很多進口商在需求疲軟的時候繼續保持他們的庫存，鼓舞了美國的綠茶市場，提升了市場的信心〔註 36〕。1884 年的全國貿易報告指出歐洲市場不再歡迎來自中國的紅茶〔註 37〕。從貿易報告 80 年代的記錄中可以看出，報告已經非常注重從國際視野上來分析茶葉的出口形勢，將重點放在了影響茶葉出口的國際因素上。

　　90 年代之後，貿易報告對茶葉出口的形勢更加關注。1896 年的全國貿易報告在談及本年茶葉銷售情況時說：「紅茶本年獲利無幾，因英商在印度所種之茶較甚於此。綠茶大半運往美國，亦無利之可圖。印度近來茶雖多，而購用華茶亦不為少，大率均係綠茶。」報告把 1887、1892、1893、1894、1895、

<hr />

〔註 34〕《Trade Reorts And Returns，1882》，《中國舊海關史料》第 9 冊，京華出版社 2001 年版，第 459 頁。

〔註 35〕《Trade Reorts And Returns，1882》，《中國舊海關史料》第 9 冊，京華出版社 2001 年版，第 462 頁。

〔註 36〕《Trade Reorts And Returns，1883》，《中國舊海關史料》第 10 冊，京華出版社 2001 年版，第 7 頁。

〔註 37〕《Trade Reorts And Returns，1884》，《中國舊海關史料》第 10 冊，京華出版社 2001 年版，第 429 頁。

1896 這六年中各國購買中國所產的紅茶和綠茶進行了列表,「以便留心茶務者一目了然」〔註38〕,見表 2.2。

表 2.2　中國紅茶、綠茶出口數量

單位:擔

	1887 年	1892 年	1893 年	1894 年	1895 年	1896 年
運往印度茶葉	15800	33700	43200	35400	32500	46700
運往各國紅茶						
英國	729022	313978	322235	259269	203785	171113
新金山(墨爾本)、紐西蘭(新西蘭)	169905	122691	91891	80583	84773	46910
加拿大	9488	5416	11089	6232	3689	15904
美國	175142	209603	202797	258884	163569	115053
歐羅巴(除英、俄兩國之外)	8827	13658	20838	25506	29357	29865
俄國(由水道)	93467	117254	164029	169104	204747	170059
俄國(由天津陸路經恰克圖)	173559	89707	89707	158727	179633	144943
俄國(圖們江北)	11029	2381	2381	19939	36006	19260
運往各國綠茶						
英國	59584	47193	43811	45428	46660	42170
新金山(墨爾本)、紐西蘭(新西蘭)	168	112	19	13	27	81
加拿大	1514	3306	4186	2668	7903	5808
美國	98957	98320	139490	144313	147548	111042
歐羅巴(除英、俄兩國之外)	181	1229	615	606	617	1674
俄國(由水道)	無	無	無	5	2156	4581
俄國(由天津陸路經恰克圖)	無	無	793	953	無	無
俄國(圖們江北)	2	19	11	6	12	27

資料來源:《光緒二十二年通商各口華洋貿易情形總論》,《中國舊海關史料》第 24 冊,京華出版社 2001 年版,中文第 15～16 頁。

〔註38〕　《光緒二十二年通商各口華洋貿易情形總論》,《中國舊海關史料》第 24 冊,京華出版社 2001 年版,中文第 14～15 頁。

從表 2.2 可以看出，在華茶的幾個主要銷售地中，銷往英國和澳洲的茶葉數量在不斷下降，並且降幅很大。而銷往俄國的茶葉則較 1887 年有所增加。銷往美國的綠茶從 1895 年開始出現明顯下滑，紅茶在 1896 年的銷量也出現大幅下降。中國茶葉出口的整體狀況在不斷惡化。

1906 年的全國貿易報告將華茶在銷往英、美的茶葉總量中所佔的比重進行了列表說明，並在隨後幾年的報告中都提供了相關信息，見表 2.3、2.4。

表 2.3　1904～1911 年在英國的銷茶總量以及華茶銷量和所佔比重

年份	1904 年	1905 年	1906 年	1907 年
總量	1924950 擔	1943165 擔	2026035 擔	2054925 擔
華茶	82860 擔	49942 擔	42540 擔	72966 擔
比重	4.2%	2.5%	2.1%	3.43%
年份	1908 年	1909 年	1910 年	1911 年
總量	2065614 擔	2131951 擔	2157549 擔	2210000 擔
華茶	66906 擔	61583 擔	77320 擔	107320 擔
比重	3.14%	2.88%	3.58%	4.83%

資料來源：根據 1906～1911 年貿易報告整理。

表 2.4　1904～1909 年在美國的銷茶總量以及華茶銷量和所佔比重

美國	1904 年	1905 年	1906 年	1907 年	1908 年	1909 年
總量	719931 擔	704788 擔	670800 擔	743850 擔	680200 擔	783830 擔
華茶	309552 擔	272237 擔	247162 擔	248526 擔	201074 擔	253814 擔
比重	43%	38.6%	37%	33.4%	29.4%	31.4%

資料來源：根據 1906～1909 年貿易報告整理。

從表 2.3 和 2.4 可以看出，在 1904～1911 年間，華茶占英國銷茶份額最低為 2.1%，最高為 4.83%，已經十分衰敗。華茶在美國市場雖然還有較大份額，但也處於下滑趨勢，形勢很不樂觀。

貿易報告中還對其他主要出口國的茶葉收成狀況，主要進口國的災荒情況以及金銀比價等影響華茶銷售的國際因素有所關注。1891 年的全國貿易報

告在分析對俄國出口大幅下降的原因時說：「昔年俄國購運華茶，遞稱暢旺。
本年頓然大減，查因俄境亦值歲荒，本年災區窘歉之故。」〔註39〕1892 年漢
口的報告也談到因俄國出現饑荒而影響了對俄的茶葉出口〔註40〕。福州的報
告指出，印度、錫蘭茶葉歉收有利於華茶的銷售〔註41〕。1893 年福州的報告
注意到了銀價下跌對茶葉出口有所幫助，認爲金貴銀賤使茶葉出口獲利〔註
42〕。1896 年福州的報告又指出，由於印度迫用金鎊，所以印茶銷售變難。而
中國用銀，所以銷售較易〔註43〕。1902 年福州的報告說：「印度、錫蘭所產收
成較薄，是以錫產茶價遂致騰貴。」由於銀價下跌，有利於華茶的出口〔註44〕。
1906 年上海的報告稱，紅茶因金貴銀賤，在外洋易於脫手〔註45〕。1909 年茶
葉出口減少 77700 擔，其中平常紅茶減銷最巨，全國貿易報告認爲：「殆因印
度、錫蘭下等茶葉本年所出甚多。」〔註46〕

國外對進口茶葉質量的檢查情況和對進口茶葉要求的變化會給中國茶葉
的出口產生了不容忽視的影響。1894 年上海的報告稱：「平水茶一種尤較出
色，其所以佳者，蓋因上年之平水茶運往美國，摻有僞貨，被彼國稅關查出，
分別罰充，且有退運回華之事，業此者受虧不淺。有鑒於前，留心整頓，始
獲進境。」〔註47〕1899 年上海的報告又說：「綠茶銷路近來無甚改觀，仍以運
往美國者爲多。因美國驗茶人員已非若前此之刻意挑剔下等好茶。往年每任

〔註39〕《光緒十七年通商各口華洋貿易情形總論》，《中國舊海關史料》第 17 冊，京
　　　　華出版社 2001 年版，中文第 14 頁。
〔註40〕《光緒十八年漢口華洋貿易情形論略》，《中國舊海關史料》第 18 冊，京華出
　　　　版社 2001 年版，中文第 117 頁。
〔註41〕《光緒十八年福州口華洋貿易情形論略》，《中國舊海關史料》第 18 冊，京華
　　　　出版社 2001 年版，中文第 159 頁。
〔註42〕《光緒十九年漢口華洋貿易情形論略》，《中國舊海關史料》第 19 冊，京華出
　　　　版社 2001 年版，中文第 165 頁。
〔註43〕《光緒二十二年福州口華洋貿易情形論略》，《中國舊海關史料》第 24 冊，京
　　　　華出版社 2001 年版，中文第 199 頁。
〔註44〕《光緒二十八年福州口華洋貿易情形論略》，《中國舊海關史料》第 38 冊，京
　　　　華出版社 2001 年版，中文第 239 頁。
〔註45〕《光緒三十二年福州口華洋貿易情形論略》，《中國舊海關史料》第 44 冊，京
　　　　華出版社 2001 年版，中文第 289 頁。
〔註46〕《宣統元年通商各口華洋貿易情形總論》，《中國舊海關史料》第 51 冊，京華
　　　　出版社 2001 年版，中文第 20 頁。
〔註47〕《光緒二十年上海口華洋貿易情形論略》，《中國舊海關史料》第 21 冊，京華
　　　　出版社 2001 年版，中文第 144 頁。

情拋棄，本年則並不苛求，准運進口，故售價較上屆約加一半。可見，美國所定棄去劣茶之例，誠屬無謂。前既嚴禁進口，今則忽又弛禁，出爾反爾，徒事更張，竊爲不取。」〔註48〕1910 年上海的報告指出，「近來美國政府於查驗食品一種定例更嚴，爰將本年運去一年內出產之綠茶大半退回，不准入口。因內有顏色過度，且另有諸多不潔之物夾雜其中。」〔註49〕1911 年的全國貿易報告說，「綠茶則因美國新創潔淨食物衛生會，立法嚴禁許多作色，華茶不得運入臺灣、日本、錫蘭等處。」對此，報告認爲華茶應該「隨即改良，投其所好」。中國只有效其所製，才能免被侵奪〔註50〕。由此可見，美國對華茶質量的檢驗結果給中國茶葉對美出口帶來的影響是很大的。

　　貿易報告還多次注意到主要茶葉消費國的相關稅收政策變化對華茶出口的影響。如 1898 年上海的報告談了美國新訂進口稅對綠茶的影響。報告稱：「綠茶之運往美國者，因彼國新訂進口稅章，每磅需完稅銀十金先士（每先士合關平銀一分三釐），是銷數大有窒礙。」〔註51〕1900 年的全國貿易報告在分析本年茶葉出口的衰敗形勢時說：「福州茶葉向係銷售坎拿大（加拿大）、舊金山兩處，現在該兩處亦聞停辦，次等茶如加上稅釐，價值已增四成，情形如此，若不急設法，斷難恢復，勢必愈趨愈下。」紅磚茶的銷量也是年年低減，1899 年已減至 244565 擔，「照此比較前五年出口之數，不過僅得其半」。根據商人們的說法，西伯利亞現存磚茶頗多，「又因俄國新定條例，凡一入該國所屬境界，即須完清重稅，所以不得不俟存貨銷盡再能購運」〔註52〕。這一變化對出口俄國的紅磚茶也起到了一些妨礙。1901 年的全國貿易報告在分析西伯利亞鐵路對中國茶葉的影響時談道，這一年「有三百萬磅係新造之西卑里亞（西伯利亞）鐵路轉運俄國，此係創舉，與中國茶務頗有關係。」一旦能夠講求種制之法，色味俱佳，「有此年盛一年，未始振興茶務

〔註48〕《光緒二十五年上海口華洋貿易情形論略》，《中國舊海關史料》第 30 冊，京華出版社 2001 年版，中文第 191 頁。

〔註49〕《宣統二年上海口華洋貿易情形論略》，《中國舊海關史料》第 54 冊，京華出版社 2001 年版，中文第 358 頁。

〔註50〕《宣統三年通商各口華洋貿易情形總論》，《中國舊海關史料》第 57 冊，京華出版社 2001 年版，中文第 21 頁。

〔註51〕《光緒二十四年上海口華洋貿易情形論略》，《中國舊海關史料》第 24 冊，京華出版社 2001 年版，中文第 169 頁。

〔註52〕《光緒二十七年通商各口華洋貿易情形總論》，《中國舊海關史料》第 34 冊，京華出版社 2001 年版，中文第 18 頁。

之一道也」。但非常可惜的是，俄國進口稅項定章過重。「倘爲招徠西卑里亞（西伯利亞）鐵路之生意，故意減輕該國進口稅項，則中國之茶暗受其惠，眞非淺鮮。」〔註 53〕

　　來自新興產茶國的競爭是中國茶務衰落的重要原因之一。這些迅速崛起的競爭對手所具有的優勢和它們所產茶葉對華茶的衝擊程度，在貿易報告中也多有提及。如 1890 年的全國貿易報告在談及華茶在同印度茶葉競爭中節節敗退的原因時指出，茶葉貿易向爲中國之大宗，此數年間，印度廣植茶樹，其採製必精益求精，而中國多怠於講求，其品味不佳，近則逾趨逾下，今印度所產將駕乎中國之上。「況其價值又較中國尤廉，彼外洋之商販其所以捨中國而投印度者，當爲此也」〔註 54〕。報告認爲印度茶葉在品質和價格上的優勢是它們能駕乎中國之上的主要原因。1891 年廈門的報告在分析土茶的形勢時說，因別國如日本所產之茶皆歷年遞增，貨色既美，價值又廉，未免相形見絀也〔註 55〕。1895 年又說：「至將來，臺茶歸日本後，按日本稅則，納稅不及本國關稅之半，且免釐金，則廈門茶貿易更爲侵奪矣。」〔註 56〕1900 年廣州的報告提到花香茶受到了印度、錫蘭所產的下等茶的衝擊〔註 57〕。1901 年九江的報告認爲，由於茶葉的稅釐過重，中國的茶葉出口必被印度錫蘭所奪〔註 58〕。

　　貿易報告在對茶葉貿易形勢進行判斷時，不是簡單的根據出口數量或價值總量的變化就得出結論，而是綜合多方面的情況來進行分析。如 1886 年茶葉的出口量和出口額都是六年以來最高的一年，但根據漢口、九江、上海和福州的報告的描述，這一年的茶葉貿易卻令中國的茶葉代理商和國外的相關經營者遭受了嚴重損失，因此，銷售量的提升只是給航運業和國家稅收帶來

〔註 53〕　《光緒二十八年通商各口華洋貿易情形總論》，《中國舊海關史料》第 36 冊，京華出版社 2001 年版，中文第 15 頁。

〔註 54〕　《光緒十六年通商各口華洋貿易情形總論》，《中國舊海關史料》第 16 冊，京華出版社 2001 年版，中文第 11 頁。

〔註 55〕　《光緒十七年廈門口華洋貿易情形論略》，《中國舊海關史料》第 17 冊，京華出版社 2001 年版，中文第 184 頁。

〔註 56〕　《光緒二十一年廈門口華洋貿易情形論略》，《中國舊海關史料》第 22 冊，京華出版社 2001 年版，中文第 192 頁。

〔註 57〕　《光緒二十八年廣州口華洋貿易情形論略》，《中國舊海關史料》第 36 冊，京華出版社 2001 年版，中文第 246 頁。

〔註 58〕　《光緒二十七年福州口華洋貿易情形論略》，《中國舊海關史料》第 34 冊，京華出版社 2001 年版，中文第 162 頁。

了好處〔註59〕。1905 年的全國貿易報告分析茶葉出口形勢時說，1904 年茶葉出口價值爲 30201964 兩，1905 年只有 25445652 兩。估值之少，「既因貨色出數較減，售價又賤」。1905 年出口紅茶 597045 擔，比 1904 年減少了 152000 擔。1905 年紅茶酌中價值爲每擔 21.3 兩，1904 年爲每擔 22.1 兩。「頭茶是因春雨太多，春寒過重，致使色味欠佳，收成較減。迨至二茶既多且好，應該得售善價，無如適逢匯票價長，銀兩吃虧，綠茶尤壞。」雖然出口仍然有 242128 擔，與上年尚能相等，而價值每擔只有 34.25 兩。上年每擔則售 39.25 兩，足見茶務仍無起色〔註60〕。

　　爲了更準確掌握解茶葉的出口情況，貿易報告還對出口統計進行了一些修正。1905 年的全國貿易報告說，本年紅茶出貨既少，價值又賤；綠茶貨出不少，價值大減。紅綠磚茶從 1904 年的 447695 擔增至 518498 擔，惟比較光緒二十九年未有戰事以前仍少 100000 擔。但報告認爲：「冊內所載運往之國究非實銷之處」。其中運往歐洲各國的茶葉「尤無可憑」。因爲冊內所報運往英國紅茶 252841 擔，綠茶 34524 擔，磚茶 68303 擔，香港裝輪各茶卻不包括在內。磚茶僅銷俄國，其餘各茶亦有若干是銷俄國。光緒二十八年中國海關記錄的運往英國茶葉爲 116000 擔，二十九年爲 155000 擔，三十年爲 282000 擔，三十一年爲 287000 擔。「如以總共出口而論，比前更少；就英國一國而論，比前反多」。按英國海關的記錄，光緒三十年進口茶葉由香港轉運之數在內，共計 204300 擔，三十一年 113850 擔。僅這兩年，中英兩國的海關記錄就相差了 251000 擔。「閱中國關冊，是報運英國其實俟。抵英國尚須轉運別國。若查英國進口冊報，此項茶葉尚有許多復運出口。」光緒三十年英國實銷茶總數（中國及他國茶葉一併在內）1924850 擔，三十一年爲1943165 擔〔註61〕。

　　報告將 1904、1905 年中國冊記載的出口英國的茶葉數量（由香港轉運不在內）與英國關冊記載的進口華茶數量（由香港轉運在內）進行相互比較，並給出了英國實銷華茶的數量，見表 2.5。

〔註59〕 《Trade Reorts And Returns，1886》，《中國舊海關史料》第 12 冊，京華出版社 2001 年版，第 6 頁。

〔註60〕 《光緒三十一年通商各口華洋貿易情形總論》，《中國舊海關史料》第 42 冊，京華出版社 2001 年版，中文第 26～27 頁。

〔註61〕 《光緒三十一年通商各口華洋貿易情形總論》，《中國舊海關史料》第 42 冊，京華出版社 2001 年版，中文第 27 頁。

表 2.5　1904、1905 年華茶在英國的出口數量　　　　　　單位（擔）

	1904 年	1905 年
中國出口冊載（由香港轉運不在內）	282000 擔	287000 擔
英國進口冊載（由香港轉運在內）	204300 擔	113850 擔
英國實銷淨數	82860 擔	49942 擔

資料來源：《光緒三十一年通商各口華洋貿易情形總論》,《中國舊海關史料》第 42 冊，京華出版社 2001 年版，中文第 26〜27 頁。

　　對照英國關冊的記錄可以看出，中國的茶葉實際銷往英國的數量要明顯少於中國方面的記錄，1905 年更是比 1904 年出現了大幅的下降。報告認為：「中國運銷英國茶葉之利權已失不少。論中國銷茶總數，中國近年不過僅占二分半。」〔註 62〕

　　1906 年的全國貿易報告也談道，關冊所列茶表未能十分核實，即因內有報往香港以及報往某處而實往他處。按茶表所載，報往英國實有他處在內，上年 287365 擔，本年減至 151622 擔。仍除俄國外，報往歐州他國上年 58510 擔，本年增至 69242 擔。報往俄國上年 144554 擔，本年增至 345501 擔。磚茶上年 445964 擔，本年增至 584385 擔。以此而論，是算報往俄國者，惟最大之數，茶葉將近一半，磚茶几於全是。俄國銷茶總數內有若干是華茶無法考查出〔註 63〕。

　　貿易報告中對茶葉出口統計所進行的修正，表明近代海關希望通過更科學的統計來掌握茶葉出口的實際狀況。這些記錄也為瞭解中國茶葉貿易的真實狀況起到了一定的幫助。

　　面對茶葉出口形勢的不斷惡化，貿易報告中多次表達了深深的惋惜之情。1889 年的全國貿易報告中說：「詢之業茶者，謂及今，雖未至極衰，而江河日下重可憂也。」〔註 64〕「竊以為中國茶葉在外邦素推巨擎，近則日益衰敗，人咸謂扼腕太息，謂此項生計將窮，不復能振。」〔註 65〕1890 年的全國

〔註 62〕　《光緒三十一年通商各口華洋貿易情形總論》,《中國舊海關史料》第 42 冊，
　　　　　京華出版社 2001 年版，中文第 28 頁。
〔註 63〕　《光緒三十二年通商各口華洋貿易情形總論》,《中國舊海關史料》第 44 冊，
　　　　　京華出版社 2001 年版，中文第 28 頁。
〔註 64〕　《光緒十五年通商各口華洋貿易情形總論》,《中國舊海關史料》第 15 冊，京
　　　　　華出版社 2001 年版，中文第 15 頁。
〔註 65〕　《光緒十五年通商各口華洋貿易情形總論》,《中國舊海關史料》第 15 冊，京
　　　　　華出版社 2001 年版，中文第 16 頁。

貿易報告再次談道：「此項貿易向推中國爲巨擘，近來年遜一年，業此者受虧太甚，惟冀此後多方補救，以期興復。」〔註66〕1897 年的全國報告在分析出口貿易時說：「所惜茶葉一項，竟除茶磚外，各色茶葉進來出口皆少。」〔註67〕1906 年的全國貿易報告指出：「若論茶葉之去路，全恃西國之銷售，迄今江河日下，年減一年，價亦更落。即有光緒二十八年之減徵茶稅，然亦不過稍緩時日，究不能止其愈趨而愈下。」〔註68〕

晚清海關貿易報告中對於華茶銷售狀況的眾多記錄和描述，表明海關對於這一大宗商品出口情況非常關心。由於其報告撰寫者皆爲洋人，所以有著很強的國際視野，經常會從國際環境來更多的分析影響華茶出口的原因。這對於幫助國人開括視野，全面瞭解華茶的銷售形勢起到了一定的幫助。

二、華茶存在的問題

中國在晚清時期的茶葉出口之所以出現逐漸衰敗的趨勢，除了和國外競爭對手的崛起有著很大關係之外，自身所存在的一些缺陷也是導致其衰落的重要原因。貿易報告中對這些問題進行了大量的分析。

1902 年的全國貿易報告在分析了茶葉出口衰敗的原因時說：「從前茶葉惟中國所獨有，實在奇貨可居。現在錫蘭已種，且甚爲留心考查此等貿易，故上年該處運往美國茶葉已有七十九萬七千七百九十六磅，本年增至一百九十六萬八千四百五十六磅。」競爭對手的出現必然會影響到華茶的外銷，但官方缺乏商業競爭意識，沒有對茶務進行足夠的整頓，也與華茶出口不振有著重大關係。報告就對朝廷的不作爲表達了不滿。「所惜中國政府素不顧及商務，至於盛衰，本聽商民好自爲之，茶葉亦然，從不設法輔助要之處。此時勢再不講求，則此項大宗之貿易幾被他人奪盡，恐將來絕無出口，雖欲挽回，亦不能及。」〔註69〕

華茶質量低劣是制約了華茶的競爭力最重要的原因之一，貿易報告中多

〔註66〕《光緒十六年通商各口華洋貿易情形總論》，《中國舊海關史料》第16冊，京華出版社2001年版，中文第14頁。

〔註67〕《光緒二十三年通商各口華洋貿易情形總論》，《中國舊海關史料》第26冊，京華出版社2001年版，中文第14頁。

〔註68〕《光緒三十二年通商各口華洋貿易情形總論》，《中國舊海關史料》第44冊，京華出版社2001年版，中文第28頁。

〔註69〕《光緒二十八年通商各口華洋貿易情形總論》，《中國舊海關史料》第36冊，京華出版社2001年版，中文第16頁。

次指出了這一問題。1889年廈門的報告在分析土茶滯銷的原因時說：「且聞土茶貨色甚劣，扯算不及中等之貨，再無起色之望。大抵所有上市土茶，多屬過於低賤之貨，不合現時銷場。即有最不講究之客，亦鮮過問者。」同時報告還提到：「查去年淡水所出之茶不及往常之美，其故繫因雨水略多，更以栽種製造未善所致也。從來弊習相沿。臺灣一與他處相同，乃種茶者又復愚而自用，深爲可詫。當此西國茶務精進，相與爭利之秋，業茶華人再不知發奮振作，將見中國茶務如江河之日下矣。」〔註70〕上海的報告稱，運往美國、加拿大的茶葉所以不能得好價者，據聞因茶內多有薰燕之味〔註71〕。蕪湖的報告指出：「如果紅綠茶之造法嗣後不能進益，價值仍照前不減，恐銷路日壞，將來華茶生意必立歸於烏有。」〔註72〕1890年淡水的報告認爲當地頗少上上之茶，報告在分析原因時說：「竊惜該處茶戶種製未能得法，不及印度之良，故所產皆中次者多。本年旗昌洋行所聘印度種茶藝師在淡教習種製，大概華人以爲今夏暢銷，毋庸再效他人新法。殊不知秋後失意，當是茶品不佳，遂致積壓難售。假使留心種製，品色高超，必不致有滯銷虧折之累也。」〔註73〕拱北的報告提到，「華茶製法欠精，摻雜不淨」〔註74〕。福州的報告認爲，印度茶因爲講求種植至法，所以銷售日盛。閩茶由於對種植至法不講究，貨色不如印度之佳，應該仿而行之〔註75〕。同時指出，「嗣因種茶者恐失其利，不漸易其老樹，以致所出之葉難以製作好茶。」〔註76〕

　　1892年九江的報告在具體分析當年華商銷售的紅茶大減的原因時說：「據商人云，係因內山產茶各處方茶茅初出之時，適值陰雨連綿，而各山戶迫不

〔註70〕 《光緒十五年廈門口華洋貿易情形論略》，《中國舊海關史料》第15冊，京華出版社2001年版，中文第177～178頁。

〔註71〕 《光緒十五年上海口華洋貿易情形論略》，《中國舊海關史料》第15冊，京華出版社2001年版，中文第135頁。

〔註72〕 《光緒十五年蕪湖口華洋貿易情形論略》，《中國舊海關史料》第15冊，京華出版社2001年版，中文第135～136頁。

〔註73〕 《光緒十六年淡水口華洋貿易情形論略》，《中國舊海關史料》第16冊，京華出版社2001年版，中文第171頁。

〔註74〕 《光緒十六年拱北口華洋貿易情形論略》，《中國舊海關史料》第16冊，京華出版社2001年版，中文第205頁。

〔註75〕 《光緒十六年福州口華洋貿易情形論略》，《中國舊海關史料》第16冊，京華出版社2001年版，中文第163頁。

〔註76〕 《光緒十六年福州口華洋貿易情形論略》，《中國舊海關史料》第16冊，京華出版社2001年版，中文第164頁。

待晴，即於雨中將茶芽採下，以待烘焙。及烘焙之時，又不愼用炭火，其所用之炭並非上等粟炭，所用者多係雜色木炭，致令茶葉鮮有不作煙火氣味。且雨中所採之茶芽，其色香味已遜於晴時所採之芽，再不愼於制作，其弊有不可言喻者已。本年販茶商於入山購茶之時，亦明知以上情節，惟格於頭春新茶爲日無幾存，一猛著先鞭方能獲利之念，並以上年春茶亦已稍沾利益，故此時購之於山戶並不詳加選剔，無論茶之美劣，一見新茶即行收買，且多羅致之及。華商將茶樣運往漢口，交予洋商閱視，滿望有利益可沾。一將樣箱拆開，其茶樣有經受潮濕者，有含煙火氣味者，有色香味俱無者，亦有色香味俱有可其葉已老，而非頭春之茶者。種種多弊，故洋商一見此等茶樣尚且如此，其他可知已。因是俱不願向華商購買新茶。期間亦有華商於內山守待天晴方收茶者，則茶芽已大不能充作頭春新茶矣。故本年新茶出產雖少，而茶葉華商仍屬虧蝕者居多。」〔註 77〕內山的山戶和華商因爲急功近利，不注意合理的採摘和挑選，造成了品質的低劣和洋商不願購買的局面。這種問題在華茶中具有一定的代表性。

　　1902 年的全國貿易報告談道，本年的茶葉較之往年，培製似精，色味故佳。但「惟據茶師云，除宜昌外，近二十年中所出茶味年年較減，即有人勸其速改採製之法，中國謹守成法，仍不願聽。」〔註 78〕九江的報告說，由於山戶帶濕收儲茶葉，於價格大有關礙。與之相反的是宜昌茶罕有壞者，是因爲其貨倉較勝。祁門茶製作得宜，故俄商多購〔註 79〕。1906 年上海的報告在分析綠茶的銷售狀況時說，綠茶強半運銷美國和加拿大，本年則減少 25000擔，「蓋因業華茶之華商於製茶之事未肯認眞改良，致辦購者咸有戒心」。但同時提到，惟有一種悅祥所售之婺源茶最爲出色，每擔雖貴至規銀 38 兩 8 錢，而貨道佳妙，超越尋常，烘焙工夫又極講究，香味迥然不同。報告認爲：「諒以業此者歷時既久，焙製深得其法也。」〔註 80〕

　　價格過高也是華茶在競爭中處於劣勢的另一個重要原因，貿易報告也多

〔註 77〕　《光緒十八年九江口華洋貿易情形論略》，《中國舊海關史料》第 18 冊，京華
　　　　　出版社 2001 年版，中文第 123～124 頁。

〔註 78〕　《光緒二十八年通商各口華洋貿易情形總論》，《中國舊海關史料》第 36 冊，
　　　　　京華出版社 2001 年版，中文第 15 頁。

〔註 79〕　《光緒二十八年九江口華洋貿易情形論略》，《中國舊海關史料》第 36 冊，京
　　　　　華出版社 2001 年版，中文第 171 頁。

〔註 80〕　《光緒三十二年上海口華洋貿易情形論略》，《中國舊海關史料》第 44 冊，京
　　　　　華出版社 2001 年版，中文第 289 頁。

次提到了這一問題。1892年淡水的報告講了釐金對茶葉銷售的影響。報告說，淡茶釐金每擔一兩六錢有奇，印度、東洋概無此款，蓋洋商辦茶必與印、日價值相若，然後採買。華商多此釐用，得利較微。以今春美景固屬無妨，稍覺淡平，自不可問有心人，必亟善其後也〔註81〕。1902年的全國貿易報告說：「本年茶商當未開盤時，其董事公司請減稅以輕成本而暢銷路，旋經政府奏准，按照稅則減半。」減稅的目的是為了振興茶務，但對於下等茶來說，仍然太重，「每估百兩納稅尚有十二兩五錢」。同時還有釐金以及內地各種稅捐，「即如漢口一處，釐金已與未減出口稅則所徵之數相等。」如果釐金不裁，「縱減區區稅銀，亦屬無益」〔註82〕。過重的釐金是造成華茶價格居高不下的主要原因之一。

中國在地理位置上距離歐洲較遠也是造成銷往歐洲的華茶成本高於印度和錫蘭茶的一個不容忽視的原因。1909年的全國貿易報告在分析華茶銷路不暢的原因時就指出：「平常茶葉銷路不暢，係為中國既無專門研究此事者，又與歐洲貨場相距太遠，即使國內稅釐豁免，相形之下終恐深受其累。」〔註83〕

儘管競爭對手的崛起打破了華茶壟斷國際市場的局面，但由於全球對茶葉的需求量在不斷增加，若是華茶能夠保持競爭力，出口依然可以不斷增長。但華茶自身的缺陷使其逐漸缺乏競爭力。貿易報告在分析華茶存在的問題時，重點指出了品質低劣和成本過高對華茶競爭力的影響，而這也正是造成華茶日益衰敗的兩大主要原因。如果不能有效解決這些問題，華茶的頹勢將難以改變。

三、整頓茶務的建議

面對中國茶葉出口形勢的持續惡化，海關認為中國茶業如果「苟得上下一心，講求種製，開拓銷路，亦未可不使興復」〔註84〕。貿易報告中提出了很多中肯的整頓建議，希望幫助中國重振茶務，扭轉對外貿易逆差的局面。

〔註81〕 《光緒十八年淡水口華洋貿易情形論略》，《中國舊海關史料》第18冊，京華出版社2001年版，中文第165頁。

〔註82〕 《光緒二十八年通商各口華洋貿易情形總論》，《中國舊海關史料》第36冊，京華出版社2001年版，中文第15頁。

〔註83〕 《光緒元年通商各口華洋貿易情形總論》，《中國舊海關史料》第51冊，京華出版社2001年版，中文第20頁。

〔註84〕 《光緒十五年通商各口華洋貿易情形總論》，《中國舊海關史料》第16冊，京華出版社2001年版，中文第16頁。

　　稅釐過重是影響中國茶葉競爭力的一個重要原因，不少人都希望通過減少稅釐來幫助中國振興茶業。1889 年廣州的報告卻提出自己不同的看法。報告中說，本口茶葉生意日見其少，而通商別口生意亦不見多。根據茶商的說法，這是由於印度總無完納釐稅，「莫若中國亦撤此釐稅，方可與印度比賽也」〔註 85〕。但報告並不贊同這種說法，認為中國欲撤此茶葉之釐稅，停收款項如此之多，似與過客定有窒礙，而與民情亦無益也。隨後報告列舉了無益民情的五方面原因。「一在印度茶戶工價與中國茶戶工價不分高下。一印度內地運茶腳費較中國內地運費便宜，因有馬路、鐵路、小河、輪船之便也。一自印度至歐羅巴洲等處，所銷茶葉之地海路較中國捷近。一印度茶力與中國有別，然亦有人飲慣。一如總稅務司於十四年七月內中呈總署文開，因他處之種茶者係始終由統業者皆派工人培植照料，其事權歸於一。中國之種茶皆零星數處，此處一二株茶樹，彼處三兩株茶樹，及摘者賣於製者，復賣於轉送者，復賣於洋商，故其費多，而其價自亦較昂。又云其種茶係一富戶，一茶園，內有千株萬株之茶樹，其自種植至摘取、泡製，並裝潢及運送他邦銷賣，始終皆一事主，皆一事權，所以事事皆如其意，以為之無分擾其權力之人。因之其物，則上等之物所獲之利遂亦歸於一人，並因之其物之價極廉。而中國則於此各節正全屬相反，以致色低而價昂，各等因是中國釐稅撤而茶葉之情形亦不似印度之便宜也。」〔註 86〕

　　報告指出，二十五年以來，印度茶之與中國茶競爭時，或因費輕，或因色低，彼此有此兩故，以致年年價落，能夠多銷。雖印度出產數目增至幾倍，而中國茶亦不見少。惟本年市價亟低，而印茶年盛一年，又能另覓新地銷售，待至印度出產之茶足敷各處銷售，彼時中國茶葉仍舊色低價貴，則雖無出口稅之耗費，然亦恐無人購買。歲茶味有佳，有不佳，譬如年少時飲慣此味，而年老時死難改換。如現在幾年，中國茶葉色美價低，足與印茶比賽，再隔數年後，各處用慣印茶，將中國之茶已經忘卻，彼時亟難比賽，必較印茶色美或價賤方可。是茶葉出口減少之時，則茶戶、茶商必須合力改用善法，方能比賽。至茶稅見少之時，國家尤當設法保護維持，或減輕，或裁撤，其裁撤後各自踴躍販賣，暫時固可興旺，誠恐改用善法遷延過久，則斯時撤稅，

〔註 85〕《光緒十五年廣州口華洋貿易情形論略》，《中國舊海關史料》第 15 冊，京華出版社 2001 年版，中文第 188 頁。
〔註 86〕《光緒十五年廣州口華洋貿易情形論略》，《中國舊海關史料》第 15 冊，京華出版社 2001 年版，中文第 189～190 頁。

茶戶、茶商雖樂於從事，獨恐將來仍有吃虧甚重之處。況國家亦無茶稅正款提做保護之用也，莫若仍由國家徵收茶葉釐稅，提用此款〔註87〕。

廣州的報告還轉述了總稅務司及其他人對於整頓茶務的一些建議。「按照總稅務司中文所載，若實欲整頓茶務，中國則亟應派有明白可靠之人，首年到華種茶之處將種茶、製茶、賣茶各節皆親眼親耳察明，次年則到印度種茶之處將在彼種茶各節一律查明，三年則將此兩年所察過者逐節會核比較。其印度之善法宜於中土者，取而用之；其中國不宜者，量為裁之。詳陳一切，以便中國細加酌核，量為變通，可期整頓而日有起色。又有人云，應由中國或設以茶學以課其功，或立一式院以觀其事；或將某處種茶之地由國家照料治理，一切以備諸公；或仿印度之法，立一大院招商集股而為之。又云最要者，中國種茶者於培植茶樹時，宜思護保其味。中國製茶者於烘炙茶葉時，宜思存聚其味各等語。如是能於中國種茶之處邀請洋商會同設園，則易改善法，否則現在印度商人同心合力比賽，其在中國各茶戶、茶商勢必勉效他法，一律合辦方免虧本。緣從前僅有中國產茶銷售各國，各地該茶戶茶商所以各得其利耳。」〔註88〕

報告最後認為：「中國此時撤稅，亦係徒損國課。果能先撥茶稅之款，以保茶戶、茶商遷改善法，再令種茶之人講求一切，能於印度商家並駕齊驅，然後刪改稅則，減撤茶稅，一面仍增進口貨稅，方於課餉無礙，而與民情大有益也。」〔註89〕

廣州的報告用大量篇幅分析了不宜減少茶葉稅釐的原因，並建議將茶稅之款用作輔助茶務之用，應當說有一定的道理。中國茶葉出口不振，絕非僅靠撤銷稅釐便能解決的。從種植到採摘、加工、銷售等環節，都存在很多問題。在財政吃緊的狀況下，先把茶稅用於整頓茶務，等茶葉具備競爭力後再減撤茶稅，並通過增加進口貨物的貨稅來彌補稅收上的損失，不失為一種可以考慮的建議。

1889 年福州的報告則認為應該刪減稅釐。報告說，新金山（墨爾本）、美

〔註87〕 光緒十五年廣州口華洋貿易情形論略》，《中國舊海關史料》第 15 冊，京華出版社 2001 年版，中文第 190 頁。

〔註88〕 光緒十五年廣州口華洋貿易情形論略》，《中國舊海關史料》第 15 冊，京華出版社 2001 年版，中文第 190～191 頁。

〔註89〕 光緒十五年廣州口華洋貿易情形論略》，《中國舊海關史料》第 15 冊，京華出版社 2001 年版，中文第 191 頁。

國、加拿大三處，向乃專購福州之茶。近年以來，漸有趨購印度、錫蘭者。本口華商今年辦茶最爲虧本，約有 3000000 元之譜。查前此辦茶之人無不趨利，近則逐漸不及，多至虧本。此後華商欲營此利，似須講求茶務種植、製造均宜得法。即國家宜力爲保護，刪減稅釐，以紓商力。試觀本年到省之工夫茶，價值大概十三兩五錢，其稅釐兩項每百斤先需四兩四錢，是先去三分之一，固不若印度、錫蘭全無此稅釐也〔註 90〕。

1890 年漢口的報告談了改善茶葉品質的好處。「查本口貿易向以茶葉爲大宗，若種茶之人能實事求是，善栽培，細烘焙，貨能出色，自不難交相爭購。賣者既無銷行利滯之虞，而買者亦無價值低昂之判，不幾商務由此而興，市面自是而轉乎蒸蒸日上，可立待也。況整頓茶務是非特於商民有裨益，於國課亦得豐盈，所謂一舉而三善備者，不在茲乎。」〔註 91〕

1893 年九江的報告認爲，茶務整頓應實事求是，悉心考究，凡新株老幹，好爲栽培，能葉新枝細加烘焙，精益求精，不假強爲〔註 92〕。福州的報告建議茶務應設法降低成本，提高茶藝〔註 93〕。

1894 年溫州的報告對當地開設的茶棧給了很高的評價。「近年本地開設茶棧，自行焙製得法，徑運上海，工本輕而易售。上年僅一棧，本年又添一家，聞來年有仍增一兩家之說。此雖茶業之創舉，實則生意興起，日漸擴充，爲市面一大轉機，誠非一時之僥倖也。」〔註 94〕1895 年廈門的報告認爲整頓茶務需要得印度、錫蘭種植之善法，並且做到稅釐輕減〔註 95〕。

1896 年的全國貿易報告提到，由於福州已經購買機器仿照印度製茶之法，福建省的茶葉日有起色。如果其他產茶地區也能夠「群相效尤，踊躍購辦機器，購求焙製，則所出之茶味厚色濃，無不蒸蒸日上，將來銷路之廣，恐他國無能

〔註 90〕《光緒十五年福州口華洋貿易情形論略》，《中國舊海關史料》第 15 冊，京華出版社 2001 年版，中文第 155 頁。

〔註 91〕《光緒十六年漢口華洋貿易情形論略》，《中國舊海關史料》第 15 冊，京華出版社 2001 年版，中文第 117 頁。

〔註 92〕《光緒十九年九江口華洋貿易情形論略》，《中國舊海關史料》第 19 冊，京華出版社 2001 年版，中文第 124 頁。

〔註 93〕《光緒十九年福州口華洋貿易情形論略》，《中國舊海關史料》第 19 冊，京華出版社 2001 年版，中文第 165 頁。

〔註 94〕《光緒二十年溫州口華洋貿易情形論略》，《中國舊海關史料》第 21 冊，京華出版社 2001 年版，中文第 155 頁。

〔註 95〕《光緒二十一年廈門口華洋貿易情形論略》，《中國舊海關史料》第 22 冊，京華出版社 2001 年版，中文第 192 頁。

出其右者。惟運至英國終難暢銷，或運別國，當能多售。」〔註96〕福州的報告
對當地現有的新設之整頓茶葉公司的情況進行了介紹。報告中說：「據論英人喜
吃之茶在濃而有味，如在印度、錫蘭兩處所用機器製造者爲宜。緣用機捲葉美
而無斷碎之虞，蕊又不致飄落。此則中國舊法手製之所能及，且機器所製白毫
茶能使質亮而色黃，非若華法所制之色黑。閩商明知變法之善，無如不甚講求，
是以公司現有試辦之舉先於北嶺近處製以手機。若今歲該處之葉雖非佳產，一
經機器製造，卻能化劣爲佳，先販售於新金山，已較土製每擔多得七兩之高價，
著有成效。是以現有華洋幾股商已集鉅資購買園地，添設機器，採選佳種，其
已購之區甚廣。即取水一應機器，亦已備全。又有一粵人之在錫蘭者，採選是
處之利益，製造善法，詳寄前來，似此一番整頓，或將來可卜轉機。縱使本口
近歲不及前之收成，今得新法而製造之，不難愜得英京買者之意。以現在白毫
而言，每擔售價十個七五邊士，若此高昂乃爲從來閩茶售價之所未有。查俄國
既經種植新茶，是中國更不可不更新整頓，庶不致產茶區瞠乎其後，終至於一
敗塗地也。況印度交易尚有迫用昂價金鎊之難，奚如中國仍係用銀之易。以此
觀之，閩口之茶他日之大轉機庶乎可望耳。」〔註97〕九江的報告也建議用機器
製茶〔註98〕。寧波的報告說：「茶葉一項大約浙省憲必設法整頓，將各捐之不一，
道路之阻滯兩層妨礙免除，使各項貿易多歸省垣，可以徑行無阻，恢復昔時興
盛氣象也。」〔註99〕廈門的報告提議改進茶樹種植之法。「惟目下種茶地土漸變
荒瘠，務當速用格致種植新法，使復其原。而製茶亦力求精進之方，俾得貨色
臻美。以上之事不可或緩。若謂種茶者貪多密種，且用之不得其法，致使地力
已竭，永遠不能復舊，則尚未有據。緣茶樹本產此地，而地土獨母也，茶樹獨
子也。原土內速加以合宜之工料，如培養其母身，則茶樹乃有滋生豐收之望。」
〔註100〕上海的報告也指出：「且謂運往英美兩國之華茶，焙製不得其法，故

〔註96〕 《光緒二十二年通商各口華洋貿易情形總論》，《中國舊海關史料》第 24 冊，
　　　　京華出版社 2001 年版，中文第 14～15 頁。

〔註97〕 《光緒二十二年福州口華洋貿易情形論略》，《中國舊海關史料》第 24 冊，京
　　　　華出版社 2001 年版，中文第 199 頁。

〔註98〕 《光緒二十二年九江口華洋貿易情形論略》，《中國舊海關史料》第 24 冊，京
　　　　華出版社 2001 年版，中文第 143～144 頁。

〔註99〕 《光緒二十二年寧波口華洋貿易情形論略》，《中國舊海關史料》第 24 冊，京
　　　　華出版社 2001 年版，中文第 186 頁。

〔註100〕 《光緒二十二年廈門口華洋貿易情形論略》，《中國舊海關史料》第 24 冊，京
　　　　華出版社 2001 年版，中文第 206 頁。

其質味較遜。在英美銷去之價值，尙不敵山上收茶之成本。且價一賤跌，則仍難售脫。若欲收回利源，非竭力講求焙製之法不爲功。惟有多購機器，沿用西人經管一切。聞福州已有人仿印度製茶之法，購機試辦，將其茶樣寄往英國暨舊金山泡試，咸稱味美。又聞鄂省俄商亦有用新法細加焙製者，係三茶所製香味之佳，交相誇讚。惟價值甚貴，以三春茶出路不多，不宜採購也。」〔註 101〕

1897 的全國貿易報告中介紹了關於印度和錫蘭茶園的基本情況。「印度、錫蘭極上之品者，惟山地茶葉，係用華種。印度出茶最多之處，則在平地，茶園寬闊。該種亦係土著，以致所出茶葉色濃而味劣，但可以省費。泡茶者僅須一撮之多，色味已濃，惟飲之究非所宜。該處茶園既大，非用機器焙製不能迅速，恐與茶葉有損。按該園自採葉起，至裝箱止，僅須二十四點鐘，神速已極。」一些人存在著華茶按照印度的辦法購用機器加工後，茶味亦不能佳的擔憂。報告卻認爲：「印度山地所出茶葉色味極好，實因其種來自中國，雖用機器焙製，並無少礙，此其明證也。可見只在種之好壞，而與機器何傷？」福州、漢口均已接踵仿傚，如果將來出茶地區也能夠像繅絲廠那樣，「紛紛添設，易人功而用機器，則茶商利權定可再復當年之景象也。」〔註 102〕顯然，報告對用機器培製茶是極力推薦的。漢口的報告也推薦了用機器製茶〔註 103〕。九江的報告希望講求種植培制之法〔註 104〕。

1898 年的全國貿易報告說：「除紅茶外，各色茶葉出口皆少。紅茶之多，由於近來製造色味皆佳，故本年出口多有八萬二千擔。既此可知，各色茶葉如可仿製，銷場亦易。」〔註 105〕九江的報告建議華茶應該採用機器製茶，講求種植製作，減輕稅釐〔註 106〕。

〔註 101〕《光緒二十二年上海口華洋貿易情形論略》，《中國舊海關史料》第 24 冊，京華出版社 2001 年版，中文第 120 頁。

〔註 102〕《光緒二十三年通商各口華洋貿易情形總論》，《中國舊海關史料》第 26 冊，京華出版社 2001 年版，中文第 14 頁。

〔註 103〕《光緒二十三年漢口華洋貿易情形論略》，《中國舊海關史料》第 26 冊，京華出版社 2001 年版，中文第 136 頁。

〔註 104〕《光緒二十三年九江口華洋貿易情形論略》，《中國舊海關史料》第 26 冊，京華出版社 2001 年版，中文第 144 頁。

〔註 105〕《光緒二十四年通商各口華洋貿易情形總論》，《中國舊海關史料》第 28 冊，京華出版社 2001 年版，中文第 14 頁。

〔註 106〕《光緒二十四年九江口華洋貿易情形論略》，《中國舊海關史料》第 28 冊，京華出版社 2001 年版，中文第 146～147 頁。

　　1899 年的全國貿易報告在談及紅茶出口情況時說：「紅茶近兩年內出口漸多，上年比前年多出口八萬二千擔，本年比上年又多出口八萬八千餘擔。」報告舉了一個人工和機器製作的茶葉對比的例子。「上年溫州地方曾有人將茶一種勻分兩處，一用成法，人功製之；一用西法，機器製之。迨製成之後，各裝各箱，一併運送英京，試其價值。嗣經評定，機器所製者，得價三角二分；人功所製者，得價二角六分。該處商人獨以爲一次，尙不足信，本年仍照前法，送至英京，再評優劣。」綠茶出口在這一年也增加了二萬八千餘擔。其中在英國及英屬國雖銷售無幾，而美國近來購運甚多。由於「風聞此項貿易華洋兩商均不得利」，所以出口美國的綠茶並不十分樂觀。報告認爲：「若論茶葉一項，本是從前出口最大之生意，現在已成強弩之末，所幸碩果獨存。誠能仿照印度之焙製，則將來之復行暢旺，恐不難興。」〔註 107〕漢口的報告介紹了當地華商聘請兩名錫蘭茶師，仿錫蘭法，以機器製茶的效果。所製之茶味濃，仍色不甚鮮明，惟二茶頗有起色，報告認爲將來可蒸蒸日上也〔註108〕。上海的報告談了洋樓峒（湘鄂邊境）的改進製茶技術的情況。「本年洋樓峒地方用外洋機器招雇印度茶工，照西法試製，雖人人見機器造茶較土法爲優，然必須嫩時採取薰製，方爲合宜。今皆以毛茶炒製（毛茶係曬乾成捲，未經薰炒者），故此法恐一時尙難暢行耳。若照印度採摘之法，每於夏令用機器試辦，諒可推行盡利。」〔註 109〕

　　福州 1901 年的報告認爲應該減輕茶葉的出口稅釐，講求檢製善法，才能於印度和錫蘭的茶葉爭衡〔註 110〕。1902 年福州的報告又建議將印度茶樹遷移至中土栽種〔註 111〕。1908 年福州年的報告提到，本口怡和洋行納君曾另有一新奇之論，亦頗醒目者。據其意謂西國之人或當一律准其於內地置掌產茶地業。設使此等謀望果能實行，則中國茶務貿易可決其生面特開，必將別有一

〔註 107〕《光緒二十五年通商各口華洋貿易情形總論》，《中國舊海關史料》第 30 冊，京華出版社 2001 年版，中文第 15 頁。

〔註 108〕《光緒二十五年漢口華洋貿易情形論略》，《中國舊海關史料》第 30 冊，京華出版社 2001 年版，中文第 155 頁。

〔註 109〕《光緒二十五年上海口華洋貿易情形論略》，《中國舊海關史料》第 28 冊，京華出版社 2001 年版，中文第 191 頁。

〔註 110〕《光緒二十七年福州口華洋貿易情形論略》，《中國舊海關史料》第 34 冊，京華出版社 2001 年版，中文第 230 頁。

〔註 111〕《光緒二十八年福州口華洋貿易情形論略》，《中國舊海關史料》第 36 冊，京華出版社 2001 年版，中文第 240 頁。

番新氣象〔註112〕。

　　1903 年的全國貿易報告根據華茶實際銷售情況，談了減稅對茶葉出口的促進作用。「如光緒二十七年在英國銷售紅茶重有一千五十萬磅，光緒二十八年重有一千四百二十五萬磅，本年忽重有一千七百五十萬磅。中國茶葉價長，英國銷路反增，其故無他，即減稅之明效也。雖然印度出口茶葉比較上年不過四個半本士（便士）至五本士，足見價值合宜，自能爭相出售。」儘管減稅對茶葉銷售起到了一定的幫助，但報告擔心將來印度茶價再減，「則現在暫得減稅之益，亦如畫餅。」報告認為，如果中國既知減稅之益，若再將內地運出稅釐一概免捐，成本又輕，自不致讓印度獨得其利。只是「惜乎中國庫款久空，羅掘已窮，出項多多，豈肯以平素有著之款一旦奪之。」已經背負巨額賠款負擔的清王朝顯然不肯放棄這一筆重要的收入來源。同時報告還指出：「若進口稅加，或者可以做到，但恐釐稅全免，仍不足恃。」〔註113〕

　　報告認為單純依靠減免稅釐不足以徹底扭轉華茶的頹勢，建議中國的茶葉還應該在焙製上多下工夫。焙製茶葉如不能盡善盡美，恐終難與他處爭衡。由於中國茶山本來零星分散在各處，「以致轉折需人甚眾」。「茶市生意向難延擱，一年之內，不過兩三月，亦須辦清，未免太快，不比印度茶園，係聚一處，可以全用機器焙製，裝箱只須瞬息。」針對中國茶樹散處各山的特點，「如用手機捲製一切，既較清潔，亦甚便益，庶乎可行。」〔註114〕

　　報告還認為整頓衰敗的華茶，需要中國的茶商多進行宣傳。應當由茶葉公司力勸種茶人民留心採製一遍，並登告白聲明茶葉如何才能色味製作精潔，「俾眾咸知，以廣招徠印度茶葉」。由於國際市場上的茶葉競爭激烈，紅茶貿易已經被占奪，現又經營綠茶，亦竭力設法以做磚茶。而錫蘭所種的綠茶，也得到了該國的大力扶植。「其成於一千九百一年（即光緒二十七年），凡出一磅，貼洋七分。一千九百二年（即光緒二十八年），出茶一磅，貼洋三分。一千九百一年僅有一百六十萬磅，一千九百二年亦有四百萬磅，本年竟增至一千一百萬磅。如無該國助力，何能多種得有如許出口之數。」而印度九

〔註112〕《光緒三十四年福州口華洋貿易情形論略》，《中國舊海關史料》第 48 冊，京華出版社 2001 年版，中文第 349 頁。

〔註113〕《光緒二十九年通商各口華洋貿易情形總論》，《中國舊海關史料》第 38 冊，京華出版社 2001 年版，中文第 18 頁。

〔註114〕《光緒二十九年通商各口華洋貿易情形總論》，《中國舊海關史料》第 38 冊，京華出版社 2001 年版，中文第 18 頁。

年之內結算告白招帖費用已有二百五十萬盧比，中國茶商不知告白招帖之益，「應信已經受惠人之需，仿照辦理」。報告還指出：「至外國茶商辦茶，只知爲利是圖，某處可以賺錢即購運某處茶葉，中國商人僅能在中國貿易。」〔註115〕

　　報告最後強調，要想重振中國茶業，必須做到以下兩點。「一系傳論商民，如所出茶葉仍與現在無分軒輊，即當節省糜費，茶價俾可較廉。如所出茶葉色味較高，用費與現在相等，茶價亦不至貴。」「一系聯絡茶商，與其商議善策，遍登告白。」〔註116〕通過宣傳手段來增強商民的對茶務的認識是非常必要的。如果能認眞實施，讓商民明白提升茶葉品質和降低茶葉價格的重要性，瞭解所應當採取的措施，一定對華茶的整頓會有所幫助。

　　1904年的全國貿易報告告誡茶商要在茶葉種植和採摘時不可懈怠。「紅茶本年雖無增減，惟望茶商不可自恃以爲生意仍佳，種製採折不關出入，可以隨意爲之。抑之，如不刻刻留心維持，茶務則後悔莫追。」〔註117〕

　　1905年的全國貿易報告談道：「將來所恃者，惟極品茶葉爲他國所不及者」。中國作爲一個有著悠久茶葉種植歷史的國家，一些產茶地可以出產品質非常優秀的茶葉。它們不但受到市場的歡迎，而且價格較貴，利潤豐厚。只有大力發展極品茶葉，才是日後中國在國際市場上所能夠依仗的優勢。對於普通茶葉，報告稱，如果普通茶葉比競爭對手的產品更爲價廉，才能讓沒有質量優勢的普通茶葉具備競爭力。報告還對刊登在英國泰晤士日報上的《整頓華茶辦法》進行了介紹。「查該報內載英國何以少銷華茶，即因貨色漸低之故。如能講求種製，所運皆上等紅茶，價值能廉，倫敦市場易於銷售。惟華茶改辦亦是難事，吾恐後來茶葉愈銷愈少。聞俄商亦樂辦印度、錫蘭茶葉不少，以致茶價日昂，不獨倫敦。此項茶葉價長，即葛倫繃（科倫坡）、葛里葛達（加爾各達）茶市地方價值亦因而加貴。其種製等法中國現雖派有熟悉茶務人員查明，實係高於中國種植等法，無如情形不同。該員回國，聞只能小試其端，斷不能驟如英人辦理印、錫茶葉之法。」〔註118〕

〔註115〕《光緒二十九年通商各口華洋貿易情形總論》，《中國舊海關史料》第38冊，京華出版社2001年版，中文第18～19頁。

〔註116〕《光緒二十九年通商各口華洋貿易情形總論》，《中國舊海關史料》第38冊，京華出版社2001年版，中文第19頁。

〔註117〕《光緒三十年通商各口華洋貿易情形總論》，《中國舊海關史料》第40冊，京華出版社2001年版，中文第18～19頁。

〔註118〕《光緒三十一年通商各口華洋貿易情形總論》，《中國舊海關史料》第42冊，京華出版社2001年版，中文第28頁。

　　1908 年的全國貿易報告說，英國市場之華茶失勢似非人力所可挽回，即因印度、錫蘭等處業茶者所得之利權無不兢兢業業，盡力保護，惟恐失其。據日報所載，彼等不惜應用之經費以保障此業，至於此外市場茶之銷路，大可推廣，仍當互相角逐。計入美洲及歐羅巴洲內各國，除俄國外，全數人民與英國十四兆有奇，人民相較，銷茶之數尚不能及。惟飲茶者逐漸增多，將來各國茶市之興旺自然無疑義。中國若欲共獲此利，得與印、錫、爪哇相爲競爭，除於製茶新法力求整頓，並減輕商民負荷之稅釐外，別無他策〔註 119〕。1909 年的全國報告也指出：「此後華茶貿易應專恃上等色味之貨，因他處尚不能以仿傚。即如上等茶葉，本年倫敦市場銷路最暢，聞所備之貨尚不敷應付。」〔註 120〕

　　1911 年漢口的報告介紹了茶葉的發展前景。報告中說，現在各文明國用茶不但日漸加增，且直爲日用不可少之物，德國現更作爲軍用品。並據報告，較咖啡尤爲有益。此其爲用，足可鼓勵磚茶之生意。由於世界銷茶日漸其多，故中國可大有希望。面對樂觀的前景，唯種戶須乘機將貨改良，以暢世界之銷路。勿徒貪多而不顧其葉，聽其如前數年被人輕視也。九江人因能求可靠之貨樣，故已復其所失之地位，且貿易亦大增。華茶唯質好及可靠者方能占生意較好之成分。〔註 121〕

　　通過上述對整頓茶務的建議我們可以看出，無論是全國還是地方的報告，都針對華茶所存在的弊病提出了很多改進措施，希望幫助中國茶務扭轉衰敗的局面，重振中國的出口貿易。報告中多次指出華茶應該注重提高茶葉品質，並且保持價格的競爭力。報告也屢次建議中國學習印度、錫蘭等國的先進技術和管理方法，並引進西方先進的設備，取代傳統落後的生產方式。報告還認爲中國應該減免相關稅釐，以降低華茶的價格，增強國際競爭力。海關希望政府通過大力宣傳來幫助中國商民改正陋習，更好地學習國外先進經驗。雖然中國茶葉出口的衰敗形勢最終沒能挽回，但報告中所給出的這些具有很強國際視野的建議對挽救中國茶務具有很高的參考價值。即使今天看來，仍然具有一定的借鑒意義。

〔註 119〕《光緒三十四年通商各口華洋貿易情形總論》，《中國舊海關史料》第 48 冊，京華出版社 2001 年版，中文第 20 頁。

〔註 120〕《宣統元年通商各口華洋貿易情形總論》，《中國舊海關史料》第 51 冊，京華出版社 2001 年版，中文第 20 頁。

〔註 121〕《宣統三年漢口華洋貿易情形論略》，《中國舊海關史料》第 57 冊，京華出版社 2001 年版，中文第 286～287 頁。

第四節　絲與貿易平衡

　　絲是和茶並重的大宗出口品。在茶葉出口不斷衰落的情況下，絲最終成為清末出口總價值最高的商品。儘管在晚清時期，絲的出口數量和價值量都呈現上升趨勢，但中國的絲業也存在諸多問題，制約著華絲在國際市場上的競爭力。面對來自意大利、日本等競爭對手的強烈衝擊，華絲出口形勢並不樂觀。貿易報告對中國的絲業抱有很大期望，在關注華絲出口狀況的同時，還重點剖析了絲業所存在的各種問題，並給出了很多整頓建議，希望通過振興絲業來幫助中國扭轉對外貿易的逆差局面。

一、中國絲業的發展狀況

　　中國是世界上最早養蠶織絲的國家。用蠶絲製成的精美絲綢不但在中國頗受歡迎，也受到了西方人的青睞。絲綢成為中國古代最主要的出口商品之一。產自中國絲綢曾經源源不斷被商人販運往西方，聞名中外的絲綢之路也因此而得名。儘管養蠶繅絲技術很早就傳入歐洲，但由於中國出產的蠶絲質量更佳，在國際市場上依然具有很強的競爭力。

　　隨著 19 世紀歐美經濟的快速發展，居民生活水平有了顯著提高，對絲綢的需求量也在不斷增加，從中國進口蠶絲的規模迅速擴大。這推動了華絲出口價格的上漲，極大促進了中國絲業的發展，使中國從中賺取了大量的白銀。但日益繁榮的中國絲業遇到來自歐洲和日本的激烈競爭。歐洲的意大利等國非常重視絲業的發展，不斷通過近代科學技術和管理方式來提升本國絲業。隨著養蠶繅絲技術的不斷進步，歐洲自產的蠶絲價格有了明顯下降，品質也在不斷提升，對中國的蠶絲出口構成了很大的威脅。日本也於 19 世紀下半葉傚仿西法，大力發展本國絲綢業，很快成為中國在國際市場上的強勁對手。而中國傳統的養蠶繅絲技術同西方近代的科學養蠶技術和機械化繅絲技術相比，劣勢逐漸明顯，中國的絲業開始呈現衰敗的趨勢。

　　由於絲業對於出口佔有舉足輕重的地位，海關對一直很重視它的發展，不僅各年度的全國貿易報告都會對華絲的銷售情況進行介紹，很多口岸的年度貿易報告也會進行詳細描述。貿易報告在分析華絲出口形勢時，經常會提及華絲所存在的問題和對其出口有重要影響的國際和國內的因素。這些記錄對於掌握當時中國絲業的發展狀況起到了很大幫助。

　　1882 年的全國貿易報告在分析生絲出口形勢時認為，中國的絲在歐洲市
場價格下跌並且受到日本絲的競爭〔註122〕。其中，中國的生絲及其他絲製品
的出口額為 22837252 兩，比 1881 年減少 4000000 兩，比 1880 年減少 7000000
兩，比 1879 年減少 6000000 兩。造成出口價值下跌的主要原因是當時國內的
經濟狀況〔註123〕。由於 1882 年國外市場的不景氣，儘管絲價很低，依然銷售
困難〔註124〕。來自日本優質絲的競爭是另外一個影響華絲出口的重要因素〔註
125〕。1884 年的全國貿易報告指出，華絲在歐洲市場上已經不再受到歡迎，
雖然它們已經是中國的最低價格，但還沒有達到在歐洲所流行的低價絲的水
平〔註126〕。1886 年的全國貿易報告認為，本年生絲和撚絲的大量出口是因為
低匯率和歐洲市場上絲價的高昂〔註127〕。

　　1889 年上海的貿易報告介紹了華絲的質量問題。「外洋銷路向行上等之
絲，中國絲斤因不易組織，在西國多欲購買於上海未出口以前重繰之絲。」〔註
128〕1890 年上海的報告分析絲貨生意總未見佳的原因時說：「據聞開市時鎊價
昂貴，致誤時日。又聞在歐洲市面銷場阻滯，緣法國賽會之年，存貨過多致
塞，銷路未能暢旺。又因美銀市虧倒迭見，並因各處衣服近多參著絨布，致
將絲貨滯銷。各種情形並非一致。」〔註129〕1891 年的上海報告談了銀價變動
對華絲出口歐洲的影響。「絲斤一項出口向旺，緣本年絲色光潔，似比上年為
勝。但歐洲售價除運費，各項同上海行情均無二致。倫敦每磅價銀只三兩，
自光緒十一年迄今，從未賤至如此，是皆銀價漲落無定，以致歐洲生意未見

〔註122〕《Trade Reorts And Returns，1882》，《中國舊海關史料》第 9 冊，京華出版社
　　　　2001 年版，第 459 頁。

〔註123〕《Trade Reorts And Returns，1882》，《中國舊海關史料》第 9 冊，京華出版社
　　　　2001 年版，第 460 頁。

〔註124〕《Trade Reorts And Returns，1882》，《中國舊海關史料》第 9 冊，京華出版社
　　　　2001 年版，第 461 頁。

〔註125〕《Trade Reorts And Returns，1882》，《中國舊海關史料》第 9 冊，京華出版社
　　　　2001 年版，第 462 頁。

〔註126〕《Trade Reorts And Returns，1884》，《中國舊海關史料》第 10 冊，京華出版
　　　　社 2001 年版，第 429 頁。

〔註127〕《Trade Reorts And Returns，1886》，《中國舊海關史料》第 12 冊，京華出版
　　　　社 2001 年版，第 7 頁。

〔註128〕《光緒十五年上海口華洋貿易情形論略》，《中國舊海關史料》第 15 冊，京華
　　　　出版社 2001 年版，中文第 135 頁。

〔註129〕《光緒十六年上海口華洋貿易情形論略》，《中國舊海關史料》第 16 冊，京華
　　　　出版社 2001 年版，中文第 144 頁。

甚起色。」〔註130〕1892年上海的貿易報告中提到了華工和洋工的工價差異。「意大利之多購華絲者，係因絡經工價甚廉之故。英國近來人工較前倍貴，各國亦復皆然，故以彼潔此，未免相形見絀。〔註131〕

1893年上海的報告分析了當年影響國際絲市的重要事件以及華絲的出口形勢。「詎五月之後，以至西曆年底，販絲之商大受其創。如澳大利亞各銀行猝然倒閉，因而英國小康之家約有數千戶，一旦遭此變故，幾無立錐之地。未幾，美國地方又遭大劫，為向所未有者。無論為商、為買，必待由漸甦復。意大利國亦因銀錢不能流通，官商交受其困。南阿美利加又有叛亂之事，以致一二要口接連數月不能貿易。歐洲各國五穀歉收，英國工人因與業主爭持工價，相挾停工。美國議政院又有整頓網稅之舉。諸如此類，以至銀易金俱不合算，絲之行市不佳從知矣。……若論華商，無甚虧折者，因行情雖然大跌，與原買價銀無所出入。」〔註132〕「繰絲上半年消（銷）場甚旺，不論多少，皆有受主。歐洲、美國銀價一跌之後，中國業繰絲者大獲其利，因法國、意大利國所出之絲其價不能與中國爭衡。」〔註133〕

1894年的全國貿易報告介紹了白絲和黃絲的出口狀況。傚仿西法的白絲出口比上年贏5218擔，蓋因歲值豐收，洋商亦欲多訂購，兼之銀價低賤，獲諸裨益，所以運抵外洋銷流易廣耳。報告認為出口增加並不完全因為銀價下跌。光緒十八年金價每關平銀一兩可匯4.4先令，彼時白絲出口較此尤多2400擔，可見專指銀賤則出口絲多亦不盡然，仍當別有可旺之故也。黃絲的繰法未妥，若不改弦易轍，縱使貨價極廉，必將年甚一年〔註134〕。

1895年的全國貿易報告談道，出口白絲、黃絲、野蠶絲，機器繰絲共計110620擔，比上年增加11100擔。其所增之故因黃絲與機器繰絲銷場甚旺。查機器繰絲一項，向未列入冊中，現於土貨項下添立名目，列於開端，以便

〔註130〕《光緒十七年上海口華洋貿易情形論略》，《中國舊海關史料》第17冊，京華出版社2001年版，中文第146～147頁。

〔註131〕《光緒十八年上海口華洋貿易情形論略》，《中國舊海關史料》第18冊，京華出版社2001年版，中文第142～143頁。

〔註132〕《光緒十九年上海口華洋貿易情形論略》，《中國舊海關史料》第19冊，京華出版社2001年版，中文第144～145頁。

〔註133〕《光緒十九年上海口華洋貿易情形論略》，《中國舊海關史料》第19冊，京華出版社2001年版，中文第145頁。

〔註134〕《光緒二十年通商各口華洋貿易情形總論》，《中國舊海關史料》第21冊，京華出版社2001年版，中文第16頁。

讀者知所緣起。夫貿易之頓見暢旺者，如廣東、上海所產之機器繅絲，邇來出口殊豐，有繼長增高之象。廣東所產共計 20719 擔，上海就地所產共計 6276擔。蠶繭銷場較往昔愈見廣闊，係運往法國、意大利國、美國、日本行銷。綢緞出口共計 20500 擔（繭綢不在內），比上年增 4100 擔。綜覈價值計贏銀2930000 兩。光緒十一年出口綢緞、繭綢共計 10280 擔，光緒二十一年已增至23120 擔。由此觀之，則此等最細之貨，亦因匯價低落，以故出口殊行踴躍，銷流易廣耳〔註135〕。報告將機器繅絲列入冊中，表明海關對其重視程度的提高。

　　1896 年的全國貿易報告在分析白絲出口減少 22200 擔的原因時說：「曾據內行人稱，今去兩年各國出絲皆多，中國亦不爲少。辦運是貨者，雖不乏人，但開盤之時尚能得價，有利可圖，華商則反以爲奇貨可居，故高價值，兼之借款甚易，取利極微，更不妨待價而沽。不意歐洲辦絲商人因見華商存貨太多，勢難久待，逆料轉瞬無不減價發售。目前辦絲太多，恐將來反受虧折。不若小試其端，先辦若干，以應急需。再加本年適值美國更換民主之時，該國商人暫停交易，第以公舉總統兩人，一系重金，一系重銀，未知主政大權究歸誰得。與其急行購辦，得受虧於將來，莫若稍做徘徊，待更章於後日。美國商人既存此見，上海絲市更形減色。上海東洋所開繅絲場大半是爲該國而設，既聞此信，群失所望。」〔註136〕美國貨幣政策的不確定，對中國絲業帶來了不利的影響。

　　報告中介紹了 1896 年絲廠間有倒閉，虧著甚多的情況。「自二十二年四月湖絲開市之日起，至二十三年四月止，一年之內，存貨頗多。意大利出絲既佳，繭亦便宜。廣東出絲亦多。意大利、廣東之絲均願速售。上海存絲不多，實因養蠶鄉民私心切喜，以爲絲廠接踵添設，所需蠶繭必多，故爲囤積，以冀壟斷居奇，利市三倍，不意竟失其望。新設絲廠因美國暫停辦絲，各廠並無生意，甚之閉場停工，則內地蠶戶徒歎繭積如山，覓無售主。而囤絲商人偏購湖絲若干，迨至覆函既到，絲價雖未稍減，則明知吃虧，不能不辦。此等獲利亦算湖絲不幸中之大幸也。蠶繭囤積既多，成絲自少。雖洋商購運無幾，而年底存貨亦自寥寥矣。北方機器繅絲年底存有五六千包，繭子亦存

〔註135〕《光緒二十年通商各口華洋貿易情形總論》，《中國舊海關史料》第 21 冊，京華出版社 2001 年版，中文第 17～18 頁。
〔註136〕《光緒二十二年通商各口華洋貿易情形總論》，《中國舊海關史料》第 24 冊，京華出版社 2001 年版，中文第 16～17 頁。

不少，皆以美國停辦，是貨銷路較滯。」〔註 137〕

報告還談到了其他幾種絲銷售不暢的原因。其中，黃絲本年各處所出無多，既因山東收成旺，四川、湖北又因制錢價貴，運抵上海成本已大，銷運尤難。除印度、埃及購運些須外，而歐洲各國竟無過問是貨者。野蠶絲所出亦少，此因東三省自兵燹之後，樹木均傷，蠶種亦壞。如欲復舊，恐非加意栽培不能望於將來也。比較意、法兩國，其價反高，商人安能運出？開市之後，繭子雖有運往意國，惜爲數無多。雙繭專銷東洋，不行別國。爛繭殼運出口亦屬有限。不能暢銷的原因有三個方面。「一爲歐洲進來少用此貨。一爲美國本年暫停進貨。一爲華商待價則估，希冀來年銀價漸低，出口較多，以償其願。」〔註 138〕

1899 年的全國貿易報告提到巴黎博覽會對華絲出口所起到的幫助。機器所繅之絲 1898 年出口不過 41000 餘擔，1899 年則有 49000 餘擔。亂絲頭 1898 年出口 71000 餘擔，1899 年出口則有 91000 餘擔。此項生意本年甚爲暢銷，且能獲利，其故或爲來年法京有賽會之舉，但是外國本年所需此貨若是之多，而中國本年所出此貨即能若是之多，此眞適逢之會，有不期然而然者〔註 139〕。

1901 年上海的報告指出，兩年來購進者與售出者皆不合算，「係因先令跌落，致辦貨之人時有虧蝕之患。業絲者亦因銀盤漲落無定，亦難覓利」〔註 140〕。蘇州的報告分析了絲廠不能因絲價上漲而立刻獲利的緣由及上漲的原因。「絲價雖屬大漲，無如絲廠不能驟獲其益，因預先拋盤子之絲不能隨時增價，而所收之繭則因繭價甚貴，繭商不欲照定貨成單交繭，廠家無可如何，只得照貴價購買，以致售價不敷進本。惟拋出之絲交清以後，未嘗不可沾其餘利也。本年絲價之貴，一因繭少出絲無多；二因銀賤金價益貴。此價值所以有漲無跌也。」〔註 141〕

〔註 137〕《光緒二十二年通商各口華洋貿易情形總論》，《中國舊海關史料》第 24 冊，京華出版社 2001 年版，中文第 17 頁。

〔註 138〕《光緒二十二年通商各口華洋貿易情形總論》，《中國舊海關史料》第 24 冊，京華出版社 2001 年版，中文第 16 頁。

〔註 139〕《光緒二十五年通商各口華洋貿易情形總論》，《中國舊海關史料》第 30 冊，京華出版社 2001 年版，中文第 15 頁。

〔註 140〕《光緒二十七年上海口華洋貿易情形論略》，《中國舊海關史料》第 34 冊，京華出版社 2001 年版，中文第 194 頁。

〔註 141〕《光緒二十七年蘇州口華洋貿易情形論略》，《中國舊海關史料》第 34 冊，京華出版社 2001 年版，中文第 208 頁。

　　1902 年的全國貿易報告介紹了歐美需市場的需求和銀價變化對華絲出口的影響。「如本年頭蠶出絲不佳，二蠶出絲極佳，所出雖多，但以兩期合之比及上年，仍是有減無增。差幸歐洲及美國購者甚爲踊躍，且絲出雖少，而銀價大落，緣歐洲各國係按金價購辦，故出口之絲較上年雖少，而售出之價較上年所得之銀更多，此亦不幸中之大幸也。」〔註142〕

　　1903 年的全國貿易報告說：「中國抵還洋款最關緊要之貴重貨物即絲與綢緞」。此項貿易在 1860～1869 年內估價已占一半，但本年僅占 35%。報告分析了本年銷售不暢的原因。「上年絲價極昂，以致本年大爲減色，作絲商人不甘賤售，勢必待價而沽。適值上海各處繭來亦少，更可視爲奇貨，以求善價。無如歐美市場所出價值不能如中國商人所要價值。辦此貴物，經手商人貪心過重，夏秋兩季匯票又長，外國絲價又跌，如此情形，均復出口之絲愈形減少。上海絲業虧本甚巨。廣州出口與上年相同。一因該處肯於見機減價速售。一因該處桑葉、蠶繭所出較好。」〔註143〕1904 年上海的報告稱：「本年業蠶絲者不甚暢旺，因接連三年蠶絲歉收，更兼日本出絲較往年增多，華絲運往歐美者難與爭衡也。」〔註144〕

　　1905 年的全國貿易報告認爲本年出絲量減少是因爲上海之貿易春令天氣不和，忽寒忽暖，蠶易受病，所食桑葉亦不見佳，兼之外國進來多半是用各該國自繅之絲〔註145〕。報告比較了 1903～1905 年中國各色絲及綢緞與日本出口價值以及出口白絲及機器繅絲的數量，見表 2.6、2.7。

表 2.6　中日出口綢緞價值　　　　　　　　　　　　　　　　　單位（兩）

	1903 年	1904 年	1905 年
中國	74289703	78255412	70393833
日本	88800000	95300000	77180000

〔註142〕《光緒二十八年通商各口華洋貿易情形總論》，《中國舊海關史料》第 36 冊，京華出版社 2001 年版，中文第 16 頁。

〔註143〕《光緒二十九年通商各口華洋貿易情形總論》，《中國舊海關史料》第 38 冊，京華出版社 2001 年版，中文第 17 頁。

〔註144〕《光緒三十年上海口華洋貿易情形論略》，《中國舊海關史料》第 40 冊，京華出版社 2001 年版，中文第 236～237 頁。

〔註145〕《光緒三十一年通商各口華洋貿易情形總論》，《中國舊海關史料》第 42 冊，京華出版社 2001 年版，中文第 28 頁。

表 2.7　中日出口白絲及機器繅絲數量　　　　　　　　　　單位（擔）

	1903 年	1904 年	1905 年
中國	63320	81525	69617
日本	73155	96586	72419

資料來源：《光緒三十一年通商各口華洋貿易情形總論》，《中國舊海關史料》第 42 冊，京華出版社 2001 年版，中文第 29 頁。

　　從這三年的中日出口對比中可以看出，日本出口綢緞的價值和出口的白絲及機器繅絲的數量都已超過中國。報告認為：「中國蠶絲或盛或衰，公家本不過問，惟冀養蠶戶口留心考察，俾可收回利權。」〔註 146〕這也反映出清政府沒有在絲業的發展中發揮出應有的推動作用。

　　福州 1905 年的報告談了當地絲業所面臨的困境。「考目下各該養蠶小戶，所植蠶桑類皆散漫無度，雖然卻料其獨能獲利。在始出之望，原思糾集股份，並沿用練達技師教導布置一切，庶幾此項工業得以逐漸推廣。約當光緒二十八年間，所創蠶業公司計有二十家，有名曰英華蠶業公司者，即其中之一也。本省官憲於此亦甚注意維持，經已特赦有蠶務學堂，教育飼養繅練諸法。計自二十八年至三十一年，此四年內其已種成桑樹實有一千二百餘萬株，以此數推算，其所產之絲售出價銀計應淨得十萬元，乃不料貿易絲之值僅及三分之一已耳。」於是各該華商公司及今均已陸續停歇，只有英華公司一家商獨存。報告分析了當時絲業失敗的原因。「乃知其一則以蠶種只一項，殊形缺少，極難就地購買，俾足於用，以致飼養工藝不克全施。蓋養種紙原所以抱育蠶子者，其為用也甚巨。此時僅賴由廣東、浙江兩處採辦而來，奈路程相隔甚遙，有時其蠶子於半途間即已長出，及到本口後，竟變為無用之物。若此則蠶造收成，安能冀其豐稔耶？再則，復因閩省人物大抵懶惰偷安，於謀生之計竟無所動於心也。推之民間婦女於所習繅絲微技，未幾即行拋棄，蓋不欲用其恒心毅力耳。若所云蠶務學堂一處，其中收授生徒約共五百人，然其教授諸法毫無準繩，且於各生徒之是否用心練習，竟一任其自然殊失設立本意，其不能坐收成效者，亦半由於此。至於所飼之蠶，亦常多致病

〔註 146〕《光緒三十一年通商各口華洋貿易情形總論》，《中國舊海關史料》第 42 冊，京華出版社 2001 年版，中文第 29 頁。

處，是屬何故尚無從考驗而出。雖以此間之地土肥沃，以及其所植之桑與養
蠶之室均已各適其宜，諸臻美備，仍不能免其蠶之致病，是又殊堪浩歎者。
夫以閩省適居廣東、浙江之中，而竟不如該兩省之能出絲，況當此人工價值
較廉，地畝亦極相宜之下，乃竟頹廢若斯，豈其應然者乎！」〔註147〕從福
州所舉的這個例子可以看出，在二十世紀初的中國，發展蠶業公司面臨著諸
多意想不到的困難。

　　1906 年的全國貿易報告指出，中國所出絲貨因養蠶戶仍照古法，積習相
沿，不肯講求，所以當年天時不和，蠶病總不能免。幸好適值匯水逐漸繼長
增高，迨至秋令，西國市價已長，不但能抵匯水所失之數，付銀既加，出絲
自盛〔註148〕。

　　由於日本絲業的快速發展對中國形成了巨大衝擊。報告將中國近年所出
各種絲貨與日本所出互相比較價值進行了列表於比較，見表 2.8。

表 2.8　　　　　　　　　　　　　　　　　　　　　　　　　　　單位：兩

	1904 年	1905 年	1906 年
中國	78255412	70393833	71235525
日本	95300000	77180000	98722000

　　報告又把 1904～1906 年中日包括綢緞、棉絲佈在內的價值進行了列表比
較，見表 2.9。

表 2.9　　　　　　　　　　　　　　　　　　　　　　　　　　　單位：兩

	1904 年	1905 年	1906 年
中國	12567310	10779731	18159464
日本	31406000	24070000	26061000

　　報告中還列出了 1893～1906 年在西方國家國所銷各種絲的價值以及擔數
和所佔比例數，見表 2.10。

〔註147〕　《光緒三十一年福州口華洋貿易情形論略》，《中國舊海關史料》第 42 冊，京
　　　　　華出版社 2001 年版，中文第 328～329 頁。
〔註148〕　《光緒三十二年通商各口華洋貿易情形總論》，《中國舊海關史料》第 44 冊，
　　　　　京華出版社 2001 年版，中文第 30 頁。

表 2.10

	1893～1902 年平均		1903～1905 年平均		1906 年	
上海機繅絲	48 法郎／公斤		52 法郎／公斤		60 法郎／公斤	
上海七里絲	27 法郎／公斤		34.5 法郎／公斤		40 法郎／公斤	
廣東機繅絲	35 法郎／公斤		37 法郎／公斤		57 法郎／公斤	
日本繅絲	43 法郎／公斤		46 法郎／公斤		67 法郎／公斤	
西國銷數	291465 擔		322040 擔		349812 擔	
上海運西國	70317 擔	24.1%	68711 擔	21.3%	70982 擔	20.3%
廣東運西國	30795 擔	10.6%	34661 擔	10.8%	29028 擔	11.2%
各口運西國	111398 擔	38.2%	108718 擔	33.8%	110486 擔	31.6%
日本運西國	59077 擔	20.3%	82942 擔	25.8%	103836 擔	29.7%

資料來源：《光緒三十二年通商各口華洋貿易情形總論》，《中國舊海關史料》第 44 冊，京華出版社 2001 年版，中文第 30～31 頁。

　　報告對表 2.10 進行了解釋說明。日本絲在 1893～1902 年在西方國家的銷售平均比重爲 20.3%，1903～1905 年爲 25.8%，1906 年爲占 29.7%，呈現不斷上升的趨勢。華絲在 1893～1902 年所佔平均比重爲 38.2%，1903～1905 年爲 33.8%，1906 年爲 31.6%，比重在不斷下滑。日本的絲價同中國的絲價也逐漸接近。法國里昂係銷絲最大市場。從前日本絲比上海絲的價格每公斤低五六法郎，「本年價值彼此已能相敵」〔註149〕。報告通過所列舉的較爲詳盡的數據，說明了日本絲業的快速崛起和給華絲所帶來的競爭壓力。

　　1907 年絲貨在開市之時，歐羅巴各國及美國存貨甚少，銷貨較多，此等遭逢眞如望外。況中外所產之絲本年所出均旺，以此情形，諒有銷路。不意美國銀根吃緊，歐美兩洲各處市場被其牽連，受累匪淺〔註150〕。1908 年春季絲價最賤，存貨復多，幸各國產絲之數尚屬無多，兼之美國市尤盛，卒能使多存之貨全數售盡，價值亦高。待至初多，大有起色。1907 年白絲爲 28556擔，1908 年增至 31926 擔。機器繅絲 1907 年爲 50296，1908 年減至 49206 擔。

〔註149〕《光緒三十二年通商各口華洋貿易情形總論》，《中國舊海關史料》第 44 冊，
　　　　京華出版社 2001 年版，中文第 31 頁。
〔註150〕《光緒三十三年通商各口華洋貿易情形總論》，《中國舊海關史料》第 46 冊，
　　　　京華出版社 2001 年版，中文第 21 頁。

這是因為廣州出產減少之故。該處災患頻遭，致產絲之數較歷年為最少。野絲 1907 年出口 23896 擔，1908 年增至 34148 擔。東三省之業野蠶絲者逐漸增多，該處野蠶絲無可限量，所出繭綢定不至匱乏〔註 151〕。1909 年絲之收成到處豐盛，惟外洋絲市價值不高。出口黃絲、白絲兩項較上年僅加增 800 擔。美國商務情形雖較前略有進步，然絲市一項依然沒有達到預計的效果。日本絲產最盛，近聞有多數運寄美國待售，價值亦因而減跌。近年日本出口絲增進極速。1905 年，運出之數只 72000 擔，至 1909 年，其數已至 134000 擔，增加了將近一倍〔註 152〕。1910 年出口數內雖減有限，然已失望，無利可圖。其價值之落既因上年銷數過額，又因購運者格外加多，每以低劣之貨混雜，其中僅顯目前之利，一朝受害，終難挽回〔註 153〕。只圖眼前利益，以次充好，是中國絲業的一個頑疾。1911 年絲的收數雖增，其品較遜，兼之風聲鶴唳，人心不安，業此者希圖脫手，減價出售。山東繭綢上等貨本年仍無起色，但恐易除之病若不早為整頓，則被下等劣貨充銷歐市，占其利益〔註 154〕。

　　從貿易報告的這些記錄和分析中我們能夠清楚的看出，海關除了對國內各類絲貨的出口數量變化情況非常關心外，還對影響絲業的主要因素進行了分析。貿易報告中不僅分析了華絲所存在的各種問題和不同年份中影響華絲出口的主要國內因素，還重點關注了國際因素對華絲銷售的影響。報告中對歐美市場各種變化以及銀價變動給華絲的出口的影響等因素十分重視，對日本絲業的崛起格外關注，多次提及日本絲對華絲的影響，體現出了近代海關的全球視野和多元視角。

二、整頓絲業的建議

　　面對華絲日益嚴峻的出口形勢，貿易報告中給出了很多整頓絲業的辦法。報告重點介紹了培育蠶子和用機器繅絲，希望通過在這兩個方面的改進來提升中國絲業的競爭力，從而幫助中國維持進出口的平衡。

〔註 151〕　《光緒三十四年通商各口華洋貿易情形總論》，《中國舊海關史料》第 48 冊，京華出版社 2001 年版，中文第 20 頁。
〔註 152〕　《宣統元年通商各口華洋貿易情形總論》，《中國舊海關史料》第 51 冊，京華出版社 2001 年版，中文第 19 頁。
〔註 153〕　《宣統二年通商各口華洋貿易情形總論》，《中國舊海關史料》第 54 冊，京華出版社 2001 年版，中文第 18 頁。
〔註 154〕　《宣統三年通商各口華洋貿易情形總論》，《中國舊海關史料》第 57 冊，京華出版社 2001 年版，中文第 20～21 頁。

　　蠶子的健康狀況是關係到蠶絲的產量和品質的關鍵因素。中國的養蠶者在養蠶時大多沿用傳統方法。而此時西方已經建立了一套更爲科學的培育方法，傳統的育蠶法與之相比已經明顯落後。所以中國亟需改進培育技術才能滿足近代絲織業的要求，使華絲重新具備競爭力。在貿易報告中，反覆強調了採用西方先進蠶子培育方法的必要性。

　　1895 年的全國貿易報告介紹了用新法篩選蠶子的好處。「至於蠶絲一項，前經總稅務司仿照法人裴司德〔註155〕新法創辦，此事將蠶繭逐一遴選，凡有繭中之病蠶，一律汰除淨盡，庶幾易於飼育，不致爲瘟疫所侵。似此法良意美，斷無他虞。況廣東一省已收目前之效，諸獲裨益。倘能次第舉行，其利益可而跂待也。」〔註156〕在同年廣州的報告中，對採用新法育蠶的效果進行了介紹。「粵省水土以及工人照料絲場頗能合式，是土絲買賣不得不年勝一年。但工人照料未免嫌粗，如不願悉改善法，將來通商一節似覺爲難。本年順德設有養蠶局，專司照料蠶繭出絲好否，所以能使蠶繭乾潔，壞繭俱無，此乃善法。雖此局僅開數月，而功效已非淺鮮。」〔註157〕

　　1898 年的全國貿易報告以湖絲爲例，闡述了目前中國在養蠶種所存在的問題。「湖絲本屬出口貿易之大宗。至湖絲之多寡，全在於繭。繭之好歹，全在於蠶。近來養蠶之家不甚留心，蠶子先已受傷，做成繭子自然不佳。」過去無錫「地方繭只三擔即可繅絲一擔，現在繭有六擔亦不過繅絲一擔。以雙倍之料成一倍之貨，吃虧之大，夫人知之。」由於現出之絲年減一年，「第恐將來國中所出之絲不獨不能運出，且不敷國中之用，尚須轉借他國之絲，以輔國中之不足。源漸失，徒呼奈何！」對於目前的困境，報告認爲並非沒有補救辦法。「只要蠶子無病，出絲自多。現在西國講求有素，蠶子之有病無病甚能辨別，一目了然。如養蠶之家果肯仿照西法，揀選蠶子，用心培養，轉瞬出絲之多，銷場之大，諒可再復當年之景象。」這一年的亂絲頭產量增至

〔註155〕路易・巴斯德（1822～1895），法國微生物學家、化學家。他研究了微生物的類型、習性、營養、繁殖、作用等，奠定了工業微生物學和醫學微生物學的基礎，並開創了微生物生理學。循此前進，在戰勝狂犬病、雞霍亂、炭疽病、蠶病等方面都取得了成果。

〔註156〕《光緒二十一年通商各口華洋貿易情形總論》，《中國舊海關史料》第 22 冊，京華出版社 2001 年版，中文第 18 頁。

〔註157〕《光緒二十一年廣州口華洋貿易論略》，《中國舊海關史料》第 22 冊，京華出版社 2001 年版，中文第 204 頁。

70000 擔，「足見不善養蠶，以致亂絲頭轉多於所出之絲。」〔註 158〕

1899 年的全國貿易報告在介紹本年蠶絲的狀況時，認爲蠶子之病同過去相比併未稍減，「竊幸養蠶之時天氣合宜，子雖有病，得以不死。」這一年的氣候十分適合桑樹生長。「桑樹亦因天時之合，發出之葉既嫩且潤。蠶食此葉，易於長足，吐絲既多，做繭甚厚，且又光亮、堅潔、肥勻，用手撕開，亦不能斷，甚合組織，爭相購辦。如此暢銷，以致發售價值日漸增昂。迨至秋令，價值之高已爲歷年所未有者。」本年之絲屬於近來極旺之年，值得慶幸，但報告同時也表示了一些擔憂。「國家以爲絲之盛衰全在天時，不關人事，何必踵效西法，揀剔有病之蠶子。不知如能仿傚西法挑選蠶子，使遇天時合宜，得絲固多；即或天時不一，葉不虛糜，出絲亦不會少。」對於下一年的情況，報告認爲：「來年天氣如可相宜，出絲仍多，銷路亦暢。倘或天時不合，出絲既少，且不堅潔，銷路自滯。」〔註 159〕國內普遍存在的這種完全依靠天時的養蠶方式，具有很大的不確定性，不利於絲業的發展。只有仿傚西法，才能最大限度確保出絲的穩定。

1902 年，湖絲受到了天氣的影響。全國貿易報告中指出：「本年三月初旬天氣較暖，蠶子早出，桑葉尚未全發。葉既不多，子難全養，故將不敷蓄養之蠶子全行棄去。迨至後來，天氣漸涼，又兼濕氣，子已受病。中國既不檢去病子，又不用歐洲善於養蠶者名巴斯得所考查之善法，室中置有火爐、氣筒，將寒暑表時時對準，總期與蠶子和暖相宜，不得或寒或熱。蠶如有病，出絲自少，查每年係有兩期。」〔註 160〕可見，落後的傳統養蠶技術難以抵禦惡劣天氣所帶來的不利影響，學習西法是保證蠶子質量的唯一出路。

1904 年的全國貿易報告列舉了各主要出絲國在國際市場所佔的比重。1900～1902 年所銷售的絲中，中國應占百分之二十七，其中北方所出之絲占百分之十八，南方占百分之九。日本占百分之二十八，意大利占百分之二十五，其他國家占百分之二十。「中國絲出不佳，即或能多，亦不能操左券。」報告認爲，1902 年出口白絲較少於前五年，而各國所銷之絲較多於前五年，

〔註158〕《光緒二十四年通商各口華洋貿易情形總論》，《中國舊海關史料》第 28 冊，京華出版社 2001 年版，中文第 14 頁。

〔註159〕《光緒二十五年通商各口華洋貿易情形總論》，《中國舊海關史料》第 30 冊，京華出版社 2001 年版，中文第 15～16 頁。

〔註160〕《光緒二十八年通商各口華洋貿易情形總論》，《中國舊海關史料》第 36 冊，京華出版社 2001 年版，中文第 16 頁。

這是因為華絲的品質不佳，各國轉購別國之絲。「此明明中國本有之利，善讓別人。」1904 年各國所銷之絲約有 325000 擔，中國只佔了 25%。報告說：「北方蠶子素為各國所推重者，所食桑葉亦好，應該吐絲既多且佳。其所以一敗至此者，殆為不肯揀選蠶子。」而別國蠶子一旦有病，就會「立即考出，去其病子，以免傳染，自然可以轉敗為勝。」自光緒二十五年至三十年，中國出口白絲從 109279 擔減至 81525 擔。這五年中，日本出口白絲卻從 59069 擔增至 96586 擔。報告介紹了中國現有養蠶的方法的缺陷和採用西法的好處。「中國養蠶法子如無格物新法，未始不可。向來將蠶子擲在露天之處，以受霜雪，使力壯者得生，力弱者致死。其法未始不善，但人如有病，醫家知之蠶子是否有病，非用顯微鏡不可。誠如用鏡考究，比如一千蠶子揀去三百，則有七百可以吐絲。如不考究，亦得七百蠶子。不過有四百是帶病蠶子，虛糜桑葉，僅有三百可以作繭，且亦不大。所出之絲豈有不少之理？」〔註 161〕

為了強調採取西法養蠶的必要性，報告談了因中國蠶農不重視揀選蠶子所帶來的危害。「從前以繭三四擔可以繅絲一百斤，現非五六擔不可。此病人人皆知，可惜無人過問，聽其自然，但恐將來情形亦與茶務之一蹶不能復振亦相類耳。」〔註 162〕報告指出：「絲市之壞，早幾年即有留心此道者諄諄告誡養蠶農民，如不預防，但恐一敗不起，噬臍何及？故囊年有追本窮源者考出病在蠶子，遍勸養蠶農民揀選蠶子。子如有病，作繭即小，非四擔至六擔不能繅絲一擔，況且個數亦增。若論從前蠶繭既堅且大，僅須三四擔既能作絲一擔。總之，天下事有利當興，有弊當革。故前浙海關康稅務司創行在先，法已大備。前江海關雷稅務司繼起於後，策更詳明。可惜無人聽信，雖有善策，亦莫如之何矣。」〔註 163〕海關所提出的揀選蠶子的善策無人聽信是非常可惜的。

報告認為目前國內對揀選蠶子還很不重視，僅有浙江省設立的蠶學院一處揀選蠶子，而且購買的很少。最近又有無名氏刊印的《養蠶人聽聽》一書，勸無錫、金匱兩縣養蠶人傚仿紹興的辦法。從前無錫、金匱絲繭的價值高於紹興，而現在紹興繭價反高出無錫、金匱一半。若再因循守舊，將不堪設想。

〔註 161〕 《光緒三十年通商各口華洋貿易情形總論》，《中國舊海關史料》第 40 冊，京華出版社 2001 年版，中文第 21 頁。

〔註 162〕 《光緒三十年通商各口華洋貿易情形總論》，《中國舊海關史料》第 40 冊，京華出版社 2001 年版，中文第 21～22 頁。

〔註 163〕 《光緒三十年通商各口華洋貿易情形總論》，《中國舊海關史料》第 40 冊，京華出版社 2001 年版，中文第 20 頁。

「中國養蠶人家均是謹守成法，不喜翻新，或盛或衰，總憑氣運，孰知並非樂土，實係危地。」1899 年的絲價甚高，1901 年卻徒然大跌，養蠶之人漸知啓懼，不料次年的絲價復起，「故皆以爲毋庸過慮，絲雖不佳，亦能售出，何必多此一舉，另更新法」。養蠶人的這種想法實爲大錯。因爲「絲之好歹全在蠶子，絲價由繭定出，其價不由中國，而由外國。」即法國的里昂，美國的紐約，英國的倫敦，意大利的米蘭，皆可定其價值。其中日本和意大利尤關緊要〔註 164〕。這表明海關迫切希望養蠶人能夠眞正重視改進養蠶技術，通過學習西方來提高絲的質量、產量和價格。

1908 年上海的報告認爲中國的絲業應該向近年來大有起色的越南學習成功經驗。報告說：「惜中國養蠶一道不甚講求，致令各處扼腕以嗟。由是以觀，中國苟能按照法國派斯得選擇蠶子之法，如越南諒山省官設之蠶業學堂辦理，則必更可起色。現在越南東京已見成效，中國太湖各處業絲之家倘能實利仿行，則其利定可操勝券以待。」〔註 165〕

1910 年上海的報告比較了中國和日本在養蠶方法上的差別。按中國當時的養蠶之法，必於每年十二月間有一定日期將蠶子沉於涼水內，但如果此日天氣和暖，凡有病之蠶子即不得沉斃，而紡出之絲自不得自居於上等。在日本則不然，非但蠶子，即蠶蛾皆須由政府特派專員用顯微鏡逐一檢閱，然後給以准養之執照，如此則去有病之蠶必不少，而紡出之絲自亦成爲商品〔註 166〕。

國內不僅在蠶的培育技術上與西方存在不小的差距，在繰絲技術上也同樣差距明顯。中國傳統的手工繰絲不論是效率還是質量，都難以與西方的機器繰絲相比，因此貿易報告強烈建議中國努力推廣機器繰絲。報告還一直關注著中國機器繰絲的發展狀況。

1897 年的全國貿易報告中強調了使用機器繰絲的重要性。報告指出，本年湖絲出口原不爲少，但是和前年比較，似覺稍遜。這一年養蠶人家的蠶子本多，滿冀絲繭無不豐收，不意天不由人，彼時陰雨連朝，蠶子已經受傷不少。子既不多，則出絲有限；出絲有限，則價值隨增。其中金麒麟牌子之絲

〔註 164〕《光緒三十年通商各口華洋貿易情形總論》，《中國舊海關史料》第 40 冊，京華出版社 2001 年版，中文第 20～21 頁。

〔註 165〕《光緒三十四年上海口華洋貿易情形論略》，《中國舊海關史料》第 48 冊，京華出版社 2001 年版，中文第 303 頁。

〔註 166〕《宣統二年上海口華洋貿易情形論略》，《中國舊海關史料》第 48 冊，京華出版社 2001 年版，中文第 357 頁。

每擔價值已增至 470 兩，由於「繰絲廠現既添設，逐日須繭甚多，以致價值雖昂，辦繭商人尙慮購難」。報告認爲如數北方所出之絲，實駕乎各國各處之上，但「惜其不善繰絲，兼之內地稅釐又重，以致此項生意漸讓他處獨操勝算。」報告還以日本爲例，說明了善於繰絲所帶來的好處。「日本所出之絲，本已甚佳，但以華絲較之，終覺不如。然繰功甚善，所以洋商多喜購日本之絲，而少購中國之絲。」因此，中國的絲業如果再不講求，殊爲可惜。報告還介紹了當前繰絲場出絲的情況。「上年出口僅二萬七千餘擔，本年出口已增至四萬一千餘擔，足見改用機器，出貨既高，出手自易。」〔註 167〕

1910 年的全國貿易報告指出當前的機器繰絲在歐美銷路極旺，中國出產亦多。本年出口的數量比上年增加了 12000 擔，增幅爲 24%。「所多之數廣州一處三分已占其二。其故殆因歐美各國近來新得發明粵絲之功用。」〔註 168〕

在各口的報告中，也有不少對國內機器繰絲的發展狀況的介紹。比如，1891 年煙台的貿易報告分析了本地繰絲業的主要問題，認爲：「繰絲局所出之絲不能實事求是，每將次等絲摻入上等，以致洋商不能相信蠶繭。」〔註 169〕

1894 年煙台的貿易報告對整頓絲務進行了比較全面的說明。報告說：「繭綢一項因貨色不佳，運至歐洲大率不樂購用。若仍不求精益，恐將來漸至無有過問者。若緬甸等處或可銷售，華商於製繭綢一道不甚講求，故無利益。倘能精益求精，力爲整頓，自然銷多利厚。野蠶絲、黃絲兩項茲有熟習絲貨之西商將蠶絲最關鍵要之處著論數條。謂蠶絲分爲二宗，一由野蠶繭抽成野蠶絲；一由家蠶繭抽成黃絲。近來野蠶絲製造可稱進益，惟養野蠶繭之法尙須講求。關東所出野蠶繭較上年多增兩倍，山東野蠶繭與上年相等。山東所抽之絲尙賴關東野蠶繭源源接運，因此從中折耗各種費用甚多。山東本有養野蠶之地，亟應廣蓄野蠶，必能豐收蠶繭，則挽回利權，自可操勝券。黃絲一項據西商所論，若能將舊用繰絲之器具仿照他處略爲更改，可出加倍之貨。按此種黃絲，本稱上等，然須有應改之最要者，惟繰車一事。西人所用之繰絲車直徑僅有十六寸至十八寸，華工所用之車則有七十寸之長。西商有數處

〔註 167〕《光緒二十三年通商各口華洋貿易情形總論》，《中國舊海關史料》第 26 冊，京華出版社 2001 年版，中文第 14～15 頁。
〔註 168〕《宣統二年通商各口華洋貿易情形總論》，《中國舊海關史料》第 54 冊，京華出版社 2001 年版，中文第 18 頁。
〔註 169〕《光緒十七年煙台口華洋貿易情形論略》，《中國舊海關史料》第 17 冊，京華出版社 2001 年版，中文第 100 頁。

可用大徑之絲，其餘均不樂購。若改用小車，非所願也。不知小車所繅之絲其束雖小，而售價反昂。華工繅絲誠能留意，改用一定之繭數，自可蒸蒸日上。蓋華工往往用繭十個甚至二十個一抽，雜亂無定，以致精粗不能一律，西人因而不願購用。若能改以五繭或六繭一抽，方爲合式，其價值且可隨之而高。本埠繅絲局之設，原爲整頓野蠶絲。若照以上兩法仿辦，則野蠶絲自能整頓得法，而黃絲亦必與之俱得其益。況略爲更改，於本處舊法無礙，且不必增加工人，而與絲務實有裨益。倘能另立繅絲局，照前兩法力加整頓，試辦有效，則各處均可低次擴充，仿照辦理。」〔註170〕

　　1894年上海的報告談道，用機械繅出之絲其價較增，其多運之數皆往意大利及美國者〔註171〕。「中西商民皆以日本盡效西法，深得其益，日後和議大定，中國是必重加整頓，事事從長，以收富強之效。近今各處新設機廠幾如林立，莫妙於官不預聞一，任商民自便，則後之聞風興起者，更可想見。現在各商均知日本用中國棉花紡紗頗享其利，且知新法繅絲較之土繅之絲每擔可售多銀二百兩。」報告中認爲民辦絲廠要比官辦絲廠更有競爭力。「華商咸願改易新法，毋庸官憲爲之維持。蓋因華商中頗以由官經理，不免多所耗費，資本既重，獲利自微，不若自爲經辦，則較官設之廠尤能爭勝一籌。若國家准令民間自設，則機械愈出愈新，必有競相慕倣者，無論士農商賈，皆可日見富饒矣。」〔註172〕

　　1896年上海的報告描述了新設之繅絲等廠的虧損情況。「蓋本阜及浙西等處自有機器絲廠，鄉民售繭獲利較厚故也。機器繅成之絲價貴於前數年者實甚。如從前每擔四百五十至五百兩者，今則需銀六百五十至七百兩，其故大半因雇工價值極貴。如以前每日一角五分至二角二分者，今則需每日三角至三角五分分，但最上之絲售出之價每擔只六百四十五兩至六百五十兩，其餘每擔僅五百八十兩，故用新法制絲廠類都資本虧蝕。聞絲業各商本年共虧二百餘萬兩之多。」報告認爲本年絲市之不佳的原因是歐洲諸國用華絲甚少和美國竟不購辦。「以絲市而論，中華理應首屈一指，但細觀歷來情形，不獨無

〔註170〕《光緒二十年煙台口華洋貿易情形論略》，《中國舊海關史料》第21冊，京華出版社2001年版，中文第100～101頁。

〔註171〕《光緒二十年上海口華洋貿易情形論略》，《中國舊海關史料》第21冊，京華出版社2001年版，中文第144頁。

〔註172〕《光緒二十年上海口華洋貿易情形論略》，《中國舊海關史料》第21冊，京華出版社2001年版，中文第147頁。

以爭先，且有落後景象，將利源漸爲產絲各國及日本所侵奪矣。」由於絲業爲中華大宗生意，又謂國課所關，報告建議乘此未被侵奪之先，宜加意整頓所有新設機廠，官憲務竭力維持，釐金量爲裁減，而於育蠶一道須採取法國驗蠶諸法，悉心仿傚，將有病之蠶子釐別淨盡，留其佳種飼養，不獨絲可倍收，且更光潔逾恒。「華絲之日弊一日，具有明證，其急望官憲之振興提倡不待言矣。」〔註 173〕「繰絲廠華洋兩商共有二十七家，絲車共有四千架，一年之中可出絲一萬三千擔。」〔註 174〕

1897 年蘇州的報告談了絲廠所面臨的兩個困難。「一則每年所出之繭不敷各廠應用。一則貨色不佳，繭薄而絲少。」貨色佳的原因是鄉民以爲購繭人多，可獲厚利，於是急思作繭，而於飼養、房屋、作繭器具均不講求。「昔日之繭四百斤至四百二十斤即可繰絲一擔，今則五百二十斤至五百五十斤房客繰絲一擔，相懸亦甚遠矣。」〔註 175〕

1898 年上海的貿易報告強調了蠶繭的質量問題制約了中國機器繰絲的發展。報告稱：「機器繰絲至本年而疲敝已極，出口之數只有八千五百擔，較之上年則獨多至一萬一千五百擔，殊抱江河日下之憂。凡業此者，故皆虧累不淺。蓋絲廠採購絲繭之時類，皆不自恃度，貪多務得，互相爭購，以致繭價日見騰貴。初收之際，每擔需洋四十元，未逾時而前之四十元者，竟需四十五元矣。若照成本核算，每擔至多三十二元，至蠶繭貨色之低，皆由有蠶之人因賣繭得價，不肯將有病之蠶子先爲別去，只知多多益善，美惡兼收，且未俟其絲盡繭厚，遽行採下，故前數年四擔半之繭可成絲一擔，今則需五擔半至六擔方成絲一擔，以彼例此，蠶繭之壞可見一斑。言之殊堪浩歎。竊思養蠶之家若再漫不經心，草率如故，逆料不數年間，必將中華之一宗絕大生意坐視廢棄，恐此後蠶桑之利不堪復間將見。不獨出絲之數日見短絀，即蠶子之病亦年廣一年，更覺此事之不容稍有疏忽。是固在上者所當急起直追，力爲提倡，以冀挽狂瀾於未倒者也。」〔註 176〕繭的質量問題制約了中國機器繰絲的發展。

〔註 173〕《光緒二十二年上海口華洋貿易情形論略》，《中國舊海關史料》第 24 冊，京華出版社 2001 年版，中文第 169 頁。

〔註 174〕《光緒二十二年上海口華洋貿易情形論略》，《中國舊海關史料》第 24 冊，京華出版社 2001 年版，中文第 173 頁。

〔註 175〕《光緒二十三年蘇州口華洋貿易情形論略》，《中國舊海關史料》第 26 冊，京華出版社 2001 年版，中文第 175 頁。

〔註 176〕《光緒二十四年上海口華洋貿易情形論略》，《中國舊海關史料》第 28 冊，京華出版社 2001 年版，中文第 168 頁。

　　1899 年上海的報告又談了機器繅絲廠家的銷售狀況。「上年底，機器繅絲廠家大有岌岌可危之勢，緣上年收買之繭厚薄不勻，致剿出之絲欠佳，無一家不收虧折，幾有知難而退者。幸至本年夏間，新繭一出，質地較佳，收價亦廉，各廠遂重整旗鼓，以爲桑榆之補。蓋因義大利（意大利）、法國絲價昂貴，商人均向本埠爭購廠絲。本年機器絲約出一萬擔，未曾繅就早已拋售，竊料華廠之絲自必年盛一年，蓋質既堅紉，色又勻淨。上年所論蠶病雖未盡絕根株，然幸本年天氣調勻，不致蔓延，此實可爲欣慶者也。」〔註 177〕可見，絲廠所收購的蠶繭品質對於繅絲的影響十分顯著。

　　1901 年廣州的報告提到，本地機器繅絲尚無進境的原因是繅絲人漫不加察〔註 178〕。上海 1903 年的報告分析機器廠絲一年之中折耗甚大的原因。「一因入內地收買蠶繭爭相抬價。二因無錫產繭之數少而且劣。三因銀盤太貴。四因將至歲盡，絲價大跌。」〔註 179〕

　　1908 年上海的報告談了機器繅絲的優勢。「惟歷來運歐粥者都以七釐生絲，現在反爲機器絲所奪。因該絲易於製用，又爲美國人所喜悅，故利更可沾。即他項絲經價值之相較，亦相懸甚巨。」〔註 180〕1910 年重慶的報告稱：「爛繭殼出口減色，因工人繅絲得法故耳。蠶桑辦理日有進步，將來絲貨必爲貿易之一大宗。」〔註 181〕。

　　清末時期，中國的養蠶和繅絲技術與正在不斷取得技術進步的國外競爭對手相比，已經明顯落後。這導致了華絲競爭力的逐步下滑，出口形勢逐漸嚴峻。貿易報告把引進西方先進的養蠶技術和機器繅絲技術視爲提升華絲競爭力的重點。報告中多次介紹了西方的養蠶和機器繅絲技術及其所具有的優勢，希望中國盡快學習西法，以振興絲業。報告還對國內養蠶存在的問題及繅絲廠的發展狀況有所關注。貿易報告的這些記錄不僅能幫助我們瞭解華絲

〔註 177〕《光緒二十五年上海口華洋貿易情形論略》，《中國舊海關史料》第 30 冊，京華出版社 2001 年版，中文第 190～191 頁。

〔註 178〕《光緒二十七年廣州口華洋貿易情形論略》，《中國舊海關史料》第 34 冊，京華出版社 2001 年版，中文第 249 頁。

〔註 179〕《光緒二十九年上海口華洋貿易情形論略》，《中國舊海關史料》第 38 冊，京華出版社 2001 年版，中文第 216 頁。

〔註 180〕《光緒三十四年上海口華洋貿易情形論略》，《中國舊海關史料》第 48 冊，京華出版社 2001 年版，中文第 303 頁。

〔註 181〕《宣統二年重慶口華洋貿易情形論略》，《中國舊海關史料》第 54 冊，京華出版社 2001 年版，中文第 281 頁。

在清末的眞實發展狀況，還可以看出海關對振興中國絲業所寄予的厚望。海關迫切希望通過整頓絲務來提升華絲競爭力，以幫助中國維持貿易平衡。這也體現出了保持對外貿易平衡的思想理念。

第五節　新興大宗出口商品與貿易平衡

晚清的貿易報告不僅對傳統大宗出口商品絲、茶進行了重點介紹，還對草帽辮、棉花、大豆等一些新興大宗出口商品的發展狀況給予了很多關注。報告中除了介紹這些商品的銷售情況外，還指出了它們所存在的各種不足，提出了很多改進建議。這表明海關給予了它們很高的期待，希望中國在絲、茶出口逐漸衰敗的形勢下，能夠通過這些新崛起的大宗輸出商品來幫助中國改善貿易逆差逐漸擴大的不利局面。

一、草帽辮的缺陷和整頓辦法

草帽辮是近代華北地區重要的出口商品之一。隨著 19 世紀西方對草帽辮需求量的不斷增加，擁有豐富原材料和廉價勞動力的華北地區發展成爲清末草帽辮的一個重產區。草帽辮也成爲中國在清末時期的一種重要輸出商品。1889～1911 年中國的草帽辮出口數量和出口總值見表 2.11。

表 2.11　1889～1911 年草帽辮出口量及出口總值

年份	出口數量（擔）	出口總值（兩）	年份	出口數量（擔）	出口總值（兩）
1889 年	88404	2033775	1901 年	94075	3590784
1890 年	80290	2008775	1902 年	100678	3904029
1891 年	79212	1605234	1903 年	80723	4127206
1892 年	87273	2056856	1904 年	86110	4502820
1893 年	100450	2429079	1905 年	110222	6210688
1894 年	120609	2531219	1906 年	149455	8650861
1895 年	117777	2494073	1907 年	103246	6819092
1896 年	100184	3907242	1908 年	105433	7518463
1897 年	98226	6659388	1909 年	138630	8165651
1898 年	73859	3131791	1910 年	135206	7685304
1899 年	79526	2881572	1911 年	120758	10293446
1900 年	80767	4371157			

資料來源：摘自各年海關貿易報告。

從表 2.11 中可以發現，中國的草帽辮在 1889～1911 年的出口數量和出口價值都很不穩定，但總體上呈出出口價值快速增長趨勢。1889 年的草帽纓出口價值爲 203 萬兩。至 1911 年，其出口價值已經突破 1000 萬兩。

儘管中國草帽辮出口具備了一定的規模，但存在著很多嚴重的質量缺陷，削弱了其在國際市場上的競爭力。報告中多次指出了國產草帽辮在製作工藝上的各種陋習，提出很多整頓建議。

在 1904 年和 1905 年的全國貿易報告中，談到了國產草帽辮的一些質量問題和解決辦法。1904 年的全國貿易報告在談及草帽辮的出口情況時說，草帽纓上年出口數量有 80723 擔，本年 86110 擔，但所多之數均是細貨。「至於粗貨，仍是工人不肯留心講求製作揀選、包裝，以致絮亂不齊，摻雜僞貨。此病不除，買主嘖有煩言。」而與華商不同的是，山東的「德商竭力整頓，講求工藝，作出牌號，不爲爭名，即爲爭利。」報告認爲德商的做法值得借鑒，一旦華商亦格外考究，「不讓人先使，將來有一定牌號，自有一定之價值」〔註182〕。1905 年的草帽辮出口數量從上年的 86110 擔，增至 110222 擔。但貿易報告認爲：「所多之故，諒是經手商人因匯票行情不佳，願意自貶其值，從速銷售」。而草帽辮的「作僞之弊仍不能免，惟望商會中人相勸改良，細心工作，揀選草料，不摻僞貨，則將來此項貿易眞有不可限量者。」〔註183〕

草帽纓的質量問題不僅在全國貿易報告中有所提及，一些地方的貿易報告也很重視草帽辮的質量問題。尤其是在天津、煙台、上海等口的報告中，可以找到很多相關論述。

天津是草帽辮的重要產地和出口地，津海關的貿易報告中對草帽辮的一些質量問題也有所提及。1889 年的天津報告中說：「惟從前截短草身及貨色良楷相兼，多燻硫磺，拉長補短等弊，目下仍所不免。洋人買者須煞費苦心，多方揀剔。」〔註184〕1891 年天津的報告中又說：「此項貨物煙台製工之精粗在乎外洋用貨之多寡。外洋用貨不多，製工必精；用之一多，其工即粗。」〔註185〕

〔註182〕《光緒三十年通商各口華洋貿易情形總論》，《中國舊海關史料》第 40 冊，京華出版社 2001 年版，中文第 22 頁。

〔註183〕《光緒三十一年通商各口華洋貿易情形總論》，《中國舊海關史料》第 42 冊，京華出版社 2001 年版，中文第 30 頁。

〔註184〕《光緒十五年天津口華洋貿易情形論略》，《中國舊海關史料》15 冊，京華出版社 2001 年版，中文第 95 頁。

〔註185〕《光緒十七年天津口華洋貿易情形論略》，《中國舊海關史料》17 冊，京華出版社 2001 年版，中文第 103 頁。

　　山東也是草帽辮的重要產區，煙台口的貿易報告對這種本地重要輸出品很是關注。1889 年煙台的報告轉達了洋商對國內所產草帽辮的看法。「華人製作草帽緶貨亦最佳，惟遇售主若多，即不欲細作，以致工粗料雜，不免多疵，遠不如外國之貨。倘能細心製造，其美能與外國相同。」同時報告還介紹了意大利製作草帽辮的成功經驗。「其所種之麥專爲作帽而用，並不取食麥穗。蓋割取麥穗恐將麥莖傷損耳。又能選料精工製作，故臻至美」〔註 186〕。1892 年煙台的報告又說：「白草帽緶較前遠勝，外洋銷行亦廣，若製作求精，不生詭弊，亦能照常生涯。」〔註 187〕

　　1893 年煙台的貿易報告比較詳細地介紹了中國在草帽辮製作中存在的陋習和改進辦法。報告說：「查草帽緶運到外洋，銷場本來無限，但本地製作不佳，運至外洋銷路因之不暢，外洋乃不得已轉由他處講運。東洋現出草帽緶，其制作則精益求精，運至外洋，群相爭購，銷場頗暢。若華人本能製出極佳之緶，奈人工毫不講求所制之貨，每以上貨自信，故生意日漸跌落。洋商縱肯出高價購上等貨，華商則只願得賤價售低貨。本稅務司訪聞，熟習草緶客云，欲出價銀六十兩購上貨一包，貨主僅有值銀十八兩者，貨之高低據此可見。然數年前做草緶工人即有意用銅器劈分麥莖製作草緶，自本年已有如是辦者。向來中國草緶與外國草緶體質較重，故到外洋銷場不旺。若劈分製作，則無難暢銷。惜華工未悉其中利益，雖洋商屢經引導，而華工則固執己見，爲之奈何？查劈草緶較未劈之草緶，即裝載亦屬容易。計劈草緶一包能抵未劈草緶四包。且劈草緶非獨製作可以加細，即麥莖從根至梢亦可全用。再就地可開設制草緶局或一處，或數處，俾工程有所監察，即熟習草緶之洋商亦可往看製作。有此一舉，實於草緶生意大有裨益。不然仍照向來洋商得外洋購貨之信，洋商轉知承辦，承辦隨意到四鄉，分佈於小戶。人任情製作，所出之貨爲能精緻？總之，中國草緶必須得一熟習草緶之人監察製作，則生意自蒸蒸日上矣。」〔註 188〕國內草帽緶的製作缺乏監管是陋習能夠長期存在的一個重要原因所在，報告中給出的用「熟習草緶之人監察製作」的建議值得採納。

〔註 186〕《光緒十五年煙台口華洋貿易情形論略》，《中國舊海關史料》15 冊，京華出版社 2001 年版，中文第 101 頁。

〔註 187〕《光緒十八年煙台口華洋貿易情形論略》，《中國舊海關史料》18 冊，京華出版社 2001 年版，中文第 101 頁。

〔註 188〕《光緒十九年煙台口華洋貿易情形論略》，《中國舊海關史料》19 冊，京華出版社 2001 年版，中文第 100～101 頁。

　　1895 年煙台的貿易報告又繼續指出了中國華工不肯用心制作草帽緶的問題，並和日本進行了對照。報告說：「洋商屢以利害告誡華工，均不信從。即如英意各國出樣給以照作，亦不樂爲。如果照式用心製作，他出無出其右者。而利權必可獨操矣。惜偶能照式作出一二包來，必索重價。洋商無法購買外洋所要輕而且好之草緶，東洋均能照式製作，貨色一律。價值雖高，卻比購自中國之踐草緶較爲有利。蓋東洋草緶西人出樣令作，無論貨色、人工，均能確有可靠。即一尺半寸，無不一律。若中國草緶每摻雜、工粗、色低之貨，以致不合使用，故東洋草緶在外洋甚爲暢銷。外洋每次來信，深恐中國草緶無可靠之實際，不願購用。中國必當立刻整頓，方爲上策。劈草原色之緶此項貨色尚好，價值亦不爲大。其餘各草緶若能照此貨用心製作，則草緶生意尚可挽回。以刻下而論，若仍因循不振，則明年更不如今年矣。」〔註 189〕

　　1896 年煙台的貿易報告建議設立專門的工廠製作草帽辮。「如設立大廠，廣用人，未有不能工佳貨善者。倘照西法開辦，西人督理，自能大獲利益，則所出之貨自不難與歐洲、日本之草緶抗衡銷售矣。」〔註 190〕將分散的手工製作變爲工廠集中製作，對草帽辮的製作效率和質量會有很大的幫助，符合近代手工業的發展潮流，因此這一建議是非常有建設性的。

　　1898 年煙台在分析草帽辮出口減少的原因時認爲：「皆因日本草緶銷場甚旺，以其加意研求，製作精進，是以蒸蒸日上。」與日本草帽辮的情況不同，「惟華商製作之法不合，雖屢經告誡，其如聽者藐藐何？蓋製賣草緶之商因陋就簡，洋商購辦與否，聽其自便，固不精益也。」報告也給出了改進的建議。「即如日本棉紗一項，其所打之包式刻意經營，以求適於運內地之用，故能盛銷於中土。若製造草緶之華商苟能切實聽人指授，殫思以研，專力以注，以冀合於購主之意，則何患不日有起色哉？」〔註 191〕

　　膠州口的報告也記錄了草帽辮的整頓情況。如 1904 年的報告介紹了禮和洋行對草帽辮的整頓情況。報告說：「禮和洋行爲辦出口草緶之大行，現該行在內地極力整頓此種出口貨，並擬將其本質設法改良，赴東洋運大麥種來東

〔註 189〕《光緒二十一年煙台口華洋貿易情形論略》，《中國舊海關史料》22 冊，京華出版社 2001 年版，中文第 105 頁。

〔註 190〕《光緒二十二年煙台口華洋貿易情形論略》，《中國舊海關史料》24 冊，京華出版社 2001 年版，中文第 109 頁。

〔註 191〕《光緒二十四年煙台口華洋貿易情形論略》，《中國舊海關史料》28 冊，京華出版社 2001 年版，中文第 113 頁。

省佈種。因大麥草比小麥草本質爲優，現已在出產草繩之萊州府沙河一帶試辦，想此事定能日見美勝也。」〔註192〕改良麥種是提高草帽辮品質的一項重要措施。禮和洋行所進行的佈種嘗試說明，一些有實力的商家也努力提高草帽辮的競爭力。這也表明國內已經逐漸開始重視對草帽繩質量的提升。

上海作爲中國最大的通商口岸，對草帽辮的出口狀況也有一定的記錄。上海的貿易報告中多次提到了草帽辮的缺陷和整頓的意見。1891 年上海的報告描述了草帽辮存在的摻假弊病。「草帽繩一項商人苟能認眞揀選，工料精益求精，每擔售價即多至二十五兩，洋商亦必願出。乃業此者往往以僞亂眞，即減至十兩，亦恐無人過問。聞今年歐洲購去之貨摻假者多，竟有大半拋棄，若不加意整頓，恐以後此一宗出口生意將一蹶而不能復振矣。」〔註193〕1896年上海的報告建議：「業此者務宜自設藝學院，講求工細之法，必如何方爲合用合銷，此利乃可永保。否則，亦如絲茶曁別種貨物，將爲日本所奪矣。」〔註194〕1898 年上海的報告在分析了草帽繩出口下降的原因時稱：「草帽繩本年復見短少，仍如歷屆所言之弊病，收草不知留意揀選，編製亦粗率不工，迨裝包時，又多欺訛作僞，將佳者裝面，劣者作底。」報告認爲，若早爲整頓，此宗生意即能恢復舊觀，否則，竊恐盡被日人攘奪矣。「其上等貨一種，價值尙佳。次等貨一經運至美洲及歐羅巴等處，即無人問。而下等一種最不堪者爲數更多，不獨不能售於洋商，即華商中亦無有售之者。」〔註195〕1899 年上海的報告對來自日本的競爭和華人製作草帽辮的不用心表示憂心忡忡。報告說：「草帽繩雖年減一年，然本年運銷外洋者尙有數目可稽，而日本出數銷路日益見加，恐華貨將來盡爲所奪。蓋華人不知用心揀選，去僞存眞，其疲象將有不可勝言者。」〔註196〕1900 年上海的報告中又談道：「惟華人積弊，每於貨物裝包之時任意將低次之貨夾藏其中，今仍相延如故，無怪各洋商咸有

〔註192〕《光緒三十年膠州口華洋貿易情形論略》，《中國舊海關史料》40 冊，京華出版社 2001 年版，中文第 171 頁。

〔註193〕《光緒十七年上海口華洋貿易情形論略》，《中國舊海關史料》17 冊，京華出版社 2001 年版，中文第 147 頁。

〔註194〕《光緒二十二年上海口華洋貿易情形論略》，《中國舊海關史料》24 冊，京華出版社 2001 年版，中文第 170 頁。

〔註195〕《光緒二十四年上海口華洋貿易情形論略》，《中國舊海關史料》28 冊，京華出版社 2001 年版，中文第 169 頁。

〔註196〕《光緒二十五年上海口華洋貿易情形論略》，《中國舊海關史料》30 冊，京華出版社 2001 年版，中文第 191 頁。

戒心，相與裹足，而遂改向日本購辦此貨。況且日本草帽緶貨色甚好，價雖稍貴，無不樂從，蓋洋商性情皆不價貴，而在貨高也。」〔註197〕1901年上海的報告認為：「所惜工藝不精，又於裝包之時摻雜低次之貨，生意殊非昔比。其近年出口加增之故，係因洋商設法鼓勵所致。若仍相延如故，不為改弦易張，恐蹈光緒十六年至二十一年之覆轍，洋商無向中國購辦者矣〔註198〕。

通過貿易報告中的這些記錄，我們可以對清末草帽緶的出口形勢和所存在的問題有一個比較清晰的認識。產品質量低劣一直是影響近代中國出口商品競爭力的重要原因，這在草帽緶上體現的尤為明顯。報告不但反覆強調了國產草帽緶存在的各種缺陷和來自日本的威脅，還提出了一些有很價值的整頓建議，提倡中國向日本學習，表現出對提升這種重要出口商品競爭力的殷切期待。

二、大豆出口的崛起

大豆是一種重要的糧食作物和經濟作物，不但具有很高的營養價值，還在日常生活中有著非常廣泛的用途。中國是大豆的原產地，而東北地區則是世界上重要的大豆產區之一。在1863年清政府被迫開放「豆禁」後，東北的大豆開始向國內其他地區輸送。隨後，清政府又將禁止大豆運往國外的禁令解除，大豆開始大量出口，並成為了東北地區最主要的輸出農產品。19世紀末，國際市場對大豆的需求開急劇增加，其中以日本的需求最為旺盛。豆類和豆製品迅速成為中國的一項重要的大宗出口商品。在絲、茶出口逐漸衰落的形勢下，大豆在維持中國貿易平衡中的作用也在不斷增強。這種新興大宗出口商品也引起了貿易報告的注意。

表2.12　1889～1911年大豆出口數量和出口價值

年份	出口數量（擔）	出口總值（兩）	年份	出口數量（擔）	出口總值（兩）
1889年	91183	114833	1901年	1879156	3866035
1890年	293128	371076	1902年	2195163	4333707
1891年	662651	791318	1903年	2615386	5550344

〔註197〕《光緒二十六年上海口華洋貿易情形論略》，《中國舊海關史料》32冊，京華出版社2001年版，中文第180頁。

〔註198〕《光緒二十七年上海口華洋貿易情形論略》，《中國舊海關史料》27冊，京華出版社2001年版，第195頁。

1892 年	1142572	1187767	1904 年	1923721	4926805
1893 年	1967272〔註199〕	2522020	1905 年	2665523	6931876
1894 年	1585870	1957609	1906 年	1493550	3158394
1895 年	176556	332971	1907 年	1336867	3241507
1896 年	1332685	2065785	1908 年	4769769	9085379
1897 年	2946662	3607701	1909 年	14438049	32781166
1898 年	2348781	4855099	1910 年	10925451	21472821
1899 年	2801536	5529352	1911 年	11038340	26585543
1900 年	1645141	2996179			

資料來源：摘自各年海關貿易報告。

表2.13　1894～1911 年豆餅出口數量和出口價值

年份	出口數量（擔）	出口總值（兩）	年份	出口數量（擔）	出口總值（兩）
1894 年	510560	508136	1903 年	3403704	5293496
1895 年	56638	56471	1904 年	1150950	2355918
1896 年	1544396	1815162	1905 年	2897948	6188347
1897 年	1810338	2337495	1906 年	3916043	7064108
1898 年	1831552	2973786	1907 年	4182009	9148310
1899 年	250952	229220	1908 年	7830129	14290839
1900 年	1813510	2471907	1909 年	10088359	19247633
1901 年	2934458	4704684	1910 年	7364089	15010902
1902 年	3892087	5448010	1911 年	21415128	10398559

資料來源：摘自各年海關貿易報告。

　　90 年代，海關已經注意到了大豆和豆餅出口速度有著快速增長。如 1892 年的全國貿易報告稱，1891 年向日本出口豆子 662000 餘擔，價值關平銀 791000 餘兩。而 1892 年竟有 1142500 餘擔，價值關平銀 1187000 餘兩，增加 了近一倍〔註200〕。在 1899 年的全國貿易報告中，介紹了豆子和豆餅出口快速 增加的情況。報告說：「豆子、豆餅出口之旺甚為迅速，比之三年以前多有一

〔註199〕1893 年前所記錄的出口數量和出口價值為大豆和豆餅之合。
〔註200〕《光緒十八年通商各口華洋貿易情形總論》，《中國舊海關史料》第 18 冊，京 華出版社 2001 年版，第 15 頁。

倍。如是以觀，諒來日之暢銷必更甚於今日。」〔註201〕這一時期大豆及豆製品的出口量雖然還遠不及絲、茶，但保持了出口數量的迅速增加。

　　1908 年的大豆和豆餅出口量出現了井噴式的增長。當年的全國貿易報告談道，豆及豆餅貿易的數量之巨爲從來意料所不及。本年豆之出口共計 4770000 擔，運往日本者最居多數，由漢口、大連灣逕往英國亦有 500000 擔，聞作榨油之用。英國之所以大量購買中國豆子，或因中國收成最旺及鎊價短縮之故。但報告還認爲此種機會誠不可多得，只是一種短期行爲〔註202〕。

　　1909 年大豆和豆製品的出口量又出現了大幅提升，這引起海關的高度重視，並在貿易報告中對此進行了詳細的介紹。1909 年的全國貿易報告中說，豆子銷場之廣，實足以壓蓋一切貨物。自東三省設立新關以來，豆及豆餅乃牛莊大宗出口貨物，但其貿易本限於國內。自 1890 年始准弛禁，此項貿易運往日本，轉瞬年盛一年。1908 年以前，販運此貨者僅有日本一國。自 1900 年至 1907 年八年間，豆子出口平均爲值 4370000 兩。據可靠之公報，1908 年春間，日本著名商家曾將東三省豆子試運往倫敦銷售，迨至後來，訂貨者相繼而起，因此 1908 年出口之數愈推愈廣，完稅至 4770000 萬擔，價值 9000000 兩。1909 年增至 14438000 擔，價值 32780000 兩。出口冊報中豆子生意已經一躍而起，得與茶葉銷路並駕齊驅。如將豆子與豆餅出口之數併合兩項，價值計共 52000000 兩，又可與冊報中首屈一指之絲類爭衡。1909 年豆餅出口計 10088359 擔，他處寥寥無多，幾全係東三省之所產豆子。由東三省各埠出口 10915000 擔，由漢口出口 1173000，由鎮江、上海出口 1737000 擔，由廈門及廣東各埠出口 600000 擔。1909 年豆子逕運日本 4945000 擔，英國 1158600 擔，香港 2010800 擔，蘇伊士運河塞得港以備轉運者 2021600 擔。由綏河運往海參崴 3842000 擔。根據英國方面的數據，本年有 400000 噸，合中國計有 6800000 擔豆子運往英國。運往新加坡、爪哇、歐洲各國 460000 擔。剩餘 2000000 擔運往之處尚無確定〔註203〕。從報告的介紹中我們可以看出，1909 年大豆的出口量和總價值比前一年增加數倍，一躍成爲和絲、茶並駕齊驅的出口商品。

〔註201〕《光緒二十五年通商各口華洋貿易情形總論》，《中國舊海關史料》第 30 冊，京華出版社 2001 年版，中文第 16 頁。

〔註202〕《光緒三十四年通商各口華洋貿易情形總論》，《中國舊海關史料》第 48 冊，京華出版社 2001 年版，中文第 21 頁。

〔註203〕《宣統元年通商各口華洋貿易情形總論》，《中國舊海關史料》第 51 冊，京華出版社 2001 年版，中文第 18～19 頁。

大豆出口量的劇增與日本商人將大豆運往倫敦銷售有很大關係。它也很快受到了西方人的高度重視，並成爲清末最重要的新興大宗出口商品。

1909 年的全國貿易報告還對大豆出口的前景進行了評估，認爲此項貿易驟臻全盛，且倚賴各種原因，將來情形頗難預料。但考慮到豆子亦可爲食料，可以用來充咖啡、充牛奶、充奶餅，榨出之油又最宜烹調，且可製成肥皂，豆餅亦可爲食料，復能製成醬油以及餅乾。歐洲銷場業已發軌，且一物能兼數用，似不至於衰落。針對大豆「生產之權中國不能獨攬」的狀況，報告建議：「此後不論何處，凡土地相宜者，種植必多」。由於東三省所產的大豆「因遠道而生困難」，所以必須借助於價值之廉，轉運之便，匯價之低，方有恃而無恐。隨著大豆出口量的飛速增長，南滿鐵路之運量及大連碼頭之容積已覺不敷豆子貿易之用，勢必加以推廣。旅順阜業經允許，當不至於久延〔註204〕。報告對大豆前景的判斷是比較準確的，用途多樣的大豆此後成爲了中國最重要的出口農產品之一。其所提出的廣泛種植及改善運輸條件的建議也都符合發展大豆產業的需要。

在經歷了 1909 年出口大幅增長後，大豆的需求量開始趨於穩定。1910 的全國貿易報告在分析豆子出口比上年減少 3500000 擔的原因時指出，所減的出口數量以上海及長江一帶居多數，這是由於糧食缺乏，豆價高漲，而豆餅又爲中國之要需，因此出口減少。清末中國所產大豆約有一半在國內消費，所以國內需求量的變化也就成爲影響大豆出口的一個重要因素。東北出口減少 1293000 擔的主要原因是上年收成短絀，兼之彼時價值既漲，年底匯水又高，出口商家恐約定貨單到期，違背不能照交。根據中國關冊的記載，出口豆子的總數中，英國已占三分之二。報告還提到兩個有利於大豆出口的消息。一是日本新章按存票辦法，豆餅、豆油俟出口時，償還豆子進口之稅銀。另外一個是德國免去了進口稅銀。所以得此機會，大豆將來銷路會愈推愈廣，可拭目以待之〔註205〕。

從貿易報告的上述介紹中能夠看出，晚清時期中國大豆和豆製品出口的增加速度是十分驚人的。至清末，大豆已經成爲和絲、茶並重的大宗出口商品。而日本和英國是最主要的進口國。大豆廣泛的用途使其具有良好的銷售

〔註204〕《宣統元年通商各口華洋貿易情形總論》，《中國舊海關史料》第 51 冊，京華出版社 2001 年版，中文第 19 頁。

〔註205〕《宣統二年通商各口華洋貿易情形總論》，《中國舊海關史料》第 53 冊，京華出版社 2001 年版，中文第 19 頁。

前景。因此，報告建議增加大豆的種植面積並改善交通條件，以增加這一重要出口品的競爭力和擴大出口規模，幫助中國扭轉對外貿易中的不利局面。

三、棉花的出口形勢和整頓建議

棉花是最重要的經濟作物之一。幅員遼闊的中國擁有很多適宜棉花種植的區域，是世界主要的產棉國之一。中國有著悠久的種植棉花的歷史。在宋代，棉花已經開始向長江和黃河流域推廣。至明代，棉花已經在全國普遍種植，並成為我國紡織品的主要原料。清代中前期，中國出產的棉花基本是用來滿足國內的需求。19 世紀末期，隨著日本紡織業的迅速崛起，對棉花的需求量大增。由於日本國內產棉有限，無法滿足本國工業需求，於是開始從中國大量進口棉花。中國的棉花出口量大幅增加，成為了一種重要的輸出商品。棉花的出口數量和出口價值見表 2.14。

表 2.14　1889～1911 年棉花出口數量和出口價值

年份	出口數量（擔）	出口總值（兩）	年份	出口數量（擔）	出口總值（兩）
1889 年	504420	5044806	1901 年	290865	4705606
1890 年	298887	2989274	1902 年	774536	13161051
1891 年	355585	3841129	1903 年	759521	13294614
1892 年	508843	5089361	1904 年	1228588	24811595
1893 年	576155	6166182	1905 年	789273	12029326
1894 年	747231	7361343	1906 年	769542	11631138
1895 年	896096	11202661	1907 年	988055	16959737
1896 年	418102	5017800	1908 年	613509	10345205
1897 年	493139	7393456	1909 年	633687	14452021
1898 年	273739	3151161	1910 年	1247034	28141234
1899 年	229220	2980373	1911 年	877744	21404115
1900 年	711882	9860969			

資料來源：摘自各年貿易報告。

從表 2.14 可以看出，各年棉花的出口數量和出口價值呈現出明顯的波動，但整體呈上升趨勢。棉花出口量的猛增也引起了海關的注意。1889 年的全國貿易報告中談道，如棉花出洋，1887 年為 69000 擔，值銀 678000 兩；1889

年增至 504000 擔，值銀 5000000 兩，多運往日本，資其製造之需〔註 206〕。上海 1889 年的報告也講道，本年棉花共出口 503456 擔，內有 489699 擔運往日本，因日本新立紡紗局多處，均須棉花作用。據聞在日本用中國棉花所制之紗可與印度孟買所制之紗相等，價亦較賤。出口之花內由上海機器軋花局軋過不少，運往英國者計 10000 擔之數，係從前少有之事〔註 207〕。

1892 年的全國貿易報告再次提到日本大規模推行機器紡紗對中國棉花出口的影響。報告說：「棉花前十年出口僅有二萬三千餘擔，本年則有五十八萬八千八百餘擔，計值關平銀五百八萬九千餘兩，所贏於前何啻倍？從此往東洋者，居其大半，因日本盛行機器紡紗，銷用甚廣。」〔註 208〕由於這一時期絕大多數的出口棉花都銷往日本，因此日本的需求對中國棉花的出口起著至關重要的作用。

由於中國人口眾多，國內所產的棉花一直是供國內供應爲主。一旦收成不佳，一些地區甚至需要進口國外的棉花來滿足國內的需求。這在報告中也有所反映。如蘇州 1901 年的報告說：「本口紗廠所用棉花向係取給於太倉，今夏天時多雨，太倉一帶棉花受傷頗重，收成甚歉，幾無以供本口紗廠之取求，以致嚮用太倉之花者，不得已改用印度之花，其關係豈屬淺鮮。」〔註 209〕

全球其他主要產棉國的棉花收成也對中國的棉花出口有直接影響。如 1910 年的全國貿易報告稱：「本年歐美各國進口布疋之大減最爲顯而易見。推原其故，實因美國棉花歲收缺乏，價值自昂，以致滿遮斯德（曼徹斯特）市布疋之市價斷不能合銷於遠東，此眞日本之絕好機會。棉花之運進該國，以印度及中國爲最多，本年計增一百萬擔。」〔註 210〕

1904 年的全國貿易報告談了在面對棉花價格波動時，不同商家和農家所採取的不同應對舉措。報告說，棉花的價值仍聽別國行市，隨其漲落。在價

〔註 206〕 《光緒十五年通商各口華洋貿易情形總論》，《中國舊海關史料》第 16 冊，京華出版社 2001 年版，中文第 16 頁。

〔註 207〕 《光緒十五年上海口華洋貿易情形論略》，《中國舊海關史料》15 冊，京華出版社 2001 年版，中文第 133 頁。

〔註 208〕 《光緒十八年通商各口華洋貿易情形總論》，《中國舊海關史料》第 18 冊，京華出版社 2001 年版，中文第 15 頁。

〔註 209〕 《光緒二十七年蘇州口華洋貿易情形論略》，《中國舊海關史料》34 冊，京華出版社 2001 年版，中文第 199 頁。

〔註 210〕 《宣統二年通商各口華洋貿易情形總論》，《中國舊海關史料》第 54 冊，京華出版社 2001 年版，中文第 16 頁。

格下跌的情況下，經手商人、出產農家故為存留，以待長至上年之價值方肯出售。而紡紗出口行家易於看出將來之情形〔註211〕。棉花是國際市場的重要商品，其價格是整個國際棉花市場的所決定的，而出產農家、經手商人和紡紗出口行家對棉花價格變化趨勢的判斷能力不同，所採取的策略也就有所區別。

　　中國棉花的質量問題一直是影響其出口的最主要原因之一。報告中指出了國內棉花存在的放水陋習。「現有一等售花商人俟有買主方敢放水，此真算是運氣極佳，但似此辦法之人不可多得。預先放水本是積習相延，要之既已放水，無人願購，受累無窮。現有此法，則放水人家皆知害處，從此改良，不較勝於地方官出示嚴禁多矣。」〔註212〕

　　1909 年上海的貿易報告也提到了棉花品質的不足和侵水的問題。「棉花始則以天氣大旱，繼而雨水過多，收成因之減色，乃以較去年出口之數尚多三萬一千三百九擔。無他，良（諒）以美國棉花收成亦不見佳，以致全球大受影響耳。惟棉花既少，而銷場又多，其價不得不漲。各紗廠以須備他口置夠之需，故皆晝夜工作，特以棉花不敷，不得不借印度棉花用之。乃無知鄉愚仍照常浸之以水，殊令人嗟怨不置（止）。況乎中國棉質甚短，所出之紗原不及他國之美，一經織布，只可作為橫線之用，或僅足為短疋之料。然則既如此質短，而復有浸水之弊，竊恐中國棉花一種將來銷售於外洋者不免日漸減色。否則，除非他國遇有棉花不豐之年，或有意外事，如本年者，方可冀其出口之多耳。」〔註213〕

　　上海 1910 年的報告中再次提到棉花所出現的嚴重質量問題。這一年由於外洋棉花收成歉薄，因而價值所漲甚高，中國出口者愈見其多。棉花出口超過 500000 擔，估值約有 11500000 兩。其中又以出口日本的棉花數量為最多。「所惜似此發達，而摻水之弊仍如往日，不特此也，並將多數未軋之棉花一併裝入袋內，充作已軋之棉花出售。」對於棉花摻水和將未軋之棉花充做已軋之棉花出售的弊病，報告認為其咎似不能僅責一方面，疏於檢查的洋商同樣負有一定責任。「蓋以西國棉花廠並本口經辦，運往日本之洋商往往絕不一

〔註211〕《光緒三十年通商各口華洋貿易情形總論》，《中國舊海關史料》第 40 冊，京華出版社 2001 年版，中文第 22 頁。

〔註212〕《光緒三十年通商各口華洋貿易情形總論》，《中國舊海關史料》第 40 冊，京華出版社 2001 年版，中文第 22～23 頁。

〔註213〕《宣統元年上海口華洋貿易情形論略》，《中國舊海關史料》5 冊，京華出版社 2001 年版，中文第 328 頁。

較，實不足以寒作弊者之膽。」報告認為，如要想設法改良，「非由各處織布廠結合團體，一概不購中國摻水之貨不可」。只有這樣，棉花才能無弊可作，而此項貿易自亦更暢銷無阻〔註214〕。

棉花的摻水問題一直困擾著中國的棉業。從貿易報告的分析中可以看出，這既是中國棉農長期以來形成的一種陋習，也和商人們沒有做到認真檢查有很大關係。這種問題如果長期得不到解決，必然會影響到中國棉花的出口競爭力，損害到整個棉業的利益，報告給出的建議值得各方採納。

除了保證棉花質量外，貿易報告中還建議通過減稅來振興棉產業。如1899年上海的報告說：「倘能裁去常關釐金，節節捐稅，業此者有利可圖，爭相種植不逾時，出數必較常數倍，實與本埠廠家及關稅均有裨益。」〔註215〕報告所給出的依靠減少稅收來促進棉花產業的發展的建議，是西方的一種常用政策，也是一項行之有效的措施。但是棉花所帶來的各項稅釐是清政府所不願放棄的，因此這類建議最後都難以被官方所接受。

棉花作為清末時期中國重要的出口品之一，其銷售狀況和所存在的問題多次在貿易報告中被談及。報告在分析棉花的銷售形勢時，很重視國內外棉花的產量和國內外市場需求變化所帶來的影響。報告還多次告誡中國要儘量避免棉花中所存在的摻水等質量問題，否則會對棉花的出口產生很大傷害。在報告中也提出了希望通過裁剪常關釐金和各種捐稅來擴大棉花的出口的建議。這些都體現了海關追求貿易平衡的外貿理念。

第六節　土藥對洋藥的抵制及禁煙運動對鴉片銷售的影響

鴉片是中國近代最主要的輸入商品之一。它不但對中國人的健康帶來了巨大危害，也導致大量白銀外流。鴉片貿易一直是貿易報告重點記錄的內容。報告主要從貿易角度對鴉片進行了介紹和分析。除了對每年鴉片的進口狀況有詳細說明外，還著重介紹了土藥對洋藥的抵制作用以及清末禁煙運動給鴉片銷售所造成的影響。

〔註214〕《宣統二年上海口華洋貿易情形論略》，《中國舊海關史料》53冊，京華出版社2001年版，中文第358頁。
〔註215〕《光緒二十五年上海口華洋貿易情形論略》，《中國舊海關史料》15冊，京華出版社2001年版，中文第191頁。

一、鴉片貿易

鴉片（opium），又名阿片，俗稱大煙，分爲生鴉片和熟鴉片兩種。生鴉片由罌粟花子房內中所取出的汁漿自然凝結而成。熟鴉片則通過溶解、煎熬、發酵和沸煮等方法，由生鴉片加工而成。

至少在 16 世紀，中國已經開始大量輸入鴉片。此時的鴉片是被當作一種貴重的藥材來使用。在中國明清時期的醫藥典籍中，就大量記載了鴉片的藥用價值。如李時珍在《本草綱目》中說：「阿芙蓉，前代罕聞，近方有用者，云是罌粟花津液也。……氣味酸澀，溫，微毒，主治瀉痢、脫肛不止。能澀丈夫精氣，俗人房中術用之。京售一粒金丹，云通治百病，皆方伎家之術耳。付方：新舊久痢，阿芙蓉小豆許，空心溫水化下，日一服，忌蔥蒜漿水，若渴，飲蜜水解之。」〔註216〕本草綱目中還給出了多種鴉片配方，用來治療痢疾、偏頭風、關節疼、瘧疾、咳嗽等症狀。可見，鴉片作爲一種藥物，明代時在中國已經得到了廣泛應用。

在醫學上，鴉片對治療咳嗽、哮喘、腹瀉、痢疾等症狀確實有顯著療效。但由於鴉片含有大量嗎啡，使用不當就極易成癮，給人體造成很大傷害。一些人爲了追求精神上的愉悅，大量服用鴉片。如果人們長期吞服或吸食鴉片，不僅會在生理上產生嚴重的藥物依賴，更會有伴有精神依賴，令人難以自拔。隨著服用鴉片的人數不斷增加，鴉片造成的社會危害也越來越嚴重。

進入清代，鴉片在中國的用途也從以藥用爲主逐漸轉變爲以吸食爲主。其中，鴉片煙的傳入和廣泛傳播起到了極爲重要的作用。鴉片在清代前期，是以吞服爲主。在鴉片煙傳入後，逐漸成爲了最主要的吸食方式。這是因爲中國已經具有較爲普遍的吸食煙草的風氣，很容易接受這種新的吸食方式。而鴉片煙又比直接吞服鴉片更易致癮，因此具有更快的傳播速度。由於清王朝的統治者們對濫用鴉片所造成的危害認識不足，所以沒有及早進行有效控制，吸食鴉片的問題日趨嚴重。至清中期，不但上層社會普遍存在吸食鴉片煙的現象，連中下層也熱衷於此。到 18 世紀初，鴉片問題終於引起了朝廷的高度重視，但吸食鴉片的惡習已經難以根除。

18 世紀後期，英國成爲向中國輸入鴉片最多的國家。1757 年，英國佔領了印度鴉片產地孟加拉。1773 年，英國東印度公司取得了鴉片專賣權。爲了扭轉英國對華貿易大幅逆差的困境和謀取巨額的利潤，東印度公司開始向中國大

〔註216〕李時珍：《阿芙蓉》，《本草綱目》，卷二十三，穀二。

量走私鴉片。在東印度公司壟斷鴉片生產之前，中國每年進口鴉片大約 1000 箱。而到 1800 年，中國進口鴉片已達 4000 多箱。1813 年，東印度公司對華貿易壟斷權被取消，更多的英國商人積極投入到對華的鴉片販賣中來。中國的鴉片進口量在 19 世紀 30 年代達到了每年 20000 多箱。這些出口到中國的鴉片為英國帶來了巨額的利潤。它們不但毒害中國人的身體，也造成大量白銀流向國外。中國的對外貿易大約在 19 世紀 30 年代結束了長期順差的局面。

隨著鴉片貿易給中國帶來的危害越來越大，統治者們逐漸意識到問題的嚴重性。清王朝曾多次下達過禁煙的命令，但效果均不理想。而日益嚴峻的形勢最終迫使道光皇帝痛下決心，嚴令各省堅決禁煙。在以林則徐為代表的眾多官員的努力之下，道光朝的禁煙運動取得了顯著成效。1839 年的虎門銷煙也成為了中國近代反對帝國主義侵略的標誌性事件。但這次禁煙運動嚴重觸及了英國政府及鴉片商人的利益。為了維護販賣鴉片所獲取的巨額利潤，英國先後發動了兩次鴉片戰爭。

兩次鴉片戰爭均以中國的失敗而告終。清政府也被迫於 1858 年與英、法、美簽訂了《通商章程善後條約》，准許外商在通商口岸銷售鴉片，並以「寓禁於徵」為名，同意以「洋藥」名目繳稅，每百斤納稅銀 30 兩，鴉片從此成為合法的進口商品。受此影響，鴉片輸入量也有了明顯增加。1859 年鴉片進口量約為 5 萬 5 千箱，到 1879 年已經超過 10 萬箱，價值白銀 4000 多萬兩，占當時進口總額的一半。大量進口的鴉片在為洋商帶來豐厚利潤的同時，也為清王朝開闢了一項重要的收入來源。從進口洋藥中徵收的稅釐，為已經危機重重的清王朝提供一筆可觀的財政收入。

在鴉片貿易合法後，中國依然存在嚴重的鴉片走私問題，每年從香港走私的數量不低於 2 萬箱。為了打擊鴉片走私，增加國家財政收入和減少鴉片的進口，從 1887 年開始，中國實行了洋藥的稅釐並徵政策。進口的洋藥每百斤在通商口岸繳納進口正稅銀三十兩，釐金八十兩，共計一百一十兩後，就可以在內地隨便銷售，而不用再交納其他任何稅款。於是洋藥又為清政府增加了一筆不菲的收入。

中國各地也開始大量種植罌粟並製成鴉片銷售。這不僅造成了鴉片吸食的人數的急劇增加，還帶來了大量的財政收入。各地紛紛通過對種植的罌粟和製出的土藥徵收各種名目的稅釐，獲取了驚人的收益，這也為維持清王朝的統治提供了巨大的財力支持。同時，大量價格更為低廉的國產鴉片也對進

口鴉片起到了明顯的抵制作用。

二、土藥對洋藥的衝擊

　　80 年代，洋藥在國內的銷售量開始逐漸出現下滑的趨勢。這主要是因為土藥日漸增多，對洋藥產生了巨大衝擊。由於土藥的價格低廉，相對於價格較為昂貴的洋藥，具有很強的競爭力，受到了國內鴉片吸食者的青睞。貿易報告也多次記錄了土藥對洋藥銷售的抵制效果。

　　1882 年的全國貿易報告中說，由於來自中國本土鴉片的更加激烈的競爭，造成了印度鴉片銷售的下滑。1882 年中國產的鴉片的質量如同 1881 年一樣出色，這給國外的進口的鴉片形成了巨大衝擊。不僅在北方地區的洋藥銷售受到了影響，洋藥的銷售在長江流域也因為受到土藥競爭、禁煙活動和貿易低迷的影響，出現了同樣的問題。儘管印度的鴉片的銷量大幅卜滑，但中國對鴉片的消費量並沒有下降，這和土藥有直接關係〔註217〕。

　　1889 年的全國貿易報告在分析洋藥銷售下滑的原因時說，洋藥按斤兩計，紐 6360 擔，減少了 8%。此 6360 擔中，上海及北省、江浙、長江諸口，紐 3743 擔，減少了 10%。福建及臺灣諸口，紐 1543 擔，降幅超過了 8%。廣東六口紐 1074 擔，減少了 4%。「此當係土藥日旺，價值又廉，洋藥為其侵銷，而加以邇年沿海諸省歲收欠薄，人多樂用賤物。」對於洋藥遭到土藥排擠的情況，報告把土藥的對洋藥的抵制看成是減少白銀外流的手段，認為「然漏卮以是少塞，未始無補。」〔註218〕

　　1891 年的全國貿易報告根據當年洋藥的銷售情況又提出了不同看法。「前曾有人議及土藥日多，消（銷）路日廣，恐不利於洋藥等語，殆亦不足憑信，不然何以本年仍多八百餘擔？」〔註219〕這也可以看出，洋藥的銷量儘管出現了下滑的趨勢，但並非逐年遞減。

　　1892 年洋藥銷量比上年減少 6500 餘擔，全國貿易報告分析了其中的原因。按印度政府向章，洋藥原有定額，每月限准拍賣若干，今年所定照前減

〔註217〕　《Trade Reorts And Returns，1882》，《中國舊海關史料》第 9 冊，京華出版社 2001 年版，第 459～460 頁。

〔註218〕　《光緒十五年通商各口華洋貿易情形總論》，《中國舊海關史料》第 15 冊，京華出版社 2001 年版，中文第 13 頁。

〔註219〕　《光緒十七年通商各口華洋貿易情形總論》，《中國舊海關史料》第 17 冊，京華出版社 2001 年版，中文第 12 頁。

額，故來華爲數既短，價值亦昂。惟查在華躉關者，本年初到，尚稱充足。若貨客販購，仍有舊存之底，堪應發付。至進口數絀，大概陸路土藥之數（不由新關報運之數）可以相抵。此外，亦有川滇北路各土藥由輪船報運進口者。再查廣東南路，本年洋藥報關愈形見絀，聞說多用華船運，由新加坡潛運而來，果而則華憲亦必設法嚴防，庶不致成無形之漏巵也。計光緒十四年印度洋藥共進口 78167 擔，十八年減至 63012 擔。波斯金花土光緒十四年總共進口 4445 擔，十八年則增至 7770 擔，「此土因比印度價值較廉，華商每每用以參和土藥發售，日漸暢銷」〔註220〕。

1893 年的全國貿易報告指出：「查土藥年盛一年，出產日漸豐饒，質味較前亦美。有謂此比之印度大土獨盛一籌。觀此足見土藥將駕洋藥而漸上矣。」〔註221〕

1894 年洋藥進口數量減少，而值數增加。當年進口量僅有 63125 擔，比上年減少 4983 擔，「歷年來當以此數最絀」。全國貿易報告分析了其中的原因。「此緣印度收成略歉，且印庭加徵稅課，故而每擔增價將及一百兩之多。若此，則恐洋藥來華難與土藥爭衡。蓋土藥原擬奪盡洋藥之利深，欲斷絕其來源，獨得專擅其長也。」「此數年內土藥運銷甚廣，而洋藥比二十年以前較之，則絀至二萬擔之多。其故非關金銀市價諸端之礙，實因一興一衰，時勢使然。」〔註222〕

1895 年洋藥銷量繼續減少，全國貿易報告認爲：「緣印度少於栽種，又復收成歉薄。且印商各思壟斷居奇，高抬價值，以至銷路梗塞，罕有購者。土藥之盛倍於往昔者，緣其價廉而味美，人多爭購，銷場之廣不言而喻。」〔註223〕

1896 年洋藥仍少 2595 擔，全國貿易報告指出，既由於臺灣所購不多，又由於各省樂銷土藥，所以此項生意日漸減色，獲利獨難。迨至年底，愈趨愈下。印度又有天災，銀價亦低，規平銀 100 兩合盧比從 264.5 個跌至 223 個。白皮土進口比之上年少 3600 擔，商民咸願購辦土藥，以抵洋藥，取其價廉，

〔註220〕《光緒十八年通商各口華洋貿易情形總論》，《中國舊海關史料》第 18 冊，京華出版社 2001 年版，中文第 13 頁。

〔註221〕《光緒十九年通商各口華洋貿易情形總論》，《中國舊海關史料》第 19 冊，京華出版社 2001 年版，中文第 12 頁。

〔註222〕《光緒二十年通商各口華洋貿易情形總論》，《中國舊海關史料》第 21 冊，京華出版社 2001 年版，中文第 13 頁。

〔註223〕《光緒二十一年通商各口華洋貿易情形總論》，《中國舊海關史料》第 22 冊，京華出版社 2001 年版，中文第 14 頁。

直不計貨之不如。「溯查光緒十三年，白皮土進口約有三萬四千八百擔，本年進口僅有二萬三千擔。此十年之內年年減色，以本年比之十三年，則少至一萬一千八百擔。公班土比較十三年亦少三千七百擔。惟公班土本年進口比上年多有二千擔，此項貿易聞中國商販皆有虧折者。春季估值六百兩以上，旋即跌至五百兩一箱。第四結內銀價雖減，而土價仍不能增，殆因印度銀根甚緊，每箱忽減三百盧比之多。」〔註224〕

1897年的全國貿易報告談道，前十年的購辦洋藥價均價為27926865兩，1897年為27901516兩；前十年可得洋藥74350擔，而本年僅得49217擔。造成購辦洋藥總價差別不大而數量差距如此懸殊是「由於印度近來未鑄盧比，盧比既貴，洋藥價亦隨之，價貴則銷場不易。土藥幸遇此機，得以暢銷，以補洋藥之不足。」土藥不止價廉，還善製作，兼味美。而洋藥在進口貨物中所佔比值明顯下降。「從前進口貨物估值，百兩之內洋藥已占二十七兩，而現在僅占十四兩。」〔註225〕

1899年洋藥進口從上年的49785擔增至59100擔，價值甚昂，中西商人頗能得利。對此，全國貿易報告認為：「溯查此項貿易，近年來一年不如一年，日下江河，幾乎將絕。凡業此者，總以為萬無轉機，不意本年忽然興盛，淵源而來，絡繹於途。且價值之高為歷年來所未有。推原其故，或謂土藥不得時宜，收成歉薄；或謂土藥摻假較多，人不喜食。」〔註226〕可見，土藥的競爭力也受到收成和自身品質的影響。

1901年的全國貿易報告提到，光緒十七年共進口洋藥77227擔，逆料此項價值本年應該低減，緣印度國家每月銷數向有定額，本年忽然加額，兼之上年餘貨存積不少，以度理之售價，不得不減。不意印度盧比價值甚昂，中國銀價仍係日低，且商人又故意壟斷，不肯自輕價值，是以賣價尚有可觀。加之上年土藥又慶豐收，洋藥銷路被其阻礙。稅務司認為：「土藥愈種愈廣，即愈出逾多，看來洋藥貿易後日諒難興旺」。〔註227〕

〔註224〕《光緒二十二年通商各口華洋貿易情形總論》，《中國舊海關史料》第24冊，京華出版社2001年版，中文第12～13頁。

〔註225〕《光緒二十三年通商各口華洋貿易情形總論》，《中國舊海關史料》第26冊，京華出版社2001年版，中文第12～13頁。

〔註226〕《光緒二十五年通商各口華洋貿易情形總論》，《中國舊海關史料》第30冊，京華出版社2001年版，中文第13頁。

〔註227〕《光緒二十七年通商各口華洋貿易情形總論》，《中國舊海關史料》第34冊，京華出版社2001年版，中文第14頁。

1902 年進口洋藥 50801 擔，1903 年增加到 58478 擔，價值已增 8390000 兩。全國貿易報告認為：「此非民人日用所必須之物，不過是其嗜好。」1902 年每擔價值 700 兩，1903 年增至 750 兩，其價不為不大，而銷數尚能有盈無絀。這是由於土藥少到，並短徵稅銀 646566 兩。「土藥價值本較廉於洋藥，本年貨物甚缺，以致運進洋藥之數仍不能及市場應銷之數。迨至後來，土藥雖有轉機，源源運到，適值洋藥銷暢亦旺，殆因匯水已漲。自春至冬，一年以內尚能與土藥爭相出售。」〔註228〕

1905 年的全國貿易報告在分析洋藥銷售減少的原因時說，中間各省、長江一帶以及浙江洋藥既減，土藥必增。金價漸賤，洋藥成本較輕。印度辦土公家不照尋常辦法，貨能多運，價亦稍減。「如無以上情節，恐銷路更少。」中國土藥由於年輕嗜好之人業已食慣，洋藥從未入口，自以土藥為不壞，兼之值價又廉，誰不樂銷？但恐日漸其多，抵足印度之土。中國政府已知此項土藥銷流甚大，現已特派大員加抽膏捐，於本年六月初一日設局，先自八省開辦，後再推廣。十五省一律遵照此八省內，如作一次抽收，運銷各處概不重徵。再查捐稅並徵辦法，一由華船裝來，每擔共徵 118 兩 9 錢 3 分。一由輪船裝來，每擔共徵 134 兩 7 錢 9 分。但內四省如是辦法，外四省則又不同，每擔以 104 兩為度〔註229〕。

各口的貿易報告也對土藥排擠洋藥的情況進行了介紹。1889 年汕頭的報告在談到川土對洋藥的衝擊時說：「然川土價賤稅輕，將來洋藥消（銷）場或能被其所奪。即中國將川土加重稅，厥後洋藥與川土似可對消，終恐不能平行中國。」〔註230〕上海的報告也認為洋藥「所以少運進口者，想因土藥出產日盛，銷數日增，兼之釐金亦無洋藥之重，致洋藥日形其滯耳」〔註231〕。廣州的報告介紹了土藥用作摻和洋藥使用的情況〔註232〕。

〔註228〕《光緒二十九年通商各口華洋貿易情形總論》，《中國舊海關史料》第 38 冊，京華出版社 2001 年版，中文第 13 頁。

〔註229〕《光緒三十一年通商各口華洋貿易情形總論》，《中國舊海關史料》第 42 冊，京華出版社 2001 年版，中文第 21〜22 頁。

〔註230〕《光緒十五年重慶口華洋貿易情形論略》，《中國舊海關史料》第 15 冊，京華出版社 2001 年版，中文第 181 頁。

〔註231〕《光緒十五年上海口華洋貿易情形論略》，《中國舊海關史料》第 15 冊，京華出版社 2001 年版，中文第 132 頁。

〔註232〕《光緒十五年廣州口華洋貿易情形論略》，《中國舊海關史料》第 15 冊，京華出版社 2001 年版，中文第 187 頁。

　　1890 年上海的報告指出，下等印度土銷路不暢的原因是它們難敵中國質量最好的土藥。印度政府將每箱減輕稅銀五十盧比（計關平銀約十五兩），惟所減稅數不多，故生意仍未能大旺〔註 233〕。漢口的報告介紹了土藥的市價和銷售的情況。「中國產土地方甚多，價值亦廉，想此項進口必年減一年也。土藥銷行之多，以四川為最，貴州、陝西、河南等處稍次，至湖北施南鶴峰洲所出之貨，香味俱不甚佳，銷路亦無幾何價值。惟雲貴貨稍昂，每百兩約值銀二十兩外，川、陝、河南各土每百兩不過值銀十餘兩之譜。按近來數年間，食洋藥者大都改食雲貴土藥，食雲南土藥者，亦多改食川陝等處土藥，價極便宜，貨亦平妥，食者日眾，則銷路愈開，其洋藥之滯行有斷然者。即藥土大局而論，每年銷數洋藥居十成之三，土藥已居七成。而七成之中，四川則居其五，此目下藥土銷數市價之大略情形也。」〔註 234〕蕪湖的報告中稱：「聞土藥貨高價廉，來源甚旺，是以商人不得已亦將洋藥落價發售，進口數增，職此之由。但土藥與洋藥爭衡，年盛一年，目前洋藥價值雖未大落，殆不久決有落至不能不虧本發售之勢，則洋藥進口愈見衰微，固可拭目而俟。〔註 235〕

　　1891 年鎮江的報告說，聞近年土藥漿水收制日精，將來似尚能精益求精，是以本口嚮用洋藥與土藥摻和熬煮，近則摻入土藥較多。1887 年洋藥新章推行後，洋藥銷行益減。1883～1886 年平均每年進口洋藥 9300 餘擔，1887～1890 年平均每年進口 3300 餘擔，1891 年只進口了 3100 餘擔〔註 236〕。在福州，出現了土藥日盛一日，食之者多的情況〔註 237〕。廈門也因土藥之流通漸廣，洋藥之銷路愈狹〔註 238〕。

〔註 233〕《光緒十六年上海口華洋貿易情形論略》，《中國舊海關史料》第 16 冊，京華出版社 2001 年版，中文第 147 頁。

〔註 234〕《光緒十六年漢口華洋貿易情形論略》，《中國舊海關史料》第 16 冊，京華出版社 2001 年版，中文第 120 頁。

〔註 235〕《光緒十六年蕪湖口華洋貿易情形論略》，《中國舊海關史料》第 16 冊，京華出版社 2001 年版，中文第 133 頁。

〔註 236〕《光緒十七年鎮江口華洋貿易情形論略》，《中國舊海關史料》第 17 冊，京華出版社 2001 年版，中文第 142 頁。

〔註 237〕《光緒十七年福州口華洋貿易情形論略》，《中國舊海關史料》第 17 冊，京華出版社 2001 年版，中文第 166 頁。

〔註 238〕《光緒十七年廈門口華洋貿易情形論略》，《中國舊海關史料》第 17 冊，京華出版社 2001 年版，中文第 187 頁。

1892 年山海關的報告稱，洋藥難與土藥爭衡〔註 239〕。蕪湖的報告也提到，土藥日盛，洋藥退縮〔註 240〕。鎮江的報告更是認為，由於土藥的暢銷，洋藥將來不禁而自絕〔註 241〕廈門的報告也提到土藥種植日廣，其味亦日佳，大礙洋藥的情況〔註 242〕。上海的報告分析了洋藥進口量和售價的關係。「其價每箱約漲多五十兩，因印度天氣乾旱，收成歉薄，農戶又多居奇囤積，不肯售出。又以本口華商與洋商交易銀期當有轇輵，現在滯積存棧之數實較往年為多。竊揣情形，若印度洋藥價不見增，此項貿易未必遽損，但來年價格一昂，進口必少，向食洋藥者必改食土藥。土藥一盛，流行日久，勢必人皆喜食，則洋藥將為土藥侵銷矣。故洋藥進口之少多，總以價值之漲跌為衡，價值愈漲，進口愈少，此亦必然之勢也。」〔註 243〕

1893 年上海的報告稱，因印度停鑄銀錢，中國購貨之銀約跌百分之十六，直至歲杪，尚無止期，洋藥價值因此騰漲〔註 244〕。金花土消路甚微是因為其稅較中國土藥為重，而貨與華土相若，商人故不喜購買。土藥進口贏於上年，充作金花土者又見加多，雖貨不如金花土之佳，然其價值較金花土為賤，是以商人樂為購買。本年土藥收成較歉，倘來源一旺，印度、波斯之土勢必被其侵消更絀矣〔註 245〕。牛莊、天津、煙台的報告也都介紹了洋藥的衰敗。汕頭因為當地措資不豐，所吸洋藥多以土藥摻和膏內〔註 246〕。1894 年重慶的報告也記錄了土藥暢銷，洋藥衰敗的情況〔註 247〕。

〔註 239〕《光緒十八年山海關口華洋貿易情形論略》，《中國舊海關史料》第 18 冊，京華出版社 2001 年版，中文第 92 頁。

〔註 240〕《光緒十八年蕪湖口華洋貿易情形論略》，《中國舊海關史料》第 18 冊，京華出版社 2001 年版，中文第 133 頁。

〔註 241〕《光緒十八年鎮江口華洋貿易情形論略》，《中國舊海關史料》第 18 冊，京華出版社 2001 年版，中文第 139 頁。

〔註 242〕《光緒十八年廈門口華洋貿易情形論略》，《中國舊海關史料》第 18 冊，京華出版社 2001 年版，中文第 179 頁。

〔註 243〕《光緒十八年上海口華洋貿易情形論略》，《中國舊海關史料》第 18 冊，京華出版社 2001 年版，中文第 145 頁。

〔註 244〕《光緒十九年上海口華洋貿易情形論略》，《中國舊海關史料》第 19 冊，京華出版社 2001 年版，中文第 146 頁。

〔註 245〕《光緒十九年上海口華洋貿易情形論略》，《中國舊海關史料》第 19 冊，京華出版社 2001 年版，中文第 147 頁。

〔註 246〕《光緒十九年汕頭口華洋貿易情形論略》，《中國舊海關史料》第 19 冊，京華出版社 2001 年版，中文第 193 頁。

〔註 247〕《光緒二十年重慶口華洋貿易情形論略》，《中國舊海關史料》第 21 冊，京華出版社 2001 年版，中文第 109 頁。

1895 年蕪湖報告也談了土藥色味好、價廉，造成了洋藥的滯銷〔註248〕。寧波由於近年銀價低落，印度洋藥價漲，致令食煙者喜用土藥，日久漸可慣常。「聞久經食煙者云，洋藥三錢者，川土須食三錢五分方能過癮，其費較洋藥約可省十分之三。」〔註249〕

1896 年鎮江土藥產數日增，洋藥售價日貴〔註250〕。寧波洋藥進口年減一年〔註251〕。溫州土藥種植日廣，價值又廉，嗜好者多圖省錢而用之，恐洋藥生意終難行銷暢逐也〔註252〕。廣州土藥味美價廉，食者日眾，洋藥生意自然滯銷〔註253〕。

1897 年天津洋土因印度自改以金為本，以致價值昂貴，故土藥更行加奪洋藥之地步〔註254〕。蕪湖本省種罌粟者亦年盛一年。罌粟因近年議有章程，土人可以公然種植〔註255〕。上海土藥與洋藥爭銷，銀稅餉較洋藥為減，又無市價漲落之慮，所以易於暢銷〔註256〕。

1898 年漢口的報告談道，漢口洋藥每見有江河日下之勢〔註257〕。杭州洋藥為富有之家吸食，窮民多喜吸食土藥，所以土藥銷場甚廣〔註258〕。

〔註248〕《光緒二十一年蕪湖口華洋貿易情形論略》，《中國舊海關史料》第 22 冊，京華出版社 2001 年版，中文第 144 頁。

〔註249〕《光緒二十一年寧波口華洋貿易情形論略》，《中國舊海關史料》第 22 冊，京華出版社 2001 年版，中文第 164～165 頁。

〔註250〕《光緒二十二年鎮江口華洋貿易情形論略》，《中國舊海關史料》第 24 冊，京華出版社 2001 年版，中文第 162 頁。

〔註251〕《光緒二十二年寧波口華洋貿易情形論略》，《中國舊海關史料》第 24 冊，京華出版社 2001 年版，中文第 185 頁。

〔註252〕《光緒二十二年溫州口華洋貿易情形論略》，《中國舊海關史料》第 24 冊，京華出版社 2001 年版，中文第 194 頁。

〔註253〕《光緒二十二年廣州口華洋貿易情形論略》，《中國舊海關史料》第 24 冊，京華出版社 2001 年版，中文第 220 頁。

〔註254〕《光緒二十三年天津口華洋貿易情形論略》，《中國舊海關史料》第 26 冊，京華出版社 2001 年版，中文第 102 頁。

〔註255〕《光緒二十三年蕪湖口華洋貿易情形論略》，《中國舊海關史料》第 26 冊，京華出版社 2001 年版，中文第 155 頁。

〔註256〕《光緒二十三年上海口華洋貿易情形論略》，《中國舊海關史料》第 26 冊，京華出版社 2001 年版，中文第 169 頁。

〔註257〕《光緒二十四年漢口華洋貿易情形論略》，《中國舊海關史料》第 28 冊，京華出版社 2001 年版，中文第 141 頁。

〔註258〕《光緒二十四年杭州口華洋貿易情形論略》，《中國舊海關史料》第 28 冊，京華出版社 2001 年版，中文第 190 頁。

1900 年上海由外洋運來之小土有 18153 擔，1901 年則減至 17213 擔。上海的報告認為：「竊恐將來漸被本土侵消，蓋以稅釐二項均較洋土為輕也。」在土藥當中，川土的競爭力最強。1901 年上海的川土進口增加了百分之三十八，「此土銷場年旺一年，外洋小土幾難與之相抗，勢必漸化為無。江蘇所產之碣土近來市上亦甚罕見。」〔註 259〕

1902 年蕪湖的報告更是指出，多用土藥少用洋藥可以避免白銀外流，並且給國家稅收帶來好處。報告中說：「觀洋藥一項不獨本省暫時減少，將來中國各處必然逐漸減少。惜乎現在人民尚非真心儉用藥土，不過向來嗜洋藥者斯時改嗜土藥耳。倘人能於藥土一概不用，實於國家有益。人即不能不用藥土，全用土藥不用洋藥，亦於國家有益。蓋商家少辦洋藥，銀錢亦少輸出外洋。多辦土藥之貨銀固仍在國中周轉，不又可挪移以辦他貨乎？至辦他貨進口，則必須完稅無疑，是洋藥之稅釐雖少，而他貨之稅項增多，於國課則有益無損。本年洋藥價值捅扯，每擔藥銀八百兩。」〔註 260〕1904 年廈門的報告中稱：「土藥因用之者眾，致洋藥進口短絀。」〔註 261〕

海關貿易報告在記錄清末土藥對洋藥的競爭情況時，分析了土藥能夠排擠洋藥的原因。價格低、產量大的土藥，在抵禦洋藥進口方面起到了十分明顯的效果。由於土藥的有效抵制，使中國因購買洋藥而外流的白銀數量有所減少，對於維持貿易的平衡發揮了一定作用。但是因為土藥的產量遠大於進口的洋藥，所以它們的日益盛行又加重了鴉片給中國人們所帶來的毒害。因此，用土藥來抵制洋藥，無異於飲鴆止渴。

三、清末禁煙運動對鴉片銷售的影響

庚子事變使清王朝遭遇到嚴重的統治危機，統治者的威信也因此而跌入谷底。為了挽救王朝命運和挽回皇室威信，慈禧太后在 1901 年以光緒帝的名義下詔變法。其中，禁煙就成為「新政」中的一項重要內容。統治者希望通過禁煙來重塑自身形象，以爭取民心。

〔註 259〕《光緒二十七年上海口華洋貿易情形論略》，《中國舊海關史料》第 34 冊，京華出版社 2001 年版，中文第 184 頁。

〔註 260〕《光緒二十八年蕪湖口華洋貿易情形論略》，《中國舊海關史料》第 36 冊，京華出版社 2001 年版，中文第 182～183 頁。

〔註 261〕《光緒三十年廈門口華洋貿易情形論略》，《中國舊海關史料》第 36 冊，京華出版社 2001 年版，中文第 289 頁。

　　1906 年 9 月 20 日，清廷諭令政務處，要求在十年之內將洋土藥之害一律革除淨盡。隨後，政務處制訂了《禁煙章程十條》。1909 年 9 月，民政部與修訂法律大臣會訂了另外一部《禁煙條例》。1909 和 1911 年又分別頒佈了《續擬禁煙辦法十條》和《續擬嚴定禁煙查驗章程十條》。對於這次禁煙運動，國內各級地方政府大多也都積極響應。

　　20 世紀初，販賣鴉片所帶來的罪惡早已成為全世界的共識。很多國家都對英國繼續販賣鴉片行為表示了強烈反對，一些國家還向英國施加壓力，要求其放棄鴉片貿易政策。同時，在英國國內也有越來越多的人對中國販賣鴉片的卑劣行為進行譴責。而中國和東南亞地區所產的鴉片也帶來了激烈的競爭，使印產鴉片的利潤變得越來越低。最終，英國政府被迫同意協助中國禁煙。清政府所發動的禁煙運動也得以順利開展。

　　在中英兩國進行了反覆交涉後，英國於 1907 年 8 月 12 日覆照中國，表示願意協助中國禁煙。1908 年 3 月，雙方達成協議，約定了為期 3 年的禁煙實驗期，由英國限制印度鴉片輸入中國，中國則不斷減種國內的罌粟。1911 年 1 月，中英約定的 3 年試驗期限屆滿。5 月 8 日，中英雙方又簽定了十條《禁煙條件》，規定從 1911 年 1 月 1 日起，中國仍按條件每年減種十分之一的罌粟，英國繼續限制印度鴉片向中國的輸入，至 1917 年實現全面的禁煙。

　　禁煙運動的開展必然會對財政收入帶來很大的影響。為了彌補因為洋土藥稅釐銳減而造成的財政損失，光緒三十三年九月，清廷提出了增加印花稅的辦法。同年十一月，開始推行印花稅法，制訂了《印花稅則十五條》和《印花稅辦事章程》。光緒三十四年六月，度支部奏請各省鹽斤加價，以抵補禁煙帶來的財政損失。

　　清末禁煙運動是近代中國所開展的一次比較成功的禁毒活動。在 5 年內，中國在禁種、禁售、禁販、禁吸等方面都取得顯著成果。貿易報告也對這次禁煙運動的進展和所帶來的影響給予了高度關注。

　　1907 年的全國貿易報告中在分析當年的洋藥和土藥的銷售情況時說，洋藥銷數上年僅有 54117 擔，本年增至 54584 擔。其中，北方通商各口本年僅銷 535 擔，較之上年不過一半有零。上海少有 214 擔，南方各口亦少 941 擔。長江一帶與浙江各口比較，上年銷數共多 2094 擔。土藥經過宜昌仍覺

見增〔註262〕。報告列舉了近六年經過宜昌海關常關輸入的鴉片數量,見表2.15。

表 2.15　宜昌海關常關輸入的鴉片數量　　　　　　　　　單位(擔)

1902 年	1903 年	1904 年	1905 年	1906 年	1907 年
22098	24888	36856	36311	41887	47670

資料來源:《光緒三十三年通商各口華洋貿易情形總論》,《中國舊海關史料》第 46 冊,京華出版社 2001 年版,中文第 17 頁。

　　報告對此時的禁煙效果進行了點評。「以此觀之,土藥已增,長江一帶銷數又大,當禁煙之際,如是銷數並未稍減。惟土藥零星分散,出數若干,銷在何處無從查出,以致禁煙之效真難預料。所可知者,四方均遵例禁,認真辦理,不得謂之無益。惟遲速縱未能定,收效將來不妨拭目以俟之。所慮者,現有許多癖嗜煙霞之富貴中人,恐來日之土少,早為儲備,以待不時之需。而售鴉片煙之商人又因存積較多,歲明知時價不佳,亦願自貶其值,以期速售。」〔註263〕

　　1908 年的全國貿易報告再次分析了禁煙的影響。報告稱,本年各省地方官決計禁種罌粟,與將來洋貨之貿易定有關係。統計各省商民皆售土進款,每年不止萬萬兩,甚至有一萬五千萬兩以上。照此雷厲風行,認真禁種,將來市面定臻勝境。但報告認為如此急切禁煙,與產煙省份之貿易不免暫時有礙。其礙之大小則以禁煙效果為斷。「各省大吏以為政府定限十年為期過緩,反令人民多生觀望,阻其一鼓作氣之心。仍蹈因循積習,恐將來重申禁令視為具文,更難奉行。據現在情形而論,亟欲禁絕者已有十三省,限以來年一律不種。此外省分遠亦不過一二年。綜觀各處呈報禁煙之實際及人民贊助之熱心,幾於眾口皆然。即使不能依限禁絕,而奏功之期當亦不遠。」〔註264〕報告對禁煙形勢表現出樂觀的態度。1908 年洋藥進口 48347 擔,較上年雖短6129 擔,但價值而反多 5573000 兩,達到 34226337 兩。「洋藥估值之增多不

〔註262〕《光緒三十三年通商各口華洋貿易情形總論》,《中國舊海關史料》第 46 冊,京華出版社 2001 年版,中文第 16 頁。
〔註263〕《光緒三十三年通商各口華洋貿易情形總論》,《中國舊海關史料》第 46 冊,京華出版社 2001 年版,中文第 17 頁。
〔註264〕《光緒三十四年通商各口華洋貿易情形總論》,《中國舊海關史料》第 48 冊,京華出版社 2001 年版,中文第 10 頁。

僅因匯價之低落，亦因市價之高昂。推原其故，殆因印度洋藥出口之減少及中國禁種罌粟所致。」〔註265〕

　　1909 年的全國貿易報告認爲洋藥進口略增之故，半因土藥現在已經減少，半因預計將來日漸格外銳減，商民爭相購存。報告介紹了各地洋藥和土藥的銷售情況。香港洋藥市價以本年年頭與年終相較，年終小土漲價自一成至二成不等，視其貨色之高下爲衡。大土漲價二成八，新土漲價三成九，金花土漲價自二成九至三成七。以開年二月初旬，香港洋藥市價較本年歲首徒漲一倍，土藥較洋藥更有甚焉。據沿海各省所報，本年市價已加增一倍。在重慶，川土價值本年自 200 兩或 225 兩漲至 500 兩或 550 兩，增加了百分之一百四十七。沿海各處土藥經過新關者，仍是照常，故與近時煙禁一節有無效果不甚關係。年終土藥忽然暢銷，係由重慶運出者，但恐不久禁往下游，故四川、雲南土藥經過宜昌者，其數之巨亦與上年相等。向來土藥多半產自西省，如果根株未絕，自然仍以長江一帶及南方富庶省爲銷售之處。至於四川、雲南土藥之減少，按海關冊載及報章所登，與教會中人暨其他西人陳述均相符合。據蒙自稅務司報稱，雲南本產土省分，自全省禁止以來，即速來藐視者，今則亦不能不加以信服。重慶稅務司報稱，當本年罌粟豐收之後，決然禁種辦理亦甚得法。昔日之萬紫千紅，爭奇鬥豔者，刻如風捲殘雲，一掃無疑〔註266〕。可以看出，禁煙的進展非常順利，效果已經十分明顯。

　　1910 年的全國貿易報告從鴉片的銷售情況分析了禁煙的效果。洋藥進口淨數 35358 擔，較上年進口之數異常銳減，計減少 13559 擔。印度三種洋藥及波斯土均有減少。粵省各口較上年減少 6570 擔，減少百分之三十五。閩省各口減少 1206 擔，減少百分之十九。由上海轉運各口減少 5713 擔，減少百分之二十四。論各處所減數目之多寡，係按地方之情形雖有不同，其減則一也，可見禁煙功效已遍全國。印度土在香港價值起落無常，由西曆正月一號至四月半，囤藏洋藥可得雙倍以上之價值。此後價忽驟減，延至西曆九號以後，或起或落。年底價格較之年，約高過百分之五十至六十不等〔註267〕。

〔註265〕《光緒三十四年通商各口華洋貿易情形總論》，《中國舊海關史料》第 48 冊，京華出版社 2001 年版，中文第 16 頁。

〔註266〕《宣統元年通商各口華洋貿易情形總論》，《中國舊海關史料》第 51 冊，京華出版社 2001 年版，中文第 15～16 頁。

〔註267〕《宣統二年通商各口華洋貿易情形總論》，《中國舊海關史料》第 54 冊，京華出版社 2001 年版，中文第 15 頁。

表 2.16　1907 年底至 1910 年底香港市面洋藥高漲價目

	1907 年底	1908 年底	1909 年底	1910 年底
新小土（每箱值銀）	920 元	1110 元	1385 元	2200 元
新大土（每箱值銀）	937 元	1135 元	1465 元	2500 元
新喇莊土（每箱值銀）	915 元	1070 元	1475 元	2500 元
好金華土（每箱值銀）	750 元	850 元	1150 元	1450 元

資料來源：《宣統二年通商各口華洋貿易情形總論》，《中國舊海關史料》第 54 冊，京華出版社 2001 年版，中文第 15～16 頁。

　　土藥之經過各關者，其數亦大覺減少。總計各關進口之淨數上年共 33000 擔，1910 年只有 19875 擔。滇、蜀兩省土藥經過宜昌而下者，由 51817 擔減至 28530 擔。其減數之大多半在冬季，足見川督擬定本年八月截止土藥運銷外省之期已著成效。本年土藥價值漲落無常，亦與洋藥無異。經徒漲後反而低落，終仍恢復。在重慶 5 月間，其價高至 1120 兩，6 月忽跌僅得 640 兩。同時廈門價值亦極高至 1850 元，極低 950 元。統觀最高之價值是在南寧，冬季貴州土藥在該處售出價已至 2100 元〔註 268〕。

　　1911 年的全國貿易報告介紹了中英在禁煙方面的合作情況。報告說，溯查中英兩國議定禁煙條約，於本年 5 月 8 號實行簽押，遞減擔數，加贈稅釐。原訂稅釐並徵不過 110 兩，現訂增至 350 兩，此即以徵寓禁之意。期限自本年起，最遠以七年為限。如在 1917 年前，無論何時，中國能於禁絕印度洋藥，亦可無論何時不運進口，但總不得過於 1907 年原訂截止日期。如中國某省土藥實力禁種、禁運確有可憑，印度洋藥即不得運進該省，此即以減寓禁之意〔註 269〕。

　　1911 年國內所出現的動盪也對禁煙運動有所影響。報告中稱，不意本年軍書旁鶩，禁煙一事當道者不暇，計及似被所阻。所幸深惡痛絕，立志已堅，大局定後，當可禁令重申，斷不至因此懈怠，再弛其禁〔註 270〕。

〔註 268〕《宣統二年通商各口華洋貿易情形總論》，《中國舊海關史料》第 54 冊，京華出版社 2001 年版，中文第 15～16 頁。

〔註 269〕《宣統三年通商各口華洋貿易情形總論》，《中國舊海關史料》第 57 冊，京華出版社 2001 年版，中文第 18 頁。

〔註 270〕《宣統三年通商各口華洋貿易情形總論》，《中國舊海關史料》第 57 冊，京華出版社 2001 年版，中文第 18 頁。

禁煙運動不斷取得進展，洋藥的價格也隨之持續高漲。「惟戶口繁多，人類不齊保無積重難返者，不畏重價，顧其嗜好，預爲購存，以待物稀爲貴之望。香港之印度土價被預定者，希圖厚利，牽動行市，以致每擔自二千二百元漲至五千。」〔註271〕

香港的印度土價自 1907 年底第一次實行禁煙年分起，至 1911 年底，土價遞年皆漲，見表 2.17。

表 2.17　　　　　　　　　　　　　　　　　　　　　　　　　單位（元）

	1907 年底	1908 年底	1909 年底	1910 年底	1911 年底
新小土（每箱值銀）	920	1110	1385	2200	3550
新大土（每箱值銀）	937	1135	1465	2500	3800
新喇莊土（每箱值銀）	915	1070	1475	2500	3800
好金花土（每箱值銀）	750	—	—	—	2200

資料來源：《宣統三年通商各口華洋貿易情形總論》，《中國舊海關史料》第 57 冊，京華出版社 2001 年版，中文第 18～19 頁。

隨著禁煙運動的不斷開展，土藥的銷量和種植面積也都大幅下降。土藥 1910 年經過新關載明冊內者，已見銷數之減，1911 年更是有減無增。禁煙成效如此，其速日減一日，諒不多時，將歷年之積毒一律革除。1911 年淨進口不過 3383 擔 83 斤，上年則有 19875 擔 83 斤，兩相比較，已減 16491 擔 55 斤。據重慶報告的說法，川土做到禁種是有眞憑實據的。即如經過宜昌運往下游之土，上年尚有 28530 擔，本年則減至 687 擔 90 斤，此即明明中英禁煙條約收效之鐵證。四川本著名產土地方已能實行禁煙，所有向來栽種罌粟之田畝，復種禾麥，則曩日滿倉滿箱之象當可預卜於來年〔註272〕。

至 1911 年，禁煙已經取得的豐碩的成果，鴉片的吸食現象得到了有效控制。不論土藥和洋藥，銷量都大爲減少。國內的鴉片種植面積也出現了明顯的下降。這充分說明清末禁煙運動所取得的長足進展。

〔註271〕《宣統三年通商各口華洋貿易情形總論》，《中國舊海關史料》第 57 冊，京華出版社 2001 年版，中文第 18 頁。
〔註272〕《宣統三年通商各口華洋貿易情形總論》，《中國舊海關史料》第 57 冊，京華出版社 2001 年版，中文第 19 頁。

　　同全國貿易報告一樣，各地方的報告也紛紛記錄了本地禁煙運動所取得的各種成效。1907 年宜昌以每年加重稅釐的方式來減少鴉片的銷售量〔註273〕。1908 年天津吸食者銳減〔註274〕。福州在採取一系列嚴厲的禁煙措施後，煙館已一律停閉，土藥產量已減大半，使得進口總數略有增加〔註275〕。1909 年上海的報告說，人們見政府禁種罌粟，並外洋逐年遞減進口，業此生涯者爭相置購，預爲囤積。洋藥價格逐年上漲。英法兩國禁閉租借煙館之舉已經實行，迨至年終便無吸食之家。1909 年 2 月，在上海召開了由美國發起的「萬國禁煙大會」，會議譴責了毒品的危害，讚揚了中國禁煙取得的成績，還通過了多項關於禁煙的決議，對中國的禁煙運動予以聲援。上海的貿易報告對此事也進行了介紹〔註276〕。1910 年廈門洋藥進口數量減少，而價值增加。土藥進口已經減至七十五擔〔註277〕。九江也出現了進口減少，煙價上漲的局面〔註278〕。重慶的報告在談到土藥出口也因禁煙而減少時，認爲如此重大產物，一旦遽行消滅，於本省商務不免大有影響。報告提議振興工業，改良農業，以補救損失。原來種罌粟的田畝改種豆、麥、花生、棉花等作物。一旦將過去百姓購買土藥之款留購他物，可以使各商業均霑其利益〔註279〕。1911 年廣州的報告談道，廣州雖官場辦理此事甚爲棘手，國內有多數之人因失去權利，尤爲反對，然亦有成績也。查洋藥稅釐並徵，現更加重。從前每百斤洋藥稅釐並徵計 110 兩，現竟加至 350 兩。自係私運洋藥之絕大臂力，直至如今，本關拿獲大幫私運洋藥甚多〔註280〕。

〔註273〕《光緒三十三年宜昌口華洋貿易情形論略》，《中國舊海關史料》第 46 冊，京華出版社 2001 年版，中文第 248 頁。

〔註274〕《光緒三十四年天津口華洋貿易情形論略》，《中國舊海關史料》第 46 冊，京華出版社 2001 年版，中文第 211 頁。

〔註275〕《光緒三十四年福州口華洋貿易情形論略》，《中國舊海關史料》第 48 冊，京華出版社 2001 年版，中文第 350～351 頁。

〔註276〕《宣統元年上海口華洋貿易情形論略》，《中國舊海關史料》第 51 冊，京華出版社 2001 年版，中文第 332～333 頁。

〔註277〕《宣統二年上海口華洋貿易情形論略》，《中國舊海關史料》第 54 冊，京華出版社 2001 年版，中文第 379～380 頁。

〔註278〕《宣統二年九江口華洋貿易情形論略》，《中國舊海關史料》第 54 冊，京華出版社 2001 年版，中文第 329 頁。

〔註279〕《宣統二年重慶口華洋貿易情形論略》，《中國舊海關史料》第 54 冊，京華出版社 2001 年版，中文第 279 頁。

〔註280〕《宣統三年廣州口華洋貿易情形論略》，《中國舊海關史料》第 57 冊，京華出版社 2001 年版，中文第 379 頁。

從報告的這些記錄中我們可以看出，在有利的國際環境下，清末的禁煙運動是卓有成效的。禁煙運動不僅大大減少了鴉片對中國人民的毒害，也給洋藥和土藥的銷售產生了巨大影響。洋藥和土藥的銷售數量均出現大幅下降，而價格則持續走高。貿易報告中記錄各地鴉片銷量和價格的變化，一些地區也介紹了本地所推行的一些禁煙措施和效果，並對禁煙運動的積極意義給予了充分肯定。禁煙也是正確抵制國外鴉片進口的唯一正確的手段。

第七節 棉製品與貿易平衡

近代以來，西方的棉紡織業有了長足的發展。新技術、新設備的不斷被應用，棉紡織業的生產效率在飛速提升，產品質量和花色都有了很大進步，生產成本也不斷下降。19 世紀晚期，西方的棉製品憑藉其價格、質量的優勢，逐漸佔據了中國市場。棉製品也超過鴉片，成為中國進口價值最多的一類商品。棉製品一直是貿易報告所重點記錄的大宗商品之一。報告在對進口棉製品的銷售狀況進行記錄和分析的同時，也對不斷進步的本土棉製品的發展進行了介紹，並給出了一些建議。

一、進口布疋的銷售情況

晚清以來，西方的棉製品因其物美價廉，在中國的市場上受到了普遍的歡迎。中國對棉製品的進口呈增長趨勢。1885 年，棉製品的進口價值超過洋藥，成為中國總輸入價值最高的大宗商品。1899 年的進口總額突破一億兩白銀。1882 年以來的棉布、毛巾、手帕和棉紗的進口數量和總價值參見表 2.18。

表 2.18 1882～1911 年棉製品進口數量及總價值

年份	棉布	毛巾、手帕	棉紗	總額
1882 年	12159000 疋	240000 打	185000 擔	22707000 兩
1883 年	11500000 疋	362000 打	228000 擔	22047000 兩
1884 年	11229000 疋	386000 打	262000 擔	22141000 兩
1885 年	15706000 疋	380000 打	388000 擔	31494000 兩
1886 年	14041000 疋	613000 打	383000 擔	29115000 兩
1887 年	15267000 疋	770000 打	593000 擔	37048000 兩

1888 年	18664000 疋	1253000 打	684000 擔	44438000 兩
1889 年	14275000 疋	1172000 打	679000 擔	36136000 兩
1890 年	16561000 疋	836000 打	1082000 擔	45020000 兩
1891 年	17601000 疋	1069000 打	1211000 擔	53290000 兩
1892 年	16359000 疋	1190000 打	1304000 擔	52707000 兩
1893 年	12498000 疋	1435000 打	982000 擔	45138000 兩
1894 年	13343000 疋	715000 打	1160000 擔	52105000 兩
1895 年	13437000 疋	747000 打	1132000 擔	53074000 兩
1896 年	18919000 疋	2271000 打	1621000 擔	79243000 兩
1897 年	16914000 疋	1163000 打	1571000 擔	78663000 兩
1898 年	15524000 疋	841000 打	1959000 擔	77619000 兩
1899 年	19419000 疋	1459000 打	2745000 擔	103465000 兩
1900 年	15964000 疋	1189000 打	1488000 擔	75606000 兩
1901 年	16688000 疋	954000 打	2273000 擔	99652000 兩
1902 年	22958000 疋	1802000 打	2448000 擔	127545000 兩
1903 年	19272000 疋	1808000 打	2738000 擔	128620000 兩
1904 年	18704000 疋	1752000 打	2281000 擔	124083000 兩
1905 年	35760000 疋	2224000 打	2560000 擔	181453000 兩
1906 年	28734000 疋	2568000 打	2541000 擔	152728000 兩
1907 年	18193000 疋	2235000 打	2273000 擔	118916000 兩
1908 年	16906000 疋	1621000 打	1823000 擔	110898000 兩
1909 年	21196000 疋	2404000 打	2046000 擔	137291000 兩
1910 年	17013000 疋	2702000 打	2283000 擔	130679000 兩
1911 年	23911000 疋	2284000 打	1860000 擔	143802000 兩

資料來源：Decennial Reports，1922～31，《中國舊海關史料》第 159 冊，京華
出版社 2001 年版，第 194 頁。

棉製品由於總進口價值巨大，在中國的輸入商品中長期佔有舉足輕重的
地位。從 80 年代到清朝結束，它們一直占到中國進口貨物總值的 30%～40%。
1882～1911 年棉製品在進口貨物中所佔比重見表 2.19。

表 2.19　1882～1991 年棉製品所佔進口貨物價值的比重

年份	所佔百分比	年份	所佔百分比	年份	所佔百分比
1882 年	29.22	1892 年	39.01	1902 年	40.45
1883 年	29.97	1893 年	29.82	1903 年	39.37
1884 年	30.43	1894 年	32.14	1904 年	38.78
1885 年	35.71	1895 年	30.91	1905 年	37.04
1886 年	33.28	1896 年	39.11	1906 年	39.08
1887 年	36.23	1897 年	38.78	1907 年	35.82
1888 年	35.61	1898 年	37.04	1908 年	37.14
1889 年	32.59	1899 年	39.08	1909 年	40.58
1890 年	35.42	1900 年	35.82	1910 年	28.23
1891 年	39.77	1901 年	37.14	1911 年	30.50

資料來源：Decennial Reports，1922～31，《中國舊海關史料》第 159 冊，京華出版社 2001 年版，第 192 頁。

　　作爲中國晚清時期最重要的輸入品，棉製品一直是貿易報告中所要重點分析的商品之一。而在棉製品中，又以各種布類最爲重要。報告對布疋的進口情況也格外關注，不但詳細介紹了各主要種類進口數量的變化情況，還著重對變化原因進行了分析。

　　1890 年的全國貿易報告中提到，棉貨在光緒 1889 年進口價值爲 36000000 兩，1890 年忽聚多至 45000000 兩，增加了 25%。「究其聚增之故，或以各種織成棉貨花色繁多，而其值亦隨增旺。」〔註281〕

　　1893 年上海的貿易報談了本年原色布減少的原因。報告中說：「原色布較上年計少九千萬碼，推其故，華商半因外洋金磅日昂，貨價隨之而漲，在不敷周轉者，時有捉衿露肘之慮；半因市上銀盤漲落無定，殊難捉摸，中外商人不敢放膽營運，故存蠆洋貨較昔爲細。本年年頭儲棧之貨亦遜去年，年頭遠甚美國洋行進口，自運之貨與華商訂購之貨數均見細。下半年價值大漲，商人購貨，但論價之便宜，不問貨身之優劣，以是英國仿造各色之布竟因而獲利。」〔註282〕

〔註281〕《光緒十六年通商各口華洋貿易情形總論》，《中國舊海關史料》第 16 冊，京華出版社 2001 年版，中文第 13 頁。
〔註282〕《光緒十九年上海口華洋貿易情形論略》，《中國舊海關史料》第 19 冊，京華出版社 2001 年版，中文第 143 頁。

　　1899 年上海的貿易報告介紹了當年棉布暢銷的緣故。報告說：「棉布一類本年銷數之旺實爲往昔所僅見，緣外洋運進之貨先由華商購定，寫立成單，所好者銀盤與金鎊匯兌行市前後無甚懸殊，是以到華之貨在業此之華洋商家均能如操勝算。」〔註 283〕

　　1903 年的全國貿易報告在分析本年棉布銷售不暢的原因時說：「除花布係由富裕民人圖飾外光，銷路實有限制外，其餘布疋欲決其能運若干，能售若干，全憑貧窘之尋常人民。中國嚮用銅錢，近年以來有長無跌。金銀價值長落不時，外國金價愈貴，中國銀價愈賤。運進布疋以金爲本，金價既貴，布價隨之，鄉愚貧民安有許多銅錢以購長價之布？」面對因金價上漲而導致的布價攀升，中國的百姓「惟有以自家之工夫紡織布疋，以抵制之」。由此可見，金價上漲對於進口棉布確實起到了一定的妨礙。報告還就歷年鄉民尚有的購買洋布的錢力進行了考證。「即如一千八百七十二年（即同治十一年）所購粗紗在棉貨類百中不過六分；一千八百八十二年（即光緒八年）所購粗紗在棉貨類百分中不過二十分；一千八百九十二年（即光緒十八年）所購粗紗在棉貨類百分中已長至四十二分；一千九百二年（即光緒二十八年）各處已設仿製紗廠，運進棉紗尚有四十三分。本年情形，鄉民購布愈少，進口棉紗每百分中竟有五十二分。棉紗進口既有如是之多，英美兩國織布地方必受其虧。若以布類最短者，惟原色布比上年百分中少三十五分，白色布比上年少十三分，英國扣布比上年少十四分，美國粗布比上年少四十分，粗斜紋布比上年少十一分。而日本所織布疋不（布）料仍是有增，即如扣布、斜紋布、粗布、棉法蘭絨布等，進口俱多。」〔註 284〕報告將金價的上漲而導致布價上漲看成是妨礙棉布銷售的重要原因。而棉布價格的走高又迫使國內大量購買棉紗織布。所以造成了布類銷售不暢和棉紗暢銷的局面。

　　1904 年的全國貿易報告中講到了棉花價格上漲對布疋進口的影響。報告說：「若論進口洋貨一項，布疋係占三分之一，但以本年比及上年，惟布疋獨不見增，皆因棉花價昂。本年洋貨以全年計之，不爲不旺，惟上三季因有以上原故，被其阻滯。」〔註 285〕

〔註 283〕 《光緒二十五年上海口華洋貿易情形論略》，《中國舊海關史料》第 30 冊，京華出版社 2001 年版，中文第 188 頁。

〔註 284〕 《光緒二十九年通商各口華洋貿易情形總論》，《中國舊海關史料》第 38 冊，京華出版社 2001 年版，中文第 15 頁。

〔註 285〕 《光緒三十年通商各口華洋貿易情形總論》，《中國舊海關史料》第 40 冊，京

　　19 世紀 90 年代以前，中國所進口的棉布主要來自英國。進入 90 年代，日本、美國、印度所產的布疋也開始在中國市場中暢銷，並逐漸佔據了一定的份額，貿易報告也對此有所關注。

　　1893 年的全國貿易報告注意到了日本布的快速增長。報告指出，1893 年由歐洲進口各貨棉布類皆絀，而從日本進口的棉布數量卻增長明顯。1890 年為 8200 餘疋，1893 年達到 142500 餘疋，比上年增加了 4000 餘疋〔註 286〕。其增速是十分驚人的。

　　美國的斜紋布和粗布等也在中國市場上具有很強的競爭力。1896 年的全國貿易報告提到美國市場變化對中國的影響。「實因美國各處生意不佳，該國製造棉布廠夏季格外減價發售，故斜紋布、粗布、法蘭絨等項進口逾常增多。」〔註 287〕1898 年的全國貿易報告在分析美國斜紋布、粗布年盛一年的原因時，認為：「殆以該國自有棉花織成布疋，兼之水腳較廉，成本無多，銷場定易。」〔註 288〕1900 年的全國貿易報告談了美國棉花歉收對布疋銷售的影響。「因美國棉花歉收，春令運來布疋價值較昂，適值北方又有戰亂事，不得暢銷，囤積一處，勢難久呆。不得已，將此布疋抵押銀行，如可市價低減，銀行亦須速售方免吃虧。倘美國本年收成如旺，此種交易必壞無疑。差幸該處收成仍歉，是以布疋尚能得價而沽。」〔註 289〕1901 年的全國貿易報告在分析英國粗布自 605200 疋減至 397400 餘疋的原因時，認為是英國粗布的售價不能與美國相敵，以致被其所制。至於次等棉貨，向不甚旺，現因銀價日低，兼之美歐等國棉花市價極昂，商人故多辦次等棉貨〔註 290〕。

　　1905 年的全國貿易報告比較了最近三年從幾個主要棉布進口國的輸入量，見表 2.20。

　　　　 華出版社 2001 年版，中文第 9 頁。
〔註 286〕《光緒十九年通商各口華洋貿易情形總論》，《中國舊海關史料》第 19 冊，京華出版社 2001 年版，中文第 12～13 頁。
〔註 287〕《光緒二十二年通商各口華洋貿易情形總論》，《中國舊海關史料》第 24 冊，京華出版社 2001 年版，中文第 13 頁。
〔註 288〕《光緒二十四年通商各口華洋貿易情形總論》，《中國舊海關史料》第 28 冊，京華出版社 2001 年版，中文第 13 頁。
〔註 289〕《光緒二十六年通商各口華洋貿易情形總論》，《中國舊海關史料》第 32 冊，京華出版社 2001 年版，中文第 13 頁。
〔註 290〕《光緒二十七年通商各口華洋貿易情形總論》，《中國舊海關史料》第 34 冊，京華出版社 2001 年版，中文第 15 頁。

表 2.20　1903～1905 年主要棉布進口國的輸入量　　　單位：疋

	1903 年	1904 年	1905 年
英國	7841605	8109020	13548025
美國	4782441	3703548	12566093
日本	730723	607312	780580
印度	53806	183461	650636

資料來源：《光緒三十一年通商各口華洋貿易情形總論》,《中國舊海關史料》第 42 冊，京華出版社 2001 年版，中文第 23 頁。

報告稱：「若以外國各廠所佔分數，英廠占四十九分，美廠占四十五分，日本廠占三分，印度廠占兩分多。」〔註291〕這一時期中國進口的布疋絕大多數都來自英、美兩國。

1906 年的全國貿易報告提到了進口布疋所面臨的一些困難。「進口布疋貿易時有變遷，毫無把握。商務中人如有不以匯票爲賭博之勝負及能逆料匯價逐漸有增者，此類人之獲利自多於彼類。惟此類占其少數，第因囤積從前存貨之商家不獨當付幾百萬疋之棧租，並且要認數千萬之保險等費。況存貨係論銀價之成本，又高於新進各貨，所幸後半年進口貨減多，商人皆係一類，無甚區別。」〔註292〕所幸的是，1906 年運進之布大半在上年之初，棉花價值賤時所定。而中國貿易本年實有爲難之處，如不是定補缺貨在價賤之時，則有不堪設想者矣〔註293〕。

報告分析了棉花價值賤時定貨所帶來的好處。英國力法布盧（利物浦）海口所銷美國中等棉花之價值見表 2.15。

表 2.15　英國力法布盧（利物浦）海口所銷美國中等棉花之價值　單位：便士

	1902 年	1903 年	1904 年	1905 年 6 月	1905 年 12 月	1906 年 6 月	1906 年 12 月
每磅	4.68	6.96	3.81	4.32	6.21	6.15	5.88

資料來源：《光緒三十二年通商各口華洋貿易情形總論》,《中國舊海關史料》第 44 冊，京華出版社 2001 年版，中文第 22 頁。

〔註291〕《光緒三十一年通商各口華洋貿易情形總論》,《中國舊海關史料》第 42 冊，京華出版社 2001 年版，中文第 23 頁。

〔註292〕《光緒三十二年通商各口華洋貿易情形總論》,《中國舊海關史料》第 44 冊，京華出版社 2001 年版，中文第 22 頁。

〔註293〕《光緒三十二年通商各口華洋貿易情形總論》,《中國舊海關史料》第 44 冊，京華出版社 2001 年版，中文第 22 頁。

在 1904 年 9 月間，英美兩國織布廠內中國定貨計須一年工作方能告成。1905 年年初再定之貨應等一年始允動工。此項貿易除匯水外最有關係者，即是所銷之數不及所望。至於失望，已有兩年。兼之各省偏災，又礙挽回〔註 294〕。報告中參考上海商務總會刊印之數，將 1904 年年底至 1906 年年底各類所存之布進行了列表對比，見表 2.22。

表 2.22　1904 年年底至 1906 年年底各類布疋存量　　　　　　單位：疋

	1904 年底	1905 年底	1906 年底	兩年內增存之數
原布	1011651	3038971	2678292	1666641
粗布	319245	2979832	4326798	4007553
白布	697461	1950194	2013173	1315712
粗斜紋布	360680	1170224	1403761	1043081
細斜紋布	77232	533354	454077	376845
標布	127506	523148	349768	222262
共數	2593775	10195723	11225869	8632094

資料來源：《光緒三十二年通商各口華洋貿易情形總論》，《中國舊海關史料》第 44 冊，京華出版社 2001 年版，中文第 23 頁。

由於存布增多，美英兩國所織之布均受其累。報告將 1904 年年底至 1906 年年底所存之布按進口來源也進行了列表對比，見表 2.23。

表 2.23　1904 年年底至 1906 年年底所存之布進口來源　　　單位：疋

	1904 年底	1905 年底	1906 年底	兩年內增存之數
美國	882705 疋	4168560 疋	5646560 疋	4763855 疋
英國	1644430 疋	5394512 疋	5379213 疋	3734783 疋
印度	61590 疋	446160 疋	98505 疋	36915 疋
日本	1920 疋	112470 疋	6390 疋	4470 疋
其他	3130 疋	74021 疋	95201 疋	92071 疋
共計	2593775 疋	10195723 疋	11225869 疋	8632095 疋

資料來源：：《光緒三十二年通商各口華洋貿易情形總論》，《中國舊海關史料》第 44 冊，京華出版社 2001 年版，中文第 23～24 頁。

〔註 294〕《光緒三十二年通商各口華洋貿易情形總論》，《中國舊海關史料》第 44 冊，京華出版社 2001 年版，中文第 22～23 頁。

　　到 1906 年底，進口布疋的積壓狀況已經十分嚴重，從各國進口的布疋都不能幸免。

　　1907 年的全國貿易報告再次介紹了進口布疋的嚴峻形勢。報告說，進口貨色惟不見起色者即是棉貨。1905 年進口值為 181452953 兩，1906 年為 152727845 兩，1907 為 118915923 兩。棉貨在各貨之中以百分計之，1905 年是四十分，1906 年是三十七分，1907 年是二十七分〔註 295〕。

　　1907 年以及之後幾年的報告都列舉了各國運入大宗素棉布（即原色布、白色布、原色粗布、粗細紋斜紋扣布）數目，見表 2.24。

表 2.24　各國運入大宗素棉布數量　　　　　　　　　　　　　　單位：疋

	英國	美國	日本	印度	統共
1904 年	8109020	3703548	607313	183461	12603342
1905 年	13548025	12566093	780580	650636	27545334
1906 年	10785227	8544165	733436	85003	20147831
1907 年	8224951	578647	840401	67905	9711904
1908 年	8993534	1586989	986982	141312	11708817
1909 年	10691448	3856231	1396297	133855	16077831
1910 年	6511126	1385819	2389693	147952	10434590
1911 年	11317630	1988061	2832625	21935	16160251

根據 1907～1911 年的全國貿易報告整理。

　　從表 2.24 可以看出，這幾年中國的素棉布進口總數量的波動很大。各主要進口國中，美國的素棉布 1905 年以後開始大幅減少，而來自日本的素棉布則一直增長迅速。英國和印度一直處於大幅波動狀態。

　　清末時期，由於銀價下跌造成洋布價格的上漲，影響到了它們在中國的銷售。而民族紡織業也在不斷發展之中。國內開始大量購買洋機織布，與進口的洋布展開了競爭。國產的布疋對洋布起到了一定的抵制作用，對維持貿易平衡起到了積極作用。貿易報告對土布的狀況也非常關注。

　　1891 年上海的報告講到，棉花「有一千擔寄往英國試用，蓋試其宜織何種布疋也。不意此花竟能織出頂重之原色布，方知中國棉花用以英國新式機

〔註 295〕《光緒三十三年通商各口華洋貿易情形總論》，《中國舊海關史料》第 46 冊，京華出版社 2001 年版，中文第 17 頁。

張必能成極好之布。倘中國興立公司，考究機器利鈍，仿用英國新機，布質必更精良，獲利自有把握。」〔註296〕1892 年上海的報告又提到了織布局所存在的一些問題。「織布局所出之布甚多，但尚有可議者。如各股東迄未分息，經辦局務者又迭更其人，而各司事亦必隨總辦更易，以致作綴無常，不能一氣直接。而當其任者又未諳市情，故不獲收因時制宜之效。」〔註297〕

1893 年的全國貿易報告中說：「此項土織洋機布疋盛旺，不但華人不需外來之布，且繁植棉花織餘，亦足出口。刻下中國洋機織布局相繼興起，已著有明效，所有產棉之省均可次第舉行。華地棉花甚蕃，不愁歉薄，且充裕而有餘。工匠極廉，勿須遠招，尤眾多而易致。果能官商合力，振奮有恆，不數年間，此項利權仍歸中國自有，可趾而待也。向者西國素忌出洋華工費少而耐勞，恐奪彼處洋工生計。況復就地之華工不勞遠涉，其費更儉。即以本土最廉極眾之功力，而用泰西輕巧靈捷之機器，再實其用，汰其浮，精益求精，廣愈推廣，歐西進口洋布豈能相敵？必更退三舍矣！」〔註298〕報告對本土所產之布充滿了信心，希望利用國內產棉眾多、勞動力廉價、工人吃苦耐勞等優勢，大力發展紡織業，以奪取洋布的市場份額。

1894 年的全國貿易報告認為，中國的棉花、布疋亦應當不難以與洋布相馳角逐，互賽勝負於華場。當前又有金價上漲的有利時機，足以牽制洋布〔註299〕。此時各地也紛紛紡行洋紗。「現查上海、寧波、長江一帶相繼仿行，集股創設已成者及將成者共十五處。大約明年各局統有紡紗車三十六萬架，織布機器約三千軸，軋花機器更難悉數。」〔註300〕蕪湖的報告也提到，由於金貴銀賤，因此洋布價昂，土布價廉，人們爭相購用土布，洋布反而不如土布暢旺〔註301〕。

〔註296〕《光緒十七年上海口華洋貿易情形論略》，《中國舊海關史料》第 17 冊，京華出版社 2001 年版，中文第 147 頁。

〔註297〕《光緒十八年上海口華洋貿易情形論略》，《中國舊海關史料》第 18 冊，京華出版社 2001 年版，中文第 145～146 頁。

〔註298〕《光緒十九年通商各口華洋貿易情形總論》，《中國舊海關史料》第 19 冊，京華出版社 2001 年版，中文第 14 頁。

〔註299〕《光緒二十年通商各口華洋貿易情形總論》，《中國舊海關史料》第 21 冊，京華出版社 2001 年版，中文第 13 頁。

〔註300〕《光緒二十年通商各口華洋貿易情形總論》，《中國舊海關史料》第 21 冊，京華出版社 2001 年版，中文第 14 頁。

〔註301〕《光緒二十年上海口華洋貿易情形論略》，《中國舊海關史料》第 21 冊，京華出版社 2001 年版，中文第 137 頁。

1895 年的全國貿易報告談到了中國發展紡織業和緊迫性和所具備的優勢。報告說：「至於紡織兩事，尤爲當務之急。風氣既開，華洋各商無不鼓舞歡騰，現已不遺餘力籌集資本，爲數甚巨。創辦此事，揆厥情形，何尤不振？若問其故，厥有三端。雇覓工人工價最廉，此其一也；物產充盈，無需仰給予人，此其二也；金價與銀價比較，貴賤相差何止倍蓰，此其三也。有此三者之可恃，往來貿易日漸暢盛，商務定能獨豎一幟。故以東方之國與泰西之國互相比較，則東方既有以上三者之可恃，庶幾將來成效已在掌握之中，泰西商務諒必爲之減色。況中國地大物博，財源豐裕，通商各口銀行林立，欲籌集鉅款，亦覺易易。」〔註302〕報告還認爲，土布出口日見增廣，緣中國食力之徒僑居外洋，每喜購製衣服之用。其價廉而質厚，不似洋布價昂而質薄，不能耐久，故此出口愈形暢旺，共計 36600 擔，價值銀 1343000 兩，比較往年，徒增一倍。論者僉謂此盈彼虧，理所當然。邇因洋布價值步漲，華民土布織者殊形踊躍，即土布機亦日漸增多。則印度之棉紗銷場已可概見〔註303〕。

1897 年的全國貿易報告稱，上海等處織布局、紡紗廠接踵添設，絡繹不絕〔註304〕。當年的布疋一項，除美國布外，各種布疋進口皆寥寥。美國布暢銷的原因是運載水腳較廉，成本輕而銷場稍易。「現在中國此風已開，滬漢兩地均已設局，專用機器紡織布疋。況夙昔進口，大半粗貨較多，細貨較少，刻既設局，紡織日增月盛，此項粗貨但恐將來鮮有進口者。」〔註305〕

1897 年沙市的報告稱：「洋布一項本埠不能多銷，因土人喜用土布，價廉而能經久，即至穿著破壞，仍可供填鋪鞋底之用。」〔註306〕1908 年沙市創立家一織布紡紗公司，辦外洋上等機器，資本約計 600000 兩。據云，已經有人認股 2000000 兩，其餘資本尚不難招。沙市的報告認爲：「此等經畫有益於地方不淺，既可以養當地貧民，使之不致失業，又本郡一帶產花甚旺，一則可保利源

〔註302〕《光緒二十一年通商各口華洋貿易情形總論》，《中國舊海關史料》，第 22 冊，京華出版社 2001 年版，中文第 11 頁。

〔註303〕《光緒二十一年通商各口華洋貿易情形總論》，《中國舊海關史料》第 22 冊，京華出版社 2001 年版，中文第 19〜20 頁。

〔註304〕《光緒二十三年通商各口華洋貿易情形總論》，《中國舊海關史料》第 26 冊，京華出版社 2001 年版，中文第 11 頁。

〔註305〕《光緒二十三年通商各口華洋貿易情形總論》，《中國舊海關史料》第 26 冊，京華出版社 2001 年版，中文第 13 頁。

〔註306〕《光緒二十三年沙市口華洋貿易情形論略》，《中國舊海關史料》第 26 冊，京華出版社 2001 年版，中文第 131 頁。

不致外溢，一則可圖利益於無窮。若果經理得宜，自不致於掣肘耳。」〔註307〕

　　1910 年廣州的報告稱，五色洋染料亦大爲減少，因各染行喜用土產染料與洋料爭衡，而土產已占優勝。向日做洋料經紀者，其利亦爲其所奪〔註308〕。1910 年寧波的土布一項似因銀價低落銷路漸廣。美國粗布向在本口市上居有優勝地位，現今則爲上海機器粗布所佔〔註309〕。

　　銀價的長期下跌增加了洋布的成本，而有利於提升土布的競爭力。大量織布機的引進也提升了國內紡織業的技術水平。因此，中國所產的布疋對洋布的抵制作用也在逐漸增加，對維持貿易平衡起到了一定的幫助。從貿易報告中的這些論述中，能看到清末民族紡織業正在取得的進步。

二、進口棉紗的銷售狀況與國產棉紗的發展形勢

　　棉紗在晚清進口的棉製品中佔有重要的地位。在中國紡織業的不斷發展的情況下，國內對棉紗的需求量不斷增加。1868～1889 年的洋紗進口情況見表 2.25。

表 2.25　1868～1889 年洋紗進口量統計

年份	數量	價值	年份	數量	價值
1868 年	54212 擔	1598094 兩	1880 年	137889 擔	3190517 兩
1869 年	131525 擔	1585453 兩	1881 年	151519 擔	3648112 兩
1870 年	52083 擔	1925260 兩	1882 年	172482 擔	4227685 兩
1871 年	69815 擔	1877145 兩	1883 年	184940 擔	4505391 兩
1872 年	49809 擔	1371662 兩	1884 年	228006 擔	5241994 兩
1873 年	67833 擔	3130125 兩	1885 年	261458 擔	5584138 兩
1874 年	68819 擔	969344 兩	1886 年	387820 擔	7871212 兩
1875 年	91403 擔	2746605 兩	1887 年	382985 擔	7816111 兩
1876 年	112908 擔	2838833 兩	1888 年	592868 擔	12547653 兩
1878 年	116162 擔	2841194 兩	1889 年	683468 擔	13427150 兩
1879 年	108360 擔	2520514 兩			

資料來源：歷年海關報告。

〔註307〕《光緒三十四年福州口華洋貿易情形論略》，《中國舊海關史料》第 48 冊，京華出版社 2001 年版，中文第 249～250 頁。

〔註308〕《宣統二年廣州口華洋貿易情形論略》，《中國舊海關史料》第 54 冊，京華出版社 2001 年版，中文第 390 頁。

〔註309〕《宣統二年廣州口華洋貿易情形論略》，《中國舊海關史料》第 54 冊，京華出版社 2001 年版，中文第 378 頁。

從表 2.25 中可以看出，19 世紀 80 年代棉紗的進口的增速開始明顯加快。僅 1879～1889 這十年間，洋紗進口量就增加了五倍多。

在貿易報告中，多次對進口棉紗的增長情況進行了介紹。1890 年的全國貿易報告在分析棉紗的進口情況時說，棉紗運進較前更多，推印度為最盛。光緒十五年進口為 678000 餘擔，十六年為 1081000 餘擔，值銀超過 19300000 兩，比上年增加 6000000 兩之多，增加了百分之五十之多。棉紗的進口增加速度非常迅速，光緒四年僅為 108000 餘擔，九年增加到 228000 餘擔，十四年達到 683000 餘擔，「計歷五年以來，其值已增至幾倍」。〔註 310〕

1891 年的全國貿易報告介紹了棉紗在中國銷量的快速增加以及暢銷的原因。「合之棉色布、白色布、扣布、粗斜紋布四宗布疋之價值，亦不能敵棉紗一宗之價值。且此十年中除火油外，凡一切貨物，並無有如棉紗貿易之暢旺者，惜白色、原色等布不無受虧耳。究之此等棉紗所以進口年盛一年，因織成布疋人皆稱善，消路漸廣之故。」〔註 311〕

1892 和 1893 年的全國貿易報告對印度棉紗的銷售形勢進行了介紹。1893 年印度棉紗進口 1254000 餘擔，比去年增加 116000 餘擔，「該貨遍華興南北各省，統易行銷」〔註 312〕。1893 年受印度政府改用金鎊，停鑄銀元的影響，印度棉紗的銷路頓然梗滯。1892 年進口 1254400 餘擔，1893 年縮至 937800 餘擔，減少了 316000 餘擔。棉花進口僅為 53400 餘擔，是上年的一半。印度棉紗和棉花的進口值減少了 4745000 餘兩。由歐洲進口各貨棉布類皆絀。日本棉布進口卻增長明顯，光緒十六年為 8200 餘疋，十九年為 142500 餘疋，比上年增加了 4000 餘疋〔註 313〕。1893 年上海的貿易報告稱：「棉紗一項英國所產其數較多，印度則不如曩昔自運之貨，與華商訂購之貨無不見絀，蓋因印度鑄銀之局至五月間停鑄銀錢，中國匯寄之銀經孟買售主核算時，值約折閱百分中之十五，以故有心人察本埠附近各鎮所設機器紡紗無不盡善盡美，大

〔註 310〕《光緒十六年通商各口華洋貿易情形總論》，《中國舊海關史料》第 16 冊，京華出版社 2001 年版，中文第 13 頁。

〔註 311〕《光緒十七年通商各口華洋貿易情形總論》，《中國舊海關史料》第 17 冊，京華出版社 2001 年版，中文第 13 頁。

〔註 312〕《光緒十八年通商各口華洋貿易情形總論》，《中國舊海關史料》第 18 冊，京華出版社 2001 年版，中文第 13～14 頁。

〔註 313〕《光緒十九年通商各口華洋貿易情形總論》，《中國舊海關史料》第 19 冊，京華出版社 2001 年版，中文第 12～13 頁。

沾利益。聞已向英國訂購紡紗挺針三十萬個，以期漸推漸廣。」〔註314〕

　　1903 年的全國貿易報告在談到本年布疋進口大減的情況時說：「布之所失，紗以補之。但所得棉紗之利益是日本一國耳。上年日本進口棉紗五十二萬二千四百八擔，本年增至八十三萬一千四百六擔。印度如常，本年進口一百八十八萬九百十一擔。英國比較上年少有一半，本年進口棉紗不過一萬六千八百二十九擔。印度棉紗在進口項下，年頭存貨較年底三股內少有一股。」〔註315〕

　　1906 年的全國貿易報告從棉紗的增存狀況進行了分析。報告中說，論棉紗在棉貨一類，歷年成數均占一半，上年竟減三十六分，本年復增至四十二。其受害之處亦與布疋同情，由於進口太多。若云匯水之害則有甚焉。因為棉紗不如布疋，僅先預定。上海所存之紗從 1904 年底 215466 擔增至 1906 年的365498 擔〔註316〕。

　　報告將香港、上海兩年曾存紗數進行了列表對比，見表 2.26。

表 2.26　香港、上海兩年增存紗數　　　　　　　　　　　　　　單位：擔

	1905 年	1906 年	比較增存之數
香港	250000	500000	2500000
上海（由外洋進口）	365498	410380	44882
上海（由本地機器紡成）	43533	207520	163987
總共	659031	1117900	458869

資料來源：《光緒三十二年通商各口華洋貿易情形總論》，《中國舊海關史料》第 44 冊，京華出版社 2001 年版，中文第 24～25 頁。

　　報告認為：「按以上情形，此項貿易是在大為衰敗，香港尤甚。其華商之受虧數亦較更甚。」〔註317〕

　　進口棉紗憑藉其質量和價格上的優勢，對國產棉紗形成了巨大衝擊。洋

〔註314〕《光緒十九年上海口華洋貿易情形論略》，《中國舊海關史料》第 19 冊，京華出版社 2001 年版，中文第 143 頁。

〔註315〕《光緒二十九年通商各口華洋貿易情形總論》，《中國舊海關史料》第 38 冊，京華出版社 2001 年版，中文第 15 頁。

〔註316〕《光緒三十二年通商各口華洋貿易情形總論》，《中國舊海關史料》第 44 冊，京華出版社 2001 年版，中文第 24 頁。

〔註317〕《光緒三十二年通商各口華洋貿易情形總論》，《中國舊海關史料》第 44 冊，京華出版社 2001 年版，中文第 25 頁。

紗頗受中國百姓的歡迎，銷路日廣，佔據了大量國內的市場份額。洋紗的暢銷也刺激了國內棉紡紗業的發展。國內商家開始不斷購進紡紗機器，自行仿製棉紗，和洋紗在市場上展開了激烈的競爭，並佔據了一定的市場份額，起到了明顯的抵制作用。這也反映在了貿易報告的記錄中。

1890 年的全國貿易報告對中國用機器紡紗的前景表示非常樂觀，認爲：「似此生涯暢旺，可預料中國以機器紡紗定可獲利豐厚。」〔註318〕上海的貿易報告介紹了本口所新設立機器織布、紡紗兩局。報告說，兩局一照英美兩國之原布組織成布；一系紡紗。據聞所紡之紗與印度之貨可以相比。兩局做工均尚未全，其能否暢銷，獲利與否，及市面中能否出名，刻以爲時尚早，均尚不能論定。但按目前所見，該兩局應於棉貨貿易內既有關係，中國木棉以後可以用機器紡織，華工內有聰穎者，亦能得其法矣。報告中希望國家對新設立的機器織布、紡紗局進行扶植，認爲如國家有保護之意，深盼實力保護，以至暢旺。報告也指出，從前總辦織布局員有辦理未能得法者，但不知此後如何耳。「據西人觀之，紡紗局之利較織布局大，將來紡紗局可大獲利益云云。」〔註319〕

1894 年寧波的報告說：「進口布疋即減，則民間織布之用均賴棉紗一項，故棉紗進口增多。……英國紗進口現在已不多見，將來中日和好之後，中國擬辦及將辦之織布紡紗各局，一經開辦，出貨勢必日多，則將來進口之印度紗日漸減少，中日之紗日出日多也。」〔註320〕

1895 年上海的報告談了本口紡織廠的發展情況。報告說，按馬關所訂之合約，華洋各商俱可任便購運機器，興作各項工藝。本埠已建有紡織繰絲等廠，將來中國所產紗布諸貨勢必與印度來者相爭衡。所創紡織等廠官商合股者先有五家。此五廠計共有 120000 錠子，850 機張，每年能出紗 90000 包，每包重 400 磅。布能出 250000 疋，每疋重 14 磅，長 40 碼。此外尚有十一家或已建屋，或已購備機器。其十一家內，有三廠係屬華商，計有 65000 錠子，每年能出紗 48000 包。其餘八家中，有日本商三家，共約 270000 錠子，每年能

〔註318〕《光緒十六年通商各口華洋貿易情形總論》,《中國舊海關史料》第 16 冊，京華出版社 2001 年版，中文第 13 頁。

〔註319〕《光緒十六年上海口華洋貿易情形論略》,《中國舊海關史料》第 16 冊，京華出版社 2001 年版，中文第 147 頁。

〔註320〕《光緒二十年寧口華洋貿易情形論略》,《中國舊海關史料》第 21 冊，京華出版社 2001 年版，中文第 151～152 頁。

出紗 200000 包〔註321〕。1896 年上海的報告稱，所有新設之機器製造廠現皆接踵而起。如紡紗廠，華洋各商先有十家，其錠子共計 315600 餘支，每日計出紗 790 包，每包計重 400 斤。上年論內有日商三家，兩家已經停辦，其一家開否尚在計議。織布機張華商已成之廠內，計有 1000 架，洋商則尚未布置〔註322〕。

　　1898 年重慶的報告在對比了本口的各國棉紗進口數量後講道：「自以印度棉紗爲首屈一指，惟中國紗雖不及印度紗之盛，然自光緒二十二年以來，亦屬有益無絀。詢之業此者，據云各項棉紗潔白綿邈，當推日本爲第一。將來中國紡紗各廠如能加意整頓，不再摻雜次貨，則內地各州縣咸知其價廉貨美，樂於購用，恐印度等紗定必爲其侵奪矣。」〔註323〕

　　1898 年上海的報告說：「棉紗一項本年大有虧折，因先數月印度、日本兩處運進之紗爲數甚火，而本埠各廠所出之紗數亦相垺，彼此爭銷，以致紗價見跌。業此之華洋各商均屬賠累不堪，迨至歲暮，洋紗停運進口，此項價值略有起色，而販運洋紗之商人乃知本埠自出之棉紗足與抵敵，頗有不敢輕視之意。」〔註324〕

　　1899 年的全國貿易報告指出：「惟望中國所設之紡紗局盡心籌查，慎選工人，出貨日多，以遏他人之銷路。況中國所產棉花較白於印度，所以日本尚須採辦中國棉花摻雜其中方能運售。足見中國紗局以本國之花紡本國之紗，盤運既易，價值又廉，如可專心致志，誰能與敵？」〔註325〕

　　1900 年上海的報告稱：「如棉紗廠，本年之虧折甚巨。因去年中國棉花歉收，印度與美國出產亦稀。加以日本紗廠紛紛來辦中國之花，致使價益騰貴，然亦無人不仍是爭先購買，所以本埠廠家布疋成本較重，銷售爲難，乃與由同業中人特然公議，凡未成布者停織，已成布者停售。……設使能將關稅減輕，則凡販運印度、日本兩處洋紗之商人，乃知本埠土出之貨實屬足與

〔註321〕《光緒二十一年上海口華洋貿易情形論略》，《中國舊海關史料》第 22 冊，京華出版社 2001 年版，中文第 159 頁。
〔註322〕《光緒二十二年上海口華洋貿易情形論略》，《中國舊海關史料》第 24 冊，京華出版社 2001 年版，中文第 173 頁。
〔註323〕《光緒二十四年重慶口華洋貿易情形論略》，《中國舊海關史料》第 28 冊，京華出版社 2001 年版，中文第 120 頁。
〔註324〕《光緒二十四年上海口華洋貿易情形論略》，《中國舊海關史料》第 28 冊，京華出版社 2001 年版，中文第 166 頁。
〔註325〕《光緒二十五年通商各口華洋貿易情形總論》，《中國舊海關史料》第 30 冊，京華出版社 2001 年版，中文第 13～14 頁。

相敵，而未必見遜。」〔註 326〕

1901 年的全國貿易報告說，中國雖有紗廠數處，而與進口貿易並無所礙〔註 327〕。1905 年時又說：「中國紗廠全年工作甚忙，所售之紗亦能獲利，比較從前銷數更多。兼之上海花價是低，適值他處花價是高，一高一低，助其更旺。」〔註 328〕1908 年全國貿易的報告認爲：「進口棉紗既減，與中國紗廠大有關係，足以啓來日爭競之心。」〔註 329〕可見中國的紗廠已經對洋紗起到了一定的抵制作用。1909 全國貿易年報告又分析了國內仿製棉紗的規模，認爲其所出難定確數，即以上海分銷各口者觀之，本年已有 425055 擔，上年僅有 378000 擔，前年更少，不過 187000 擔。據各口冊報即知，中國仿製布疋銷場自能愈推愈廣〔註 330〕。

隨著國內紡紗的不斷進步，國產紗的數量有了穩步的增長，市場份額有所提升，見表 2.27。

表 2.27

年份	洋紗		國產紗		總計（擔）
	擔	%	擔	%	
1899～1903 年	929750	83.80	179679	16.20	1109429
1904～1908 年	1070847	86.17	171856	13.83	1242703
1909～1913 年	1079848	76.11	338924	23.89	1418772

資料來源：歷年海關貿易統計及報告，參見嚴中平《中國棉紡織史稿》第 145 頁。

中國通過大量引進國外紡紗機器進行產業升級，使國產紗布逐漸具備了和洋紗競爭的實力，並且奪回了一定的市場份額，是中國近代民族工業所取

〔註 326〕《光緒二十六年上海口華洋貿易情形論略》，《中國舊海關史料》第 32 冊，京華出版社 2001 年版，中文第 176 頁。

〔註 327〕《光緒二十七年通商各口華洋貿易情形總論》，《中國舊海關史料》第 34 冊，京華出版社 2001 年版，中文第 15 頁。

〔註 328〕《光緒三十一年通商各口華洋貿易情形總論》，《中國舊海關史料》第 42 冊，京華出版社 2001 年版，中文第 24 頁。

〔註 329〕《光緒三十四年通商各口華洋貿易情形總論》，《中國舊海關史料》第 48 冊，京華出版社 2001 年版，中文第 17 頁。

〔註 330〕《宣統元年通商各口華洋貿易情形總論》，《中國舊海關史料》第 51 冊，京華出版社 2001 年版，中文第 16 頁。

得的一個重要進步。這說明隨著國內工業近代化的不斷開展，國產工業品也開始逐漸對進口工業品實現替代。

小結

　　貿易平衡問題作爲近代海關關注的重點，在貿易報告中有著非常明顯的體現。報告中除了多次建議增加土貨出口和抵制洋貨進口來防止白銀外流外，還比較詳盡地介紹了茶、絲、豆類、草帽辮、棉花等主要出口商品和鴉片、棉織品等主要進口商品。報告不僅關注了它們各年進出口數量和價值量的變化情況，還探討了變化的原因。其中有著非常顯著的國際視角。爲了幫助中國扭轉常年貿易逆差的不利局面，貿易報告中指出了中國主要出口商品所存在的諸多問題，提出了很多整頓建議，以幫助中國提高國產商品的競爭力，進而擴大出口，以維持對外貿易的平衡。貿易報告對鴉片和棉織品的輸入狀況也很重視，不僅對它們每年的進口數量和價值量的變化情況有大量記錄，還對國內同類商品對它們的抵制效果進行了重點介紹，其中包括土藥對洋藥的衝擊，禁煙運動對鴉片銷售的影響，國產棉製品的發展狀況和對進口棉製品的抵制等。

　　海關貿易報告中所經常表現出的希望出口額不低於進口額，讓白銀能夠留在國內的看法，充分體現出了貿易差額論的思想。這說明中國海關貿易報告的外籍撰寫者們深受這一源自西方的貿易思想的影響。他們對各主要商品的分析中，無不體現出貿易差額論的基本思路。海關貿易報告是將這一經濟思想在中國具體應用的重要成果。它也是指導中國外貿的重要文獻參考資料。貿易報告中的貿易差額論思想也對國人或多或少產生了一定的影響，有助於這一經濟思想在中國的傳播，並應用於中國的實踐。

第三章 年度貿易報告關於貨幣流向及價格波動原因的分析

　　貨幣問題是近代海關最爲關心的內容之一。其中，金、銀、銅貨幣的流向和價格的波動是關注的重點。貿易報告記錄了中國金銀的流向和比價的變化以及制錢、銅元的價值、數量的變動情況，還分析了其成因和對經濟造成的影響。貿易報告對中國近代貨幣問題所提出的各種見解，體現了西方貨幣思想對中國貨幣問題的解讀。

第一節　年度貿易報告對金銀流向的認識

　　中國的金銀流向是近代海關所關注的一個重點。貿易報告中不但重視中國的金銀流動的方向和數量，還對進出口貿易額和金銀進出口統計的方法進行了不斷修正，以便掌握金銀眞正的去向和準確數量。這正是重商主義的重要特徵之一，表明了其深受重商主義思想的影響。

一、貿易統計方法的改進

　　重商主義認爲財富是由貨幣或金銀構成。「財富與貨幣在任何方面都可視爲同義詞。」「在任何國家，積累金銀都被認爲是致富的捷徑。」〔註 1〕近代海關深受重商主義財富觀的影響，非常看重貴金屬對於經濟發展中的意義。1890 年的全國貿易報告就曾指出了金銀在貿易中的重要性，認爲：「凡中外通

―――――――――――
〔註 1〕〔英〕亞當・斯密，唐日松譯：《國民財富的性質和原因的研究》，華夏出版社 2005 年版，第 310 頁。

商，大率以此兩項交易。」〔註2〕貿易報告將白銀視爲重要的財富，認爲如果能使金銀流入國內，就會使國家變得富庶；如果金銀大量外流，就會導致國家貧困。貿易報告提倡出口更多的貨物，以便讓白銀留在國內。如 1891 年九江的報告說：「而本口能將土產之物以易金銀，足見民間亦當富庶。」〔註 3〕1902 年的全國貿易報告稱：「驟閱之出口白銀若是之多，誰不慮其漏巵不塞，伊於胡底。中國之民窮財盡，殆可立而待也！」〔註 4〕從中可以看出，貿易報告十分重視金銀的財富價值，將國內金銀的增減視爲國家財富的變化，這同重商主義對金銀的看法是一致的。

19 世紀 70 年代，西方主要資本主義國家的貨幣制度開始從金銀並用的金銀複本位制轉爲金本位制，紛紛將黃金定爲唯一的貴金屬貨幣。在東方，印度、日本等亞洲國家也在 19 世紀末開始推行金本位制。而中國在整個清代都將白銀和銅錢視爲國內的基本流通貨幣，其中白銀是中國進行國際貿易的主要結算貨幣。由於晚清時期的國際貿易都是採用金銀或者與金銀掛鉤的貨幣進行結算，所以中國在對外貿易中順差和逆差的程度對金銀流向的變化起著至關重要的作用。盡可能科學合理地統計進出口值，對掌握中國對外貿易整體狀況和金銀流向有著重要意義。

（一）進出口統計方法的修正

中國的近代海關建立後，一直對進出口的貨物有著較爲系統和詳盡的統計。這些記錄爲瞭解中國經濟狀況提供了比較翔實可靠的材料，但海關對貿易值的統計方法也存在著一些缺陷。1889 年以前，海關一直以貨物在通商口岸的市場價格來對進出口值進行估算。用這種方法得出的進出口額，便於計算稅收，卻不能反映出中國對外貿易的眞實收支情況，也不利於掌握中國金銀的流動數量。針對這一問題，1889 年的全國貿易報告對進出口貿易值的計算方法進行了修正，並針對當時流行的因歷年貿易逆差而造成的白銀外流的觀點提出了自己的看法。報告中說：「夫進口洋貨其價值之贏於出洋土貨也，冊中所載，近年皆然。見者咸謂中國因通商而漏銀出洋，積數甚巨，爲抱隱

〔註 2〕 《光緒十六年通商各口華洋貿易情形總論》，《中國舊海關史料》第 16 冊，京華出版社 2001 年版，中文第 16 頁。

〔註 3〕 《光緒十七年九江口華洋貿易情形論略》，《中國舊海關史料》第 17 冊，京華出版社 2001 年版，中文第 130 頁。

〔註 4〕 《光緒二十八年通商各口華洋貿易情形總論》，《中國舊海關史料》第 36 冊，京華出版社 2001 年版，中文第 17 頁。

憂，實則不然也。試取冊載價值分別而細核之，則知其出洋之貨不惟足抵進口，而中國借貸西國之款亦以之抵本息而外，兩數相較，仍屬有贏無絀。外洋之有銀洋運來，中國即職是故。蓋冊載進口貨值，海關向照各該口市價估計，其出洋土貨亦按各口市值而定。凡貿易論定市價，貨主必將所費各項加入價內，此固盡人皆知之。海關向於洋貨進口不惟計其裝船時之原價，即卸船以後各費及其經手者用金、存棧租費、卸載工力、進口稅餉亦均加入價內。若出洋貨價如用金捆紮、工料、棧租、裝船之費，出口稅等費，向未加入原價，故為數較絀。而此等費用悉在華地支銷，亦應加入，則貨離中國，淨值若干方有考核。今將進口貨照卸船時之價估計，出洋貨照裝船離中國實在成本估計，庶得其平。」〔註 5〕報告中指出了進口貨物應按到岸卸船時的價格進行估算，出口貨物則需要按離岸時的價格進行估算。這是因為進口貨物的市價是在貨物到岸後的價格基礎上又加入了水腳費、存棧費、經手費、進口稅等費用。由於這些費用實際是向中國支付，所以不應算在進口值內。而出口的貨物價格應當在口岸市價的基礎上再加入捆紮、工料、棧租、裝船費、出口稅等需要向中國支付的費用。這樣估算出的數值能夠更合理的反映出對中國在外貿易中的實際收支情況。

報告還根據一家上海大行商的所提供的資料，認為「此項經手用金，進口貨每值壹兩之加七釐，出洋貨每值一兩之加八釐」，也就是將進口和出口的雜費分別定為 7%和 8%。由於進出口的貨物基本都是通過洋船來進行運輸，華船極少參與，「故貨值悉照卸船、裝船之時而定也」〔註 6〕。貿易報告中所給出的雜費比例一直存在很大爭議。英國駐上海代理總領士哲美森（G·Jamieson）在四年後曾提出自己的看法。他查閱了大量資料後，認為雜費應該定為占進口和出口貨值的 4%就足以應付〔註 7〕。

對於這兩種估值，學術界有不同的看法。一些學者直接採用了海關的給出的雜費比例來修正這一時期的貿易統計數據。周廣遠則傾向於哲美森的意見可能更接近於歷史真實。他的理由是海關對雜費的估計僅根據上海一家外

〔註 5〕《光緒十五年通商各口華洋貿易情形總論》，《中國舊海關史料》第 15 冊，京華出版社 2001 年版，中文第 11 頁。

〔註 6〕《光緒十五年通商各口華洋貿易情形總論》，《中國舊海關史料》第 15 冊，京華出版社 2001 年版，中文第 13 頁。

〔註 7〕G·Jamieson, "Report on the Balane of Trade between China and Foreign Countries and on the effect of the Fall in Silver on Price of Commodities in China and on the Volurne of Exports". Commereial Reports, 1894.

國洋行提供的材料，而哲美森的估計則是「詳細核對了所能得到的一切資料」之後得出的結果，可靠性更高一些。外商在中國各關大多建立了碼頭、倉庫等設施，毋須在這方面支出雜費。海關把這部分雜費也一併計入，自然使雜費所佔比重增大。海關把對雜費的估計建立在進出口商品在各該通商口岸市價的基礎上，但實際上商品未必按此價格進口和出口，除走私鴉片外，還會因爲外商的產地收購、放款、聯合壓價、秤耗和其他一些不名譽的做法，把口岸市價變爲名義上的虛擬價格，並在修正 1870～1894 年的進出口貨值中採用了 4% 的雜費比例〔註 8〕。之後的一些學者也更認可周廣遠的觀點，認爲海關給出的雜費比例偏高。

筆者認爲，貿易報告中實際上還是考慮到了外商大多在通商口岸建立了貨棧，其利爲洋商所得，與華商無涉的情況。報告的看法是：「然洋棧所獲之資仍多用於中國各口，亦與華棧相等。」〔註 9〕至於棧利所餘皆爲洋商攜之歸國的問題，報告認爲華人「就業洋船泊在外國諸處就事者，所獲之資逐年攜回中國，爲數亦巨，似足相抵。此爲通商貿易之餘利，其所獲孰多孰寡，實亦無從稽核也。」〔註 10〕而周廣遠給出的其他幾點理由確實能夠說明哲美森的估算在當時可能更接近眞實情況。但也要看到，任何一種估值都有自身的局限性，很難得出一個絕對準確的雜費比例，更不可能存在一個適合所有年份的雜費比例。隨著貿易狀況的不斷變化，雜費所佔比例也會不斷變化。無論是海關的估算，還是哲美森的估算，都無法保證適合所有時期的貿易狀況。如果從 1889～1911 年這一時間段來看，雜費的比例整體上應該呈上升的趨勢。根據陳爭平的看法，這一時期絲、茶所佔比重不斷下降，而較爲笨重價廉的豆類、胡麻、花生、生棉、蛋類、煤炭等等，所佔出口的比重不斷增加，很有可能使得裝運、貨棧等雜費開支占貨值的平均比例比過去增大〔註 11〕。直到清王朝結束時，海關都一直採用進口貨物值 7% 的雜費和出口貨物值 8% 的雜費比例進行估算，表明他們在 20 世紀初對這一比例依然認可，並未感到

〔註 8〕 周廣遠：《1870 年一1894 年中國對外貿易平衡和金銀進出口的估計》，中國經濟史研究，1986 年第 4 期，第 108～109 頁。

〔註 9〕 《光緒十五年通商各口華洋貿易情形總論》，《中國舊海關史料》第 15 冊，京華出版社 2001 年版，中文第 13 頁。

〔註 10〕 《光緒十五年通商各口華洋貿易情形總論》，《中國舊海關史料》第 15 冊，京華出版社 2001 年版，中文第 13 頁。

〔註 11〕 陳爭平：《1895～1936 年中國進出口貿易值的修正及貿易平衡的分析》，中國經濟史研究，1994 年第 1 期，第 107 頁。

有修正的必要。而由於雜費比例逐漸升高，哲美森給出的 4% 的比例在十餘年後就未必比海關給出的雜費比例更接近實際情況。哲美森的估算應該相對更接近 19 世紀 90 年代的雜費比例，而海關的估算則很可能更接近 20 世紀初的雜費比例。儘管海關所給出的雜費比例未必十分準確，長期使用這一比例進行估算也不夠合理，但通過估算雜費比例來修正進出口貨值，是海關在貿易統計上的一大進步，有助於掌握對外貿易的整體狀況和白銀的流向。

　　在 1890 年的全國貿易報告中，海關還進一步對貨物的「成本」和「市價」進行了解釋說明。報告中說：「閱去年總冊所論，進口、出口貨物價值必就貨之成本估計，不以市價為定，此探源立說之意耳。其何謂成本，何謂市價，試申言之。如出口貨已裝入船，所有原價及未經出口時其各項費用核計若干，按數加入，共數若干，此即謂之成本。如進口貨在卸貨之後將其水腳及進口稅等費亦照加入成本，共核若干，此即謂之市價。今擬將出口貨在已入船之時，尚未出口之際，一切存棧費、經手稅、出口稅一一加於原價之內，定其成本之價值。其進口貨於卸貨之先，初進口之後，凡水腳費、存棧費、經手費、進口稅應扣除淨，盡定其成本之價值。如進口洋藥所有進口稅及洋藥釐金亦應扣除。如斯估計，則覺進出貨物之實價既有條不紊，即核算亦可得其實在數目矣。」〔註 12〕貿易報告通過對「成本」和「市價」概念的介紹，進一步說明了採用新的進出口值估算方法能夠更準確掌握中國進出貨物的實在數目。

　　值得注意的是，貿易報告中所採用的算法在西方早已出現並使用。如托馬斯‧孟在他所著《英國得自對外貿易的財富》一書中的「可以編製我們的對外貿易平衡表的慣例和方法」一章裏，就介紹了結算進出口貨物價值的方法。書中說：「現在先說我們的出口貨罷。在我們已經估定了它們的原始成本以後，我們在這裡還必須加上百分之二十五的運費、保險費和利潤等；至於我們的無須對皇上交付關稅的像魚類等出口貨物的價值，可以用我們已經用而且還可以繼續用的適當的考察方法比較容易地計算出來，也就是根據這類出口貨的增加或減少的大勢來觀察；依現在的情況來說，魚類每年出口的總值就是約計十四萬英鎊。此外我們還須在我們的出口貨的價值上再加上一切用於皇上所發給的貿易執照的費用。」在對進口貨價的估算上，托馬斯‧孟

〔註12〕　《光緒十六年通商各口華洋貿易情形總論》，《中國舊海關史料》第 16 冊，京華出版社 2001 年版，中文第 16 頁。

說：「海關表冊的用處，只不過是替我們指出數值的多少而已；因為我們絕不應該按著進口貨到了我國以後的價值計算，要知這是貨物在原產地的買價以外又已加上裝載到我們在海外的船舶上的所有費用了；而此間商人的盈利、保險費、運輸費、關稅、各種徵課和其他種種的稅捐等，都是要大大提高我們使用和消費這些貨物時的價格的；只是這些費用，不過是在我們自己之間從這一手轉到那一手而已，外國人在這其中是沒有份的。因此所說的我們的進口貨的價格就應該比它們在我們這裡所定的價格減少百分之二十五才對。」對於由外國商人輸入的貨物，托馬斯・孟認為：「我們必須記住一切由外人輸出或輸入的貨物（在運輸上），是由他們自己來擔負一切責任的，所以由於他們的輸出而我們國家所得到的，只不過是貨物的原始價格和關稅罷了。並且對於外人所輸入的貨物，我們必須按本國當地的價格估值，扣除關稅，徵課和其他雜費。」〔註13〕從托馬斯・孟所給出的計算方法可以看出，晚期的重商主義者已經掌握了更為合理的進出口貿易統計方法。海關通過這種方法統計出的進出口貿易值，可以更準確掌握本國金銀的流向。如果將托馬斯・孟提到計算方法和海關貿易報告所採用的計算方法進行對照，我們就能夠清楚的看出二者的算法在思路上是大體上一致的，表明海關貿易報告中繼承並發展了這一來自西方的統計方法。這種更為合理的統計方法在當時已經被一些國家的海關所採用。它也通過在中國海關工作的外籍人員開始在中國進行應用。海關年度貿易報告是中國最早運用這種算法來計算中國進出口貿易值的官方資料。

在 1889 年的全國貿易報告中，對 1888 年和 1889 年的進出口貨值進行了分析。由於北方各省及江浙長江諸省的華洋各貨多由上海進出，只有茶葉一項從漢口、天津直接運往外洋，而南方省分各口亦有與外洋直接進行交易，所以只取上海及南方各省的通商口岸進行分析。其中，上海的洋藥市價中加有進口稅。南省有等口岸洋藥商人咸用躉棧，其進口稅釐未經加入。如廣州等口，不用躉棧，則稅釐亦加於市價。1888 和 1889 年的進口貨價均加入進口稅，每年約有洋藥 22000 擔，每擔 80 兩的釐金亦算在數內。1888 年洋貨進口市價為 124782893 兩，照卸船時估計，應除進口稅、洋藥釐金 8395263 兩，實為 116387630 兩，再減去 7% 的雜費 8147134 兩，則進口實價僅為 108240496

〔註13〕〔英〕托馬斯・孟，南懷宇譯：《英國得自對外貿易的財富》，商務印數館 1965 版，第 84～86 頁。

兩。土貨出洋市價 92401067 兩，照裝船離中國時估計，應加出口稅約 6499839 兩，實爲 98900906 兩，再加上 8%的雜費 7392085 兩，則出口實價爲 106292991 兩。進出口兩數相較，進口贏於出口者約銀 1900000 兩。出洋黃金計值銀 1672942 兩，出洋之銀計 1909872 兩。1889 年進口情形與往年不同。春初時，截止上海一口，積存未售之棉布、絨毛布、銅鐵之類等，價值約較上年尚贏 2600000 兩，加之上年荒歉，如廣東一省進口米糧約值 9000000 兩之多，皆運往災區備賑。故貨值雖增，未可目爲常數。1889 年洋貨進口市價 110884355 兩，照卸船時估計，應除進口稅、洋藥釐金 7628263 兩，實爲 103256092 兩，再減去 7%的雜費 7227926 兩，則進口實價僅 96028166 兩。土貨出洋市價 96947832 兩，照裝船離中國時估計，應加出口稅約 6389045 兩，實爲 103336877 兩，再加 8%的雜費 7755826 兩，則出口實價爲 111092703 兩。進出口兩數相較，出口贏於進口者約銀 15000000 兩〔註14〕。海關對 1888 年和 1889 年進出口修正價格所採用的計算方法爲：

起岸價＝（100%＋7%）×（進口貨總市價－進口稅－洋藥釐金）

離岸價＝（100%＋8%）×出口貨總市價＋出口稅

1890 年的全國貿易報告以洋藥爲例，對進口貨物情況進行了具體分析。在福州、打狗、拱北三關的洋藥，其價值內並未將釐金及進口稅算入，而獨於上海關進口之洋藥所加進口稅，每擔爲 30 兩，洋藥釐金是每擔 80 兩。總之，進口洋藥每擔共有稅釐 110 兩，「欲知其價值若干，是必分核之，而後總結，方足以供眾覽。」計進口洋藥中有 30922 擔要除去每擔所加的 110 兩釐金和進口稅，合計關平銀 3401530 兩。又計進口洋藥 35759 擔，內除去每擔僅加 30 兩之進口稅，合成關平銀 1072770 兩，其中有 9954 擔爲釐金、進口稅均未算入者。總核進口洋藥價值，扣除釐金、進口稅兩項之外，計共關平銀 4474300 兩〔註15〕。海關在結合各關的具體情況，將其中的釐金、進口稅全部減去，中國在進口洋藥時的實際支出就可以更合理的計算出來。但必須指出的是，由於大量走私活動的存在，海關所進行的估算只是依據能統計到的洋藥進口數量，而走私的洋藥數量和走私所造成的白銀外流無法從中得知。

〔註14〕　《光緒十五年通商各口華洋貿易情形總論》，《中國舊海關史料》第 15 冊，京華出版社 2001 年版，中文第 11～13 頁。

〔註15〕　《光緒十六年通商各口華洋貿易情形總論》，《中國舊海關史料》第 16 冊，京華出版社 2001 年版，中文第 16～17 頁。

　　在貿易報告對全國進出口總值進行修正時，還考慮了運往朝鮮的貨價。1890 年進口洋貨市價淨數關平銀 127093481 兩，內除復運往朝鮮貨價關平銀 596147 兩，其餘淨數 126497334 兩；再除進口稅關平銀 4230467 兩，又除洋藥稅釐金關平銀 4474300 兩，兩項共計 8704767 兩。其進口貨除去稅銀，淨值 117792567 兩；內除經手七釐用金 8245480 兩，統計進口貨於起岸時之價值 109547087 兩。其出口土貨市價關平銀 87144480 兩，內加土貨往朝鮮之價值關平銀 473354 兩，內除去由朝鮮進口之貨價關平銀 52993 兩，餘剩淨數 420361 兩。共計出口土貨淨價關平銀 87564841 兩，內加出口稅關平銀 5629654 兩，再加經手八釐用金 7005187 兩，統計出口貨於下船時之價值關平銀 100199682 兩。綜覈進口貨價較多於出口者，有 900 餘萬兩之數〔註 16〕。由此可見，1890 年的全國貿易報告將進出口貨值計算方法完善為：

　　進口起岸價＝（100％－7％）×（進口貨總市價－對朝鮮復出口值－進口稅－洋藥釐金）

　　出口離岸價＝（100％＋8％）×（出口貨總市價＋對朝鮮出口值－從朝鮮進口值）＋貨價出口稅

　　一直到 1903 年，海關年度貿易報告中都一直按照這種計算方法對貿易統計報告中的進出口總值進行修正。

　　1889 年和 1890 年的全國年度貿易報告不但指出了海關在進出口貨值的統計方法上的缺陷，還對貿易統計報告中根據通商口岸的市場價直接估算的進出口值分別用起岸價格和離岸價格進行修正，這就使海關可以更好的瞭解對外貿易的實際狀況，從而更準確判斷中國的金銀流向。

　　1904 年的海關貿易統計報告也開始採用貿易報告中的算法，將進口商品的計值的統計改用起岸價（C.I.F），出口商品計值改用裝船離岸價（K.O.B）。對此，1904 年的全國貿易報告中說：「此等算法雖與歷年總冊不便接續比較，然有一律價值俾有考核。因曩年論中是一價值，冊中又一價值。」對於 1904 年的進出口總值，報告中說：「本年進出洋土各貨估值關平銀五百八十三兆五十四萬七千二百九十一兩，以致比較上年總冊表中所載價值，有百分之八。論中所載價值不過百分之七，此一分之上下，即為間有關口按起岸算法。本年冊中又增往來外洋土船之貿易，此向來未經列入者，本年始載。除不由通

〔註 16〕《光緒十六年通商各口華洋貿易情形總論》，《中國舊海關史料》第 16 冊，京華出版社 2001 年版，中文第 17 頁。

商口岸往來外洋有限之船隻外，其餘船隻本年已算全備。」〔註 17〕在進口方面，「洋貨本年價值淨數關平銀三萬四千四百六萬六百八十兩，比較上年，百分中多有五分。論從前冊中所載，均照市價。近來各口有照市價，有照起岸。本年各貨各口一律均照起岸時之價值核算，所以比較上年論中所載之總數三萬一千四十五萬三千四百二十八兩，約計加多十一分。」〔註 18〕在出口方面，「土貨本年價值關平銀二百三十九兆四十八萬六千六百八十三兩，比較上年，增有十一分，此即按裝船時之價值核算。若照上年，按照市價，打包、駁費、稅銀均已除去，要之此皆必須之費用，應該並計在內。譬如銀行匯票，各國貿易亦曾加入。」〔註 19〕從 1904 年開始，海關貿易統計報告就全部採用了這一方法計算進出口值，這是中國近代海關統計方法上的一個顯著進步，便於人們瞭解對中國進出口貿易的整體狀況。

在 1898 年的全國報告貿易中，談了貿易統計中存在的一些不足。報告認爲歷年總冊內進口多於出口的情況不必過慮，因爲冊內所估價值並非定論。「緣進口貨已到華商之手，出口貨尙未出華商之手。如核實比較，必須土貨已經下船，洋貨尙未起岸，庶有考證。」因此，所估貨價進口、出口則有應除、應加之數。1898 年的進口貨估值關平銀 209579334 兩，出口貨估值關平銀 159037149 兩。照此比較，進口比出口已多有 50542185 兩。若進口除去各費，出口加增各費，進口比出口僅多有 7321144 兩。至出口金子並未在內，估值亦有 7703843 兩。同時由於漢河運俄茶葉不報新關，其估值亦有 1372099 兩。如果以上兩款加在出口貨內，估值則出口比進口多有 1754798 兩。況本年底進口各貨雖已報關，依然囤積棧內，並未售出。而且中國外洋貿易也不能盡載冊內，「因有華船徑運朝鮮並新嘉坡、檳榔嶼以及南洋各島，又有由邊界轉運蒙古、西藏等處，此雖新關冊內所未載，但亦明知此中獲利大有可觀。」〔註 20〕1898 年的全國貿易報告所進行的進出口值的修正，表明海關對中國進出口的實際狀況有著比較全面的認識，注意到了統計上存在的一些缺陷，並試圖通過修正統計到的數

〔註 17〕　《光緒三十年通商各口華洋貿易情形總論》，《中國舊海關史料》第 40 冊，京華出版社 2001 年版，中文第 12～13 頁。

〔註 18〕　《光緒三十年通商各口華洋貿易情形總論》，《中國舊海關史料》第 40 冊，京華出版社 2001 年版，中文第 14 頁。

〔註 19〕　《光緒三十年通商各口華洋貿易情形總論》，《中國舊海關史料》第 40 冊，京華出版社 2001 年版，中文第 18 頁。

〔註 20〕　《光緒二十四年通商各口華洋貿易情形總論》，《中國舊海關史料》第 28 冊，京華出版社 2001 年版，中文第 12～13 頁。

值和計算未能統計到的數值來全面分析中國進出口貿易的實際情況。

（二）香港轉口貿易

香港因其獨特的地位，在中國近代對外貿易中一直扮演著重要角色。來自內地和國外的貨物大量在香港進行轉運，給海關的統計造成了很大不便。1893 年的全國貿易報告認為：「香港洋土各貨向來混淆難別。自是年始，不拘何項貨色，由香港進口者，概做洋貨而論，報關入冊，視同外洋之例一律辦法。」〔註21〕1904 年的全國貿易報告中進一步說明了香港的轉運對貿易統計的影響。報告指出：「香港貿易與造報關冊頗有妨礙，何則？因洋貨先至香港，轉運南省各處，土貨亦由香港轉運他國，所以難於查實從某國來，往某國去。在同治三年均係篷船，並不克期，由香港來洋貨占三十一分，往香港去土貨十四分。殆至本年，來洋貨增至四十分，去土貨增至三十六分。」〔註22〕由於香港所轉運的貨物在對中國外貿易中的比重很大，所以給統計中國與各國貿易造成了很大的障礙。

1905 年的全國貿易報告對中國同主要貿易國的進出口情況進行了深入分析。報告中說：「茲查中國外洋貿易估值全數之內，進出香港地方已占四成。雖該處出產、銷場均甚有限，不過轉運貨物，而歷年所造關冊實已算入該處之貨。既有此層，則使中國與各國貿易之價值大為紊亂，不能核實。」稅務司為了能查到通過香港和澳門轉運的貨物都是從何處而來，運到何處去，查閱了各主要貿易國已造的 1903 年之貿易總冊。「因是年以後之冊尚未造全，故按是年與中國往來洋土各貨之數，香、澳兩處亦算在內。因中國冊報已列入，算外洋貿易，所以一併計之。若論查出各該國是年冊載之數與中國是年冊載之數縱不能一一相符，而進口貨數已得九成八分，出口貨數已得九成七分。至於地方亦算全括在內。」〔註23〕在主要貿易國中，俄國有兩端不同之處。一是該國貨物經香港者無幾；一是經邊界之貿易關冊多未載及。「論俄國冊載，計值十八兆兩，中國冊載俄國土產運銷中國者，計值二兆三十三萬兩，互相考較，所少甚巨。諒中國冊報並未列入別國。數內仍有所短，即係邊界貿易。論中國土產運

〔註21〕 《光緒十九年通商各口華洋貿易情形總論》，《中國舊海關史料》第 21 冊，京華出版社 2001 年版，中文第 11 頁。

〔註22〕 《光緒三十年通商各口華洋貿易情形總論》，《中國舊海關史料》第 40 冊，京華出版社 2001 年版，中文第 13 頁。

〔註23〕 《光緒三十一年通商各口華洋貿易情形總論》，《中國舊海關史料》第 42 冊，京華出版社 2001 年版，中文第 15 頁。

往俄國者，按俄國冊載，計值四十五兆兩。中國冊載計值十二兆七十五萬兩，內一百九十三萬二千一百二兩由陸路恰克圖經過，三分之一是茶葉，大半運往歐洲之俄國；三分之二是磚茶，運往亞細亞之俄國。該數究如何算法，亦甚不易。姑就天津價值再加陸路運費二成五，水路運費一成五。惟即按此算，亦不到十五兆兩。尚有三十兆兩自係並不報關。」可見，由於大量的陸路貿易無法被記錄，中國海關所統計到的中俄貿易值和俄國關冊所載的數字存在很大差距。除俄國外，別國是年貿易冊載（香、澳在內）往來洋土各貨共 360506700兩，中國冊載不過 326910177 兩，「所差之數殆因荷國所屬之應低島（東印度群島）出產之糖由爪窪運至香港，用機器制就，再運別處，大半不到中國，所以不能相符。若照英國所屬之印度運來數目能於分明。」〔註24〕

表 3.1 印度關冊所載由香港轉運中國各貨數目

	印度關冊所載運往中國各貨數目（1903 年 4 月 1 日～1904 年 3 月 30 日）		中國關冊所載由印度運進各貨數目（1903 年 1 月 1 日～1903 年 12 月 31 日）	
洋藥	63204 擔	39493000 兩	59364 擔	44516272 兩
印度棉紗	1769714 擔	41640000 兩	1890664 擔	45515363 兩
印度布疋	1118091 碼	82300 兩	1667800 碼	150965 兩
印度棉花	138312 擔	2388000 兩	63281 擔	990642 兩
蔴袋	25745200 個	2000900 兩	8719261 個	851544 兩
蔴布	14695925 碼	705900 兩	1966604 碼	121094 兩
米	470000 擔	1027000 兩	470000 擔	1027000 兩
紅茶	51802 擔	1272000 兩	37581 擔	866576 兩
共計	88609100 兩		94039456 兩	

資料來源：《光緒三十一年通商各口華洋貿易情形總論》，《中國舊海關史料》第 42 冊，京華出版社 2001 年版，中文第 17 頁。

按照表 3.1 的記錄，由印度出口經過香港到中國之貨已得九成七。若照中國進口冊載，尚增六分，殆因日期先後不同之故〔註25〕。

〔註24〕 《光緒三十一年通商各口華洋貿易情形總論》，《中國舊海關史料》第 42 冊，京華出版社 2001 年版，中文第 15～16 頁。

〔註25〕 《光緒三十一年通商各口華洋貿易情形總論》，《中國舊海關史料》第 42 冊，京華出版社 2001 年版，中文第 17 頁。

　　根據各國關冊的記錄，中國 1903 年出口土貨共計 253769000 兩，而按照中國的記錄，共計 194868854 兩。由於當年的關冊是按市價估值，應再加出口稅銀、裝船水腳的費用 20000000 兩。如果按照其他幾國的算法，並應另加保險、盤駁等費。以印度為例，「即按英屬之印度關冊，可以分別印度關冊所載，中國土貨估值一千三百萬兩。按中國各口所報往印度之土貨，不過一百九十四萬四千餘兩。印冊載明絲經綢緞計值四百二十二萬七千兩，茶葉計值七十四萬七千兩，以上兩宗實係中國土產。按照印冊所載之車糖，估值一百七十四萬兩，紫銅四十九萬九千兩。車糖大半不是中國土產，紫銅全然不是。再除由香港轉運臨近中國暫屬別國所轄地方，尚有些須貨物以及冊報日期先後不同，估價章程又有區別外，則查明各國冊報進出貨價與中國冊報互相比較，始能不相上下。」〔註26〕

　　貿易報告把 1903 年各國海關所記載的對華進出口的貿易額與中國海關記載的貿易額進行了列表對比，見表 3.2。

表 3.2　國內外關冊對 1903 年中國進出口值的記載　　　（單位：海關兩）

	中國進口值		中國出口值	
	照各國出口冊（甲）	照中國進口冊	照各國進口冊	照中國出口冊
俄國	17950000	2355000	45200000	12777946
丹麥（乙）	161000	／	400000	／
比利時	7567700	／	2741400	／
法國	25419000	／	56318100	／
瑞士（丙）	2237100	／	3784500	／
德國	23800000	／	12400000	／
奧國	無冊	／	2072000	／
意大利	1402000	／	22471500	／
除俄國外以上各國共	37729700	22350983	100187500	34573445
英國	73400000（丁）	50603772	24720000	10024095

〔註26〕　《光緒三十一年通商各口華洋貿易情形總論》，《中國舊海關史料》第 42 冊，京華出版社 2001 年版，中文第 18 頁。

加拿大（英屬）	280000	627472	880000	454356
美國（戊）	42956000	25871278	43764000	19528116
日本及臺灣（己）	77310000	46707404	41500000	30433435
奧大利亞	1420000	372411	4200000	100391
新加坡等處	13800000	3803322	27730000	3498435
應低島（荷屬）（庚）	22876000	3711886	757500	455679
印度	90735000（辛）	33856203	10030000	1944043
共計	／	187904731	／	101011995
香港	無冊	136520452	無冊	89195605
澳門	無冊	2484993	無冊	4661254
除俄國外以上統共	360506700	326910177	253769000	194868854

以上表中所載貨價若按各國之國幣與中國本不相同。稅務司係以光緒二十九年匯票酌中市價折合關平銀兩。再表中凡注天干字樣，詳細緣故解釋如下：

甲：運至香港、澳門貨價亦載各國出口冊內。

乙：丹國冊報原不止此數，現提一半，即因該國冊載全數係運往東應低島以及中國等處。以此核度，運銷中國之貨尚占一半。

丙：瑞士國冊載之數係運中國及法國應低島一併在內。

丁：英國全年冊報系自 1902 年 4 月 1 日～1903 年 3 月 31 日。

戊：美國全年冊報系自 1902 年 7 月 1 日～1903 年 6 月 30 日。

己：日本國冊報系除臺灣，由廈門出洋之數不在此列。

庚：糖、茶兩項價值凡由爪窪運往香港之數，係在荷國樹敵冊報查出。蘇門答臘煤油係在中國冊報查出。

辛：印度全年冊報系自 1903 年 4 月 1 日～1904 年 3 月 31 日。

資料來源：《光緒三十一年通商各口華洋貿易情形總論》，《中國舊海關史料》第 42 冊，京華出版社 2001 年版，中文第 18～21 頁。

　　各國所統計的對華貿易額與中國關冊的記載顯然存在著很大出入。香港的轉運就是其中的一個重要原因。

　　1906 年的全國貿易報告繼續對中國與各主要貿易國的貿易量進行了核實。報告中說，如要核實考察進口洋貨真是某國出產，出口土貨真是某國銷售，「則因中途有數轉口，致使海關礙難稽核，不過僅能憑單所載分別某國，不能盡悉原自何處來，實往何處銷。」對於中途轉口的情況，「近數年來中國

與外國往來貨物由香港去，自香港來，竟占十成之四。香港總算中國南邊分運地方，不但分運外國，即中國通商各口貿易亦間有由其經過者，獨之上海為北方各省以及長江等口分運之處相等。」因為香港僅有華洋居民三十餘萬，所以本地所銷之數很小。香港本地所產以製造機廠作淨煉糖為首，餘則棉紗、繩子，亦甚有限。而「所謂轉口，除香港外，尚有勒德旦、安兌伯、遮挪亞等處。上下貨物時，有來自遠道、運往遠道。如以香港為中國商務境界視之，不以為別國所屬視之，再僅問勒德旦等處各該本國之貨，不問轉運他國之貨，則按各外國冊載之價值，可以做表表出中國與各外國貿易得有若干。」但由於各國算法不同，所以仍有不實不盡之處。其中有幾國以市價為準，但多半是出口貨按下船時之價值（貨本價值已完稅銀以及盤運雜費包括在內），進口貨按起岸時之價值（貨本價值以及盤運、保險等費包括在內）。還有一些不按以上兩種算法的國家，譬如美國出口貨是照市值，進口貨則照原單。「再總結造冊的期限，各國又是參差不一。所幸大半是在西曆年終，與海關造報之期相同。即或期限有異，亦曾另刊一冊，即英國與印度洋面貿易之辦法。惟美國與飛列邊（菲律賓）島、坎那大（加拿大）三處均在西曆六月底，捨此別無可查之處，印度邊界期在三月底，雖有種種參差，造冊之期限仍亦可查出。」〔註27〕在 1906 年的中文版的全國貿易報告中，對中國與主要貿易國在 1899 ～1905 年的情況進行了描述。而在當年英文版貿易報告中，列出了 1899～1905 年各國向中國進出口值和所佔比例的表格，見表 3.3、3.4。

表 3.3　1899～1905 年各國對華出口值及所佔比例　　　　單位：海關兩

| 國家 | 各國從中國（包括香港、澳門）進口值 | | | | | |
| | 1899～1903 均值 | | 1904 | | 1905 | |
	貨值	百分比	貨值	百分比	貨值	百分比
俄國	36393000	13.59	38645000	13.24	38645000	14.83
丹麥	783000	0.29	641000	0.22	641000	0.25
荷蘭	577000	0.22	155000	0.55	163000	0.06
比利時	1609000	0.60	2436000	0.83	2845000	1.09
法國	51812000	19.35	49547000	16.97	43055000	16.52

〔註27〕《光緒三十二年通商各口華洋貿易情形總論》，《中國舊海關史料》第 44 冊，京華出版社 2001 年版，中文第 16～17 頁。

葡萄牙	372000	0.14	479000	0.16	479000	0.19
瑞士	3495000	1.30	4015000	1.37	4015000	1.54
德國	9090000	3.39	11828000	4.05	11500000	4.41
奧匈帝國	1784000	0.67	2240000	0.78	2240000	0.86
意大利	20079000	7.50	20741000	7.10	20741000	7.96
歐洲大陸各國總計（除俄國外）	89601000	33.46	92082000	31.53	85679000	32.88
英國	23021000	8.60	22536000	7.72	18179000	6.97
加拿大	918000	0.34	890000	0.30	742000	0.28
美國	34606000	12.92	46981000	16.09	40325000	15.47
日本和臺灣	33990000	12.70	45293000	15.51	36564000	14.03
澳大利亞	3856000	1.44	3178000	1.09	2309000	0.89
新加坡等處	20307000	7.59	20607000	7.06	1824000	7.00
荷屬東印度群島	2884000	1.08	2929000	1.00	2929000	1.12
法屬印度支那	無	無	1507000	0.52	1517000	0.58
印度海路	9490000	3.55	9023000	3.09	8488000	3.26
印度陸路	1530000	0.57	1172000	0.60	1620000	0.62
斯里蘭卡	979000	0.37	576000	0.20	576000	0.22
南非及毛里求斯	386000	0.12	441000	0.15	441000	0.17
菲律賓	9831000	3.67	6134000	2.10	4375000	1.68
共計	267792000	100.00	291994000	100.00	260629000	100.00

表 3.4　1899～1905 年各國對華進口值及所佔比例　　　　單位：海關兩

國家	各國對中國（包括香港、澳門）出口值					
	1899～1903 均值		1904		1905	
	貨值	百分比	貨值	百分比	貨值	百分比
俄國	8421000	2.54	16925000	4.31	16925000	3.49
丹麥	167000	0.05	106000	0.03	106000	0.02
荷蘭	1107000	0.33	1592000	0.40	1942000	0.40

比利時	5533000	1.67	7096000	1.80	11563000	2.38
法國	2677000	0.80	2194000	0.56	2194000	0.46
葡萄牙	無	無	無	無	無	無
瑞士	1938000	0.59	2032000	0.51	3766000	0.77
德國	18233000	5.50	23174000	5.90	24799999	5.08
奧匈帝國	無	無	無	無	無	無
意大利	1048000	0.31	908000	0.24	908000	0.19
歐洲大陸各國總計（除俄國外）	30703000	9.25	37102000	9.44	45179000	9.30
英國	66791000	20.13	93993000	23.92	114310000	23.53
加拿大	432000	0.13	326000	0.08	1382000	0.39
美國	36337000	10.95	36141000	9.20	87997000	18.11
日本和臺灣	60605000	18.26	71018000	18.06	78328000	16.13
澳大利亞	4434000	1.34	6461000	1.64	5743000	1.18
新加坡等處	12803000	3.86	11725000	2.98	10353000	2.14
荷屬東印度群島	12386000	3.73	11482000	2.92	11482000	2.36
法屬印度支那	10146000	3.06	9367000	2.38	5420000	1.12
印度海路	73523000	22.16	83120000	21.14	95318000	19.62
印度陸路	1947000	0.59	2206000	0.56	2282000	0.47
斯里蘭卡	576000	0.17	414000	0.11	414000	0.08
南非及毛里求斯	270000	0.08	139000	0.03	139000	0.03
菲律賓	12426000	3.75	22696000	3.23	20463000	2.15
共計	331791000	100.00	393115000	100.00	485715000	100.00

資料來源：《Returns of the Trade and Trade reports，1906》,《中國舊海關史料》第 43 冊，京華出版社 2001 年版，第 50 頁。

　　儘管因材料所限，1905 年和 1906 年的全國貿易報告中所整理的數據還存在一些不足，但這種統計方法仍然值得肯定。報告通過將中國關冊的記錄與其他各國的關冊記錄進行對照，便能夠得知中國（包括港澳在內）同各國的進出口的大體狀況，還可以據此來推算由香港轉運的貨值，瞭解中國海關未

明確記錄的一些國家同中國的貿易值。這種方法對研究中國陸路貿易的也有重要意義。此後的學者們將都俄方的記錄視爲分析中俄陸路貿易必不可少的一項資料。因此，這些數據有助於彌補中國在貿易統計上的一些缺陷，可以使海關對進出口總值進行更合理的估算，有利於掌握中國（包括港澳在內）同各主要貿易國的進出口情況，以便對中國與不同國家外貿易的實際狀況有更加全面和準確的瞭解。

（三）金銀進出口統計

金銀的進出口統計對掌握晚清金銀流向和流量有著至關重要的作用，但在 1890 年之前，海關在這方面的記錄很不完善，沒有對全國金銀進出口總值進行記錄，各通商口岸的記錄也零零碎碎，一些口岸甚至沒有相關記錄。19世紀 90 年代，海關對金銀進出口的統計開始逐漸重視起來。

1889 年的全國貿易報告首次提到中國全年的金銀進出口總值，分別是出洋黃金值銀 1625638 兩，進口之銀計 6005155 兩〔註28〕。1890 年的全國貿易報告開始對金銀進出口情況進行專門介紹，報告中提到，在當年統計的貿易值中，「另有進出金銀均未列入進出貨價之內」。1888、1889 和 1890 三年，計金子出口值關平銀 5081808 兩，又進口銀計關平 537511 兩〔註29〕。在 1888～1890 年，「入香港金子按該處冊載，有洋三百八十二萬二千餘元；又由香港出洋金子幾於全數運去倫敦者，計洋一千五十九萬三千餘元，共計進出兩項相較，出洋多有六百七十七萬一千餘元。按此多出之數從何而來，莫由稽考。」對於海關所統計到的運入香港的黃金數量和香港出口的黃金數量所存在巨大的差額，報告認爲：「或自附近南洋各國多爲華人攜歸者，亦未可定」〔註30〕。

在 1893 年的全國貿易報告中，列舉了 1889～1893 年的黃金淨出口值，分別爲關平銀 1625600 餘兩、1783200 餘兩、3701000 餘兩、7332000 餘兩、7459000 餘兩。這五年中國的黃金出口共值關平銀 21900800 餘兩，「亦可稱中國土產出洋之一大宗。」報告認爲金銀出口不收取關稅十分可惜，如果「土貨核估時價值百抽五徵稅，其出口正稅可增百餘萬兩，裨於國課非小。此則

〔註28〕《光緒十五年通商各口華洋貿易情形總論》，《中國舊海關史料》第 15 冊，京華出版社 2001 年版，中文第 13 頁。

〔註29〕《光緒十六年通商各口華洋貿易情形總論》，《中國舊海關史料》第 16 冊，京華出版社 2001 年版，中文第 17～18 頁。

〔註30〕《光緒十六年通商各口華洋貿易情形總論》，《中國舊海關史料》第 16 冊，京華出版社 2001 年版，中文第 18 頁。

在乎秉政者之善爲變通，未嘗不可興利也。」〔註31〕

　　1894 年的全國貿易報告稱：「赤金一項現亦可稱出口之一大宗，同與絲、茶並盛焉。」〔註 32〕這一年出口黃金價值關平銀 12774000 兩，比上年多 5315000 兩。「大概總由上海出口，其中有五百六十萬兩來自牛莊、天津、煙台，轉由上海運出者。人謂此金多係平日積儲舊物，並非一時採取新金，刻因長價及時，皆願出其所藏，以圖重值。然查北地金礦近年所產亦豐。」報告再次強調，如果可以不免除出口金稅，改照值百抽五之稅則，稅課更藉此生色矣〔註33〕。

　　1899 年的全國貿易報告中說，當年所出口的赤金除大半運往日本外，運往歐洲的只有 2468000 餘兩。而出口的白銀間有運往香港、澳門和旅順口，「恐此項銀兩仍是運回中國」。〔註 34〕

　　在海關十年報告中，給出了海關統計的各年金銀淨出口值和淨進口值，其中晚清部分參見表 3.5。

表 3.5　1888～1912 年經海關進出口的金銀淨值　　　　　　單位：千海關兩

年份	金		銀	
	淨進口	淨出口	淨進口	淨出口
1888		1673		1910
1889		1626	6005	
1890		1783		3558
1891		3693		3132
1892		7332		4825
1893		7459	10804	
1894		12774	26387	
1895		6624	36685	
1896		8114	1720	

〔註31〕　《光緒十九年通商各口華洋貿易情形總論》，《中國舊海關史料》第 19 冊，京華出版社 2001 年版，中文第 15～16 頁。

〔註32〕　《光緒二十年通商各口華洋貿易情形總論》，《中國舊海關史料》第 21 冊，京華出版社 2001 年版，中文第 12 頁。

〔註33〕　《光緒二十年通商各口華洋貿易情形總論》，《中國舊海關史料》第 21 冊，京華出版社 2001 年版，中文第 17 頁。

〔註34〕　《光緒二十五年通商各口華洋貿易情形總論》，《中國舊海關史料》第 30 冊，京華出版社 2001 年版，中文第 17 頁。

1897		8512	1642	
1898		7704	4722	
1899		7640	1271	
1900	1202		15442	
1901		6635		6098
1902		9410		13854
1903	平	平		6045
1904	8446			13610
1905	7059			7196
1906	3840			18678
1907	2450			31208
1908		11518		12267
1909		6821	6841	
1910		977	21795	
1911	1533		38306	
1912	7458		19249	

資料來源：《Decennial Reports，1922～31》；《中國舊海關史料》第 159 冊，京華出版社 2001 年版，第 184 頁。

　　19 世紀 90 年代的貿易報告重點關注了中國黃金的出口情況，因為黃金在這個時期有大量出超。這和國際市場上金銀比價的變化有很大關係。貿易報告中多次提到黃金價格上漲後，中國出口黃金換取白銀的情況。如 1892 年的全國貿易報告說：「邇歲泰西金價奇昂，華金之運出外洋者，近三年來漸次而增。」〔註35〕1893 年的全國貿易報告又指出：「是歲，華金出洋尤更暢於十八年，蓋外洋渴金愈甚於前。」〔註36〕1892 年上海的報告也認為黃金的大量出口「諒係富戶積存售出之故」。根據銀行的說法，「華人多願做此交易，因以金易銀近頗得價。訪諸華商所言，亦皆符合，且謂金價不能常貴，云近來華商中頗有購買金銀匯票，其銀流出外洋至今未見歸復者，故至年底，存銀見少，銀折亦因而見漲。」〔註37〕1894 年的全國貿易報告中說：「出口金共值關

〔註35〕《光緒十八年通商各口華洋貿易情形總論》，《中國舊海關史料》第 18 冊，京華出版社 2001 年版，中文第 16 頁。

〔註36〕《光緒十九年通商各口華洋貿易情形總論》，《中國舊海關史料》第 19 冊，京華出版社 2001 年版，中文第 15 頁。

〔註37〕《光緒十八年上海口華洋貿易情形論略》，《中國舊海關史料》第 18 冊，京華出版社 2001 年版，中文第 144～145 頁。

平銀一千二百七十七萬四千兩，比十九年多五百三十一萬五千兩。大概總由上海出口。其中有五百六十萬兩來自牛莊、天津、煙台，轉由上海運出者。人謂此金多係平時積儲舊物，並非一時採取新金。刻因長價及時，皆願出其所藏以圖重值。」〔註38〕上海1894年的報告說：「華商以銀價大跌，金價見漲，皆相機多購金條，運往外洋。」〔註39〕在金價不斷高漲的局面下，人們熱衷於將黃金出口來換取白銀。

19世紀前期和中期，國際市場的金銀比價在一直維持在1：15.5左右。1873年後，金本位制開始被越來越多的國家所採用，致使黃金和白銀的需求量發生了很大變化。黃金的需求量明顯增加，而白銀的需求量不斷減少，金銀的比價也隨之呈逐步上升的趨勢。到1909年，金銀比價已經到達1：40的水平。黃金價格的不斷攀升是導致中國黃金大量出口的最主要原因。由於中國一直是以白銀作為貴金屬貨幣，而黃金在國內主要是被當做奢侈品來使用，並非流通貨幣，所以黃金數量的多少對商品經濟的影響較為有限，白銀數量卻起著至關重要的作用。隨著中國對外貿易中的逆差逐漸增多，白銀出口也隨之增加。因此，通過大量出口黃金來換取白銀，對穩定中國的貴金屬貨幣（白銀）數量和促進中國經濟的發展都起到了一定的積極作用。

一些重要國家所出現的從銀本位轉變為金本位的幣制變化，都會對中國的金銀進出口產生一定影響。貿易報告也對此有所關注。例如1898年上海的報告說：「查日本一國運來之銀計值一千萬兩，因彼國改用金鎊，銀幣不能流通。從前日本國銀圓與墨西哥鷹洋並用，今則日圓之分兩輕重如舊，而匯兌行市需按金鎊核銀，向之每一日圓今竟作至一元以外矣。蓋鼓鑄銀元此利惟國家獨擅，現銀圓因停鑄而貴，銀條几因停鑄而多，且銀行所行鈔票向來發出若干，應將銀項籌出若干儲備，以待支取。今則改用金錢，銀少去路。因此二端，是以除運至別國外，而來本口亦見加多也。」〔註40〕

儘管海關對於金銀進出口進行了比較系統的統計，海但也存在著很多不足之處，貿易報告也對此進行了分析。如1900年所統計的黃金淨進口為

〔註38〕 《光緒二十年通商各口華洋貿易情形總論》，《中國舊海關史料》第21冊，京華出版社2001年版，中文第17頁。

〔註39〕 《光緒二十年上海口華洋貿易情形論略》，《中國舊海關史料》第23冊，京華出版社2001年版，中文第145頁。

〔註40〕 《光緒二十四年上海口華洋貿易情形論略》，《中國舊海關史料》第28冊，京華出版社2001年版，中文第170～171頁。

1202315 兩，白銀淨進口爲 15442212 兩。但全國貿易報告認爲：「以上所論進口之銀數實不足爲憑，緣所載之數均係指已經報明通商各關者，其餘未經報關，尚難查悉。」如北方洋兵所需餉銀，均由各國督兵大員帶來之，英國銀、墨西哥銀、法國銀，其數甚巨，皆不報關，無法得知實際數字〔註41〕。

　　1902 年統計到的實出口金計值關平銀 9410222 兩，而白銀出口也有 13844654 兩淨出口，全國貿易報告對此進行了分析。報告說：「內有一千一百八十六萬九千三百五十三兩均係洋元運往香港。按洋元價值貴於紋銀，誰願運回外國融化成銀？但恐今日此等運港之洋元，他日仍重回中國。即另有盧比等銀，理亦相等。只有元寶、銀錠或者運出外洋，改鑄洋元。所有出口實紋不過一百三萬三千二兩。如可不信，請核光緒二十六年分，洋銀進口甚多，並非爲買土貨，實爲洋兵駐華日用所需。現在洋兵既退，本年洋銀出口即或更多，當與大局無甚多關涉。」〔註42〕報告對不同形態白銀進行了具體分析，以便更好掌握它們的實際流動情況。而庚子事變後，由於列強在華的駐軍大量增加，巨大的日用開支也造成了短期內白銀進口的明顯增加。

　　1903 年的全國貿易報告對當年進出口的白銀進行了分類統計，將白銀分爲銀條、元寶、洋元和雜洋四種，並通過表格列出了這四類白銀與在同國家或地區的進出口情況，見表 3.6、3.7。

表 3.6　1903 年中國銀條、元寶、洋元、雜元進口情況　　　　單位：海關兩

進口地方	銀條	元寶	洋元	雜元
歐洲	3461960	無	66420	293025
美洲	1556206	無	131230	無
印度等處	495330	無	無	5581
新加坡等處	無	無	1250998	無
緬甸	無	無	無	5920
西貢東京	無	無	412033	無
香港、澳門	255777	160696	12894847	5222
日本	859919	890	312554	43176

〔註41〕　《光緒二十六年通商各口華洋貿易情形總論》，《中國舊海關史料》第 32 冊，京華出版社 2001 年版，中文第 14～15 頁。
〔註42〕　《光緒二十八年通商各口華洋貿易情形總論》，《中國舊海關史料》第 36 冊，京華出版社 2001 年版，中文第 17 頁。

臺灣	無	無	585095	無
朝鮮	無	20312	157643	4728
別處	無	11370	9973	無
共計	6629092	193628	15820793	357652

以上共進口銀數計值關平銀 23001165 兩。

表 3.7　1903 年中國銀條、元寶、洋元、雜元出口情況　　　單位：海關兩

出口地方	銀條	元寶	洋元	雜元
歐洲	無	3179663	無	7500
美洲	無	224417	無	無
印度等處	550070	1674926	無	134874
新加坡等處	無	無	2486234	無
緬甸	無	無	無	無
西貢東京	無	無	66180	無
香港澳門	1333	25067	21290244	36
日本	730	1257324	29313	2190
臺灣	無	無	769032	無
朝鮮	無	無	16939	無
別處	無	39350	78506	12600
共計	552133	3600747	24736448	157204

表 3.8　1903 年中國白銀實際進出口　　　單位：海關兩

進出地方	除出口外實進口銀數	除進口外實出口銀數
歐洲	3434242	無
美洲	1460319	無
印度等處	無	1859063
新加坡等處	無	1235236
緬甸	5920	無
西貢東京	345853	無
香港澳門	無	8000138
日本	無	73018
臺灣	無	183937
朝鮮	165744	無

別處	無	108753
共計	5414778	11460145

資料來源：《光緒二十九年通商各口華洋貿易情形總論》，《中國舊海關史料》第 38 冊，京華出版社 2001 年版，中文第 21～23 頁。

　　貿易報告中對不同形態白銀在不同國家的進出口狀況的記錄，表明海關對白銀進出口的統計更加細化，有助於弄清它們的眞正去向。

　　1904 年的全國貿易報告注意到黃金在貨物分類上的特殊性。這一年所統計的金銀總共淨出口爲 4553171 兩，但「中國尚有一端不能忘記之事，即是金子雖係值錢之物，然算貨色與銅斤一類。」由於當年的日本金元進口值價 9677152 兩，即合英金 140 萬鎊，誠如此算，則實淨出口 1400 萬兩。「聞此項金元運到上海熔化金條約有三分之二，當著論時，仍存上海。但金條置之匯票市場殊多有礙，緣欲買匯票之商人見有金條合算，亦可購買，以代匯票。本年年底，來年年初，該時用金買匯票較之買銀條則便益，有由二分至三分者。論未鑄洋錢之金子，從北方礦內所出之大宗。」由天津、煙台出口者，值關平銀 1379714 兩。而四川的出口並不報關，所以無從稽考〔註43〕。

　　1904 年從外洋進口的銀兩，共計 23518638 兩，出洋共計 37128368 兩。其中三分之二系由香港運進中國，五分之三由中國運往香港，有三分之一運往日本，運進上海口 13135711 兩，運出上海口 17147142 兩。南邊各口由香港運進者 7802165 兩，南邊各口運往香港有 19563795 兩。「以上兩項均係洋元，本非中國自鑄之錢，實係各錢莊平息所積聚之項，搜羅已罄，業齊運出。惟以後由香港再運何處，無冊可稽。」報告認爲：「有此漏卮，中國應見虧象，但華工出洋隨身帶回現銀亦有一千萬兩。」牛莊向無出洋之款，只有 230000 兩運往通商別口，由上海、煙台運進牛莊實銀則有 620200 兩，洋元則有 941643 兩。由香港運進天津洋元有 554951 兩，實銀有 3926956 兩。由煙台、上海運進天津洋元有 2604668 兩，由天津運往煙台、上海實銀有 5891049 兩。北方宜用寶銀，不宜用洋元。由安南之東京運往蒙自，有法國洋元 1160071 兩，殆爲建造滇省鐵路之所需〔註44〕。

〔註43〕　《光緒三十年通商各口華洋貿易情形總論》，《中國舊海關史料》第 40 冊，京華出版社 2001 年版，中文第 24 頁。
〔註44〕　《光緒三十年通商各口華洋貿易情形總論》，《中國舊海關史料》第 40 冊，京華出版社 2001 年版，中文第 24～25 頁。

　　報告隨後列出了海關所掌握的 1904 年香港進出口金銀的數目，見表 3.9。

表 3.9　　1904 年香港金銀進出口　　　　　　　　　　　　　　單位：海關兩

	金	銀
由通商口岸運進香港	1286656	22750458
由不通商口岸運進香港	11503765	9659940
共計	12790421	32410398
金銀共計	45200819	
由香港運出通商口岸	192999	16764221
由香港運出不通商口岸	9630465	3137450
共計	9823464	19901671
金銀共計	29725135	

資料來源：《光緒三十年通商各口華洋貿易情形總論》，《中國舊海關史料》第
40 冊，京華出版社 2001 年版，中文第 25～26 頁。

　　報告認為所開之數如可作準，香港銀行應多存銀 15475684 兩，即合洋銀
2350 萬元，其中只有 1900 萬兩是銀子。「存多之數原非一定不能者，此亦不
期然而然。況閩粵兩省凡有洋元進口，大半打印，既經破爛，只可當做現銀
裝運。出口廣東江面土船時有搶劫，所裝金銀從不報關，想亦無多。」〔註 45〕

　　報告還給出了香港與通商口岸從界外運進和運往界外的金銀總量，見表
3.10。

表 3.10　　　　　　　　　　　　　　　　　　　　　　　　　　（單位：海關兩）

	金	銀
由界外運進通商口岸	9737851	6754415
由界外引進香港	11503765	9659940
共計	21241616	16414355
由通商口岸運往界外	197779	14377910
由香港運往界外	9630465	3137450
共計	9828244	17515360

資料來源：《光緒三十年通商各口華洋貿易情形總論》，《中國舊海關史料》第
40 冊，京華出版社 2001 年版，中文第 26～27 頁。

〔註 45〕　《光緒三十年通商各口華洋貿易情形總論》，《中國舊海關史料》第 40 冊，京
　　　　　華出版社 2001 年版，中文第 26 頁。

　　報告中說：「以上兩表所列之數雖不能保其毫無遺漏，然亦可謂大備矣。但即算不錯，通商界內已短一百餘萬，但華工隨身帶回之項未計在內，此東方通用之款。幸金多有一千一百五十萬兩，合英金一百六十二萬鎊。」〔註46〕香港作為轉口貿易的樞紐，每年進出的金銀數量巨大，將其與通商口岸、不通商口岸、界外進出口的金銀進行統計，對掌握中國金銀流向有著不小的幫助。

　　1905 年所統計到的金銀進出適足相抵，但貿易報告的看法是所論亦非實情。「因此中尚有兩故，一視金銀為一樣實在，金子是抵匯票，不當錢用。一香港係南邊金銀交接匯總之區，開冊列入外國一類，不以通商貿易地方視之。」金子進口淨數計值 700 萬兩，運到上海之金，北邊 937710 兩，四川 85000 兩。所以照表視之，在中國抵少 800 萬兩，實在不是此數。「從日本運進金元有四分之三是在上海熔化金條，或逕運他國，或由上海轉運。」銀子進口計值 31428734 兩，內有四分之一亦是銀條，四分之一是銀元。出口計值 38624911 兩，八分之一是銀條，余則具係銀元。銀條淨進口 300 萬兩。銀元出口 1000 萬兩，實出口尚有 7196177 兩。進口銀條只有八分之一自亞細亞來，銀元十二分之一自歐、美兩洲來。統共進口銀元 2350 萬兩。其中有 1900 萬兩來自香港。統共出口銀元 3380 萬兩，有 3250 萬兩運往香港。銀條進出全在上海一口。銀元進口淨數係 900 萬兩，廣州、汕頭兩處出口則有 1725 萬兩。「上年論中已云失去一千二百萬兩，殆自江西、湖北暗中帶進不少，否則即係華工回國進口隨身帶回者，亦有可觀，所帶此款想是仍作貿易之用。」由越南之東京運進蒙自口銀元 200 萬兩，內有粵人工價，帶回廣州亦不報關。「若論南邊與香港金銀之交接已算失去，在北邊各口彼此往來頗有情節。北邊三口及煙台除互相進出外，全係上海運往，已有四千萬兩。官運東三省之款固不在內，尚有銅元價值六百萬兩，係由上海運去，亦不在內。由各口運到上海，大半是長江以及中間等口。漢口進口七百五十萬兩，多半是由四川、湖南兩處所運。由漢口運到五百萬兩，大約全到上海。由四川運出現銀既冒風波之險，銀兩進出情形諒有所為。」〔註47〕在 1906 年的

〔註46〕《光緒三十年通商各口華洋貿易情形總論》，《中國舊海關史料》第 40 冊，京華出版社 2001 年版，中文第 25～27 頁。
〔註47〕《光緒三十一年通商各口華洋貿易情形總論》，《中國舊海關史料》第 42 冊，京華出版社 2001 年版，中文第 31～32 頁。

全國報告結尾處，還對上海運往北省的 40000000 兩白銀進行了說明，認為：
「此款係在各國商場取出，囤積北方，待至本年，始有三百萬兩運回上海。
詳核以上，查出實據可以表明，出金是多，出銀照舊，需銀亦異常較多，以
致銀價亦日漸其高。至後來如何情形不能預知，或者印度不需如是之多，或
銀礦出銀日多，或東三省囤積之銀陸續流出，俾可行用，或中國現銀運出以
補土貨之不足，未可知。」〔註48〕

貿易報告列出了 1905 年香港與各口及外國往來之香港有在內、不在內之
分的金銀進出數量，見表 3.11。

表 3.11　1905 年金銀進出口　　　　　　　　　　　　　　　　單位：海關兩

	金	銀		金	銀
由外國運進中國（香港在內）	11109608	31428734	由中國運出外國（香港在內）	4050544	38624911
內除香港	94447	19416334	內除香港	1562247	32556749
淨進口	11015161	12012400	淨出口	2488297	6068162
由外國運進香港	4065000	8180000	由香港運出外國	8540000	3366000
共計	15080161	20192400	共計	11028297	9434162
金銀統共進數	35272561		金銀統共出數	20462459	

資料來源：《光緒三十一年通商各口華洋貿易情形總論》，《中國舊海關史料》
第 42 冊，京華出版社 2001 年版，中文第 32～33 頁。

根據上表可知，中國關冊所報的金銀進出口，合計中國失去 137113 兩。
若只論銀兩，則有 7196177 兩。「是以香港為外國運往之數不算中國。」如以
通商地界而論，金銀合計，中國則得 14810102 兩。如論銀兩，亦有 10758238
兩，皆由外洋運來者〔註49〕。

通過將香港進出口和轉運的金銀數量進行核實並算入中國金銀的進出口
總值內，就能夠基本瞭解中國金銀進出口的整體狀況。之後的各年全國貿易
報告都給出了這一統計表格，並對不同形態的金銀進出口情況和一些重要的
金銀進出口國家和地區的情況進行了說明。

〔註48〕 《光緒三十二年通商各口華洋貿易情形總論》，《中國舊海關史料》第 44 冊，
　　　　 京華出版社 2001 年版，第 40～41 頁。
〔註49〕 《光緒三十一年通商各口華洋貿易情形總論》，《中國舊海關史料》第 42 冊，
　　　　 京華出版社 2001 年版，中文第 33 頁。

1906 年進口共估值關平銀 26434082 兩，出口共值 41185788 兩。運進之金幾乎全係日本之金元，計估值 7006516 兩，多半是在上海立即毀鑄金條，內值 4000000 兩。留在中國進口銀元計值 19332738 兩，內僅四分之一是條塊。兩種出口銀計值 38010606 兩，內僅五分之一是條塊。兩種進出兩相比較，多出銀條 2000000 兩，銀元 17000000 萬，共計 19000000 兩。進口銀條約有一半仍由海參威運回，銀元大半是香港運來。出口銀條十分之九運往印度，銀元十分之九運往香港、美國、歐洲等處。若論生銀大概進出，均在上海已成之銀元，北部、中部各口與外洋進出之數尚能相等。閩粵各口與香港往來，出比進多有 19109805 兩，年年失去如是之多，揣其情形，暗中總有進出。1904 年閩粵等口失去 12000000 兩，1905 年仍失去 17000000 萬兩。近年來（即自 1901 年至 1905 年）共失去 63000000 兩，想有暗中或由贛鄂兩省送轉，或有華工隨身帶回，復又流行商界等情。蒙自口有由越南之東京運進銀元 2000000 兩，冊內並無運回香港。有南方運進之 19000000 兩。上海有由其商場運進之 14000000 兩，內 2750000 兩系由北方運來，9750000 兩系由長江各口來，3500000 兩由中方各口來，以三共之數尚多 2000000 兩，則復運出南方各口〔註50〕。

表 3.12　1906 年金銀進出口　　　　　　　　　　　　　單位：海關兩

	金	銀		金	銀
由外國運進中國（香港在內）	7006516	19332738	由中國運出外國（香港在內）	3166393	38010606
內除香港	41577	8478317	內除香港	472310	27214607
淨進口	6964939	10854421	淨出口	2694083	10795999
由外國運進香港	6300840	6120900	由香港運出外國	7928400	10147677
共計	13265779	16975321	共計	10620483	20943676
金銀統共進數	30241100		金銀統共出數	31566159	

資料來源：《光緒三十二年通商各口華洋貿易情形總論》，《中國舊海關史料》第 44 冊，京華出版社 2001 年版，第 35 頁。

〔註50〕《光緒三十二年通商各口華洋貿易情形總論》，《中國舊海關史料》第 44 冊，
　　　　京華出版社 2001 年版，第 34～35 頁。

以此細核，中國貿易關冊所載金銀合計失去 14751706 兩。若只論銀兩，則有 18677868 兩，大率運往香港。現按此表，是以香港算在商界之內，中國與外國進出不過失去 1325059 兩。若只論銀，則有 3968355 兩。較之上年，金銀共得 14810102 兩。若只論銀，得有 10758238 兩。1906 年 12 月底，上海銀行通行鈔計值 4494286 兩，銀行所儲現銀據其所報，實有 10682000 兩。若照關冊所載，上海一口進多於出 14080000 兩。來年正月折中之數計值 11548400 兩〔註51〕。

1907 年金銀進口為關平銀 15469559 兩，出口為關平銀 44108664 兩。進口金多半仍是來自日本之金元，計值 8274021 兩。出口金計值 5823774 兩，多半金條、金砂兩種，運往歐羅巴各國。進口所餘之 2450247 兩，留在中國進口銀計估值 7069620 兩，係由香港運進之銀元。出口銀計估值 38277750 兩，其中運往香港之銀元計值 23863461 兩，運往印度係銀條、元寶，兩種計值 10294735 兩〔註52〕。

表 3.13　1907 年金銀進出口　　　　　　　　　　　　　　單位：海關兩

	金	銀		金	銀
由外國運進中國（香港在內）	8274021	7069620	由中國運出外國（香港在內）	5823774	38277750
內除香港	42793	5989212	內除香港	298533	23863461
淨進口	8231228	1080408	淨出口	5525241	14414289
由外國運進香港	3861667	4203734	由香港運出外國	5491466	13373734
共計	12092895	5284142	共計	11016707	27788023
金銀統共進數	17377037		金銀統共出數	38804730	
金銀合計失去	21427693				

資料來源：《光緒三十三年通商各口華洋貿易情形總論》，《中國舊海關史料》第 46 冊，京華出版社 2001 年版，第 23 頁。

運出銀之淨數 22503881 兩，其中徑運印度 10445703 兩，由香港轉運印

〔註51〕　《光緒三十二年通商各口華洋貿易情形總論》，《中國舊海關史料》第 44 冊，京華出版社 2001 年版，第 35～36 頁。
〔註52〕　《光緒三十三年通商各口華洋貿易情形總論》，《中國舊海關史料》第 46 冊，京華出版社 2001 年版，第 22～23 頁。

－156－

度 6039133 兩，二者共計 16484836 兩。運往歐洲各國 2374827 兩，運往新加坡等處 5182537 兩，運往法屬安南 1473816 兩。由舊金山運進銀子 1436593 兩，由日本運進商界銀 917831 兩。金由日本進口多半是金元，計值 8546954 兩。由澳大利亞進口 802532 兩，運往歐洲 3335416 兩。運新加坡等處 2704933 兩，運往印度 1965933 兩。商界淨得金 1076188 兩〔註53〕。

　　1908 年進出口如就中國各口而論，以香港爲外國口，計失去關平銀 23750000 兩，金占 11500000 兩，銀占 12250000 兩。但冊內第三節第四款所列金銀進出冊應與此表參觀。庶金銀之運行於中國通商界內者，可一目了然〔註54〕。

表 3.14　1908 年金銀進出口　　　　　　　　　　　　　　　單位：海關兩

	金	銀		金	銀
由外國運進中國（香港在內）	1514425	20116602	由中國運出外國（香港在內）	13032010	32383518
內除香港	143131	12583308	內除香港	374289	26427350
淨進口	1371294	7533294	淨出口	12657721	5956168
由外國運進香港	2158334	9888067	由香港運出外國	4616134	10335401
共計	3529628	17421361	共計	17273855	16291569
金銀統共進數	20950989		金銀統共出數	33565424	
淨出口數	12614435				

資料來源：《光緒三十四年通商各口華洋貿易情形總論》，《中國舊海關史料》第 48 冊，京華出版社 2001 年版，第 22～23 頁。

　　根據表 3.14 所列，通商界內淨出口之數計 12614435 兩。此項出口全屬於金。論銀之進出口相抵，尚多 1129792 兩。中國各口運往歐洲之金 11246000 兩，由上海出口者爲最多。由香港運往印度 2310000 兩，由香港運往暹羅 1135000 兩。由日本運入中國之金爲 357701 兩，由舊金山運入香港 1408534 兩。由歐洲淨進中國口白銀 2000000 兩，由美國淨盡中國口白銀 2500000 兩。往日本、高麗、暹羅、新加坡等處淨出口 3250000 兩。香港由日本淨進口 4500000

〔註53〕《光緒三十三年通商各口華洋貿易情形總論》，《中國舊海關史料》第 46 冊，京華出版社 2001 年版，第 23～24 頁。
〔註54〕《光緒三十四年通商各口華洋貿易情形總論》，《中國舊海關史料》第 48 冊，京華出版社 2001 年版，第 22 頁。

兩。由美國淨進口 1750000 兩，由澳洲淨進口 2250000 兩。而淨出口之數為
往新加坡等處 4500000 兩，往印度 2750000 兩，往安南 1000000 兩〔註55〕。

1909 年由歐洲進口銀 10400000 兩，由舊金山進口銀 7500000 兩，由印度
進口銀 1500000 兩，由日本進口銀 1200000 兩，統共 21000000 兩。出口運往
東京、暹羅、新加坡、海參崴銀 2000000 兩。由商界出口金數，往歐洲 5500000
兩，往新加坡 4400000 兩，往印度、暹羅、巴達斐亞等處雖有無多。進口金
數，澳洲 1654000 兩，由舊金山、日本的進口量有限〔註56〕。1909 年金銀進
出口情況見表 3.15。

表 3.15　1909 年金銀進出口　　　　　　　　　　　　　　　單位：海關兩

	金	銀		金	銀
由外國運進中國（香港在內）	1013797	30864308	由中國運出外國（香港在內）	7835167	24023671
內除香港	94007	13441308	內除香港	187170	20769809
淨進口	919790	17423000	淨出口	7647997	3253862
由外國運進香港	4660558	8885978	由香港運出外國	7055464	3883136
共計	558348	26308978	共計	14703461	7136998
金銀統共進數	31889326		金銀統共出數	2184459	
淨進口數	10048867				

資料來源：《宣統元年通商各口華洋貿易情形總論》，《中國舊海關史料》第 51
冊，京華出版社 2001 年版，第 22 頁。

1910 年白銀由歐洲進口 15000000 兩，由舊金山進口 9557000 兩，由日本
進口 3300000 兩。運往東京、暹羅、新加坡、印度 4120000 兩。金出口歐洲
4300000 兩，出口新加坡 7200000 兩，出口印度 2608000，出口暹羅無多。金
由日本運進 6805000 兩，由澳洲運進 2450000 兩，由舊金山、小呂宋進口者
有限〔註57〕。1910 年金銀進出口情況見表 3.16。

〔註55〕　《光緒三十四年通商各口華洋貿易情形總論》，《中國舊海關史料》第 48 冊，
　　　　京華出版社 2001 年版，第 23 頁。
〔註56〕　《宣統元年通商各口華洋貿易情形總論》，《中國舊海關史料》第 51 冊，京華
　　　　出版社 2001 年版，第 23 頁。
〔註57〕　《宣統二年通商各口華洋貿易情形總論》，《中國舊海關史料》第 54 冊，京華
　　　　出版社 2001 年版，第 21 頁。

表 3.16　　1910 年金銀進出口　　　　　　　　　　　　　　　　單位：海關兩

	金	銀		金	銀
由外國運進中國（香港在內）	3559424	44598534	由中國運出外國（香港在內）	4536252	22803887
內除香港	201651	17974612	內除香港	55392	16801140
淨進口	3357773	26624472	淨出口	4480860	6002747
由外國運進香港	7319605	8641999	由香港運出外國	11796021	5582642
共計	10677378	35266471	共計	16276881	11585389
金銀統共進數	45943849		金銀統共出數	27862270	
淨進口	18081579				

資料來源：《宣統二年通商各口華洋貿易情形總論》，《中國舊海關史料》第 54 冊，京華出版社 2001 年版，第 21 頁。

　　1911 年在銀的進口上，歐洲 17700000 兩，舊金山 7630000 兩，日本 1606000 兩，東京、暹羅、新加坡、印度等處 16296000 兩。金出口方面，往歐洲 1975000 兩，舊金山 515000 兩，新加坡 6256000 兩，印度 903000 兩，暹羅 284000 兩。金進口為日本 6300000 兩，澳洲 2106000 兩〔註 58〕。1911 年金銀進出口情況見表 3.17。

表 3.17　　1911 年金銀進出口　　　　　　　　　　　　　　　　單位：海關兩

	金	銀		金	銀
由外國運進中國（香港在內）	4023530	61082957	由中國運出外國（香港在內）	2490648	22776955
內除香港	272905	28529001	內除香港	21621	19367717
淨進口	3750625	32553956	淨出口	2469027	3409238
由外國運進香港	6879895	19688533	由香港運出外國	9479761	3202639
共計	10630520	52242489	共計	11948788	6611877
金銀統共進數	62873009		金銀統共出數	18560665	
淨進口數	44312344				

資料來源：《宣統三年通商各口華洋貿易情形總論》，《中國舊海關史料》第 57 冊，京華出版社 2001 年版，第 23 頁。

〔註 58〕　《宣統三年通商各口華洋貿易情形總論》，《中國舊海關史料》第 57 冊，京華出版社 2001 年版，第 23 頁。

在晚清的海關貿易報告中，對金銀進出口的關注程度在不斷提升。貿易報告把中國各年的金銀進出口情形進行了較爲詳盡的介紹，不僅留意到不同形態金銀的流向，並對從香港進出口和轉運的金銀情況進行了分析。這對弄清中國的金銀進出口狀況有所幫助。但必須指出的是，由於海關無法對來往人員隨身攜帶或裝在行李之中的金銀進行統計，因此所統計到的數值和實際進出口情況還存在一定的差距。

二、匯票對金銀流向的影響

匯票是爲了適應貿易發展而產生的一種支付工具，是人們在貿易中進行商業結算的一種重要方式。它由出票人簽發，規定付款人在見票時或在一定期限內，向收款人或持票人無條件支付一定款項的票據。在西方，商人們很早就認識到了匯票在國際貿易中的重要性，並給予高度評價。例如托馬斯・孟對認爲：「商業匯票是一種手段，而且是一種實際應用的東西，可以使得商人們在一定的時候和在雙方同意的兌換率之下，從一個國家將現金交付出去，再在另一個國家收回；所以放款者與借貸者都很方便，無須從這個國家搬運現金到那個國家去。」〔註 59〕正是由於匯票爲商業活動帶來了極大的便利，所以它在國際貿易中的應用越來越普遍，逐漸成爲了國際結算中廣泛使用的一種信用工具。匯票也對晚清時期中國的金銀流向產生了一定的影響。

在 1898 年的全國貿易報告中就曾指出：「如本年國家應還外洋借款約關平銀一千八百萬兩，惟爲此項，銀行並未寄出些須現銀，此何故哉？第因上海銀行即以中國還款之銀由洋商用匯單買去，上海銀行旋將匯單寄至外國洋商，即用還款之銀採辦土貨（此明明用中國之銀買中國之貨）。俟其土貨運至外國，外國商人收下土貨，國外銀行即向外國商人索回匯單款項，足見中國以貨抵款，並非以銀還款，此明證也。」〔註 60〕可見，中國在償還對外的借款時，先由中國政府將白銀存放在銀行之中，銀行再把匯票寄給洋商。洋商往往通過購買中國的貨物來抵消匯票的款項，最終結果是以貨抵款。因此，匯票在中國償還外洋借款時，對白銀流動起到了一定的調節作用，大量的白銀沒有被直接運到海外。

〔註 59〕 〔英〕托馬斯・孟，南懷宇譯：《英國得自對外貿易的財富》，商務印數館 1965 版，第 37 頁。

〔註 60〕 《光緒二十四年通商各口華洋貿易情形總論》，《中國舊海關史料》第 28 冊，京華出版社 2001 年版，中文第 12～13 頁。

　　1904 年的全國貿易報告對匯票在償還債務和賠款中的所起的作用以及使用的方式進行了詳盡的論述。報告說:「中國在甲午以前,中東尙未開戰,可稱並無洋債之國。及至戰後言和,負累則有五千萬鎊,約合關平銀兩四百兆之譜,又加庚子各國救援使館議賠之數,二共每年應還四千五百萬兩有奇。論進出款事均應在念中。大凡各國出款,皆貨物以相抵制。中國既有進口洋貨,又也賠還款項,全恃出口土貨。如土貨不足抵,即須現銀以補。可見出口貨多,利不外溢。出口銀多,受累匪淺。」在賠款過程中,中國先將賠還的銀兩交付在華的外國銀行,但銀行收到現銀後並不裝運出口,因爲銀行需要通過買賣匯票從而有利可獲。「凡各項商家中外往來之貿易,無非或運洋貨進口,或運現銀進口,或運土貨出口,或運現銀出口,彼此並無分別。惟送現銀出口,獨之以淸水灌入田園,究不如濁水之尤有滋潤。銀行算是居間之人,將賣出之票售與買進之人,銀行之利即在進出經手之行用。中國官場每付賠還款項,實在是買匯票。銀行收下現銀,換給匯票與華官,此項現銀並不裝箱運往外國,仍是存儲銀行俟。有商家持票來賣,銀行收下,換給現銀與商家,商家即將此銀納稅與華官,華官以之抵還賠款,付與銀行。銀行收下,仍售與商家以做交易。足見現銀並未流出,不過互相輪轉而已。」〔註61〕由於銀行要通過買賣匯票的差價賺取利潤,這就需要把收到的白銀先存儲起來留做周轉之用。中國還債和賠款的大量白銀也就因此得以留在國內繼續流通。

　　對於匯票價格的變化,報告認爲貨票與貨物的貿易情形本無二致。譬如賣出者多,買進者少,價即漸落;賣出者少,買進者多,價即隨長。運洋貨進口之商人即將售出該貨之銀購進匯票,寄至外國。外國商人收到該票,支取金鎊以付該貨之價。本運土貨出口之商人,售出匯票支取銀兩,以備採辦土貨俟。土貨運至外國,變價以還銀行〔註62〕。

　　報告進行了舉例說明。「倘中國官場當買匯票之期,進口商家亦欲買票,同在一時,彼此爭購。出口商家所售之票剛剛是日作價七兩,合金一鎊。即如官場需購匯票一百萬兩,進口商家亦需一百萬兩適値出口,適値商家欲售

〔註61〕　《光緒三十年通商各口華洋貿易情形總論》,《中國舊海關史料》第 40 冊,京華出版社 2001 年版,中文第 30～31 頁。

〔註62〕　《光緒三十年通商各口華洋貿易情形總論》,《中國舊海關史料》第 40 冊,京華出版社 2001 年版,中文第 31 頁。

二百萬兩之票，進出正可相抵。匯票時價即無變動，銀行之利全在買進賣出經手之行用，賣出七兩，買進約六兩九錢。如出口商家所售者僅一百萬兩之票，票價即長，此亦尋常之事。買者多，售者少，自然高其聲價。若是長至八兩一鎊，官場爲期所迫，不得不買進口，商家一半不能不買，一半尚可待價出口。商家原不願售七兩一鎊，及聞時價長至八兩一鎊，本擬售出一百萬兩者，現可多至一百五十萬兩。即此以觀，可知買進者減購五十萬兩，賣出者多售五十萬兩，銀行所得買進賣出之利，收進則八兩一鎊，付出則約七兩九錢。」因爲銀行在掌握價格的信息上具有明顯的優勢，所以時價一旦變動，銀行得信稍先，官場與商家卻還不得而知。而「票價既長，進口貿易亦因而改變。進口貨價原值一鎊，售銀七兩即敷貨本。現因匯票價長，七兩不夠，須售八兩方敷貨本。出口土貨在外國價值一鎊，原係七兩，現亦需八兩。因此原故，進口商家買進票少，出口商家賣出票多，此亦大眾之至理。進口價長而貨少，出口貨多而價亦多，足見進出貨物在外國或賣或買，雖仍是一鎊，而在中國因匯票之長落，則有七兩、八兩之分。洋貨因此少到，土貨因此多售。」〔註63〕通過這個例子，充分說明了匯價變動對進出貨物的影響。

貿易報告中的英鎊在匯兌上的短期提升將有利於中國土貨的出口，而抑制洋貨的進口的觀點，可以和西方一些著名經濟思想家的相關觀點進行對照。亞當‧斯密在他的《國民財富的性質和原因的研究》中，就提出了外幣的高匯率會減少外國貨物進口的看法。書中說：「高匯率也自然會使商人努力平衡其進口和出口，以便儘量少的高匯率付款。此外，高匯率的作用必然類似稅收，提高外國貨物的價格，從而減少其消費。所以，高匯率不是增加而是減少他們所謂的貿易逆差額，從而減少金銀的出口。」〔註64〕約翰‧穆勒更是指出，不利的匯兌不但可以抑制輸入，還可以鼓勵輸出。他在《政治經濟學原理》一書中說：「匯票由於輸入的貨幣價值大於輸出的貨幣價值而有升水。但這種升水本身對輸出者來說是一種超額利潤。他們除得到貨款外，在開發匯票時還可以得到升水。另一方面，這種升水對輸入者來說則意味著利潤的減少。他們除支付貨款外，還不得不爲匯款支付升水。因此，所謂不利

〔註63〕《光緒三十年通商各口華洋貿易情形總論》，《中國舊海關史料》第40冊，京華出版社2001年版，中文第30～32頁。

〔註64〕〔英〕亞當‧斯密，唐日松譯：《國民財富的性質和原因的研究》，華夏出版社2005年版，第313頁。

的匯兌實際上鼓勵輸出，抑制輸入。」〔註65〕對比貿易報告不難發現，海關的看法同亞當‧斯密和約翰‧穆勒是一致的。

1905 年的全國貿易報告又對每年銀行所收的中國償還洋債和賠款的巨額白銀的來源和去向進行了進一步說明。首先是白銀的來源。「借賠兩款名雖出自國家，實在出自百姓。政府係經手過付之人，即俗所謂君出於民，民出於土，有土此有財，有財此有用，用財是國家，生財是百姓。中國民間出入所需向以制錢購辦，零星各物鋪家收下，集有成數兌換銀兩，攜至行商採辦貨物。行商繳關稅則用銀繳，內地稅釐以及鹽課則用錢，其餘稅釐或銀或錢。」因此，銀兩仍歸國帑，各省公家亦不必兌取現銀，即以此項銀兩匯至商務最大之上海。由於現銀有限，各省官款無非付給各省莊號，各省莊號按數揭上海匯單，一紙交與官中，送到清政府特派經理賠款和還款銀兩的上海道署。「道臺收到，或取或存，聽其自便。如果是存莊上照數收帳，待至付還洋款之期，道臺即揭莊票若干張，分別交與各國銀行，以清一起之洋款，此官場經手之責已算完結。」〔註66〕

在白銀的去向上，當銀行收到莊款後，立刻兌換金鎊以付洋款。而在收到莊票後，「大約無論現銀劃帳，總是流通各省，仍做交易。」〔註67〕銀行收下道臺所付的莊票後，如果是在銀兩缺少之時，即向莊號支取現銀，以歸成本。若照尋常辦法，莊號與銀行往來總俟中國年底結帳。凡道臺所付之票，莊上轉與銀行，或欠或存，不過劃帳。倘有欠項，總當付利。其利多寡，一憑匯票之長落，一憑市面之銀兩存多存少，再能於調動若干。「譬如夏季到年尚有六個月，所欠銀行是八百萬兩，市面調動可得六百萬兩。銀行只要取利五釐，現銀僅得三百萬兩，利息則須七八釐。即是欠款八百萬兩，調動能於六百萬兩。雖夏季利息五釐，秋季亦須照七八釐算，迨至臘月更大，恐須一分，或分二或分半，莊上應當照此行市以付銀行利息。莊上如付利五釐或一分，則向別人必要加重，或七釐、或分二、或分半，莊上所得餘利仍是留作此項生意。」錢莊上的銀兩不獨借與上海各商，也會借與素有往來省分之各

〔註65〕 〔英〕約翰‧穆勒，胡啓林、朱泱譯：《政治經濟學原理及其在社會哲學上的若干應用下》，商務印數館 1991 版，第 167～168 頁。

〔註66〕 《光緒三十一年通商各口華洋貿易情形總論》，《中國舊海關史料》第 42 冊，京華出版社 2001 年版，中文第 38 頁。

〔註67〕 《光緒三十一年通商各口華洋貿易情形總論》，《中國舊海關史料》第 42 冊，京華出版社 2001 年版，中文第 39 頁。

商。商人恃此銀兩以辦洋土各貨。由於匯票時價如有長落，貨物價值因而加跌，則當趕緊售出，俾可獲利較多。否則銀利過重，亦能相逼速售。這是因為「商人慮受重利，只要稍有所得，亦願售出。即一無所賺，仍以速售為合算。殆為還清莊款，庶免重利之累。」內地商人所借成本採辦土貨，不是由本商自運，即是由別商代運，或上海，或他口。一旦抵達口岸，就會照平常情形待價而沽。惟票價忽有變動，洋商願出重價收買土貨，貨主因其價大，亦樂售出。「倘銀根緊急，銀行利息加重，莊上無款歸還現銀，銀行即須加重利息。莊上既認重息，亦只得轉向借本之商人收取重息，以償銀行。此等商人既因票不轉期，利又加重，只得速售土貨，或賺或虧，大半是得銀行支票。」如果洋商買進土貨之時也有洋貨售出，所售之款交與銀行，銀行即以此款付土貨之支票，華商所得支票之款無非歸還莊上，仍轉付銀行以清欠項。「可見土貨多銷即係生財之道。」但此時中國尚做不到這點。貨既不多，必須現銀以補不足，所以銀行欠項應侯他處寄，來年終方能結帳。土貨多銷才能輔助市面之平穩〔註68〕。

　　報告通過將中國對外償付賠款和債務時匯票的使用過程進行大篇幅的介紹，有助於讀者瞭解支付後的匯票是如何在市場經濟活動中被使用的，對國人瞭解匯票的作用有所幫助。

　　貿易報告中關於一國所開出的匯票總額最終要和出口貨物的貨值相適應，否則就得運出白銀補上的觀點和法國經濟學家薩伊的看法是相似的。薩伊在他的《政治經濟學概論》中說：「匯票沒有內在價值。對一個地方開的匯票，只能以該地方應付我們的款的數額為限，而除非我們曾把這種或那種形式的相等價值輸出到那地方，否則那地方就根本沒有應付我們的款。一個國家只能使用出口貨支付進口貨價款，反過來也是一樣。匯票只不過是應付款項的代表。換句話說，一個國家的商人向另一個國家的商人開出匯票的數目，只能以他們直接地或間接地輸往後者的各種貨物（包括金銀在內）的全部價值為限。如果一個國家比如說法國曾把一千萬法郎貨物輸往另一個國家比如說德國，又如德國曾把一千兩百萬法郎貨物運到法國，那麼法國可以使用一千萬法郎匯票即它出口貨價值的代表來償付德國進口貨的價款，至於其餘兩百萬法郎，就不能使用這樣的直接方法進行清算，但可以對曾經向其輸出兩

〔註68〕 《光緒三十一年通商各口華洋貿易情形總論》，《中國舊海關史料》第 42 冊，京華出版社 2001 年版，中文第 40～41 頁。

百萬貨物的第三個國家，例如意大利發出匯票，使用這項匯票進行清算。」〔註69〕因此，薩伊認爲：「一國清償它欠另一國的債務，只有一種方法，即把和從後者輸入的貨物或欠後者的債務的全部價值相等的具有貨物形式的實際價值（我把貴金屬包括在貨物內）輸往後者。如果直接輸往後者的實際價值，不夠抵付從後者收到或輸入的價值，可向第三國輸出貨物，然後從那兒輸送貨物以補不足的餘額。」〔註70〕貿易報告中對於匯票作用的看法符合薩伊的觀點，說明其中體現出明顯的西方經濟思想。這一經濟思想也表明，中國要想將償還賠款和國外債務的白銀留在國內，最終就必須出口相應價值的貨物，否則依然會有白銀運出，用以彌補差價。

在貿易過程中，內地商人或在上海，或在別口採辦。洋貨入內銷售，收其價值交與內地分莊，以歸辦洋貨之借項。如果當時利息過重，貨主就要被迫速售，只得變價交款。如果銀行反欠莊款，或者銀行與莊款存儲均多，匯銀行情甚不合算，就不如將現銀留在內地。「應該若干寄單到口，如可缺銀，即當寄銀。惟寄現銀必多運費，此亦無法之事。何則？如無現銀，莊上所欠銀行之款無以歸還。誠能如是，則銀行、莊號及商人一年往來款目算已完結。」〔註71〕

匯票的價格的變動往往具有一定的限度，如約翰·穆勒所說：「在法國付款的 100 鎊匯票，可以賣 100 鎊以上，這種匯票人們就說有升水。但是，這種升水不能超過輸送金幣的運費和風險費加小額利潤；因爲如果超過這一限度，則債務人就會自行運送金幣，而不願購賣匯票。」〔註72〕貿易報告也對這種情況進行了舉例說明。比如重慶因匯水過大，即不得不裝現銀以至上海，設或水腳是貴，風波險惡，亦所不顧〔註73〕。

報告認爲國家應付洋款實與平常銀行貿易一樣，且亦同貨物進出一樣。

〔註69〕 〔法〕薩伊，陳福生、陳振驊譯：《政治經濟學概論》，商務印數館 1997 版，第 297～298 頁。

〔註70〕 〔法〕薩伊，陳福生、陳振驊譯：《政治經濟學概論》，商務印書館 1997 年版，第 298 頁。

〔註71〕 《光緒三十一年通商各口華洋貿易情形總論》，《中國舊海關史料》第 42 冊，京華出版社 2001 年版，中文第 41 頁。

〔註72〕 〔英〕約翰·穆勒，趙榮潛、桑炳彥、朱泱、胡企林譯：《政治經濟學原理》，商務印書館 1991 年版，第 164 頁。

〔註73〕 《光緒三十一年通商各口華洋貿易情形總論》，《中國舊海關史料》第 42 冊，京華出版社 2001 年版，中文第 41 頁。

比如吐土貨少出即因絲、茶減色，內地應須銀兩自當缺乏。銀行售出匯票因亦減銷，銀行存儲餘款無所用之，即當運出，但並未外溢。如果土貨出多，銀行將銀借與莊上，莊上轉借商人以作辦貨之本。銀行銀子借出，則可向洋商買匯票。洋商即將此款付華商，前往內地採買土貨，以備出洋。「總之，每期付還洋款銀行直如債主，向各莊收銀，但並非現銀。現銀往來與貨物之往來無異。土貨多銷，現銀不出；土貨如減，價值亦減。應還國債即須現銀以補其缺，足見歸還洋款是交土貨不交現銀。土貨能多，匯票價賤，能使出產土貨之國獲益匪淺。誠能官商一氣，認真整頓，土貨有利則興，有弊則除，中國地大物博，何患不富甲天下？」〔註74〕只有增加中國的商品出口，提高土貨的競爭力，才能有效的防止白銀外流。

我們可以看到，1898 年、1904 年和 1905 年的全國貿易報告中對匯票的作用和使用的流程以及對中國白銀流向所產生的影響進行了比較詳細的闡述。通過貿易報告中大篇幅對匯票的論述，不但讓讀者瞭解到匯票的功能和重要性，也認識到因為匯票的廣泛應用而對中國的白銀流向所產生的重要影響。貿易報告對匯票的介紹體現出了西方對匯票的認識水平以及貿易報告的外籍撰寫者對中國國情的深入瞭解。

三、無形貿易和國際收支平衡

在晚清的主要國際收支中，除了由一般商品貿易、金銀進出口、賠款、外債、外國投資等幾項構成的有形貿易外，還有一些通過勞務或其他非實物商品進出口而發生收入與支出的無形貿易，如船舶修理費、運費、保險費、旅遊費、外交人員費用、僑民匯款、國外投資匯回的股息和紅利等等。這些無形的輸入和輸出不需在海關辦理手續，其數額也就不能反映在海關數據統計上，但也都影響著晚清的國際收支平衡和金銀的流向。

重商主義者很早就已經注意到了無形收支。如托馬斯·孟在談論國際收支平衡表時說：「還有其他一些瑣碎的問題，似乎是與這個平衡表有關的，而所說的英國海關人員，卻未能予以留意並計入帳內的。例如旅客的費用，送給大使和外國人的禮物，不經過海關的一些走私進來的貨物，外國人在這裡由於貨幣的兌換和再兌換，由於貨幣的利息，由於替英國人的貨物和生命保

〔註74〕《光緒三十一年通商各口華洋貿易情形總論》，《中國舊海關史料》第 42 冊，京華出版社 2001 年版，中文第 41～42 頁。

險等所獲的利益——這些收益，除掉他們在這裡的生活費用之外是微乎其微
的。此外，還有由身居外國的英國人所享有的與此相同的種種利益，也足以
抵償以上這一切的利益了；所以在我們編製所說的平衡表時，它們並不占怎
樣重要的地位。」〔註75〕隨著國際貿易的不斷發展，西方國家對無形收支的
重要性也越來越重視。

　　晚清時期，無形收支已經在中國的國際收支中佔據了十分重要的地位，
這也引起了海關的重視。貿易報告中開始對無形收支的一些內容進行了介紹
和分析。1890 年的全國貿易報告中提到在 1888～1890 年，「至若外洋人等在
中國或經商，或就事，其所獲之利及其經營本銀時，或購辦貨物，或以現銀
運回外國（此款已列出口土貨冊內）。此外，尚有各國洋人常向銀行兌買匯票，
便於攜往各處取用。而銀行則以此項匯款或購辦貨物，或以現銀裝運出洋。」
而中國商民在外洋就事者，「所獲之金銀亦復不少，然多由客商自帶回華，故
其數之多寡難於稽核。」〔註76〕這一年的全國貿易報告對開始對一些種類的
無形收支有所提及，但並未給出具體數字。1898 年的全國貿易報告對一些無
形輸入進行了介紹。如外洋所來兵商等船，或在此修理，或添備伙食，常川
往來，所費不資。各國使臣、領事等官並遊歷人員，均各攜本國之銀而用及
中國者。又有華人出洋作工、作商，頗有盈餘，隨時寄回，雖然不知實數，
聞亦不少。「比如美國新金山一處，聞華人每年寄回之關平銀一千六百萬兩以
上，情形雖係揣度，然亦實有可憑之處。」〔註77〕1901 年的報告中再次提到
無形輸入的內容。「因華人出洋工商所賺取餘利，均係匯回中國，並洋人在華
傳教，教中經費又駐華出使經費均係匯回中國。再路礦各公司洋商開辦經費
以及造路各費所需資本皆未寄過現銀，亦係全憑貨物。又各邊界與外洋運行
往來貿易，總是出口貨物多於進口。」所以儘管當年所統計的貿易逆差額很
大，但實際上「出口貨價不但足抵進口貨價，尚有餘款另做他用。」〔註78〕
報告在介紹美國的華工的情況時，對 1898 年的看法有所修正。「美國不愛華

〔註75〕　〔英〕托馬斯・孟，南懷宇譯：《英國得自對外貿易的財富》，商務印數館 1965
　　　　　版，第 84～86 頁。
〔註76〕　《光緒十六年通商各口華洋貿易情形總論》，《中國舊海關史料》第 16 冊，京
　　　　　華出版社 2001 年版，中文第 18 頁。
〔註77〕　《光緒二十四年通商各口華洋貿易情形總論》，《中國舊海關史料》第 28 冊，
　　　　　京華出版社 2001 年版，中文第 12 頁。
〔註78〕　《光緒二十七年通商各口華洋貿易情形總論》，《中國舊海關史料》第 34 冊，
　　　　　京華出版社 2001 年版，第 13～14 頁。

工，設法禁阻。考其原故，據云華工每月所得工價不皆在美銷用，均係寄回中國，其實不然。華工所得餘利未聞寄回現銀，仍令販運貨物。即有隨身攜帶者，想亦無幾。」光舊金山一處，每年華工所得餘利就有一千萬美金。其銀均用貨物匯兌回國〔註79〕。

　　20世紀初，中國的貿易逆差出現了明顯增大的趨勢，即使海關對進出口統計數值進行修正後，依然存在巨大的貿易逆差，這引起了海關的高度警覺。中國的白銀是否已經大量外流關係到中國經濟的安危。應赫德的要求，海關稅務司馬士〔註80〕為了弄清中國金銀流動的真實狀況，對中國的國際收支狀況進行了更為全面的分析和研究。

　　1903年的全國貿易報告認為上年論中敘及的金銀進出口數目各關冊內所載未能全備，「緣旅客所帶之現銀不報各關，不可稽考。」廣州旅客每年從外方歸來的人數約計七十五萬。因粵西軍務，粵東洋元自應缺乏，如無華客隨身帶回並不帶出之項，應露窘象。為什麼能做到出入相抵，報告提到廈門稅務司的說法。這是因為「該處在外營生之廈門人不下二百五十萬人，即在小呂宋、爪哇、新嘉坡等處，如每年每人約匯寄五元，其數已愈千萬，再加自外洋回廈之華工，本年已有六萬六千餘人。每位隨身如帶百元，則本口進項亦六百萬兩。」按汕頭稅務司的說法，「出洋華工不獨攜其積蓄，並帶友項，每年亦有幾百萬元。」瓊州、北海兩稅務司論中亦曾提及：「足見帶回現銀既不報關，雖不能查其確數，但揆情度理，又係鑿鑿可據。有此入款以抵出項，庶可差強人意。」進出口貨價長期「進多出少，中國又係須償洋款之國，尚無窘象，殊不可解。現查外洋數百萬華人匯回款項，足抵進口所多之數一分耳」。〔註81〕從報告的介紹中可以看出，中國的大量勞務輸出帶來了十分可觀的無形輸入。海外華人的匯款也成為了維持中國國際收支平衡的一個重要因

〔註79〕《光緒二十七年通商各口華洋貿易情形總論》，《中國舊海關史料》第34冊，京華出版社2001年版，第16頁。

〔註80〕馬士（Hosea Ballou Morse，1855～1934），美國人，先後就讀於波士頓拉丁學校（Boston Latin School）與哈佛學院（Harvard College）。馬士在1877年出任天津海關幫辦，翌年調住北京總稅務司處任職，並兼任京師同文館英文教習；1887年任上海副稅務司，此後分別於北海、淡水、龍州、漢口、廣州等海關任職；1898年升遷為稅務司（Commissioner）；1903年至1907年任海關總稅務司的統計秘書；1909年退休後定居英國。

〔註81〕《光緒二十九年通商各口華洋貿易情形總論》，《中國舊海關史料》第38冊，京華出版社2001年版，中文第23～24頁。

素。儘管其具體數字缺乏統計，但數額的巨大已經得到了公認。貿易報告認識到了海外華人對中國金銀流向所起到的重要作用，並對匯款數量進行了多次的估算。

　　1904 年的全國貿易報告中對無形輸入和無形中支出進行了詳盡的說明和估算。報告先分析了無形收入對於維持國家收支平衡的重要性。「商家貿易大半進出總要相抵，即國家出款亦應以進款相抵，方免虧耗之虞。此則一定規矩，毫無疑義。惟以中國現在出款而論，既有進口洋貨，須兌銀出去；又有賠還款項，亦須兌銀出去。按此兩項出款之數較之出口土貨，已多一半，中國應見虧象，而此時並不拮据，究係何故？且另有幾國與中國情形亦復相等，如何可以講明抵償之項？即爲有隱物以補不足。況以上僅云兩項，出款尚不止此，即如光緒二十九年洋貨進口實值關平銀兩三百十兆，金銀進口實值三十七兆，賠還款項四十四兆；又購辦軍火，想有五兆；中國在外使館領署出洋、學生遊歷人員各項費用四兆；外國輪船在華所得水腳、保險公司淨得保費以及各洋行所得實利共二十三兆，統計出款四百二十三兆。所恃以可抵者，出口土貨實值關平銀二百四十兆，出口金銀三十三兆兩，共二百七十三兆兩。以此相衡，明明每年已虧一百五十兆，倘虧數無多，獨可望次年以補之。現在已虧巨數，勢所必然，若非察出隱物，另有入款，何能進出相償？」對於「隱物」，稅務司查有兩款。「一外國人在中國獨代中國生利之人，一中國人在外國獨代外國生利之人。」第一款爲造鐵路、開各礦，用費每年約有 27000000 兩。外國人在華之使館、領署以及駐華洋兵、兵商船隻用費每年約有 39000000 兩，傳教醫院、學堂用費約有 6000000 兩，洋人到華遊歷用費約有 6000000 兩，以上共計 78000000 兩。第二款是出洋工商人等匯回款項。根據稅務司馬士的詳細考察，一年之中不得少於 73000000 兩，是隱物進款。兩款合計超過 150000000 兩，「出入款項兩相比較，足可對抵。」貿易報告同時指出：「鐵路用費現雖作爲進款，因材料、銀兩均從外國運來，但有借總有還，是以將來仍算出款。」如果照商辦章程，鐵路告成，後來所賺之利亦可抵還。所以「今日所借之，本國家出款」。這些日後的出款本應由貨物歸還。而照此進款，亦從貨物而來。「譬如某國政府應寄兵費百萬兩，不寄現銀，仍在外國銀行購買匯票兌來。中國既有買進，必有賣出。所謂賣出者，即是裝運洋貨來華。如是以觀，中國之出款固藉重出口土貨以相抵償，中國進款亦有由洋貨進口而來。」因此，「匯銀到華，其利即在進口貨多；匯銀

出洋，其利亦在出口貨多。」〔註82〕

貿易報告將 1903 年的國際收支狀況進行了列表，見表 3.18。

表 3.18　1903 年國際收支表

單位：海關兩

出款項	計值	入款項	計值
洋貨從外洋進口照起岸時之價值	300000000	土貨出洋照裝船出口時之價值	232000000
由外洋運進金銀之價值	37000000	出洋金銀價值	33000000
借款賠款本利兩項	44000000	土貨運往通商之邊界較關冊所載出口之數增多	4000000
出洋公使並參領隨員用費	1320000	建造鐵路開採礦產等費	27000000
派出遊歷官員以及學生用費	3000000	各國使館領屬駐華用費	5000000
在華洋人實得之利買匯票兌回之項	16000000	外國駐華陸兵用費	7500000
外設公司所收在華水腳以及水火保險各費	6750000	外國兵船及水手在華用費	15000000
進口軍械（未曾載入洋貨進口價內之數）	5000000	外國商船及水手在華用費	2000000
		洋船在上海及他口修理等費	10000000
		在華所設外國教堂醫院學堂等費	6000000
		洋人到華遊歷等費	6000000
		留寓外洋華人匯回款項以及帶回現銀	73000000
共計	423000000	共計	424000000

資料來源：《光緒三十年通商各口華洋貿易情形總論》，《中國舊海關史料》第 40 冊，京華出版社 2001 年版，中文第 33～35 頁。

在 1905～1911 年的全國貿易報告中，都對當年出入款數進行了估算，各年估算數額見表 3.19、3.20。

〔註82〕《光緒三十年通商各口華洋貿易情形總論》，《中國舊海關史料》第 40 冊，京華出版社 2001 年版，中文第 32～33 頁。

表 3.19　1905～1911 年中國主要出款數　　　　　　　　單位：海關兩

	進口貨價	通商地界進口金銀	賠還洋款	暗中出款	共計
1905	447100791	14810102	42000000	32070000	535980893
1906	410270082	無	38500000	32000000	410270082
1907	416401369	無	38500000	32000000	486901369
1908	394505478	無	51000000	32000000	477505478
1909	418158067	10048867	53700000	33350000	515256934
1910	462964894	18081579	51600000	33350000	565996473
1911	471503943	44312344	55393750	33350000	604560037

表 3.20　1905～1911 年中國主要入款數　　　　　　　　單位：海關兩

	出口貨價	通商地界出口金銀	暗中進款	共計
1905	227888197	無	149400000	377288197
1906	236456739	1325059	147000000	384781798
1907	264380697	21427603	147000000	432808390
1908	276660403	12614435	147000000	436274838
1909	338992814	無	150500000	489492814
1910	380833328	無	150500000	531333328
1911	377338166	無	150500000	527838166

資料來源：摘自 1905～1911 年貿易報告。

　　在 1905～1911 年所估算的國際收支中，很多款項只是沿用了 1903 年國際收支表中的相應數字，這顯然不能反映出不同年份的變化。由於其中很多款項沒有統計數字，只能依靠海關的估算，所以也不可避免的會存在一些誤差。例如「邊境貿易較關冊所載出口增多之數」一項，經過馬士後來的研究，從 4000000 兩修正爲 15000000 兩左右。

　　1909 年的全國貿易報告對當年的估算進行了修正。報告認爲和 1903 年相比，因時事變遷，細加考核，實有增減。其中而暗中入款最關緊要者，即「留寓外洋華人匯回款項並隨身帶回現銀」一項。「刻雖設法訪查一時，總難得其約計之數。一二年後，英美兩國再有編訂人戶書目之舉，或與此等隱徵難明之款爲之一助。」之前所估計的 7300 萬兩已不爲多。「事隔數年，若以現在比較，仍爲最少之數。」根據海關所掌握的消息，「近來華人留寓高麗匯款及

西比利亞兩處者，匯帶兩項已可再加四百萬兩之數。」〔註83〕修正後的 1909 年國際收支列表見表 3.21。

表 3.21　1909 年國際收支表　　　　　　　　　（單位：海關兩）

出款項	計值	入款項	計值
洋貨從外洋進口照起岸時之價值	418150000	土貨出洋照裝船出口時之價值	338590000
由外洋運進金銀之價值	31890000	出洋金銀價值	21840000
借款賠款本利兩項	53700000	土貨運往通商之邊界較關冊所載出口之數增多	2600000
出洋公使並參領隨員用費	2000000	建造鐵路開採礦產等費	16000000
派出遊歷官員以及學生用費	3000000	各國使館領屬駐華用費	5300000
在華洋人實得之利買匯票兌回之項	19600000	外國駐華陸兵用費	8600000
外設公司所收在華水腳以及水火保險各費	6750000	外國兵船及水手在華用費	9000000
進口軍械（未曾載入洋貨進口價內之數）	2000000	外國商船及水手在華用費	3000000
		洋船在上海及他口修理等費	12500000
		在華所設外國教堂醫院學堂等費	10500000
		洋人到華遊歷等費	6000000
		留寓外洋華人匯回款項以及帶回現銀	77000000
共計	537090000	共計	511330000

資料來源：《宣統元年通商各口華洋貿易情形總論》，《中國舊海關史料》第 51 冊，京華出版社 2001 年版，中文第 25～27 頁。

　　海關貿易報告製作的國際收支表在中國近代經濟史上屬首創，它對研究中國的國際收支狀況具有十分重要的意義。海關把各類無形收支正式做爲中國國際收支的重要項目進行考察，有利於全面掌握中國的國際收支狀況，對

<hr>

〔註83〕　《宣統元年通商各口華洋貿易情形總論》，《中國舊海關史料》第 51 冊，京華出版社 2001 年版，中文第 23～24 頁。

分析中國的貴金屬流向也有很大幫助。

日俄戰爭的爆發給中國帶來了巨大災難，同時也對中國的國際收支產生了一定的影響。海關注意到了日俄戰爭對經濟的影響。貿易報告並沒有將日俄戰爭所帶來的入款列入國際收支表中，但對此進行了專門的分析。

1905 年的全國貿易報告中說：「聞日俄兩國買現銀三千七百五十萬兩以備戰地用項。再附近中國之東方各處，其行情能使票價不跌，銀價得高，兩戰國須用銀兩頗多。」而在北方所需之銀有兩個主要來路，「一系成匯上海或匯天津，一系俄國盧布鈔票、日本銀元戰票所匯之款，總算暗抵貨色。」匯票存在上海，迨進口貨物售出，款項以抵戰票，所以無須貿易售出之票。「如是情形，銀子立刻應當缺乏，但是仍在中國及通商界內。俟其用過，或由別路轉回，或將來轉回俄國。」盧布鈔票與匯票用法並無二致，同時該票在行用地方尚有折扣，所以經理該處財政之商人隨即收回大半，是由上海運回。「俄國春令間有從哈爾賓經過者，鈔票等類既已存多，則進口商家無須再買出口商家之票。匯票少用，其款即由東三省華工所得，以抵江蘇近年少銷之絲價。」日本戰票同俄國盧布不同，均是銀元，不能照俄國盧布之票亦算金元，得以立即取銀。「日本戰票大約計有七千五百萬塊，六分之一在行用地方贖回，六分之一原票收回，日本情願九折。尚有五千萬仍在東三省市面流行，一千萬該國收回，即算銀行進款；一千二百萬流行中國，即算中國進款。」由於關冊對這些收支並無記載，所以此等進項以及個人所攜帶的現銀數量無法準確得知。「若照以上所約之數，日本戰票共計七千五百萬元，本是通行往來，不能意外核減。俄國此路運來之項不能比此更少。」報告中估計銀行本年貿易應該有 5000～7500 萬元。各款統共爲 225000000 元，合計關平銀 150000000 兩。因爲全是交戰國運來，所以要算中國進款。有了大量的入款，「暗中必有運出之貨。是以當知戰地以及附近戰國地方所用各款，即算購辦中國之土貨，再因戰務該處民間損失等項，亦係從此復回。」〔註84〕

1905 年牛莊的報告也介紹了日俄軍票的流通情況。報告中說：「本年進口銀兩銀運至本口兌換俄國銀圓票、日本國軍票，故較出口甚多，但東三省之南界不用俄國銀圓票，未能知其確數。日本軍票東三省先有七千五百萬圓，嗣經陸續收回，歲暮約存五千萬圓。瀋陽戰事以前，軍票本屬極賤，迨日軍

〔註84〕《光緒三十一年通商各口華洋貿易情形總論》，《中國舊海關史料》第 42 冊，京華出版社 2001 年版，中文第 36～37 頁。

獲勝，俄國敗北，價值漸昂，如二月間以洋銀一圓可換軍票一圓二角四分，及至歲杪，不能換軍票一圓一角。曩昔行使俄國銀圓票，商民將鋪戶原開之錢票發而不用，待日本軍票盛行，不但不用俄國銀圓票，即小銀圓亦不實用。雖軍票流通頗暢，但前年九月間，正金銀行擬定軍票一圓兌換洋銀一圓，惟因該行限以兌換之數稍形不便。倘能改良兌換之法，商民益必樂用。目下軍票運送回國已有多數，並聞日本政府擬以別項銀票將軍票全數收回。本年金子出口不過七千兩，蓋因軍務之際，既妨開採，又難運送耳。」〔註85〕

　　1906 年的全國貿易報告再次談到戰票對白銀流向的影響。「近年來銀兩由內地運往南北商界之總匯接續不斷，及至鄙人著論時，因出口土貨不敷抵制，不能不將現銀運出，以歸欠項。此兩年辦進口之商人皆恃兩戰國發出之戰票、鈔票，以為抵付。嗣後無此機會，即全恃尋常本有之財源。〔註86〕可見，日俄戰爭時期所發行的大量戰票，在短期內對中國的國際收支和白銀流向產生了不小的影響。

第二節　年度貿易報告對金銀比價變動的看法

　　金銀比價變動是晚清的一個重要貨幣問題，對中國的進出口貿易的影響尤為顯著。海關非常注意金銀價格波動與對外貿易的關係，在貿易報告分析影響貿易的主要因素時，經常會涉及金銀比價變化對中國進出口貿易所產成的影響，還對金銀比價的變化原因進行了探討。

一、金銀比價變化對進出口的影響

　　19 世紀國際市場的金銀比價曾長期保持穩定。普法戰爭中結束後，德國利用獲得大量法國賠償的黃金的機會，於 1873 年開始推行金本位制。隨後，歐美各國也都開始放棄金銀複本位制，轉而採用金本位制。亞洲的印度和日本也在 19 世紀 90 年代採取了金本位制。金本位制的推行，使各國將大量的白銀拋售。而北美大陸所發現的新銀礦，又讓白銀的產量有了明顯增加。受此影響，國際銀價出現了一個長期下跌的局面。

〔註85〕　《光緒三十一年牛莊口華洋貿易情形論略》，《中國舊海關史料》第 42 冊，京華出版社 2001 年版，中文第 188～189 頁。

〔註86〕　《光緒三十二年通商各口華洋貿易情形總論》，《中國舊海關史料》第 44 冊，京華出版社 2001 年版，中文第 9 頁。

表 3.22　1870～1911 年倫敦市場的金銀比價

年份	最高額	最低額	平均額	年份	最高額	最低額	平均額
1870	15.5255	15.6513	15.5706	1891	29.7006	21.6780	20.9263
1871	15.5489	15.6582	15.5867	1892	30.0556	24.4975	23.7231
1872	15.4273	15.9155	15.6351	1893	24.3353	30.9158	26.5165
1873	15.7329	16.2908	15.9323	1894	29.7006	34.9257	32.5873
1874	15.8486	16.4715	16.1714	1895	30.0556	34.6848	31.6308
1875	16.3463	16.9909	16.6416	1896	29.5262	31.6973	30.6043
1876	16.1195	20.1710	17.7504	1897	31.6308	39.9151	34.2129
1877	16.1887	17.7088	17.2040	1898	33.2331	37.7198	35.0067
1878	17.0677	19.0504	17.9191	1899	32.5170	35.4176	34.3688
1879	17.5441	19.2940	18.3999	1900	31.1734	34.9257	33.3066
1880	17.8555	18.3105	18.0908	1901	31.8983	37.8143	34.6848
1881	17.8344	18.5355	18.2662	1902	36.2690	43.4810	39.1893
1882	18.0046	18.8599	18.2001	1903	33.0875	43.4810	38.1108
1883	18.4224	18.8274	18.6501	1904	33.0151	38.5880	35.7110
1884	18.3551	19.0504	18.6041	1905	31.1091	37.0710	33.9054
1885	18.8599	20.1172	19.4172	1906	28.4677	32.5170	30.5423
1886	20.0637	22.4522	20.6996	1907	29.0711	38.8864	31.2379
1887	20.0105	21.8033	21.1019	1908	34.9257	42.8634	39.2914
1888	21.2032	22.6545	21.9940	1909	37.9093	40.8886	40.2881
1889	21.6780	22.4857	22.0906	1910	35.9236	40.6682	39.2914
1890	24.4975	21.6159	19.7486	1911	36.0955	39.8098	38.3428

資料來源：轉引自王宏斌：《晚清銀錢比價研究》，河南大學出版社，1990 年版，第 251～252 頁。

　　從表 3.22 中可以看出，1870～1902 年，國際市場的金銀比價從 1：15.5706 上升到了 1：39.1893。其中，70～80 年代的銀價下跌速度尚不算太快。而進入 90 年代，銀價開始加速下跌。在 1903～1907 年，白銀價格又出現一個短暫的回升期，之後金價又重新走高。

　　整個清代，中國一直以白銀作為對外貿易的基本貨幣。由於中國在同金本位國家進行對外貿易時，雙方分別使用金、銀兩種不同的貴金屬貨幣，所以國際市場上金銀比價的變動會直接導致貨物價格的變化，因此會對中國進出口貿易產生重要影響。19 世紀 90 年代銀價下跌速度加快，給中國對外貿易

造成的影響也越來越明顯，貿易報告開始密切關注銀價的變化。

在 1890 年的全國貿易報告中介紹了上海規平銀和英鎊的比價變動情況。報告中說：「至若金銀價值姑不具論，今就滬市之規平銀用電報匯至英國之價核之。按查十六年二月初十日最低之價，約四先令三辨士一二；至七月二十一日，價竟昂至五先令三辨士一二。期間軒輊太甚，如核銀一百兩，約虧絀二十三兩之譜。及十七日，其價雖落至四先令六辨士七五，而核銀一百兩，仍須虧至十三兩之數。觀其匯價之高下，如此多受隱虧。統此進出之數核之，而中國出洋貨價不能不相形見絀者乎。用摘其顯見之端，大率類是。」〔註 87〕

在分析金銀比價變動對本年貿易的影響時，報告認為銀價上漲有利洋貨進口，不利於土貨出口。「蓋亦因夫銀價昂貴，出入參差，遂致進口貨易於行消（銷），而出洋貨則難期速售。」〔註 88〕報告在分析生絲出口形勢時指出：「查十六年江浙兩省產絲本屬不旺，只以銀價昂貴，有礙消（銷）路，故買者既不肯加價，而貨主亦未免居奇，且以儲積無損，多須待價而沽。然此後若遇銀價低減，使居積者藉可獲沾微利，其亦未始不可遷就脫售，料他日出洋之數當可較勝於十六年也。」〔註 89〕

上海 1890 年的報告說，本年鎊賤銀貴，所以貨值上出口多而進口少。受此影響，美國運進中國之銀幾於斷絕。滙豐銀行自行運銀 5000000 兩至印度地方。在印度用銀與中國相似，鎊價即有起落，從 4 先令 3 便士半至 5 先令 4 便士，每日漲落不定〔註 90〕。

1891 年的銀價出現下跌，全國貿易報告認為當年的鎊價騰貴「於貿易大有妨礙」〔註 91〕，但鎊價甚貴又「於販絲至外洋者實為有益出口」〔註 92〕。1892 年的大局貨價估值雖比上年增多，進出口大宗貨色及稅課則均比上年

〔註 87〕 《光緒十六年通商各口華洋貿易情形總論》，《中國舊海關史料》第 16 冊，京華出版社 2001 年版，中文第 11～12 頁。

〔註 88〕 《光緒十六年通商各口華洋貿易情形總論》，《中國舊海關史料》第 16 冊，京華出版社 2001 年版，中文第 11 頁。

〔註 89〕 《光緒十六年通商各口華洋貿易情形總論》，《中國舊海關史料》第 16 冊，京華出版社 2001 年版，中文第 15 頁。

〔註 90〕 《光緒十六年上海口華洋貿易情形論略》，《中國舊海關史料》第 16 冊，京華出版社 2001 年版，中文第 146 頁。

〔註 91〕 《光緒十七年通商各口華洋貿易情形總論》，《中國舊海關史料》第 17 冊，京華出版社 2001 年版，中文第 12 頁。

〔註 92〕 《光緒十七年通商各口華洋貿易情形總論》，《中國舊海關史料》第 17 冊，京華出版社 2001 年版，中文第 14 頁。

短絀。這是因爲泰西金市遞增，比前異常騰貴，外洋來貨不能不昂其值，即出洋土貨，銀價亦隨之以長〔註 93〕。其中，就華市而觀，則本年銀價頗爲生色；就西市而論，則金鎊之數仍無出入。且金值昂則貿易掣肘，實爲華洋通商之一大關鍵所在。此後平減如前，自必商務暢通，國課愈形豐盛，經營會計者同深厚望焉〔註 94〕。由於這一年英國「以金易銀市價愈常不平」，英金鎊價日益增高，「十七年英金一鎊約合關平銀四兩零六分，十八年每鎊起至四兩六錢」，造成了「華洋互市殊多窒礙，不但操奇贏者如困守範圍，長籌莫展。譬若人受癱瘓之症，血脈凝滯，肢體不靈，此可以喻洋貿易之難矣」〔註 95〕。報告在分析英國棉紗從 1891 年進口 73000 餘擔降至 1892 年的 49000 餘擔的原因時說：「皆緣華市太低，以銀抵金未能獲利，將恐進口由漸逐絕。」〔註 96〕1892 年的全國貿易報告把銀價下跌視爲掣肘貿易的重要原因，強調了對擴大貿易不利的一面，認爲這會增加國外商品的價格，妨礙它們在國內銷售。

1891 年上海的報告認爲，本年所徵之稅實較歷年爲盛，而商人貿易反較往年爲衰的重要原因之一是銀價太低。「蓋銀價一低，貨值必因之而漲」。報告中談到了當年低銀價對進口貿易大有影響的一個重要原因。「去歲美國議政院新政改鑄銀之例，商人咸料銀價必高。迨至年底，果見銀價漸漲。未已，遂在外洋爭相購辦貨物，冀收操勝券之利。詎貨一到華，銀市甚低，一時未能脫售，率皆蔓積棧房，貨愈多則價愈跌，銷場愈滯。以視本年底進口情形未甚起色者，未必不由於此。」〔註 97〕

1893 年的全國貿易報告指出，本年進口貨價大增的和金市頻漲有很大關係。「洋貨至華以原販金價申銀，其值銳增，遠勝於前」。貿易報告用這一年稅課的豐歉來驗證商務的暢滯。其中，進口稅比上年減少 50 萬兩，而出口

〔註 93〕《光緒十八年通商各口華洋貿易情形總論》，《中國舊海關史料》第 18 冊，京華出版社 2001 年版，中文第 11 頁。
〔註 94〕《光緒十八年通商各口華洋貿易情形總論》，《中國舊海關史料》第 18 冊，京華出版社 2001 年版，中文第 11 頁。
〔註 95〕《光緒十八年通商各口華洋貿易情形總論》，《中國舊海關史料》第 18 冊，京華出版社 2001 年版，中文第 12 頁。
〔註 96〕《光緒十八年通商各口華洋貿易情形總論》，《中國舊海關史料》第 18 冊，京華出版社 2001 年版，中文第 13 頁。
〔註 97〕《光緒十七年上海口華洋貿易情形論略》，《中國舊海關史料》第 17 冊，京華出版社 2001 年版，中文第 145 頁。

稅增加不及 15 萬兩，因此得不償失，「此即爲金市之所礙也」〔註 98〕。報告在分析金價上漲對進出口貨物的影響時說，進口洋貨由於是「採運於市金之邦，而行銷於售銀之國，際此金貴銀賤之年，斯項貿易虧缺，實爲最甚。若再極而無反，仍漲不平，則虛發新開通商等口之益，更難冀望推廣，暢其銷源。欲期盛旺，恐未易也。」〔註 99〕過去一直用銀的印度，由於改用金鎊，停鑄銀元，並將鑄銀局裁撤，對洋藥銷售造成了妨礙。「計印度洋藥是年雖有新增，華商渡船赴新加坡載運一千一百二擔，仍減銷二千六百七十四擔。查十八年尙銷七萬七百八十餘擔，今僅進口六萬八千一百餘擔。在印官改章，原爲保衛銀元起見，而洋藥運華遂因隨金申水，致銀價驟起，商人多有未能沾手，改而之他宜乎。」〔註 100〕銀價下跌給用金之國和用銀之國的對華貿易造成了不同影響。「大凡東南洋以銀爲市諸邦與華交易者，莫不欣欣有利，而泰西所至之貨未免向隅。」〔註 101〕儘管茶葉「在華銀價雖增，而運抵外洋中算金鎊，仍較上年便宜。亦因西習只惟金値是視，不以銀而論價，易地則皆然。」〔註 102〕

1893 年煙台的報告認爲，本口洋貨進口減少是因爲外洋以銀易金時價太低〔註 103〕。鎮江的報告也把金價貴看做是造成了洋貨減銷的原因〔註 104〕。宜昌的報告說：「究其各項減色之由，多因外洋金價徒增，故所來上海貨物亦頗昂貴也。」〔註 105〕

1894 年的銀價又劇烈下跌，白銀兌換英鎊的價格比上一年減少了九便士

〔註 98〕 《光緒十九年通商各口華洋貿易情形總論》，《中國舊海關史料》第 19 冊，京華出版社 2001 年版，中文第 11 頁。

〔註 99〕 《光緒十九年通商各口華洋貿易情形總論》，《中國舊海關史料》第 19 冊，京華出版社 2001 年版，中文第 12 頁。

〔註 100〕 《光緒十九年通商各口華洋貿易情形總論》，《中國舊海關史料》第 19 冊，京華出版社 2001 年版，中文第 12 頁。

〔註 101〕 《光緒十九年通商各口華洋貿易情形總論》，《中國舊海關史料》第 19 冊，京華出版社 2001 年版，中文第 13 頁。

〔註 102〕 《光緒十九年通商各口華洋貿易情形總論》，《中國舊海關史料》第 19 冊，京華出版社 2001 年版，中文第 14 頁。

〔註 103〕 《光緒十九年煙台口華洋貿易情形論略》，《中國舊海關史料》第 19 冊，京華出版社 2001 年版，中文第 99 頁。

〔註 104〕 《光緒十九年鎮江口華洋貿易情形論略》，《中國舊海關史料》第 19 冊，京華出版社 2001 年版，中文第 137 頁。

〔註 105〕 《光緒十九年宜昌口華洋貿易情形論略》，《中國舊海關史料》第 19 冊，京華出版社 2001 年版，中文第 112 頁。

以上。全國貿易報告認爲外洋販運過來的貨物「固屬經營匪易，惟出口土貨
頗愜人意耳。此市情之變也。」〔註106〕由於金價的持續上漲，所以進口洋貨
的價值遞年愈見增昂，但用金販來之貨的進口數量卻逾見退縮，年復一年。
對於這種銀價持續大幅下跌的局面，報告的看法是，「夫銀之久於低賤，至此
可謂極矣，必將反而略貴，然後物價乃得持平，庶幾可望轉機，冀以挽救將
來耳。」〔註107〕

　　報告還以重慶海關爲例，說明銀價下跌對進口的影響。1890年重慶口仍
有子口稅，獨進口洋布進口774000疋，至1894年已無子口稅，卻只有541000
疋。「此即貨因金漲，消（銷）源梗滯所致。雖洋布比土布較輕，但今昔之
價懸殊，則艱於運銷也。」但這對中國是商品出口是有利的。「惟土貨價隨
銀賤，所有運至外洋均霑利益，即以前未能出口者，今亦源源繼往中國。」
〔註108〕在布疋的進口方面，1890年關平銀一兩可匯西金5.2先令，當時洋
布進口有17400000疋；1891年遞增至18600000疋；1894年每關平銀一兩
只值西金3.2先令，因此洋布進口也驟見退縮，不及14000000疋。「合前後
五年，金值軒輊如此，進口貿易靡不棘手，豈獨洋布爲然？」〔註109〕不僅
是洋布，銀價下跌會對所有進口洋貨的銷售都會有所阻礙。下跌的銀價對出
口則大有幫助，1894年是出口土貨頗稱暢意之年。「大凡事物有損，則有益。
故進口貨既因金貴而損，則出口貨轉藉金貴而益。」1893年出口貨價只值關
平銀116600000兩，1894年增至128100000兩，增加了11400000兩〔註110〕。
茶市也因爲銀價下跌而大爲獲益。「雖屬在華成本高昂，比上年每百兩增有
十二兩至二十兩之多，而中西商販一買一賣，均皆獲利，此亦金貴之益也。」
〔註111〕重慶的報告也認爲，歐洲、印度所產各貨未能生色者，皆緣金價太

〔註106〕《光緒二十年通商各口華洋貿易情形總論》，《中國舊海關史料》第21冊，京
　　　　華出版社2001年版，中文第11頁。
〔註107〕《光緒二十年通商各口華洋貿易情形總論》，《中國舊海關史料》第21冊，京
　　　　華出版社2001年版，中文第12頁。
〔註108〕《光緒二十年通商各口華洋貿易情形總論》，《中國舊海關史料》第21冊，京
　　　　華出版社2001年版，中文第12頁。
〔註109〕《光緒二十年通商各口華洋貿易情形總論》，《中國舊海關史料》第21冊，京
　　　　華出版社2001年版，中文第13~14頁。
〔註110〕《光緒二十年通商各口華洋貿易情形總論》，《中國舊海關史料》第21冊，京
　　　　華出版社2001年版，中文第15頁。
〔註111〕《光緒二十年通商各口華洋貿易情形總論》，《中國舊海關史料》第21冊，京
　　　　華出版社2001年版，中文第15頁。

昂之故〔註112〕。

　　1895 年的全國貿易報告也認爲本年出口貨物「其所以增多之數，大概皆因銀價低賤，商務得以藉此而更暢。」〔註113〕報告中以頭等洋布爲例，說明了銀價下跌所導致的洋貨價格的增長。購買頭等各色洋布 17 疋，若照 1885 年匯票市價核算，計合規銀 31 兩 8 錢 5 分。如果按 1895 年匯價核計，漲至規平銀 40 兩 7 錢 1 分，增加了百分之二十七，價值之昂概可想知〔註114〕。受銀銀價下跌而受害最大的是銅鐵兩宗。「遞年逐漸衰敗，不知伊於胡底。揆厥情形，殆因價值增加，消（銷）路梗滯一時，終難規復。」若按 1891 年的匯價，每關平銀一兩可值 4 先令 11 便士，當年進口五金之類共計 2206000 擔。1895 年因金價騰漲，竟減至 155 萬擔。至於進口鐵條、鐵板、鐵片條、鐵絲、鐵磚、舊鐵等項，1891 年共計 1726000 擔，1895 年亦因價隨金漲，竟減至 1071000 擔。舊鐵「向推進口之巨擎，曩者銷場頗廣」。1891 年共計 859000 擔，邇因金價日漸昂貴，貽害甚巨。1895 年已減至 413000 擔，若照前五年比較，所減已愈其半〔註115〕。下跌的銀價對出口的雜貨也大有幫助。其中皮貨和上一年相比，已增一倍之多，「揆厥易漲原由，殆因金貴銀賤之故耳」〔註116〕。

　　1896 年的銀價仍低，但變動較爲溫和，所以市面交易尙無出入。規平一兩可換 3 先令 1 便士至 2 先令 10 便士，半出口貨物仍似有利可圖〔註117〕。福州的報告指出，印度迫用金鎊，貨物難於銷售，而中國用銀則易於銷售〔註118〕。

　　1897 年的全國貿易報告再次提到銀價下跌對進口不利，而對出口有助。

〔註112〕《光緒二十年重慶口華洋貿易情形論略》，《中國舊海關史料》第 21 冊，京華出版社 2001 年版，中文第 108 頁。

〔註113〕《光緒二十一年通商各口華洋貿易情形總論》，《中國舊海關史料》第 22 冊，京華出版社 2001 年版，中文第 13 頁。

〔註114〕《光緒二十一年通商各口華洋貿易情形總論》，《中國舊海關史料》第 22 冊，京華出版社 2001 年版，中文第 15 頁。

〔註115〕《光緒二十一年通商各口華洋貿易情形總論》，《中國舊海關史料》第 22 冊，京華出版社 2001 年版，中文第 16 頁。

〔註116〕《光緒二十一年通商各口華洋貿易情形總論》，《中國舊海關史料》第 22 冊，京華出版社 2001 年版，中文第 19 頁。

〔註117〕《光緒二十二年通商各口華洋貿易情形總論》，《中國舊海關史料》第 24 冊，京華出版社 2001 年版，中文第 12 頁。

〔註118〕《光緒二十二年福州口華洋貿易情形論略》，《中國舊海關史料》第 24 冊，京華出版社 2001 年版，中文第 199 頁。

「金價高而銀價低，購辦洋貨勢難踴躍，殆因成本既多，銷場自少，但不利於洋商，而實有益於華商也。」〔註 119〕「土貨雖因錢價日貴，似與貿易有礙差。幸銀價仍賤，金價甚高，所以年年較勝。」〔註 120〕

1898 年的全國貿易報告稱，近來銀價低而金價高，進出百貨價值俱有所增。洋商購辦土貨較之早年肯出重價，是因為土貨運至外洋並無虧折，洋貨進口亦當多索。因此，「近年販運貨物雖多，究不能如貨價之多。」〔註 121〕上海的報告根據貨價變化，分析了銀價下跌的程度。「欲知銀跌貨漲之若干，可將貨中之有一定價值者揭出數種，如米、麥、靛青、粉絲、火腿、花生油等比之，則知所有各貨之價值較光緒十八年竟有貴至百分中之三十餘分矣。此中消長之機並非因貨本之貴，乃係銀價大跌所至（銀價係按錢串合算每兩合銀若干即購洋貨若干）。」〔註 122〕

90 年代的貿易報告對銀價迅速下跌對貿易的影響進行了介紹和分析。報告認為銀價的下跌對土貨的出口和洋貨的進口有著不同的影響。土貨因此而降低了價格，提升了競爭力，有利於增加出口。洋貨的價格卻因為銀價的大幅下跌而不斷提升，不利於在中國銷售。報告對金銀比價與進出口關係的看法符合近代西方對匯率和進出口關係的認識，比較準確的分析了二者之間的關係。

銀價的下跌不僅對中國進出口貿易產生顯著影響，還波及到國外在中國開設的銀行的經營狀況。1892 年的全國貿易報告中說：「而權子母者，亦日形積累，難挽狂瀾。譬若緊弦以收其端，逐漸而縮，縮猛則勢必中斷，此可以喻今日銀行之蹙矣。」報告對此進行了舉例說明。假如銀行十年前初挾萬鎊之金來華，照當年時價可得銀 35300 餘兩，今欲將原銀仍易西鎊，按本年時價，則僅剩 7780 鎊。在銀價下跌的影響下，本年有一家大銀行資本漸縮，竟致虧空倒閉。還有一家銀行因其原鎊股本半由前數年在亞洲易銀者目下盤算，則已耗去四分之一。不得已，只能續增股份，以補斯紲。另有數家銀行，

〔註 119〕《光緒二十三年通商各口華洋貿易情形總論》，《中國舊海關史料》第 26 冊，京華出版社 2001 年版，中文第 11 頁。

〔註 120〕《光緒二十三年通商各口華洋貿易情形總論》，《中國舊海關史料》第 26 冊，京華出版社 2001 年版，中文第 13 頁。

〔註 121〕《光緒二十四年通商各口華洋貿易情形總論》，《中國舊海關史料》第 28 冊，京華出版社 2001 年版，中文第 11 頁。

〔註 122〕《光緒二十四年上海口華洋貿易情形論略》，《中國舊海關史料》第 28 冊，京華出版社 2001 年版，中文第 166 頁。

資本極巨，其歷年之息亦幾乎付諸烏有。嗣後，商家借出之款取息愈重，遠賈航海以通有無者，殊非易易。無論往來販運，益加慎重，並且時有戒心。蓋恐未能保其或盈或虧，難操勝券也〔註123〕。1893年的全國貿易報告對銀價下跌給國外投資的影響進行了說明。「竊以行用金鎊之國富商巨賈攜億萬之資本航海來華，故欲廣其懋遷，利市三倍，莫不慎籌善算者也。然觀目前為金價之所變，是亦尚未深察華情國習耳。夫華習譬如銀一兩，則無論金價值六先令抑三先令，仍為原數一兩，未能或異。惟以銀價是視，凡人購物以價銀一兩，皆喜得物，比前尤多。倘貴極難購，則必致裹足不前。」〔註124〕1894年的全國貿易報告介紹了金價高漲對銀行的衝擊。「西金市價恒久騰貴，起落靡常，銀價終賤，不能復返。其金價最高每關平銀可匯三先令一，最低僅及二先令八，計每百分中退縮至十五分之多。致上海久年所設之外國銀行，現又相繼閉歇二家。其新開者有鑒於斯，另擬改規，是知或匯或借，自必其難其慎。」〔註125〕可見，銀價的持續下跌對國外投資和國外開設的銀行所造成的影響不容忽視。

雖然銀價的上漲在一定程度上影響了洋貨的競爭力，但國內需求的不斷增加還是讓中國的進口額呈增加趨勢。1902年的全國貿易報告就指出，由於國際市場的銀價日低，而「進口洋貨以金為本，金價既漲，售銀之洋貨自必加貴。洋貨既貴，誰肯多購？」〔註126〕銀價本年雖然下跌了百分之二十，「所幸並未礙及進口貨物之處，殆因合同係在前數月金價尚未大漲之時業已做定，故現交之貨仍按從前之價值。」對於日後銀價如果仍低對續運進口貨物可能造成的影響，報告認為根據歷年情形，「金價雖高而貨物獨是源源而至，所以逆料來日亦係相等，似不致因銀價之日落生意並隨之而日減。」〔註127〕

1903～1907年，國際市場的白銀價格進入到一個上升的階段。全國貿易

〔註123〕《光緒十八年通商各口華洋貿易情形總論》，《中國舊海關史料》第18冊，京華出版社2001年版，中文第12頁。

〔註124〕《光緒十九年通商各口華洋貿易情形總論》，《中國舊海關史料》第19冊，京華出版社2001年版，中文第13～14頁。

〔註125〕《光緒二十年通商各口華洋貿易情形總論》，《中國舊海關史料》第21冊，京華出版社2001年版，中文第11頁。

〔註126〕《光緒二十八年通商各口華洋貿易情形總論》，《中國舊海關史料》第36冊，京華出版社2001年版，中文第11頁。

〔註127〕《光緒二十八年通商各口華洋貿易情形總論》，《中國舊海關史料》第36冊，京華出版社2001年版，中文第13頁。

報告則分析了 1903 年匯票上漲與進口棉花的關係。「但匯票既有漲無跌，市面生意亦當有增無減，萬不意花價異常增價，雖有匯票之長，不抵花價之貴。」報告將 1903 年的匯票與美國、印度和上海棉花價格進行了列表說明，見表 3.23。

表 3.23　1903 年匯票行情與美國、印度和上海棉花價格

	上海規平銀一兩合匯票行情	美國棉花每磅價值	印度棉花每磅價值	上海棉花每擔價值
1903 年 1 月	2 先令 2 便士	4.054 便士	3.075 便士	16.6 兩
1903 年 3 月	2 先令 1.075 便士	5.032 便士	4 便士	17.5 兩
1903 年 6 月	2 先令 3.0875 便士	7.004 便士	4.00625 便士	17.8 兩
1903 年 8 月	2 先令 5.5 便士	6.078 便士	3.08125 便士	18.3 兩
1903 年 10 月	2 先令 7 便士	5.068 便士	3.0875 便士	17.95 兩
1903 年 12 月	2 先令 5 便士	7.5 便士	4.075 便士	19.3 兩

資料來源：《光緒二十九年通商各口華洋貿易情形總論》，《中國舊海關史料》第 38 冊，京華出版社 2001 年版，中文第 14 頁。

從表 3.23 可以看出，1903 年美國棉花價格的上漲抵消了銀價上漲所帶來的好處。所以銀價上漲的年份並不能一定造成進口貨物價格的下跌，外國貨物本身的價格變動也有著重要影響。

1904 年汕頭的報告提到：「本年銀價昂漲，歲初洋蚨一翼值英金約一先令九辨士，及至年終，竟增至一先令十一辨士有半。本處出產及製造各貨銷售於金幣之國者，殊不視金銀之折價高低為利病。」〔註128〕1905 年廈門的報告認為現在的進口貨值和同治三年相比，雖然增加了三倍，「若將是年所跌銀價按之，便見所增之數為虛。倘進口貿易視如出口一般，多年無甚變動，竊料實查不遠也。」

1905 年的全國貿易報告對於之前四十年的匯票價格和進出口額的關係進行了分析。報告中說：「茲將光緒三十年提出二十二種進口貨物之價值，在是年百貨總數之內已占四成一。又二十六種出口貨物之價值亦占六成二。以此類推，統共進出各貨以是年之斤、兩、擔、疋為準，比較價值近四十年中每

〔註128〕《光緒三十年汕頭口華洋貿易情形論略》，《中國舊海關史料》第 40 冊，京華出版社 2001 年版，中文第 293 頁。

十年各有若干（即如光緒三十年洋布一百疋，二十年亦算一百疋，分別時價）。進口出口相考核，孰增孰減，以定成數。」〔註129〕列表內容見表 3.24

表 3.24

十年考核（即以光緒三十年各貨斤、兩、擔、疋考核價值）	匯票行情	進口貨價	出口貨價	比較成數
1865～1874 年	82 便士	282500000 兩	187800000 兩	6.65：10
1875～1884 年	73 便士	227400000 兩	149400000 兩	6.57：10
1885～1894 年	62 便士	218000000 兩	139250000 兩	6.4：10
1895～1904 年	39.5 便士	259250000 兩	169000000 兩	6.52：10
平均		246787500 兩	161362500 兩	6.54：10

資料來源：《光緒三十一年通商各口華洋貿易情形總論》，《中國舊海關史料》第 42 冊，京華出版社 2001 年版，中文第 42～43 頁。

報告對此進行了詳細分析。「現在提出各貨係因最關緊要，比如進口土類若以統共扯算，恐價過高，反不足恃。茲提是年兩種之價值以之比較，堪為明證。至於各種土類，在光緒三十年進口百貨總數之內，計占一成一分。四十年內兩種土類在二十二種內，每十年扯算，酌中之數如第一之十年期內占二成，第二之十年內占一成七，第三之十年期內占一成九，第四之十年期內占一成八。論同治六年之土價，在是年百貨總數內亦占四成。出口貨物二十六種內，現在查出不算大宗者已有其四。此四種在二十六種內成數所佔已不及一分。愚所以列入其內者，因從前實算大宗貨物機器繅絲係近來新增之貨，前三十年冊內所無，現在算法即按彼時白絲出口價值加四成六。因現在白絲價值比如一百兩繅絲，即售一百四十六兩。進口貨中亦有兩種為前二十年所無者，即如印度棉紗、日本自來火。四十年之估價即照已有此等貨物之第一個十年酌中之價值核算，再參看尚有用銀幾國之冊報。因銀價日減，貿易盛衰究竟如何，諒係多備出口貨物，以抵制進口者。而出口偏是生成貨物，並非製成俟。抵他國製成貨物減於生成之數，仍然運回原國銷售（即如出口棉花一百擔，應紡紗七十擔運進原國。現在反減別國，以為吃虧）。又值匯票時價長落無憑，則與所出生成貨物之國實在有礙，直不啻為其奴婢，逐日勤勞

〔註129〕《光緒三十一年通商各口華洋貿易情形總論》，《中國舊海關史料》第 42 冊，京華出版社 2001 年版，中文第 42 頁。

助人富厚。惟此等原故與中國情形迥不相同。中國進出各貨每十年比較一次，近四十年來亦占六成五分四，每十年內差不過一分四。」因此，在匯票市價變動的影響下，貿易整體上並不吃虧。「價值總算極其平穩，或者另有他故，但非從銀兩價賤之處所能查出者。」〔註130〕

針對環球市面上「各貨價值皆自用金之幾大國所主持」的說法，報告認為不免過甚，因為價值「雖間有變通，然通商各國之貿易實已奉行惟謹，即用銀之國亦包括在內」，所以貨物的國際價值的並非「用金之幾大國」就可以操控〔註131〕。國際市場上的貨物價格是由貨物本身價值作為基礎，並受到整體供求關係的影響。所以報告的這一看法是符合實際情況的。

報告中還從運輸成本的變化分析了對進出口貨物價格的影響。從前各國與中國往來貨物多半是用夾板蓬船，轉運稽遲，水腳較貴，「進口成本較之近來，須加若干方能相抵加貴之水腳加重之利息。」「有此一層，中國出洋土貨之價值相因亦減。緣歐美等洲銷流已屬不易，中國較遠，更為可憑，所以從前出洋貨價比較現在相離更甚。因此原委，故使進出貨價得以相平。殆為進口貨價短期利輕，成本較少，售價即減，出口貨價因此反可加貴，一增一減，是以兩平。」同時由於四十年前卡少捐輕，內地售價與口岸售價所多有限。而四十年後卡多捐重，再加上同是一樣價值之土貨，現須銀兩較多。「若一樣銀兩比照現在金價採買土貨，則少六成；比照現在銅錢採買土貨，則少三成。中國數萬萬人，以土貨交易銅錢，銅錢較銀兩此時幾增一半。比如從前須銀一百兩，現在則須一百五十兩。洋貨運入內地，因是亦當變動。再有意想不及之事，售主總當預留地步，高其價值，以期稍有所獲。如是以觀，銷戶、產戶兩有吃虧。」〔註132〕由於以上原因，使得外國貿易各冊反靠不住。「一謂在外之故，即如裝運利息等事。二謂在內之故，即如銀兩、銅錢以及捐卡等事。」所以產貨、銷貨的出入並無區別，進出價值互相比較，四十年來尚能不相上下〔註133〕。

〔註130〕《光緒三十一年通商各口華洋貿易情形總論》，《中國舊海關史料》第42冊，京華出版社2001年版，中文第43～44頁。

〔註131〕《光緒三十一年通商各口華洋貿易情形總論》，《中國舊海關史料》第42冊，京華出版社2001年版，中文第44頁。

〔註132〕《光緒三十一年通商各口華洋貿易情形總論》，《中國舊海關史料》第42冊，京華出版社2001年版，中文第44～45頁。

〔註133〕《光緒三十一年通商各口華洋貿易情形總論》，《中國舊海關史料》第42冊，京華出版社2001年版，中文第44頁。

　　報告中對其他一些中國所特有的影響進出口的因素也進行了說明。由於「中國商人頗有本領，雖匯票長落亦能想法得其餘利。美國曾有一人著書一篇，論及華人最古之時懋遷聰明為各國所不如，他商亦以為然，但係空言。迨至去年，團結情形顯而易見，其堅忍合群之性直是生成有此力量，所以與用銀之別國致有不同。即係天意所迫，明知人力不能挽回，亦能暫緩時日，以致貿易冊內所論各節亦不足恃進口貨價。」而銀洋之長係因匯票之故，但成本較輕，「殆為西方機器製造，事半功倍，而東方亦知此益，現已設廠仿製。」出口土貨因為從前的價格可以自定，所以其價格較高，而現在由於別國亦有，所以價格有了明顯下降。「在光緒二十七年至二十八年，其值比較前三十年已少二成二分。湖絲總算差強人意，尚處適中地位，雖不能如曩年極盛之景象，卻亦不致如茶葉之一蹶不能復振，近年銷數尚有可觀。況有天然各貨為中國所獨擅其長者，如麝香、香油、棉花、草帽纓、豆餅等類，半由地土之所宜，半由人工之極賤，為別國所不能攘奪者，故近年所獲之利亦屬不少。若除去所論華商獨具之本領，則中國冊報用銀各國之情形並無分別。」〔註134〕

　　報告認為，以上分析的原因能使進口價減，出口價增。「且冊報系按口岸所定，其實不然。價值係由內地銷貨、產貨戶口所定，進口若干，出口即應若干，此理所當然。倘或比較出口，總應多於進口。若按用銀別國之章程，不是如此。所以一樣斤重之貨物在別國冊報估值是少，在中國冊報估值是多，一多一少，故使中國貿易冊報毫無增減。」〔註135〕

　　1905年的全國貿易報告通過大量論證，認為近40年內中國的進出口整體形勢並沒有因為銀價的下跌而產生明顯變化。報告所做的分析具有很高的參考價值，是近代西方經濟思想和經濟視角在中國進出口貿易上的具體應用，體現了海關對匯價的變化與進出口整體形勢的關係所進行的深入思考。

　　1906年的全國貿易報告在分析絲的出口狀況時說：「適值匯水逐漸繼長增高，迨至秋令，西國市價已長，不但能抵匯水所失之數，付銀既加，出絲自盛。」〔註136〕1908年銀價接續傾跌，已衰之市面而遇到如此之銀價，則關係

〔註134〕《光緒三十一年通商各口華洋貿易情形總論》，《中國舊海關史料》第42冊，京華出版社2001年版，中文第45頁。

〔註135〕《光緒三十二年通商各口華洋貿易情形總論》，《中國舊海關史料》第44冊，京華出版社2001年版，中文第42頁。

〔註136〕《光緒三十二年通商各口華洋貿易情形總論》，《中國舊海關史料》第44冊，京華出版社2001年版，中文第30頁。

更重。年度貿易報告認為，「華洋之貿易本隨匯價為轉移，匯價之無定亦系歷有之事，此項失利，彼項必獲利。」〔註137〕1909 年由於匯票價低，出口貨物隱受其利，進口貨物顯受其累。因此，這一年中國出產的麵粉、棉紗、棉布、鐵等貨物「皆得與洋貨爭衡」〔註138〕。可以看出，匯票價格的下跌對於增加土貨的出口有所幫助。

1906 年上海的報告稱：「以銀兌金，其價比諸往屆可為最高。自去年冬初漲起，至十二月間，每兩關平銀應值英金二先令十本士十六分之七，至本年九、十月間，竟貴至三先令一本士十六分之九。」〔註139〕汕頭的報告說：金價落百分之九，造成疋頭生意亦甚平淡〔註140〕。

1907 年天津的報告稱：「怠至本年春季市面積儲之疋頭各類貨，為數良多，且各商向外洋訂購各貨在西曆前半年尚絡繹進口，奈本埠市價較由外洋置價獨廉，是以殊難獲利。至西六月後，則進口貨物立即寥落。各商所積滯銷各貨始漸銷售。當秋令金價跌減，各商均向外洋批訂新貨，進口存棧非加價本年購辦。究所以致此者，大約各商前或不肯將存貨早為出售，後或不能出售，以冀收桑榆之補。然商務因此催折，其結果亦無利可圖。管出口之貿易者較進口之貿易益形虧累矣。」〔註141〕

從 1890 年開始，大多年份的全國貿易報告都關注了金銀比價的變動及對貿易造成的影響，一些地方的貿易報告也對此有所關注。貿易報告中普遍認為銀價下跌有利於出口，妨礙進口；銀價上漲不利於出口，有助於進口。銀價的下跌也對國外在華的銀行和投資有著不利的影響。1905 年的全國貿易報告還通過對 40 年來有代表性的貨物的進出口量的對比分析，認為銀價的長期下跌並沒有改變中國進出口的整體形勢。由此可見海關對於國際市場金銀比價對中國經濟影響的重視。

〔註137〕《光緒三十四年通商各口華洋貿易情形總論》，《中國舊海關史料》第 48 冊，京華出版社 2001 年版，中文第 9 頁。
〔註138〕《宣統元年通商各口華洋貿易情形總論》，《中國舊海關史料》第 51 冊，京華出版社 2001 年版，中文第 9 頁。
〔註139〕《光緒三十二年上海口華洋貿易情形論略》，《中國舊海關史料》第 44 冊，京華出版社 2001 年版，中文第 291 頁。
〔註140〕《光緒三十二年汕頭口華洋貿易情形論略》，《中國舊海關史料》第 44 冊，京華出版社 2001 年版，中文第 335 頁。
〔註141〕《光緒三十三年天津口華洋貿易情形論略》，《中國舊海關史料》第 46 冊，京華出版社 2001 年版，中文第 211 頁。

二、金銀比價劇烈波動對貿易的妨礙

　　儘管從 70 年代開始，金銀比價出現了比較明顯的整體變動趨勢，但往往不是平穩進行的，很多年份中都存在劇烈波動。貿易報告中對金銀比價出現劇烈波動時給貿易造成的影響也有大量的記錄和分析。

　　1893 年的全國貿易報告中提到，當年的金價從每關平銀一兩合金鎊自 3 先令 10 便士遞貴至 3 先令 2 便士。金價的上漲導致進口的洋貨受虧「顯而易見，人所共知，必將僉謂出口土貨定占長籌，可抵進口之不足」。但人們卻不知運貨出洋亦形棘手。「只緣金無定市，時有起伏，而華洋交易專視金價為準繩，若漲落靡常，則罔有把握。」報告進行了舉例。「譬若商人今日置貨，翌晨金價驟騰，是他商後置之貨運抵外洋，其值較廉，而前商之貨自必滯銷，因而折耗。雖善賈者亦失方寸，莫能操算矣。」〔註 142〕這個例子說明了金價驟騰會給剛剛將貨物運抵外洋的商人帶來很大的麻煩。報告還以如重慶口為例，說明了金價無定對出口的危害。「洋貨進口價值已比十八年減一百二十五萬餘兩，意謂金價昂則土貨出洋必當厚獲，亦竟不然。統而言之，金水過高，既損進口貿易；金價無定，復礙出口經營甚。」〔註 143〕金價的漲落不定對絲的出口也造成了很大影響。1893 年的湖絲出口略絀，「緣美國近以金市紊亂，貿易失持，此宗生意美商年中交易頗鮮。計白絲少出口七千六百七十餘擔。其黃絲多往印度，蓋利盡於彼此往來，銀色可沾餘潤。是年共出口一萬二千三百餘擔，十八年黃絲出口僅九千餘擔，雖然金鎊如此之高，出洋黃白等絲似乎可藉生色。而通扯出口，亦絀四千三百餘擔，即前論金價無定。」〔註 144〕

　　1895 年的全國貿易報告指出，本年的進口貿易由於「匯兌之價非比二十年之漲落靡常，是以通用金錢諸國生意漸有轉機，易於措手，不致為其所困。」〔註 145〕報告介紹了白銀價格變化不定對棉花出口的影響。「溯光緒十一年底，匯票之價每規平銀一兩僅值四先令六邊士半，棉花在英國利物浦每磅值五邊士零四分之一，本年匯票之價每規平銀一兩僅值二先令十一邊士，棉花在英

〔註 142〕《光緒十九年通商各口華洋貿易情形總論》，《中國舊海關史料》第 19 冊，京華出版社 2001 年版，中文第 11 頁。

〔註 143〕《光緒十九年通商各口華洋貿易情形總論》，《中國舊海關史料》第 19 冊，京華出版社 2001 年版，中文第 12 頁。

〔註 144〕《光緒十九年通商各口華洋貿易情形總論》，《中國舊海關史料》第 19 冊，京華出版社 2001 年版，中文第 14～15 頁。

〔註 145〕《光緒二十一年通商各口華洋貿易情形總論》，《中國舊海關史料》第 22 冊，京華出版社 2001 年版，中文第 13 頁。

國利物浦每磅值四邊士半。茲於本年十一月十一日閱上海瑞和洋行市報所載，刻因金銀價值漲落靡常，殊與商務有礙。」〔註146〕

1902 年的全國貿易報告稱，由於本年金銀時價忽漲忽落，「更難劃一，是以與貿易一道妨礙諸多。誰能預料是賺利是虧本？」〔註147〕1903 年的全國貿易報告在分析布疋生意尤爲減色的原因時說：「既因棉花價大，又因匯票漲跌無憑，且不能道其原委」。同時由於「匯票漲跌不能有定，銀根緊急異常」，造成了絲斤所出無多〔註148〕。報告還談道：「上年歲暮，大宗貨物所存甚多。自冬至春，匯票行情又跌，經手華商不願貿易。本年一年銀根既緊，北方尤甚，以致銷路更滯。總之，無論是何原故，均使價值昂貴，礙及貿易俟。」到了西曆五月，匯票行情稍好。照平常年份，商人無不踴躍爭先，以期暢銷而得十倍之利。不料本年不獨不能賺利，反得虧本。「其故於許多商人因貨未到，已經乘機結帳，惟恐匯票行情不佳。不意事雖逆料，匯票不但不跌，而且更長，故尚未結帳者可以獨得其利。而已結帳之貨與未結帳之貨成本不同，一併出售，安有不更吃虧之理？」〔註149〕

1904 年的全國貿易報告講道，匯票之長落與戀遷有無尤爲不便。如能預知是長是落，商賈中人亦可設法隨之長落，總可使此項貨物不致吃虧。忽長忽落可惜不能預知，直如賭博，誰能保其勝負？以致販運商人不得不寬留折本地步，預計價值，孰知憶不能中，貨到銷處仍是無利可獲，以後價值無非更外抬高。貨價既高，貿易自不流通〔註150〕。報告中對近兩年按月英金長落的情況進行了詳細論明。「近兩年忽長忽落之金價，查上年二月匯票最低之價二施令四辨士七五，迨至四月，長至二施令八辨士二五。該兩月中百分已長十二分，不意至前五月，落至三分，七月又長至二施令十一辨士二五。可見忽然越次加長，又有十三分之多。不意十月又落至二施令八辨士，此相距三

〔註146〕《光緒二十一年通商各口華洋貿易情形總論》，《中國舊海關史料》第 22 冊，京華出版社 2001 年版，中文第 15 頁。

〔註147〕《光緒二十八年通商各口華洋貿易情形總論》，《中國舊海關史料》第 36 冊，京華出版社 2001 年版，中文第 11 頁。

〔註148〕《光緒二十九年通商各口華洋貿易情形總論》，《中國舊海關史料》第 38 冊，京華出版社 2001 年版，中文第 11 頁。

〔註149〕《光緒二十九年通商各口華洋貿易情形總論》，《中國舊海關史料》第 38 冊，京華出版社 2001 年版，中文第 14 頁。

〔註150〕《光緒三十年通商各口華洋貿易情形總論》，《中國舊海關史料》第 40 冊，京華出版社 2001 年版，中文第 9 頁。

個月，又落十分。本年初上年底，長至三施令一辨士。該兩個月內，又長十六分二三，月中二施令八辨士。該兩個月內又落十四分，以後三月又長九分，其中又落一落，再後兩月又長八分。兩年之內匯票行市長落九次，極少三分，極多十六分，相離若是之遠，進出貿易誰有把握？」〔註 151〕制錢行情也對貿易起到了明顯的影響。採辦出口土貨，分銷進口洋貨，在內地均以制錢為準，長落行情關係匪淺。行家用銀，百姓用錢。近三十五年內，銅貴銀賤，如照制錢價值以合銀兩，銀子落有三十分。一年之中，制錢與銀兩亦有許多長落，惟與金鎊時候既不相同，數目亦非相因〔註 152〕。因此報告認為：「有此兩層窒礙，獨之天平不能較準。凡每件洋貨自出產起，至銷場止；土貨自內地出產起，至外洋銷場止，期間不知有若許不能索解之長落，致使商賈中人難以預留賺利地步，得免徒然之虧折。緣為時太促，不過兩月，忽而極長，忽而極落，縱或預計，亦趕不及。有此情形，貿易一道頗難立足。即有謹慎聰明之人先事預防，早為定價，終不能操一必勝之權。」〔註 153〕

1905 年的全國貿易報告在介紹本年匯票價格變動情況時說，匯票情形比上年更難明晰，各國商人預算總不能符。「譬如有一商家買進口貨，二月至七月匯票價值業已議定，貨尚未售，嗣後又一商家買票較其便益，彼此售貨自有難易之分。出口土貨上半年不肯速辦，及至後來，匯票行情逐月反壞。無論若本領之商人，不能預計其長落，所以除別項緊要之生意外，即當思慮匯票之事。泰西商人不用留心，再各商以俄日講和之後匯票時價，想可仍似未戰以前，豈知不然，銀價比戰前反得更高。」〔註 154〕

1906 年的全國貿易報告中列舉了最近幾年銀價出現的變化。「一千九百四年，規平銀兌換匯票極低，時價係二十八辨士。至一千九百六年，或長或落，其價已長至三十七辨士七五。不及三年，則每百長有三十五矣。如倫敦與紐約之匯價每鎊自三元六至四元八六，倫敦與巴黎之匯價每鎊十八佛蘭七至二十五佛蘭二五。即或如是，西國商人知與貿易甚有關涉。」1906 年每月

〔註 151〕 《光緒三十年通商各口華洋貿易情形總論》，《中國舊海關史料》第 40 冊，京華出版社 2001 年版，中文第 9～10 頁。

〔註 152〕 《光緒三十年通商各口華洋貿易情形總論》，《中國舊海關史料》第 40 冊，京華出版社 2001 年版，中文第 10 頁。

〔註 153〕 《光緒三十年通商各口華洋貿易情形總論》，《中國舊海關史料》第 40 冊，京華出版社 2001 年版，中文第 10 頁。

〔註 154〕 《光緒三十一年通商各口華洋貿易情形總論》，《中國舊海關史料》第 42 冊，京華出版社 2001 年版，中文第 10 頁。

時價之高低歲不似前兩年相差之遠，銀價多半漸高，而貿易一道仍難較盛。銀價的上漲應當有利於洋貨進口，「因洋貨在外國是按金價買來，及至中國起岸成本則輕。」但由於上漲突然，「惟先在進口屯積重本之貨與貨進口輕本之貨同時交出，何能相敵？以致應得銀貴之益，徒託空談。」而這一年辦進口貨物的商家大半苦於存貨太多。土貨出口方面，由於銀價忽長，亦有吃虧之處。「因在先運出者，或可得匯兌之益；在後則買價已定，致與匯價不能相符。」〔註155〕

1907 年的全國貿易報告分析了「本年銀市忽長忽落，尤無把握」的原因。「西曆年初，規平銀一兩合金鎊三十七本士，迨至三月，落至三十四本士半，五月復長至三十七本士。自六月至九月四個內，長落無多，行情稍定。所惜者是十月自三十六本士忽又落至三十三本士零二五，除十一月時略平外，年底又落至不及二十九本士。總之，自一千九百四年起，至本年最低之價值，相距三個月之期，所差有七本士之多，此真不數見者。如長落行情以百分計之，相差有二十分，以致年底貿易不見起色。其故殆因銀價無定，貨價隨之，商人不能逆料，進出口貨俾其牽累，誠匪淺矣。洋商所運進口貨物均係以金為主，當行市未落之前，售貨價值即不易定，適值忽落有二十分之多，若欲不失金價之本，則必須貨價抬高有二十分始能成本不虧。採辦出口貨物之商人在貨未到手之先價值預定，及至銀落，與在後訂貨之商家兩相比較，必失二十分之利，如辦絲商家受累尤甚。」〔註156〕

一些地方的報告也分析了比價劇烈波動對貿易造成的影響。1893 年廈門的報告說：「行用銀元之國實受銀賤之累，緣商人已算定有可獲利之貨，一旦銀價驟跌，反為失者。」〔註157〕廣州的報告也認為：「本年生意最要者，其中國銀價日低，外國金價日漲，商人不能預知其勝負，往往出其不意，致與外洋貿易者頗覺為難。」〔註158〕1896 年廣州的報告在分析對美國出口時說：「運美之貨不甚踴躍，因須俟其國民主立定國庫銀價酌準，貿易始可措手。又因

〔註155〕《光緒三十二年通商各口華洋貿易情形總論》，《中國舊海關史料》第44冊，京華出版社2001年版，中文第37～38頁。

〔註156〕《光緒三十三年通商各口華洋貿易情形總論》，《中國舊海關史料》第46冊，京華出版社2001年版，中文第25～26頁。

〔註157〕《光緒十九年廈門口華洋貿易情形論略》，《中國舊海關史料》第19冊，京華出版社2001年版，中文第183頁。

〔註158〕《光緒十九年廣州口華洋貿易情形論略》，《中國舊海關史料》第19冊，京華出版社2001年版，中文第195頁。

迭次貨價漲跌不一，商人胸無把握。」〔註159〕1897年鎮江的報告也說道，有
礙貿易之事包括了金銀漲落無常〔註160〕。1903年廣州的報告稱，由於匯水漲
落無常，累及洋貨進口不得暢旺〔註161〕。1907年上海的報告說：「金銀、銅
幣價值漲落出入甚巨，懋遷者流苦於金銀無定價，致難捉摸。使在上者若能
規定劃一之制，則無論中外，俱可免此耗失。金價上年十一、十二兩月間，
每關平銀一兩合三先令一本士十六分之一，至本年八九月間，每關平銀一兩
自三先令零十六分之五跌至二先令八本士十六分之十五，此固難以逆料者，
蓋市上行用，莫妙於金價愈貴銀價愈賤，各項貿易方能得操勝算矣」〔註162〕。
1908年上海的報告論及洋貨進口價值減少的原因時說：「蓋以外洋金價益貴，
同一購貨而以金折銀，足加二成五至三成之數，且洋藥價值日見增漲，以故
光緒三十一年分餘積之布疋一類，非減價拍賣無人過問，此即本年進口大為
短縮之原因也。」〔註163〕同時由於金銀價值漲落無定，操奇計贏之輩因此各
懷恐懼，以外洋金值既如此之高，而本口錢值又若此之低，凡力乏之家即應
購者，亦皆可省則省。雖多係家常必需之物，然既加增二成至二成五之數，
自必無錢購買〔註164〕。土貨出口與之相反，「本年雖以金銀價值漲落無定，在
懋遷之流均不敢放膽營運，然獨幸以金貴之故，凡出口者正以有利可圖，失
彼償此，藉補不足耳。」〔註165〕寧波的報告認為：「今年本口貿易之增廣，大
概由於銀價便宜之故。此中之緣故，亦非一定之興隆。人人均知通商乃係貨
色交換，究竟進口之貨即係出口之貨換來。論之銀錢只助交換貨物而已，商
家買賣關乎金銀之上落。上年銀價便宜，所以或得有利益。如或金銀反覆，

〔註159〕《光緒二十二年廣州口華洋貿易情形論略》，《中國舊海關史料》第24冊，京
　　　　華出版社2001年版，中文第218頁。
〔註160〕《光緒二十三年鎮江華洋貿易情形論略》，《中國舊海關史料》第26冊，京華
　　　　出版社2001年版，中文第162頁。
〔註161〕《光緒二十九年廣州口華洋貿易情形論略》，《中國舊海關史料》第38冊，京
　　　　華出版社2001年版，中文第276頁。
〔註162〕《光緒三十三年上海口華洋貿易情形論略》，《中國舊海關史料》第46冊，京
　　　　華出版社2001年版，中文第309頁。
〔註163〕《光緒三十四年上海口華洋貿易情形論略》，《中國舊海關史料》第48冊，京
　　　　華出版社2001年版，中文第302頁。
〔註164〕《光緒三十四年上海口華洋貿易情形論略》，《中國舊海關史料》第48冊，京
　　　　華出版社2001年版，中文第302頁。
〔註165〕《光緒三十四年上海口華洋貿易情形論略》，《中國舊海關史料》第48冊，京
　　　　華出版社2001年版，中文第303頁。

恐所得之本利必致有虧損耳。」〔註166〕

　　晚清的貿易報告中普遍認為金銀比價的劇烈波對進出口皆有妨害。由於金銀比價的變化難以捉摸，使商人們在貿易時顧慮重重，畏首畏尾，對進出口貿易產生了一定的消極影響。貿易報告對穩定金銀比價，減少劇烈波動也提出了一些看法。

　　1894年的全國貿易報告認為：「現在金之於銀情同仇敵，連年酷殺不休。然而旁觀者清，已審勝負之勢，洞見金市貿易定為所困，銀市經營必占長籌。惟料當局同病諸邦諒不能久於袖手坐視，或將設法由政府復行開局鑄銀，以通中外；或倣新舊金山杜遏華工進口於泰西各埠，加增稅項，徵收銀市進口各貨，以為自保之計也。」〔註167〕

　　1904年的全國貿易報告建議：「為今之計，惟冀各國政府、各國銀行、進出商家、各項公所以及屯聚零星商賈和衷共濟，更改善策，能使匯票畫一，不致聚長聚跌，則中外商人受惠良多矣。」〔註168〕

　　1906年的全國貿易報告說，1872至1902年這30年來，銀價逐步售低。1903至1906年這4年內逐年皆高。「無論或長或落，總與貿易有礙，必須整頓有一準數，則商務中人自有遵循匯兌時價長落。商人如能預為測度，本可不慮。所慮者一月以前安能逆料，以致商場轉成賭博。若論匯兌時價，通商各大國中，惟中國一國是用銀幣，銀價長落中國商民又無管理之權，仍聽國外情形所定。」面對這種有礙貿易的局面，貿易報告給出了建議。「金銀除已成之幣外，餘則與百貨相等。價值長落之故亦與別貨長落之故並無區別。金子一兩能易米石若干、布疋若干、銀兩若干，均按市中米、布、銀三項所備與所需者孰多孰少。倘此中一項所備之貨陡然增多，則所易之值自低。如所需多，則所易之值即高出金較多，出銀仍舊，以金易貨自然價低，以銀易貨自然價高，此即現在貿易場中實際有之情形也。」〔註169〕貿易報告針對當時的實際情況所給出的這項建議較為合理，對於判斷商品價格有所幫助，體現

〔註166〕《光緒三十四年寧波口華洋貿易情形論略》，《中國舊海關史料》第48冊，京華出版社2001年版，中文第327頁。
〔註167〕《光緒二十年通商各口華洋貿易情形總論》，《中國舊海關史料》第21冊，京華出版社2001年版，中文第14頁。
〔註168〕《光緒三十年通商各口華洋貿易情形總論》，《中國舊海關史料》第40冊，京華出版社2001年版，中文第10頁。
〔註169〕《光緒三十二年通商各口華洋貿易情形總論》，《中國舊海關史料》第44冊，京華出版社2001年版，中文第38頁。

出海關對中國貿易狀況的熟悉。

三、金銀比價變動原因的分析

貿易報告在介紹金銀比價的變化對進出貿易所造成的影響的同時，還對種變化的原因進行了分析。1893 年重慶的報告指出，由於「近年印度等國改用金鎊，金價既貴，銀價自低；銀價既低，貨價自貴」〔註170〕。汕頭的報告分析了銀價甚低的原因時說：「是年五月以前印度國鑄銀局向章，凡人皆以生銀赴局平換銀元，及五月內遂竟停輟。其二則美國於九月間止買生銀。溯自十六年五月起，美國戶部每月買生銀四百五十萬英兩，計關平銀三百七十二萬五千餘兩。十八年冬杪至是年春在倫頓沽銀元，比較年底價落百分之十八，而生銀之價落亦差等。」〔註171〕

1894 年上海的報告談到了印度新改盧比和甲午戰爭對銀價的影響。報告說：「印度向例行用銀錢，本有定價，至西曆正月，忽更囊例，盧比價之低昂，悉隨銀盤以上落，以致銀市大跌，各國貿易俱為牽動，實與商務大局有礙。」〔註172〕「銀價合金鎊上落，大相懸殊，其故因印度新改盧比銀市之例。本年春間漲跌無常，致有跌至一成五光景。嗣以中日稱戈，餉需設有不繼，必須資借洋款，銀價竟漲至一成四、一成五。詎知中國無藉於此，日本且將款撥寄外洋，購辦軍火，銀價復跌至一成三、一成四。查上年銀價已跌至一成八五，本年則更跌至一成三五。華商以銀價大跌，金價見漲，皆相機多購金條，運往外洋。」〔註173〕

1905 年的全國貿易報告中從黃金產量和白銀需求量方面分析了銀價上漲的國際因素。「一因環球各國近年礦中出金較多。四十年內每年酌中之數或鑄金元，或製首飾，不過二千五百萬鎊。本年脫國（德蘭士瓦）金礦已出金二千八十萬二千七十四鎊，各國共出七千萬鎊有奇，以致金價漸賤，銀價漸高。一因銀子銷路有增。印度鑄幣公家採買能鑄三千萬盧比之現銀，目前並不鑄

〔註170〕《光緒十九年重慶口華洋貿易情形論略》，《中國舊海關史料》第 19 冊，京華出版社 2001 年版，中文第 105 頁。

〔註171〕《光緒十九年汕頭口華洋貿易情形論略》，《中國舊海關史料》第 19 冊，京華出版社 2001 年版，中文第 189 頁。

〔註172〕《光緒二十年上海口華洋貿易情形論略》，《中國舊海關史料》第 21 冊，京華出版社 2001 年版，中文第 141 頁。

〔註173〕《光緒二十年上海口華洋貿易情形論略》，《中國舊海關史料》第 21 冊，京華出版社 2001 年版，中文第 145 頁。

幣，仍是存儲，以待將來。況已鑄盧比亦存可觀，未經行用。飛列邊（菲律賓）島開鑄銀元，所購亦多。墨西哥國鑄元局亦因洋元價貴，將存現之元乘勢運出。聞日俄兩國買現銀三千七百五十萬兩，以備戰地用項。再附近中國之東方各處，其行情能使票價不跌，銀價得高，兩戰國須用銀兩頗多。」〔註174〕國際上黃金產量和白銀需求量的增加都是導致白銀價格上漲的重要因素。貿易報告從全球視角出發，比較準確的注意到了促使金銀價格發生重大變化的國際因素。

　　1906 年的全國貿易報告通過摘要上一年法國造報國幣冊藉中的記錄，對1885～1905 年環球各國所產金銀進行了列表說明，見表 3.25。

表 3.25　1885～1905 年環球各國金銀產量

環球各國所產金銀表		1885～1894 年均	1895～1899 年均	1900～1902 年均	1903～1904 年均	1905
金	重量（公斤）	193928	370353	407415	506208	566430
	英鎊估值	26718400	51025600	56129300	69744000	78040000
銀	重量（公斤）	3908642	5116585	5282118	5231573	5337275
	銀幣估值	34738400	46320000	46940000	46562000	47444000
	生銀按鎊估值	24100000	21540000	20480000	21000000	23400000

資料來源：《光緒三十二年通商各口華洋貿易情形總論》，《中國舊海關史料》第 44 冊，京華出版社 2001 年版，中文第 39 頁。

　　報告認為，細核此表，「即知環球各國近二十年來所產之金多有三倍」，銀的產量以重量計算，增加了百分之三十六。如以匯兌價值計算，則仍減少。由於「金銀所產之數相差若是之遠，如無意外需銀之故，則銀價理應加增。現在實有需銀之處異於尋常。」〔註175〕通過此表，可以對二十多年來的金銀產量有更清晰的瞭解，也就進一步的說明金銀產量變化對雙方比價的影響。

　　報告還將印度 1885 年 4 月～1907 年 1 月的白銀進口數量也進行列表說明，見表 3.26。

〔註174〕《光緒三十一年通商各口華洋貿易情形總論》，《中國舊海關史料》第 42 冊，京華出版社 2001 年版，中文第 36 頁。
〔註175〕《光緒三十二年通商各口華洋貿易情形總論》，《中國舊海關史料》第 44 冊，京華出版社 2001 年版，中文第 39 頁。

表 3.26　印度 1885 年 3 月～1907 年 1 月的白銀進口數量

年份		1885～1895（年均）	1895～1900（年均）	1900～1903（年均）	1903～1905（年均）	1905～1906（年均）	1906 年 4 月～1907 年 1 月
按關平兌換便士		55.5	37.2	34.9	33.25	36.1	39.5
淨進口	按盧比估計	104285608	56938426	78855729	134571194	157230193	195385580
	按關平銀估價	30064300	24489000	36151600	64756000	69686500	79225600

該國造報冊籍每年以三月底截止

資料來源：《光緒三十二年通商各口華洋貿易情形總論》，《中國舊海關史料》第 44 冊，京華出版社 2001 年版，中文第 39 頁。

　　報告指出，印度自 1885 年至 1903 年這 18 年中，平均每年僅進口 30000000兩。而近三年每年增至 67000000 兩。如果按照 1907 年 3 月底的結報之數，是年則有 95000000 兩〔註 176〕。

　　報告還將日俄戰爭所造成的金銀需求變化予以了說明。「日本既因戰務，並因戰後應辦各事種種，需銀亦甚有關。兼之日本於一千九百四年運出金一萬萬元，合關平銀七千一百五十萬兩，流行各國數又更增，此與銀價更有關涉。日本用銀之數近年亦增。若論從前所用有限，無關出入。迨至一千九百四年，需二千六百七十二萬一千元，合關平銀一千九百八萬七千兩；一千九百五年需九百六十六萬七千元，合關平銀六百五十七萬六千兩；一千九百六年需七百三十八萬八千元，合關平銀四百六十一萬七千兩，由日本官船裝運戰場之銀尚不在內。」〔註 177〕

　　1903～1905 年俄國從東三省運銀進出口詳數見表 3.27。

〔註 176〕《光緒三十二年通商各口華洋貿易情形總論》，《中國舊海關史料》第 44 冊，京華出版社 2001 年版，中文第 40 頁。

〔註 177〕《光緒三十二年通商各口華洋貿易情形總論》，《中國舊海關史料》第 44 冊，京華出版社 2001 年版，中文第 39～40 頁。

表 3.27　1903～1905 年俄國從東三省運銀進出口詳數

	俄國淨進口盧布	合關平銀	俄國淨出口盧布	合關平銀
1903 年	2090000 盧布	1660000 兩		
1904 年			6840000 盧布	5010000 兩
1905 年			18200000 盧布	12740000 兩

資料來源：《光緒三十二年通商各口華洋貿易情形總論》，《中國舊海關史料》
第 44 冊，京華出版社 2001 年版，中文第 40 頁。

　　1906 年九龍的報告談了金鎊價值起跌靡定，銀價上漲的原因。首先是印
度錢局現雖停鑄銀元，購銀的數量仍舊沒有減少。其次是滿洲、高麗兩處因
自日俄媾和已定，遂亦陸續銷多。三是因爲中朝各省忽於本年廣開錢局鼓鑄
銀幣，並非關乎製造器皿多寡而遂因之低昂，概因以其爲國寶源流之所致也。
較之用以製造器皿，甚有限焉〔註178〕。

　　1907 年的全國貿易報告認爲：「本年銀市之敗實因美國銀根吃緊，以致中
外市廛皆有銀滿之患。再加印度農家歲收有吃虧之慮。」1906 年 6 月～1907
年 3 月英屬印度進口白銀價值爲 240055193 個盧比。1907 年 4 月至 1907 年 11
月進口白銀價值爲 156594289 個盧比。以此觀之，價格並不爲多〔註179〕。1905
～1907 年的 9～11 三個月的白銀進口量見表 3.28。

表 3.28　英屬印度 1905～1907 年 9～11 月的白銀進口量

	1905 年	1906 年	1907 年
9 月	1785292 盧比	15608099 盧比	36630667 盧比
10 月	5102670 盧比	18035838 盧比	14757779 盧比
11 月	8198173 盧比	25534684 盧比	7268811 盧比
共計	13300843 盧比	43570522 盧比	2226590 盧比

資料來源：《光緒三十三年通商各口華洋貿易情形總論》，《中國舊海關史料》
第 36 冊，京華出版社 2001 年版，中文第 26 頁。

　　報告認爲：「以本年十、十一兩月銀價比較，上年該兩個月之數少足一半。

〔註178〕《光緒三十二年九龍口華洋貿易情形論略》，《中國舊海關史料》第 44 冊，京
　　　　華出版社 2001 年版，中文第 351～352 頁。
〔註179〕《光緒三十三年通商各口華洋貿易情形總論》，《中國舊海關史料》第 36 冊，
　　　　京華出版社 2001 年版，中文第 26 頁。

比較前年，該兩個月則又以本年爲多。本年九月之後銀價忽低，適值進口銀兩同時大爲減少。」〔註180〕

　　根據法國之巴黎財政總冊所載，1906年出產黃金爲602600公斤，值英金8300萬鎊，是自有記載以來的最大之數。1906年白銀產量爲4908000公斤，值英金4360萬鎊，是自1896年以來最少的一年〔註181〕。

　　1907年寧波的報告分析了銀價跌落的原因。「一因印度農家有歲收欠薄之慮，印度政府向時用銀極廣，現爲歲荒所用紙幣，未見暢行，以致印政府未便多儲現銀。一因美國銀根吃緊，爲商賈者不能屯積各貨，只得速行銷售，不得待善價而沽耳。」〔註182〕九龍的報告認爲由於銀價低落，以致美國銀業衰敗，環球商務都爲牽動。印度也因銀價低造成銀礦停工〔註183〕。

　　晚清海關貿易報告中除介紹了不同時期金銀比價的變化情況外，還分析了金銀價格變動對中國進口、出口等方面產生的不同影響。報告中關於金銀比價變化對於進出口影響的分析，代表了這一時期西方對於國際匯率問題的認識水平。爲了弄清金銀比價變動的原因，報告對導致金銀雙方價格變化的主要因素進行了認眞的考察。在報告中，充分利用了國外的相關資料對造成金銀價格波動的國際因素進行分析，體現了中國近代海關的外籍稅務司們所具有的廣闊國際視野。這些分析對於人們瞭解金銀價格變化的原因也大有幫助。

第三節　年度貿易報告對銅元和銀元的介紹及分析

　　晚清商品經濟有著較快的發展，以制錢和紋銀爲代表的中國傳統貨幣已經難以適應市場的需要。銅元和銀元作爲機鑄貨幣，與傳統貨幣所相比，具有諸多優勢，更爲符合國內商品經濟發展的要求。但因爲缺乏有效管理，它們也存在著諸多的問題。種類繁多的制錢、紋銀、銅元、銀元，成爲了晚清市場上的主要流通貨幣，並且對中國商品經濟的發展發揮著重要作用。而市

〔註180〕《光緒三十三年通商各口華洋貿易情形總論》，《中國舊海關史料》第36冊，京華出版社2001年版，中文第26～27頁。

〔註181〕《光緒三十三年通商各口華洋貿易情形總論》，《中國舊海關史料》第36冊，京華出版社2001年版，中文第27頁。

〔註182〕《光緒三十三年重慶口華洋貿易情形論略》，《中國舊海關史料》第46冊，京華出版社2001年版，中文第325頁。

〔註183〕《光緒三十三年九龍口華洋貿易情形論略》，《中國舊海關史料》第46冊，京華出版社2001年版，中文第373頁。

場上多種貨幣並存的局面還加劇了晚清貨幣的混亂。這些現象都引起了海關的重視。貿易報告記錄了當時的存在的一些重要貨幣問題，並提出了自己的一些看法。

一、銀賤錢貴與錢荒

清代幣制一直是銀錢並行。白銀和制錢同為國家的基本貨幣，無主輔之分。在日常的交易中，一般大額用銀，小額用錢。儘管國家規定一兩紋銀應兌換制錢一千文，但卻一直形同虛設，從未被遵守過。二者的比價完全是根據自身價值的變動和市場需求的變化而不斷調整。由於人們日常生活和國家經濟的運行都離不開這兩種貨幣，所以銀錢比價的波動也對清代經濟有著重要影響。

光緒年間，由於國際市場上白銀價格的持續下跌，使得銅價出現了相對上漲的局面。隨著銅價的上漲，以銅為主要幣材的制錢的鑄造成本也在不斷升高。成本的提升使令制錢的價格也水漲船高，白銀所能兌換制錢的數量隨之減少，出現了「銀賤錢貴」的局面。同治末年，一兩白銀兌換制錢約 1800 文左右。進入光緒朝，銀價開始出現下跌的趨勢。1895 年，兩江總督張之洞奏稱：「各省停鑄製錢以來，市用銅錢日見其少，加以私銷不絕，錢價因之日昂。近日大江南北各州縣旬日之間，銀價驟跌，每兩僅易一千二百數十文。上游楚皖等省情形，亦復相同。」〔註184〕可見此時長江流域的銀價已經跌到了大約每兩紋銀兌換制錢 1200～1300 文的水平。至 1898 年前後，全國各地的銀價大都跌到每兩紋銀兌換制錢 1200 文左右〔註185〕。

錢價的持續大幅上漲是一個不容忽視的經濟問題，海關對此也很是重視，許多口岸的貿易報告中都提到了當地錢價上漲的情況。例如：1895 年重慶的報告說，當年一兩關平銀兌換制錢已達 1300 餘文。在 1891 年時，重慶的錢價為每關平銀一兩約可換制錢 1600 餘文。1895 年的春夏間，也還只有 1500 餘文，「迨至八九月間，宜昌等處錢價亦貴」〔註186〕。九江的報告講道，前十年在本口每兩關平銀可兌九八大錢 1738 文，前五年可兌 1644 文，本年四五月間尚可兌 1590 文，年底僅能兌 1398 文，錢價比十年前加貴了百分之

〔註184〕《皇朝政典類纂》，卷64，錢幣七。
〔註185〕《中國近代貨幣史料》：第一輯，下冊，第643頁。
〔註186〕《光緒二十一年重慶口華洋貿易情形論略》，《中國舊海關史料》第22冊，京華出版社2001年版，中文第114頁。

二十〔註187〕。寧波的報告指出，一枚洋銀從過去兌換制錢1050枚下降到如今的980枚〔註188〕。1896年漢口一枚洋銀從數年前可兌換銅錢近1200文變爲840文〔註189〕。蘇州歲暮一元洋銀可換制錢865文〔註190〕。寧波一元洋銀可兌換制錢780文〔註191〕。1897年九江每兩關平銀可兌換九八制錢約1300文，一枚洋元可兌換制錢866文〔註192〕。1898年九江一月每枚銀元可兌制錢870文，五月爲910文，十二月爲959文〔註193〕。杭州一銀元可兌換制錢920～940文〔註194〕。上海一枚銀元易錢920文，規銀一兩合錢1170文〔註195〕。1899年鎮江年首銀元可兌換900文，年底降至871文〔註196〕。汕頭十年前一枚銀元可兌換銅錢1100文，1899年只能兌換900文〔註197〕。1903年蕪湖鷹洋一元兌制錢780～870文〔註198〕。

　　各口的貿易報告重點記錄了當地紋銀和洋元同制錢的比價。從這些記錄中可以看出，錢價的上漲是十分明顯的。到90年代末，一枚洋銀普遍可兌換制錢八九百文。

〔註187〕　《光緒二十一年九江口華洋貿易情形論略》，《中國舊海關史料》第22冊，京華出版社2001年版，中文第135頁。

〔註188〕　《光緒二十一年寧波口華洋貿易情形論略》，《中國舊海關史料》第22冊，京華出版社2001年版，中文第164頁。

〔註189〕　《光緒二十二年漢口華洋貿易情形論略》，《中國舊海關史料》第24冊，京華出版社2001年版，中文第138頁。

〔註190〕　《光緒二十二年蘇州口華洋貿易情形論略》，《中國舊海關史料》第24冊，京華出版社2001年版，中文第178頁。

〔註191〕　《光緒二十二年寧波華洋貿易情形論略》，《中國舊海關史料》第24冊，京華出版社2001年版，中文第181頁。

〔註192〕　《光緒二十三年九江口華洋貿易情形論略》，《中國舊海關史料》第26冊，京華出版社2001年版，中文第149頁。

〔註193〕　《光緒二十四年九江口華洋貿易情形論略》，《中國舊海關史料》第28冊，京華出版社2001年版，中文第150頁。

〔註194〕　《光緒二十四年杭州口華洋貿易情形論略》，《中國舊海關史料》第28冊，京華出版社2001年版，中文第189頁。

〔註195〕　《光緒二十四年上海口華洋貿易情形論略》，《中國舊海關史料》第28冊，京華出版社2001年版，中文第171頁。

〔註196〕　《光緒二十五年鎮江口華洋貿易情形論略》，《中國舊海關史料》第30冊，京華出版社2001年版，中文第185頁。

〔註197〕　《光緒二十五年汕頭口華洋貿易情形論略》，《中國舊海關史料》第30冊，京華出版社2001年版，中文第235頁。

〔註198〕　《光緒二十九年宜昌口華洋貿易情形論略》，《中國舊海關史料》第38冊，京華出版社2001年版，中文第199頁。

　　光緒年間在出現「銀賤錢貴」現象的同時，還發生了嚴重的錢荒。銅價的高昂使鑄錢局無力再鑄造一錢二分重的制錢，只得讓銅錢的質量和含銅量不斷縮水。於是各錢局所鑄製錢越來越小，出現了一錢、八分五釐、八分、七分四釐、七分、六分、五分等不同樣式的制錢。制錢含銅量也在不斷縮水，從此前的含銅 70%左右降到 50%左右。

　　清代的制錢依然是採用傳統鑄幣技術進行鑄造。受制作工藝所限，制錢的重量降低到每枚五分重時就難以繼續減重，其含銅量最也只能降至 50%左右。在各錢局已經難以鑄造出重量更輕，含銅量更低的制錢時，制錢的鑄造成本卻還是高於它的市場價格，於是各錢局爲了避免虧本，紛紛停爐減卯。人們也將分量較重，含銅量較高的制錢熔煉，以獲取比制錢本身更爲值錢的銅。這一時期民間私毀制錢的現象十分普遍。各錢局的停鑄和民間的私毀使得市場上的制錢數量大爲減少，並且繼續流通的制錢大多爲後發行的劣質制錢。很多口岸的報告都記錄了當地的私毀制錢的現象。

　　1895 年上海的報告說：「查購貨雖論銀兩，而市上沽物實皆用錢。如以洋銀一元之銅錢毀滅做銅斤變賣，可得一元有餘，則用錢不若賣銅爲合算。所以盜毀制錢勢必不少，以致錢串行情甚貴。洋銀一元往常可兌錢九百六十或一千文，今則低至九百二三十文，甚至有低至八百四十文者，幾無人不受其困。淮安一帶產鹽之區灶戶收鹽繳課，每用制錢以是更形受虧。封疆大吏各禁止銷毀制錢，限定錢價，煌煌示論，不啻三令五申，而利之所在，終不免視若具文。」〔註 199〕應當說明的是，當毀錢所得的材料價格明顯高於制錢本身的價格及毀錢的花費時，或者毀錢製器的利潤較高時，私毀制錢的行爲才會普遍出現。民間所銷毀的基本是那些優質的制錢。新鑄造的制錢已經考慮到了當時的銅價等因素，它們鑄造時所含銅的價格不會高於自身的價格，否則錢局就要虧本，所以銷毀後鑄造的劣質制錢一般是不合算的。1895 年寧波的報告就更準確的指出：「聞中國銅錢日少之由在業銅商人揀體質厚大者熔做銅水、煙袋等物，因將銅錢改造較購買銅斤價值便宜。」〔註 200〕

　　1896 年漢口的報告稱：「聞前數年民間每有私將制錢鎔化，以作銅器，因

〔註 199〕《光緒二十一年上海口華洋貿易情形論略》，《中國舊海關史料》第 22 冊，京華出版社 2001 年版，中文第 158 頁。

〔註 200〕《光緒二十一年寧波口華洋貿易情形論略》，《中國舊海關史料》第 22 冊，京華出版社 2001 年版，中文第 164 頁。

其時錢價尚平之故。此等干犯法紀之事屢經官憲嚴行禁止，今尚未知能否絕其弊。」對於私毀制錢的現象，漢口的報告談了自己的見解。報告認為：「惟近來錢價日昂，私毀制錢之事或不禁自息耳。」這是因為制錢的價格和銅的價格息息相關。當銅價上漲後，很快便會造成錢價出現相應的上漲。這樣，私毀新鑄造的劣質制錢在經濟上多是得不償失。而制錢的匱乏也會造成其價格的上漲。當那些還能夠通過取銅獲利的優質制錢被銷毀殆盡的時候，民間私毀制錢的行為自然會停止。報告分析了當前私毀大錢所能帶來的收益。「查制錢一物乃熟銅所鑄，非生銅也。此等熟銅約有生銅十分之六，白鉛十分之四摻和而成者也。則大錢每千若鎔而化之，約得熟銅七斤半，至少亦值錢一千三百三十文。譬如一人若欲鑄造銅器七斤餘，不須用錢一千三百購有銅鉛始能鑄造，惟鎔化大錢一千便得成此器具。雖現在此弊曾否一律革除未能逆料，惟既可省錢三百三十文之多，其利可謂甚厚，此私毀制錢之犯日多一日，有由來也。」因此，可觀的收益是人們熱衷於私毀制錢主要原因。錢價的上漲對貿易也有所影響。由於斯時錢價日昂，銀價日低，「出口生意為之減色者，緣各貨因之而價亦增之故」。報告以牛皮為例進行了說明。「於內地收買各皮賣者要錢方售，而買者惟錢是需，若錢不足，何從問鼎耶？雖出口牛皮生意尚屬可為，因以錢買貨，以銀易錢，皮到歐洲所賣惟金，是不啻以銀復易回金磅矣。」制錢的不足造成了以金易銀之利被銀易錢之耗奪去，未免得不償失也。報告認為東洋銅價的上漲也是造成漢口銅價日昂的重要原因。由於「此間商人多有載皮前往泰西售賣，且令在日本各商運銅出外，並多往英京者。日銅往英既多，因此東洋銅價日貴，而漢口多用日銅，因之價值亦昂。」國際銅價的變化是決定銅價的最主要因素。一旦一個地區的銅價明顯低於國際銅價，本地的低價銅自然會被運到銅價更高的地區出售，並最終造成本地銅價的上漲。而本地的銅價一旦明顯高於國際銅價，其他地區的低價銅也會被大量運往本地銷售，最終使本地的銅價下降。正是由於當地銅價的上漲，「所以私毀制錢之事日多，未塞其源，終難遏其流也。」〔註201〕

蕪湖的報告在分析制錢缺乏的原因時說：「制錢一千可傾鎔淨銅七斤，每斤售制錢三百至四百不等，其利已逾倍蓰矣。」同時還寫道：「制錢鎔化摻砂可鑄出小錢六千至十千者，錢莊即將此項小錢配搭制錢中行用，惟搭多搭少

〔註201〕 《光緒二十二年漢口華洋貿易情形論略》，《中國舊海關史料》第 24 冊，京華出版社 2001 年版，中文第 138 頁。

在收付時往往彼此爭持，然不能不從權並用也。」〔註202〕

　　1898 年天津的報告也記錄了市面上銀價日落而銅價日長的情況。其中，「如以洋銀一元兌換銅錢，再將銅錢熔化後售銅，反多得利故也。」〔註203〕

　　1899 年鎮江的報告談到，銅錢日絀的原因是「由於本城有等鋪戶稔知生銅之價日貴，因而收取制錢私行銷毀，得銅售賣，藉此圖利。且近來世風不古，器具尙銅市間所制之各種器具類皆花樣翻新，堪悅目人，皆樂於購用，又爲禁令所不及。遂致製造者日眾，勢必銅價愈漲，而銅錢更日見其少矣。南京所設之鑄錢局亦未見有成效，大概因銅價高昂，所鑄之錢獲利甚鮮。」〔註204〕

　　以上幾口的報告一致認爲私毀制錢取銅可以獲利是私毀之事日多的主要原因。人們在把制錢銷毀後，多將取出之銅用來製造銅器或私鑄小錢。由於私毀制錢的難度不高，地點隱蔽，人數眾多，所以官府雖然明令禁止私毀，卻也屢禁不止。

　　晚清商品經濟的繁榮使民間對制錢需求量大增，而市場中流通的制錢反因銅價上漲的原因而減少，制錢的供求矛盾不斷加劇，光緒朝的錢荒也就越來越嚴重。制錢作爲中國進行小額交易的主要貨幣，其數量的不足嚴重妨礙了正常的交易，造成了人們日常生活的極大不便。南方多個省份都下令禁止本省制錢運往外地，但制錢匱乏的局面依然沒有絲毫好轉。海關各口的貿易報告也對制錢的匱乏以及給百姓的日常生活和商貿帶來的困難進行了記錄。

　　1895 年煙台的報告談到，因錢價太昂，絲價隨之亦漲〔註205〕。重慶的報告說，由於錢價上漲，小民吃虧固屬不少，富商大賈亦頗難堪。本口禁止運錢出境，擾用毛錢，而錢價依然日甚一日。「至此等以銀易錢情形，與以銀易金無異，俱屬有礙於民生也。」〔註206〕九江的報告提到，因制錢缺乏，商民

〔註202〕《光緒二十二年蕪湖口華洋貿易情形論略》，《中國舊海關史料》第 24 冊，京華出版社 2001 年版，中文第 151 頁。

〔註203〕《光緒二十四年天津口華洋貿易情形論略》，《中國舊海關史料》第 28 冊，京華出版社 2001 年版，中文第 106 頁。

〔註204〕《光緒二十五年鎮江口華洋貿易情形論略》，《中國舊海關史料》第 30 冊，京華出版社 2001 年版，中文第 185 頁。

〔註205〕《光緒二十一年煙台口華洋貿易情形論略》，《中國舊海關史料》第 22 冊，京華出版社 2001 年版，中文第 104 頁。

〔註206〕《光緒二十一年重慶口華洋貿易情形論略》，《中國舊海關史料》第 22 冊，京華出版社 2001 年版，中文第 144 頁。

交相受累〔註207〕。

　　1896 年牛莊的報告認為本年錢貴銀賤，於生意有所妨礙〔註208〕。漢口的報告說，現在銅錢異常告乏，若不籌善策以維持之，百姓必將大為不便〔註209〕。重慶的報告講到，由於錢價昂貴，以錢易物無有便宜，食用各事又大半使錢者居多，所以貧弱小民每日除食用必須外，無有盈餘〔註210〕。

　　1897 年鎮江的報告說：「上年銅錢缺乏，本口與鄰境之官憲遂有禁止銅錢出口之事，然自有此禁以來，本口之銅錢不惟不見其流通，而愈形其稀少也。」〔註211〕

　　1898 年天津的報告稱，因銅錢逐漸加貴，以致洋貨暢銷，而採買土產需值實多〔註212〕。重慶的報告認為錢荒使得商民均受其累〔註213〕。蕪湖的報認為，由於銅錢仍然缺乏，貧民受困〔註214〕。鎮江的報告說：「同一銀兩，同一貨色，年頭所易之數多於年底。同一錢文，同一貨色，年底所易之數多餘年頭。非關貨價之高低，實由於銀價日賤，錢價日貴之故也。」〔註215〕汕頭的報告談到，銅錢日少，十年錢價長百分之十六，日用各物俱貴，民間已吃苦矣〔註216〕。

〔註207〕《光緒二十一年九江口華洋貿易情形論略》，《中國舊海關史料》第 22 冊，京華出版社 2001 年版，中文第 135～136 頁。

〔註208〕《光緒二十二年牛莊口華洋貿易情形論略》，《中國舊海關史料》第 24 冊，京華出版社 2001 年版，中文第 95 頁。

〔註209〕《光緒二十二年漢口華洋貿易情形論略》，《中國舊海關史料》第 24 冊，京華出版社 2001 年版，中文第 137 頁。

〔註210〕《光緒二十二年重慶口華洋貿易情形論略》，《中國舊海關史料》第 24 冊，京華出版社 2001 年版，中文第 217 頁。

〔註211〕《光緒二十三年鎮江口華洋貿易情形論略》，《中國舊海關史料》第 26 冊，京華出版社 2001 年版，中文第 161 頁。

〔註212〕《光緒二十四年天津口華洋貿易情形論略》，《中國舊海關史料》第 28 冊，京華出版社 2001 年版，中文第 101 頁。

〔註213〕《光緒二十四年重慶口華洋貿易情形論略》，《中國舊海關史料》第 28 冊，京華出版社 2001 年版，中文第 117 頁。

〔註214〕《光緒二十四年蕪湖口華洋貿易情形論略》，《中國舊海關史料》第 28 冊，京華出版社 2001 年版，中文第 156 頁。

〔註215〕《光緒二十四年鎮江口華洋貿易情形論略》，《中國舊海關史料》第 28 冊，京華出版社 2001 年版，中文第 159 頁。

〔註216〕《光緒二十四年汕頭口華洋貿易情形論略》，《中國舊海關史料》第 28 冊，京華出版社 2001 年版，中文第 218 頁。

1899 年牛莊的報告認為，因南省銅錢禁運出口，以致人民乏於錢用〔註217〕。汕頭的報告說，由於銅錢的短乏，造成百物騰貴，而食品尤甚日用幾倍〔註218〕。1900 年牛莊的報告又稱，由於制錢逐年見少，均賴小銀圓而資流通〔註219〕。

從以上各關的記錄中能夠看出，錢荒給各地百姓生活和商業活動帶來了一些不便，不但制錢數量的匱乏影響了人們的日常消費和商業貿易，錢價的高昂也給商民帶來了一定的損失。其中，貿易報告中多提及的錢價的上漲對百姓生活的影響值得我們認真思考。

同光緒年間的錢貴銀賤的情況相反，道光年間，中國出現了嚴重的銀貴錢賤，並引起了當時朝野的高度關注。至道光末年，各地一兩紋銀兌換制錢多在兩千文以上。馮桂芬認為銀貴錢賤對商業造成了嚴重破壞，出現了「富商大賈倒罷一空，凡百貿易，十減五六」〔註220〕的景象。這是因為：「銀貴以來，論銀者不加而暗加，論錢者明加而實減，以致商賈利薄，裹足不前。」〔註221〕駱秉章也認為，由於錢價的下跌，「向之商賈，今變而為窮民；向之小販，今變而為乞丐。」〔註222〕馬敬之稱：「農夫織婦，畢歲勤勞，低估以售之，所得之錢不可輸賦。」〔註223〕當代的一些學者也對銀貴錢賤的危害進行了總結。如彭澤益就曾出，銀貴錢賤引起農產品和手工業品價格的不斷降低，從而使農業和手工業生產受到嚴重的損害；促進著商業和信用的危機；使中國的對外貿易處於不利的地位；加劇了清朝政府的稅收財政的危機〔註224〕。

兩種截然不同的比價變化卻出現了相似的結果，那麼銀貴錢賤和銀賤錢貴到底哪一個才對經濟起到了真正的消極作用？這個問題需要我們進行全面

〔註217〕《光緒二十五年牛莊口華洋貿易情形論略》，《中國舊海關史料》第 30 冊，京華出版社 2001 年版，中文第 106 頁。

〔註218〕《光緒二十五年汕頭口華洋貿易情形論略》，《中國舊海關史料》第 30 冊，京華出版社 2001 年版，中文第 235 頁。

〔註219〕《光緒二十六年牛莊口華洋貿易情形論略》，《中國舊海關史料》第 32 冊，京華出版社 2001 年版，中文第 101 頁。

〔註220〕馮桂芬：《用錢不廢銀》，《顯志堂稿》，卷十一，第 32 頁。

〔註221〕馮桂芬：《用錢不廢銀》，《顯志堂稿》，卷十一，第 33～34 頁。

〔註222〕駱秉章：《採買難鹽濟食分岩納課濟餉摺》，《駱文思公奏議》卷五，第 11 頁。

〔註223〕馬敬之：《銀幣論一》，《皇朝經世文續編》，卷五十八，第 12 頁。

〔註224〕彭澤益：《鴉片戰後十年間銀貴錢賤波動下的中國經濟與階級關係》，《歷史研究》，1961 年，第 06 期。

分析。應當說，不論是貿易報告還是中國官員、學者的說法，都或多或少誇大了銀錢比價變化對經濟所產生的負面影響。事實上，不論是錢貴還是錢貴，對經濟所造成的影響都是有限的。作爲金屬貨幣，銀錢的比價在短期內的變動幅度一般不會太大。而工價和物價會隨著銀錢比價的變化而進行調整，並最終形成各方都能接受的新平衡，從而抵消錢價變化所帶來的衝擊。銀錢比價的變動對不同的個體也並非都產生不利的影響。例如，如果錢價上漲，那麼對持有錢幣較多而白銀不多的人來說，就可能是有利的。如果錢價下跌，對於持有白銀較多制錢不多的人來說，也未必是壞事。況且制錢和白銀雖然是普通民眾在日常生活中必不可少的貨幣，但由於經濟能力所限，人們一般不會儲備太大數量的制錢或白銀，所以無論是錢貴還是錢賤，對普通民眾財產的影響並不會很大。只要工錢和出售商品的價格可以進行相應調整，就能很快適應新的銀錢比價。對於少數存有大量白銀的富有人群，由於大額支付時都是使用白銀，錢價變化對他們影響也不大。不論的貿易報告中對銀賤錢貴的認識還是清人及一些當代學者對道光末年銀貴錢賤的認識，都只是片面誇大錢價變化所帶來的一些消極影響，沒有考慮到市場中各經濟體在錢價發生變化後的調整能力以及錢價變動所帶來的綜合影響。影響經濟發展的原因是多方面的，也是較爲複雜的，不能把所出現的各種問題簡單看做是「銀貴錢賤」或「銀賤錢貴」造成的。

在全國的貿易報告中，也對這一貨幣問題進行了介紹。1898 年的全國貿易報告中說，近年銅錢缺乏，實與商務民生倆有窒礙。欲設法挽回，亦實不易。因爲銅價已過於錢價，再加鑄費耗煩，尤非所宜。所以報告建議：「莫若將小銀元源源鼓鑄，庶可稍補制錢之不足也。」〔註225〕

1904 年的全國貿易報告對錢荒進行了更詳細的介紹。報告說：「關平銀一兩從前可兌制錢一千八百文，現在不過一千二百二十文；從前一串制錢僅值關平銀五錢五分，現值八錢二分，高下如是之多。分量稍重之制錢，奸民貪圖厚利，無不私毀，以致地方均有錢荒之慮。然在光緒十三年間，制錢價值上下尚亦有限，私毀之弊已不能免。政府慮其不足，曾飭鼓鑄。當時各省立即奉行，所鑄亦有可觀，惜乎未源源接鑄，只聞僅有幾局鑄數百萬枚。若以情形而論，勢非多多鼓鑄不足以補其缺。中國不顧百姓生計則已，如欲顧及，

〔註225〕《光緒二十四年通商各口華洋貿易情形總論》，《中國舊海關史料》第 28 冊，京華出版社 2001 年版，中文第 13 頁。

首在制錢。緣素來民間所通行者，除制錢外，別無他項。」〔註226〕

　　光緒時期，國際市場上由銀價的下跌所導致的銅價上漲，以及國內銅產量的下降，造成了制錢的鑄造成本的大幅上升。各錢局為避免虧本而停止鑄造制錢。銅價的高漲令私毀大錢變得有利可圖，大量銅錢被銷毀，進一步減少了市場中流通的制錢數量。商品經濟的發展又使民間對小額貨幣的需求量大增，制錢不足的問題日益嚴重，成為光緒朝的一個重要經濟問題。

　　從貿易報告中不難看出，海關十分關心錢荒給中國經濟發展和百姓日常生活帶來的諸多妨礙，認為應該繼續大量鼓鑄製錢以緩解錢荒。但海關也注意到銅價高昂導致錢局難以加鑄，並使民間私毀制錢現象嚴重，所以無法再通過增加制錢的投放量來解決錢荒的困境，因此貿易報告中提出過通過鑄造小銀元來稍補制錢之不足的建議。

二、銅元的發行

　　為了應對錢荒，清政府嘗試了對制錢鑄造工藝的改進。朝廷希望利用國外機器來提升制錢的鑄造技術，以適應不斷抬高的銅價。朝廷曾命令各地從國外進口造幣機器來鑄造制錢。1886 年福建便開始嘗試鑄造，隨後一些地區也購進機器進行鑄造。機器鑄造制錢的嘗試一直持續到 1900 年，但由於成本問題，並未獲得成功。

　　光緒十三年，李鴻章在《機鑄製錢虧損工本無法籌補》一摺中說：「今以西洋機器造中國錢式，須另添打眼挺杆，由錢模正中穿透始能撞出錢孔，地位殊窄，撞力過大，挺杆上下與錢模互相磨觸，最易傷損，每日每座機器模撞修換數次及十餘次不等，人工既費，成數亦少。又土鑄係用生銅熔灌，工料簡易，僅用銅五成四，鉛四成六，機器則須銅七成方受壓力，鉛只三成，且必先化成六分厚銅板，再用卷銅片機器烤卷十數次，使其質性純熟，減至不及半分厚之銅片始能壓造成錢，其銅片成錢者只六成，下餘四成廢邊又須加費熔卷再造，僅卷銅片一項工料，每造錢千文應合銀四錢一分，另加以他項工料為費甚多。原訂此分機器長時每日成錢二百四十串，今因機器時須修理，約計每日成錢二百串……每年成錢七萬二千串，共需工料銀十萬七千四百餘兩，按制錢一千五百文合銀一兩，每造制錢一千約需工本制錢二千二百

〔註226〕《光緒三十年通商各口華洋貿易情形總論》，《中國舊海關史料》第 40 冊，京華出版社 2001 年版，中文 28 頁。

三十七文七釐，虧折未免過巨……計每年機器造成之錢值銀不足五萬兩，而工本則需十萬七千餘兩，賠貼銀至五六萬兩之多……現用土法鼓鑄，計每鑄製錢一千文不過賠貼三百文左右。」〔註227〕由於需要從中間打孔，使機器鑄造制錢的成本過於高昂，成為機鑄製錢無法克服的難題。用機器鑄造制錢最多的廣東也因「虧折過巨，力有不支」〔註228〕。

由於傳統的制錢已經難以為繼，而採取新的鑄幣形式就成為了挽救晚清貨幣危機的出路。流行於西方的銅幣成為了中國的借鑑對象。與中國通過手工翻砂鑄造的傳統方孔銅錢不同，由機器壓鑄而成的銅幣中間無孔，並且規格更加規範統一，做工更為精美，體積也更小。在香港所發行的銅製輔幣就是採用了西方的銅幣的鑄造工藝。西方的銅幣也引起了中國官員的興趣。一些官員主張仿製西方的銅幣，以緩解當時所面臨的錢荒。

1897 年，江西道監察御史陳其璋奏請鼓鑄銅元以補制錢不足，但未能實行。之後，開鑄銅元又屢被提及。1898 年，總理衙門章京劉慶汾呈請改鑄銅元，認為鑄造銅元具有成本輕、製造精、錢價劃一、防止中飽和漏危四利〔註229〕。最終，劉慶汾的建議引起了總理衙門的重視。1899 年，總理各國事務大臣弈匡代劉慶汾再次議鑄銅元〔註230〕。後經過反覆商議，最終同意進行試鑄銅元。

1900 年，由李鴻章等人負責在廣東試鑄銅元。其所鑄銅元仿造香港輔幣，每枚重二錢，鑄造成分是 95%的紫銅，4%的白鉛和 1%的錫。銅元的一面鑄有「光緒通寶」四字，內加滿文「廣寶」二字，周圍鑄有「廣東省造」四字，並分鑄「每百枚換一圓」字樣；一面中鐫蟠龍花紋，四周有英文「Kwangtung One Cent」（廣東一仙）。壓鑄的銅元因其做工精美，受到了市場的歡迎。隨後，福建也成功仿鑄了銅元。

1901 年，朝廷下令沿江、沿海各省仿鑄銅元，於是地方紛紛向外國採購鑄幣機器和銅料，開始鑄造銅元。到 1905 年，「銅元開鑄已有十七省，設局

〔註227〕《中國近代貨幣史資料》第一輯，下冊，北京：中華書局，1964 年版，第 567 頁。

〔註228〕《皇朝政典類纂》，卷 58，錢幣一。

〔註229〕《總理衙門章京劉慶汾呈──請代奏鑄銅元摺》，中國人民銀行總行參事室，中國近代貨幣史資料：第一輯，下冊，北京：中華書局，1964 年版，第 658 頁。

〔註230〕《總理各國事務大臣奕匡摺──代遞劉慶汾再議鑄銅元》，中國人民銀行總行參事室，《中國近代貨幣史資料》：第一輯，下冊，北京：中華書局，1964 年版，第 665 頁。

多至二十餘處」〔註231〕。

　　清末所鑄造的銅元主要有兩大類，分別是「光緒元寶」和「大清銅幣」。「光緒元寶」正面上緣寫有鑄造地；下緣部分標有兌換制錢的價格，如「每元當錢十文」、「當十黃銅元」、「當十銅元」等，也有一些是寫有銅元跟銀元或者銀兩的兌換價格，如廣東初鑄的銅元為「每百文換一圓」，新疆所鑄銅元為「市銀二分五釐」，其背面是蟠龍紋。「大清銅幣」是由戶部造幣總廠開鑄，1905 年以後開始鑄造。一般是正面的中央寫有文字以代表省名，如「湘」、「川」、「滇」等，有些則沒有標有地名。上端是滿文的大清銅幣四個字，滿文兩旁是干支表示的年份。左右邊緣分列「戶部」二字，後來因戶部更名為度支部，也有些採用「度支部」三字。下面一律是「當制錢十文」或「當制錢二十文」。背面中央是蟠龍，上緣是「光緒年造」或「宣統年造」，下緣是英文「Tai Ching Ti Kuo Copper Coin」（大清帝國銅幣）。

　　銅元開始鑄造時，都是每枚銅元當制錢十文，後來又開鑄了成色較低的當二十的銅元。但總的來說，還是以當十銅元為主。由於最初鑄造銅元可以使發行者獲得百分之二三十的利潤，地方財政因此獲益匪淺，於是各地加緊購買機器和原料，爭相鑄造銅元。而大量的銅元投入市場，也極大的滿足了市場對小額貨幣的需求。

　　銅元的發行起到了良好的效果，市場對銅元普遍持歡迎態度，小額貨幣缺乏的困難局面得到了很大改善。在各口的貿易報告中，有著不少商民樂於接受銅元的記錄。如 1901 年上海的報告說：「本埠近來新用蘇省所鑄之當十銅元，進口約值銀五千兩，民間亦樂用。錢莊易兌每規銀一兩計有銅元一百二十個，所盼此後城鄉以迄內地市面漸次流通，庶可補圓法之不足耳。」〔註232〕南京的報告認為，銅元便於攜帶，商民十分相宜〔註233〕。杭州的報告說：「今有舉行當十銅元以補救制錢不足之議。目下蘇省此種銅元甚屬暢行，皆由南京所鑄，其式與香港之先士彷彿，無孔不用繩穿，人頗樂用之。」〔註234〕1902 年蕪湖的報告稱，皖省的銀圓局又添置機器，開鑄當十、當五之銅圓，

〔註231〕《中國近代幣制彙編》，第四冊，第 286 頁。

〔註232〕《光緒二十七年上海口華洋貿易情形論略》，《中國舊海關史料》第 34 冊，京華出版社 2001 年版，中文第 197 頁。

〔註233〕《光緒二十七年南京口華洋貿易情形論略》，《中國舊海關史料》第 34 冊，京華出版社 2001 年版，中文第 181 頁。

〔註234〕《光緒二十七年杭州口華洋貿易情形論略》，《中國舊海關史料》第 34 冊，京華出版社 2001 年版，中文第 206 頁。

百姓皆願意行使〔註235〕。1903 年蕪湖的報告提到，當十銅元在本埠及各地方均屬通行無滯〔註236〕。1904 年宜昌的報告稱：「本年銅元流行甚暢，窮鄉僻壤處處皆用足徵，民情尚知銅元之益。」〔註237〕

由於銅元受到各地百姓的歡迎，而各地銅元價格又不盡相同，因此銅元價格較低的地區會將本地銅元運至銅元價格較高地區獲取利潤。如 1902 年蘇州的報告說，由於江北的銅元價格更高，所以人們紛紛將本地銅元偷運過去以獲厚利〔註238〕。福州的報告也談道，本地洋銀一元可兌換銅元 99～102 枚，在上海只能兌換 92～95 枚，因此銅元多出口上海，本口市上反覺罕見〔註239〕。

銅元是清政府爲了解決市場上制錢嚴重匱乏問題而進行貨幣改革的產物。機器鑄造制錢的失敗迫中國最終選擇了西方的鑄幣形式。由於銅元不需從中間打孔，用機器鑄造銅元的成本相對於鑄造制錢要更爲低廉。銅元做工精美、規格統一、民間難於仿造的優點使得它們得到了國內民眾的歡迎。大量的銅元被鑄造並投入市場，極大緩解了光緒朝的錢荒。

三、貿易報告對銅元的看法及建議

大量投放入市場的銅元不但極大緩解了光緒朝的錢荒，也給地方帶來了一筆可觀的收益。市場對小額貨幣的迫切需求又使銅元在流通領域中的價格明顯高於它們的成本，鑄造銅元變得有利可圖，充分調動了各地鑄造的積極性。如 1904 年杭州的報告所說：「每鷹洋一元可兌換銅元九十枚，各錢鋪兌出之價，每鷹洋一元僅易銅圓八十二至八十八枚不等，業此者率皆美利均霑。按紫銅每擔價值銀不過三十餘兩計，銅圓九十枚重不過一斤零，故每紫銅一擔能鑄值洋一百餘元之銅圓，其獲利之厚亦不待言矣。」〔註240〕

〔註235〕 《光緒二十七年蕪湖口華洋貿易情形論略》，《中國舊海關史料》第36冊，京華出版社2001年版，中文第182頁。

〔註236〕 《光緒二十九年蕪湖口華洋貿易情形論略》，《中國舊海關史料》第38冊，京華出版社2001年版，中文第199頁。

〔註237〕 《光緒三十年宜昌口華洋貿易情形論略》，《中國舊海關史料》第40冊，京華出版社2001年版，中文第181頁。

〔註238〕 《光緒二十八年蘇州口華洋貿易情形論略》，《中國舊海關史料》第36冊，京華出版社2001年版，中文第210頁。

〔註239〕 《光緒二十八年福州口華洋貿易情形論略》，《中國舊海關史料》第36冊，京華出版社2001年版，中文第243頁。

〔註240〕 《光緒三十年杭州口華洋貿易情形論略》，《中國舊海關史料》第40冊，京華出版社2001年版，中文第253頁。

　　爲了追求鑄造銅元的利潤豐厚，各銀元局都將精力集中在了鑄造銅元上面。1904 年的全國貿易報告中提到了中國銀元局各局因趕鑄銅元而無暇鑄造銀元的情況。「中國銀元局本年各局公務紛繁，一元之大洋統共僅鑄三百二十二萬二千十七元，鑄造小洋之局尤少，本年僅有三局仍鑄，共六千一百八十七萬兩千個，內中他類小洋不過二百萬，其餘均係鑄造二角之小洋。若合大洋，亦有一千二百萬元以外。小洋既少，價值自高。在正月以前，小洋十角僅值大洋九成，十一月以後，大小價值相等。各廠無暇鑄造銀元之故，即爲趕鑄銅元。」〔註 241〕

　　1904 年的全國貿易報告還對銅元在市面上流通的基本情況進行了介紹。報告中說：「伏查中國向係只用制錢，銅元概不通行，故無此物。現在新鑄之當十銅元，咸豐年間曾已鑄過，然係外圓內方，確與制錢一樣。惜未通行，隨即停鑄，只有京師現亦行用。再查現鑄銅元其文不一，有面上印明每百枚值一元者，有面上印明每一文當十文者，商民甚願通行。」〔註 242〕因爲銅元與制錢類似，有一定的價值，所以銷路很大。銅元由中國銀元局總辦，禁運別省，只得一次報關。其中，由廣東運進上海的已經有 150 兆，值關平銀 775000 兩；由上海運往山東 310 兆，值銀 2061000 兩；由天津運往煙台值銀 420844 兩。銅元的銷售十分順暢，「各局能鑄若干，立刻能銷售若干」〔註 243〕。

　　1905 年的全國貿易報告對銅元的含銅量做了介紹。「當開鑄之時，頗爲講求。如隨手提出若干個熔化考驗，有係全銅，有係九五，大約每個銅元均用紫銅一錢九分。間有幾廠歲摻鑄黃銅，內中紫銅亦有七八十分，隨即停鑄。」〔註 244〕

　　1904 年的全國貿易報告對於銅元和制錢的各自成本進行了簡單分析。銅每噸估價 66 鎊，白鉛每噸價值 24 鎊，銅元每百枚值 12 便士，合關平銀三錢

〔註 241〕《光緒三十年通商各口華洋貿易情形總論》，《中國舊海關史料》第 40 冊，京華出版社 2001 年版，中文第 27 頁。
〔註 242〕《光緒三十年通商各口華洋貿易情形總論》，《中國舊海關史料》第 40 冊，京華出版社 2001 年版，中文第 27～28 頁。
〔註 243〕《光緒三十年通商各口華洋貿易情形總論》，《中國舊海關史料》第 40 冊，京華出版社 2001 年版，中文第 27～28 頁。
〔註 244〕《光緒三十一年通商各口華洋貿易情形總論》，《中國舊海關史料》第 42 冊，京華出版社 2001 年版，中文第 35 頁。

五分。制錢一串值 30 便士，合關平銀八錢七分〔註245〕。可見同等面值的銅元和制錢，在成本上的差距非常明顯。

貿易報告對銅元能夠被中國商民所接受並順暢流通提出了自己的看法。報告認爲現在鑄造的銅元受到民間的普遍歡迎並非因爲百姓厭故喜新，樂於使用，「實因制錢大缺，無處兌換，不得不用銅元，以便流行。」報告把銅元受歡迎的原因歸爲制錢過的度缺乏，迫使人們不得不使用銅元。報告進一步解釋了銅元非百姓樂於使用的原因。「誠以制錢一項關乎民命，第因民間向以一文即可購辦零星之物，現在制錢既缺，必帶銅元。試問買一文之物如何便當？足見非樂於使用，實爲勢所迫，不得不帶。」〔註246〕

報告所提出的面值十文或者二十文的銅元不便購辦零星之物，所以它們非百姓樂於使用的說法，應該說並不符合事實。受面值所限，在用銅元去購買一些價值極小的物品時，確實會出現一些不便，但這並不妨礙百姓對銅元的喜愛。面值十文的銅元在實際交易中，一般是按六到七折使用，這就讓銅元能夠滿足更多零星物品的購買。更重要的是，由於銅元是機器鑄造，較手工鑄造的制錢更爲規範，具有做工精美、規格統一、成色穩定、不易偽造等優點，所以民間對銅元十分青睞。儘管光緒時期制錢的嚴重缺乏是銅元能夠受到普遍歡迎的一個重要原因，但更重要的是機器壓鑄的銅元在使用時，較傳統的制錢更爲便利，即使沒有出現錢荒，用銅元也更符合當時商品經濟發展的要求，依然會被民間所接受。

四、銅元取代制錢與「格雷欣法則」

在各地錢局加緊鑄造銅元，並把它們源源不斷輸入市場的情況下，市面上流通的銅元數量迅速增加，這對制錢產生了非常明顯的衝擊。貿易報告也注意到了銅元對制錢的排擠，認爲如此大量的銅元投入市場並和制錢一同使用，最終會造成市場上流通的制錢被銅元所取代。

1904 年的全國貿易就運用了「格雷欣法則」來對此進行分析。報告說：「況銅元與制錢同在一時，一系值價，一系不值價，則值價者終被不值價者所併除，此亦自然之理，曩日縱有未明，現則無須考證，已可恍然。銅元百枚若照制錢

〔註245〕 《光緒三十年通商各口華洋貿易情形總論》，《中國舊海關史料》第 40 冊，京華出版社 2001 年版，中文第 28 頁。

〔註246〕 《光緒三十年通商各口華洋貿易情形總論》，《中國舊海關史料》第 40 冊，京華出版社 2001 年版，中文第 28 頁。

之本質合算，實值四成，銅元如不改章，將來制錢必被其銷減於無形。」〔註 247〕

「格雷欣法則」（Gresham's Law）也稱劣幣驅逐良幣（Bad money drives out good），是根據英國人托馬斯・格雷欣（Thomas Gresham，1519～1579）所命名。16 世紀，由於英國商業的快速發展，對貨幣的需求量大增，國內現有的貴金屬已經難以滿足造幣的需求，於是國家鑄造了一些成色不足的銀幣投入市場。這就使當時的英國市場上同時流通著兩種銀幣，一種是之前發行的足值銀幣，另一種是新發行的不足值銀幣。雖然兩種銀幣的面值相同，但人們卻能對它們加以辨認，並把不含雜質或者含雜質少的銀幣或儲藏，或熔化，或者流通到外國，將含雜質或者含雜質多的銀幣拿去交易。市面上流通的良幣因此漸漸減少，最終只剩下劣幣在進行交易。格雷欣通過觀察，發現了這一問題。1559 年，他上書伊麗莎白一世，指出了英國市場上的劣幣驅逐良幣現象，認爲鑄造並流通大量不足值的貨幣會造成英國在對外貿易中最終只得到那些不足值的貨幣，因此遭受巨大的損失。格雷欣建議收回那些成色不足的貨幣加以重鑄，以恢復英國鑄幣的成色，以便在貿易中不再遭受失去足值貨幣的損失。

1858 年，英國經濟學家亨利・麥克勞德在其《政治經濟學概要》一書中首次用「格雷欣法則」命名了這一貨幣流通中的特殊現象。「格雷欣法則」是指當一個國家同時流通著兩種或兩種以上的貨幣，當它們的實際價值不同但又有法定固定比價時，實際價值較高的或者鑄造更精良貨幣（良幣）必然要因熔化、收藏或輸出等原因而退出流通領域，而實際較價值低或鑄造更粗劣的貨幣（劣幣）反而會充斥市場。這一法則的實現要具備如下條件：劣幣和良幣同時在市場中流通並同爲法定貨幣；兩種貨幣有法定的固定比價並能保證強制執行；兩種貨幣的總和必須超過社會所需的貨幣量。之所以會出現「劣幣驅逐良幣」現象，是由於人們在用貨幣交易時，在國家能夠強制保證固定比率交易的情況下，大家都傾向保留價值較高的貨幣，而打算花掉價值較低的貨幣，因此良幣就會逐漸退出流通領域，而劣幣最終充斥著整個市場。

歷史上劣幣驅逐良幣的現象屢見不鮮，早在格雷欣之前，人們就已經注意到這種貨幣現象。如公元前 5 世紀的希臘作家亞里斯多芬在他的著作中就曾寫到：「我們舊日的和新鑄的錢幣也有這樣的經歷；早先的錢幣不是僞造

〔註 247〕《光緒三十年通商各口華洋貿易情形總論》，《中國舊海關史料》第 40 冊，京華出版社 2001 年版，中文第 28～29 頁。

的，人們也那麼認眞的去計算它，好像那是最好的東西一樣：切割得正確、清脆透響兒；不論是希臘人，還是外邦人，都不胡亂地去用它；這些昨天和前天還在通行的、骯髒的、毫無藝術造型的銅幣，是一種時尚。」〔註248〕由於人們不願意把良幣拿出來使用，導致劣幣在市面上流行。中國也很早關注了這一貨幣現象。公元前 175 年，西漢鑄行減重四銖「半兩」錢，賈誼就曾指出，「民用錢，郡縣不同；或用輕錢，百加若干；或用重錢，平稱不受。法錢不立，吏急而壹之虖，則大爲煩苛，而力不能勝；縱而弗呵虖，則市肆異用，錢文大亂。苟非其術，何鄉而可哉！」〔註249〕針對市場中所出現的「奸錢日繁，正錢日亡」的現象，賈誼認爲必須確立國家對鑄造法定錢幣的壟斷才能消除市場上貨幣的混亂狀態。「奸錢日繁，正錢日亡」正是西漢初年鑄幣中的「劣幣驅逐良幣」現象。

貿易報告中運用「格雷欣法則」來解釋銅元會最終將制錢「銷減於無形」，是因爲按照規定，制錢和銅元要根據各自的面值進行兌換，一枚當十銅元應當兌換十枚制錢，而相同面值的銅元的實際價值則要明顯低於制錢，所以銅元不斷投入市場並和制錢一起流通的最終結果只能是「值價者終被不值價者所併」。

從銅元流通的實際情況看，確實普遍出現了銅元取代制錢的現象。如 1904年九江的報告說，各省所制之銅鈔源源而來，顯見市上之制錢失其本位甚速。年底九江全市所有之制錢不過三四千串而已〔註250〕。1905 年九江的報告又指出：「銅元近來則到處暢行，制錢則市面不復多見。」〔註251〕1906 年的全國貿易報告中說：「至仿鑄銅元，原爲輔助制錢之缺，以敷民用。惟銅元出數愈多，制錢愈見其少。百姓素以制錢相依爲命，四方來往信件均云，各大鎮市通行制錢竟不常見。論民間即幾枚制錢亦係有用，若僅持當十銅元甚爲不便。爲民父母者似應代爲籌畫。」〔註252〕銅元在市場上取代制錢的這一結果似乎

〔註248〕〔古希臘〕阿里斯托芬著，羅念生譯，《阿里斯托芬喜劇六種》，《羅念生全集》，第四卷，上海人民出版社，第 433～434 頁。

〔註249〕《漢書》，卷 24 下，《食貨志第四下》。

〔註250〕《光緒三十年九江口華洋貿易情形論略》，《中國舊海關史料》第 40 冊，京華出版社 2001 年版，中文第 212 頁。

〔註251〕《光緒三十一年九江口華洋貿易情形論略》，《中國舊海關史料》第 42 冊，京華出版社 2001 年版，中文第 264 頁。

〔註252〕《光緒三十二年通商各口華洋貿易情形總論》，《中國舊海關史料》第 44 冊，京華出版社 2001 年版，中文第 36 頁。

驗證了貿易報告分析的正確性，但如果稍加分析，就會發現用「劣幣驅逐良幣」來解釋銅元取代制錢是不可取的，貿易報告錯誤使用了「格雷欣法則」。

「格雷欣法則」能夠成立的一個必要的條件是劣幣和良幣之間必須有法定的固定比值。這個固定比值一定是通過國家的強制手段推行，並能夠保證在交易中真正被遵守。清末所發行的銅元的面值主要為十文，並且規定了一枚當十銅元應該兌換十枚制錢，但這種規定在市場交易中卻沒有任何約束力，銅元和制錢一直是在市場上自由兌換的。人們在兌換銅元和制錢時，並不看它們的面值是多少，而是根據它們的實際價值和需求關係將銅元酌情進行折扣使用。

含銅量是決定銅元和制錢價值的主要因素。我們可以對銅元和制錢的含銅量做一個簡單的估算。在銅元開始發行時，市面上所流通的制錢大多重量在 5～8 分，含銅量約為 50%，所以每枚制錢的含銅量範圍也就約為 2.5～4 分。銅元的重量為每枚 2 錢，含銅量約為 95%，銅元的含銅量就約為每枚 1.9 錢。一枚銅元的含銅量也就大約等於 5～8 枚制錢的含銅量，市場上一枚當十銅元大多可以兌換六七文制錢，這是與銅元和制錢的含銅量的比例大體相當的。其他幣材的含量和價格變動及加工的成本的不同也會對雙方的製造成本產生一定影響。而市場需求也是影響雙方比價的一個重要因素。由於銅元被大量的投入市場，錢荒在得到了有效緩解後，一枚銅元從最初能兌換八九文制錢降低到了兌換六七文制錢。有的地方甚至「創立章程，專收制錢。有以銅元交納者，俱六折合算。」〔註253〕一些對銅元的需求量大於供應量的地區，銅元會只降到七折。總的來說，銅元和制錢的價格是以雙方幣材（銅為主）的價值為基礎，同時還會受其他材料價格和市場需求狀況等多種因素的共同作用。

正是由於清末市場上流通的銅元和制錢一直是根據自身的實際價值和供求關係進行自由兌換，雙方並沒有一個固定的比價，所以用「劣幣驅逐良幣」來解釋銅元排擠制錢是不正確的。貿易報告中並沒有考慮到當十銅元可兌換十枚制錢只是官方的一廂情願，實際並未被真正執行；也沒有考慮到銅元和制錢在市場流通中的真實兌換情況；因此錯誤的運用了「格雷欣法則」。而這種錯誤不僅發生在貿易報告上，一些近現代學者在分析銅元取代制錢的原因時，也犯了同樣的錯誤，將銅元取代制錢的原因解釋為「劣幣驅逐良幣」。

「劣幣驅逐良幣」必須是在能夠強制推行固定比價這一特定條件下才能

〔註253〕《中國近代貨幣史資料》，第一卷，下冊，第 984 頁。

生效。如光緒年間所鑄造的那些不斷減重和降低含銅量的制錢，因爲能夠以相同的面值和之前鑄造的制錢進行兌換，所以慢慢取代了流通領域的那些優質的制錢。如果不具備劣幣驅逐良幣的特定條件，那麼市場中的劣幣就不僅無法驅逐良幣，還會被良幣逐漸驅逐。在貨幣由市場自由兌換，貨幣數量充足的情況下，品質更好的貨幣往往要比品質不佳的貨幣更受到人們的青睞，最終總是良幣將劣幣驅逐。這是由於人們在可以自由選擇的條件下，更樂意接受那些品質好，使用更方便的貨幣。因此，弄清楚什麼條件下劣幣驅逐良幣，什麼條件下良幣驅逐劣幣，是我們正確掌握和運用「格雷欣法則」的關鍵。

銅元對制錢的取代並非劣幣驅逐良幣，而是良幣對劣幣的驅逐。在晚清流通的制錢由於做工粗糙，規格多樣，成色各異，並且容易被民間仿製，因此在交易中顯得十分不便。而銅元的出現較好地彌補了制錢的這些缺陷，所以受到了商民的普遍歡迎。隨著銅元在幾年內的被大量鑄造並投入市場，市場對銅元的需求也逐漸趨於飽和，光緒朝出現的嚴重錢荒得到了極大緩解。在銅元已經能夠較爲充足供應的情況下，人們都樂意使用更爲精美、規範的銅元，制錢這一傳統錢幣就受到了市場的冷落，最終在銅元大量流通的地區逐漸銷聲匿跡。因此，也就出現了清末市場上銅元迅速取代制錢的情況。

銅元取代制錢標誌著在中國推行了2000多年的制錢制度的終結，體現出了近代技術條件下的新式鑄幣對落後鑄造工藝所鑄造傳統鑄幣的明顯優勢。體積更小、制式更規範、做工更精美的銅元得到了市場的認可，它們迅速取代了制錢，成爲了清末市場上進行小額交易的主要貨幣，並在民國時期繼續發揮著重要作用。儘管銅元依然是一種金屬鑄幣，但相比制錢，依然有著明顯的進步。它符合清末市場經濟不斷發展的需要，滿足了市場對小額貨幣的迫切需求，推動了中國經濟的發展。

貿易報告對格雷欣法則的運用體現出在中國海關工作的外籍人員在利用西方的貨幣思想來分析中國的貨幣問題。儘管報告在使用格雷欣法則分析銅元取代制錢現象時出現了誤用，但對於向中國傳播這一西方著名的貨幣法則起到了一定的幫助。

五、濫發銅元與貨幣數量論

清末的銅元濫發問題一直被世人所詬病。那一時期各地都把鑄發銅元作爲緩解當地財政壓力重要途徑。地方爲了獲取最大利益，皆拼命鑄造銅元，

還設法把本省所鑄的銅元銷往外省，並嚴令禁止外省銅元進入本省流通。這種爭相鼓鑄，爭相外銷的局面，不但使得銅元的數量急劇增加，還使銅元流通的混亂狀況不斷加劇。

貿易報告對銅元鑄造的數量和用銅量有過一些估算。1904 年的全國貿易報告認爲，本年十二個月共計所出銅元 1693700000 枚，「此數半由各局所報，半由各廠用銅之數」。查出鑄銅元局本年購銅 205771 擔，本年存貨與上年存貨大不相同，每一銅元計重二錢，內中銅有九十五分，除摻砂、鉛兩宗，以所購銅斤而論，應鑄銅元 1745000000 枚，與以上所列數目實相符合。儘管銅元鑄造數量巨大，但報告表示「現在所鑄銅元並不爲多，實因中國人已有四百兆。」〔註 254〕報告判斷此時的銅元鑄造量還沒有超過市場的需求量。

1905 年是清末鑄造銅元最多的年份，全國貿易報告介紹了當年的銅元進出口及鑄造的情況。這一年由漢口運往上海、鎮江兩口的銅元值銀 5330000兩。上海本年進口值銀 7494199 兩，內係漢口、杭州、廣州三廠所出。上海本年出口值銀 6607428 兩，大約全是運往煙台、膠州、天津三處。蘇州出口未全報關。照上海進口之數以及漢口除運上海外，尚有運往別口，大約本年銅元共出個數有 1600 兆至 1700 兆不等，「想總是湖北、廣州、杭州三局所鑄，往來貿易口岸。」由於各省所設仿鑄銀銅等幣之廠一年之內工作極煩，稅務司所得消息尚未全備，因此亦不能以爲定論。報告列舉當時所掌握到的一些信息。「聞一元所鑄大約有二千萬塊，小元若照來信所云，已鑄七千二百五十萬個，合作一元，計一千四百四十三萬二千八百塊。論一年以前，價與一元相平，現在又多五分制錢，縱鑄無幾。聞武昌有開鑄之說，一分銅元所鑄過多，甚爲可慮。」按照各來信及各口所運進之銅斤來估算，「本年各廠所鑄銅元約計應有七千五百兆個，自初創起，迄今亦應有一萬兆個。」但報告認爲此數更靠不住，「代爲此項利益均係各省所自得，不歸國帑，故無把握。」〔註 255〕

1906 年的全國貿易報告說：「銅元本年進出有限，如上海報運進口計值一百四十六萬四千六百六兩，大半是由南京、蘇杭等處來。如論上年進口，則有七百四十九萬四千一百九十九兩，出口五十一萬八千一百六十兩，多是運

〔註 254〕《光緒三十年通商各口華洋貿易情形總論》，《中國舊海關史料》第 40 冊，京華出版社 2001 年版，中文第 27～28 頁。

〔註 255〕《光緒三十一年通商各口華洋貿易情形總論》，《中國舊海關史料》第 42 冊，京華出版社 2001 年版，中文第 33～34 頁。

往鎮江，或爲饑民所需。如論上年出口，則有六百六十萬七千四百二十八兩。」〔註256〕可見，1906 年所出銅元已經較 1905 年有了明顯的減少。

報告還談了銅的進口數量和價格變動對錢局的影響。「因銀銅元估價日減，各局所鑄亦少。」由於現存之銅的數量超過了應用之數，而國際市場上的銅價又大漲，之前各局採辦銅時每噸的市價不過 66～70 鎊，到了 1904 年底已增加至 79 鎊，所以「各局所存之銅有許多轉售出洋，尚不吃虧」〔註257〕。

1909 年的全國貿易報告稱：「各省製造銅元之局本年新制減縮進口，銅錠、銅板幾將斷絕，可見現在無接續製造銅元之意。本年銅錠、銅板進口不過四千擔之譜，較之前六年內統扯折中之數，每年計有二十三萬三千四百一擔，兩相比較，其數遠遜。中國西邊省分銅元尚未通行，不過略有少數行用。據重慶報稱，亦屬少見。南寧市上則絕無銅元影子。」〔註258〕1910 年的全國貿易報告提到，「各省想已停鑄，紫銅板進口無多」〔註259〕。顯然，銅元的鑄造量已經很小了。

儘管貿易報告沒有能夠系統記錄下清末的銅元鑄造量，但通過對報告中對一些年份對銅元鑄造數量的估算和其他資料的記錄，我們還是可以推算出銅元鑄造的大概數量。清政府曾委派陳璧考查了各省銅元的鑄造情況。根據陳璧的統計，從光緒二十六年到光緒三十二年間，鑄造的當十銅元數量爲13159973514 枚。

表 3.29　清末鑄造銅元數目

鑄造時期	造幣廠	折合當十銅元
光緒三十一年正月至三十二年七月底	清江浦造幣廠	740085585 枚
光緒三十年二月至三十二年五月十二日	江蘇銅幣舊廠	529430867 枚
光緒三十一年五月至十月二十五日	江蘇銅幣新廠	354812089 枚
光緒二十八年四月至三十二年四月十六日	安徽銀元局	519361334 枚

〔註256〕《光緒三十二年通商各口華洋貿易情形總論》，《中國舊海關史料》第 44 冊，京華出版社 2001 年版，中文第 36 頁。

〔註257〕《光緒三十二年通商各口華洋貿易情形總論》，《中國舊海關史料》第 44 冊，京華出版社 2001 年版，中文第 34 頁。

〔註258〕《宣統元年通商各口華洋貿易情形總論》，《中國舊海關史料》第 51 冊，京華出版社 2001 年版，中文第 9～10 頁。

〔註259〕《宣統二年通商各口華洋貿易情形總論》，《中國舊海關史料》第 54 冊，京華出版社 2001 年版，中文第 9 頁。

光緒三十年七月至三十二年十二月十四日	山東銅幣廠	296274556 枚
光緒二十九年三月十六日至三十二年十月底	江西銅幣廠	379722376 枚
光緒二十九年至三十二年十二月	浙江造幣總局	821107384 枚
光緒三十一年四月至十二月	浙江造幣分局	163253380 枚
光緒二十八年六月至三十一年八月底	湖南造幣舊局	179959100 枚
光緒三十一年六月至三十一年十二月初八日	湖南造幣新局	632356825 枚
光緒三十年十月至三十二年十一月二十九日	河南造幣廠	230545880 枚
光緒二十八年八月至三十二年十二月十五日	湖北銅幣局	2548327055 枚
光緒二十九年閏五月至三十止年二月初一日	湖北銀元局	1211653299 枚
光緒三十一年二月底至三十二年二月止	湖北兵工廠銅幣廠	527544700 枚
光緒二十八年至三十二年十二月底	江寧造幣廠	1603984850 枚
光緒二十六年至三十二年年底	廣東造幣廠	963848700 枚
光緒二十六年至三十一年底	福建造幣南局	347244868.5 枚
光緒三十一年九月至年底	福福建造幣西局	79059249 枚
光緒三十年五月至年底	福福建閩關局	73701952 枚
光緒二十八年六月至三十二年三月底止	直隸造幣廠	682180520.5 枚
光緒二十九年七月至三十二年年底	四川造幣廠	275512944 枚

資料來源：《考查銅幣大臣陳璧摺——考查各省銅幣情形》，《中國近代貨幣史資料》，中華書局 1964 年版，第 874～911 頁。

　　梁啓超先生在他的《省濫發銅元小史》中也給出了 1904 至 1908 年銅元鑄造的數量及用銅量。

表 3.30　1904～1908 年銅元用銅量及鑄成銅元數

時間	用銅量	鑄成銅元
1904 年	255771 擔	1741167000 枚
1905 年	749000 擔	4696920000 枚
1906 年	213673 擔	1709384000 枚
1907 年	356400 擔	2851200000 枚
1908 年	1785100 擔	1428000000 枚
合計	3359944 擔	12426671000 枚

資料來源：梁啓超：《各省濫發銅元小史》，《中國近代貨幣史資料》，第一輯，下冊，北京：中華書局，1964 年版，第 916 頁。

　　從表 3.30 可以看出，梁啓超所掌握的 1904～1908 年所鑄造的銅元數量爲 12426671000 枚。他認爲從光緒二十八年至宣統二年，中國鑄造的銅元總量應在 140 億枚以上。由於 1904 年之前銅元鑄造數量不多，1908 年之後銅元鑄造數量大幅減少，所以梁啓超所估計的數量和陳璧考查的結果是非常接近的。綜合貿易報告中對一些年份銅元數量的估算，以及陳璧和梁啓超提供的數據，清末的銅元鑄造量應該不低於 150 億枚。

　　銅元鑄造量的劇增使市場對銅元的渴求大爲減弱。供需矛盾的緩解也導致了銅元價格的不斷下跌。1905 年的全國貿易報告說：「一元原兌制錢八百八十文，即合銅元八十八個，一日之內徒長至九十六個。自此以後漸漸更長，長至年底已有一百十七個，及至今日著論時，每銀一元兌有一百十個。一年之內，自始至終相互比較，其價已減二十二分。至於價賤，各省皆然，所差有限。」〔註 260〕1908 年的全國貿易報告指出：「當歲聿云暮之時，揚子江中段各處每銀一元可兌當十銅元百三十五枚，下游一帶則兌百二十六枚，煙台則兌百二十八枚，南邊沿海各省則自百十枚至百十七枚不等。」〔註 261〕1909 年的全國貿易報告中談到，福州、廈門兩處，年終跌至 1 銀元兌銅元 140 枚。天津從 1 元兌換 123 枚跌至 130 枚。廣東從 110 枚跌至 116 枚。梧州從 120 枚跌至 130 枚。鎮江年底可兌 129 枚。上海在十月跌至 135 枚〔註 262〕。1910 年的全國貿易報告中稱：「長江一帶扯計一百三十二枚當十銅元始對銀圓一元，此外甚至有需一百四十四枚銅元。」〔註 263〕

　　國內從最初的普遍八十餘枚銅元兌一銀元變爲一百三四十枚兌換一銀元，銅元價格的下跌幅度十分顯著。一些地方的報告中也記錄了銀元和銅元之間兌換價格的變化。

　　1905 年蕪湖英洋一元兌銅元 95 枚〔註 264〕。南京的一元龍洋兌制錢 963

〔註 260〕《光緒三十一年通商各口華洋貿易情形總論》，《中國舊海關史料》第 42 冊，京華出版社 2001 年版，中文第 34 頁。

〔註 261〕《光緒三十四年通商各口華洋貿易情形總論》，《中國舊海關史料》第 48 冊，京華出版社 2001 年版，中文第 9 頁。

〔註 262〕《宣統元年通商各口華洋貿易情形總論》，《中國舊海關史料》第 51 冊，京華出版社 2001 年版，中文第 9 頁。

〔註 263〕《宣統二年通商各口華洋貿易情形總論》，《中國舊海關史料》第 54 冊，京華出版社 2001 年版，中文第 9 頁。

〔註 264〕《光緒三十一年蕪湖口華洋貿易情形論略》，《中國舊海關史料》第 42 冊，京華出版社 2001 年版，中文第 270 頁。

文〔註265〕。蘇州銀洋一元兌銅元 108 枚〔註266〕。1907 年杭州，西曆正月每洋元兌銅元 104 枚，臘月爲 111 枚〔註267〕。1908 年蘇州夏季每枚洋元可兌銅元 125 枚〔註268〕。1909 年天津一枚洋元年初可兌銅元 125 枚，年暮可兌 131 枚〔註269〕，膠州平均爲 133 枚〔註270〕，長沙爲 130 枚〔註271〕，鎮江爲 129 枚〔註272〕。1910 年膠州一枚洋銀可兌銅元 132 枚〔註273〕。蕪湖一枚西班牙銀元兌可兌換銅元 137 枚〔註274〕。鎮江洋銀一元兌換銅元 135 枚〔註275〕。

　　從海關的這些記錄中能夠看出，1908 年以後，各地洋銀大多達到了兌換 130 多枚銅元的水平。銅元價格的逐年下跌也引發了一系列的經濟問題，貿易報告中也多次談了對此事的看法。

　　1904 年的全國貿易報告指出，用銅元購物「必較制錢更須多費，此亦無可如何之事。比如工商人等向來每日賺二百文，不獨足夠俯仰，且可另購並非日用必需之物。今則不然，僅免室家之凍餒。」〔註276〕報告把使用銅元看成是導致百姓購買力下降的主因。報告認爲，銅元的發行量必須符合國內實

〔註265〕《光緒三十一年南京口華洋貿易情形論略》，《中國舊海關史料》第 42 冊，京華出版社 2001 年版，中文第 277 頁。

〔註266〕《光緒三十一年蕪湖口華洋貿易情形論略》，《中國舊海關史料》第 42 冊，京華出版社 2001 年版，中文第 297 頁。

〔註267〕《光緒三十三年杭州口華洋貿易情形論略》，《中國舊海關史料》第 46 冊，京華出版社 2001 年版，中文第 323 頁。

〔註268〕《光緒三十四年蘇州口華洋貿易情形論略》，《中國舊海關史料》第 48 冊，京華出版社 2001 年版，中文第 313 頁。

〔註269〕《宣統元年天津口華洋貿易情形論略》，《中國舊海關史料》第 51 冊，京華出版社 2001 年版，中文第 229 頁。

〔註270〕《宣統元年膠州口華洋貿易情形論略》，《中國舊海關史料》第 51 冊，京華出版社 2001 年版，中文第 251 頁。

〔註271〕《宣統元年長沙口華洋貿易情形論略》，《中國舊海關史料》第 51 冊，京華出版社 2001 年版，中文第 283 頁。

〔註272〕《宣統元年鎮江口華洋貿易情形論略》，《中國舊海關史料》第 51 冊，京華出版社 2001 年版，中文第 319 頁。

〔註273〕《宣統元年膠州口華洋貿易情形論略》，《中國舊海關史料》第 51 冊，京華出版社 2001 年版，中文第 269 頁。

〔註274〕《宣統二年蕪湖口華洋貿易情形論略》，《中國舊海關史料》第 54 冊，京華出版社 2001 年版，中文第 334 頁。

〔註275〕《宣統二年鎮江口華洋貿易情形論略》，《中國舊海關史料》第 54 冊，京華出版社 2001 年版，中文第 345 頁。

〔註276〕《光緒三十年通商各口華洋貿易情形總論》，《中國舊海關史料》第 40 冊，京華出版社 2001 年版，中文第 29 頁。

際的需求量。「中國公家各項東人曾否預計，工商人等嚮用制錢，日需若干，改用銅元亦需若干，如能打算所需工價足敷向日一家之用，方爲善策。」同時報告強調中國應當詳細講求，必使銅元與制錢無所區別。「凡內行人所著論說，亦當取法，以救其失，幸勿再緩。」〔註277〕

1905 年的全國貿易報告稱，由於銅元過多，導致了「價值日賤」。「如謂百姓樂於使用，取其簡便，則鑄出若干應該立即流行，毫無阻滯，不意絕不相符。除去日用減省之故外，竟無他。」報告還說：「論六月各內地有信來云，銅元價值甚賤，即貿易最關緊要之上海，運來銅元亦即減價。」對於這種狀況，報告認爲這就「比如人病業已成眞，欲救不及。」〔註278〕銅元價格的持續下跌影響到了日常工錢的支付。「國家設立工作之處，所用工人工價均付銅元，價值既賤，是暗中已打九扣。如不另加一成，均不肯受，以致市面銀根亦即變更。」報告認爲，目前銅元推行已廣，愈多愈賤。「恐從前所有之制錢分量較輕者，均運內地；分量稍重者，均經私毀。」報告以米價爲例，說明了銅元購買力的不足。米價如果按銀價計算，並不爲貴，但「比如一樣價值，用銅元去購，則貴有將近三分之一。」〔註279〕

貿易報告還根據各國的歷史經驗，談了新發行貨幣對百姓的兩個重要影響。「一用新幣之值較低於舊幣，以新幣定貨，其價加貴，自與所加工價不能相等，此理各國皆然，想中國亦不能外。一是大凡新增一事，受虧者皆爲百姓，政府視百姓受從前未有之虧，亦未能窮究其故。」〔註280〕這兩點在各國新發行貨幣時都十分常見，對於中國所發行的銅元也是適用的。

報告認爲，銅元是否所鑄過多的說法「尤不易言，第因爲時未久，尚難查核」。報告以中國和美國爲例，進行了分析。「譬如華人每人每日應用銅元二十五個，以四萬萬人計之，現出之數並不爲多。美國金元每人日用派有十五元，以爲比例，則多百二十倍。」報告還說：「但有一層尚常記憶者，中國之用銅元獨之，各國用金銀銅幣一樣；中國之用銀兩獨之，各國之用鈔票一

〔註277〕《光緒三十年通商各口華洋貿易情形總論》，《中國舊海關史料》第 40 冊，京華出版社 2001 年版，中文第 28～29 頁。

〔註278〕《光緒三十一年通商各口華洋貿易情形總論》，《中國舊海關史料》第 42 冊，京華出版社 2001 年版，中文第 34 頁。

〔註279〕《光緒三十一年通商各口華洋貿易情形總論》，《中國舊海關史料》第 42 冊，京華出版社 2001 年版，中文第 34 頁。

〔註280〕《光緒三十一年通商各口華洋貿易情形總論》，《中國舊海關史料》第 42 冊，京華出版社 2001 年版，中文第 34～35 頁。

樣。其鈔票有國家所出，有銀行所出之分。此層比較不免過遠。以每人日用二十五個銅元，不過中國個半工價，美國金元十五個，則有美國十日工價，即此以觀，現出銅元，故不算多。」〔註281〕

中央政府爲爭取鑄造銅元的利潤和整頓銅元濫發的局面，下令將銅元各局統歸戶部管理，報告中談了對此事的看法。「另有一論，實係將來之大害。一年以前原無關係，半年以前易於補救，迄今已成難事，自當早爲整頓。即現在已需費必如從前各省所獲之利方能有濟，否則民有不平，總應設法以使其平，若再延遲，但恐難上加難，眞有不堪收拾者。」報告認爲銅元各廠統歸戶部管理，「此係極美之法」。同時強調「即係無論定何章程，各省已鑄之銅元應該一律視同戶部所鑄者，並行不悖。再總局、分局定價，不得兩歧，公私出入不得有別。」〔註282〕報告希望通過中央統一管理確保銅元能夠有計劃的鑄造，以保證各方利益。應當說，這是有效管理銅元發行的必要舉措，但由於清末時期中央對地方控制力的較弱，一些地區爲了謀取利益，仍舊存在偷鑄銅元的情況，因此銅元濫發的形勢並未得根本好轉。

1906年的全國貿貿易報告說：「本年各處鑄幣局所均已改隸戶部，運出銀元較有限數。銅元面文載明當十。前兩年每銀一元兌銅元八十八個，前一年長至一百十個，迨至現在，復減至一百四個。以此類推，只須將銅元果能照歐美等洲已著之成效全行改辦，則他國能得之利權中國亦未嘗不可。即以銅元而論，現在總算略有效驗。如能從此認眞整頓，其效實有不可限量者。」〔註283〕

對於中國雜亂的貨幣體系，報告指出：「民間困苦情形殆因國幣不一之故。即如金銀無定價，銀銅亦無定價，銅元與制錢又無定價，誠令人無所率從。」〔註284〕多種貨幣共同流通，並且價格變動頻繁的混亂局面，確實是困擾近代中國經濟發展的一大難題。

1908年的全國貿易報告認爲，銅元的貶值使貿易往來殊多阻礙。銅元價

〔註281〕《光緒三十一年通商各口華洋貿易情形總論》，《中國舊海關史料》第42冊，京華出版社2001年版，中文第35頁。

〔註282〕《光緒三十一年通商各口華洋貿易情形總論》，《中國舊海關史料》第42冊，京華出版社2001年版，中文第35頁。

〔註283〕《光緒三十二年通商各口華洋貿易情形總論》，《中國舊海關史料》第44冊，京華出版社2001年版，中文第36頁。

〔註284〕《光緒三十二年通商各口華洋貿易情形總論》，《中國舊海關史料》第44冊，京華出版社2001年版，中文第36頁。

賤「固因有數處銀根吃緊,然大半是因製造銅元局輸出過多,以致值價日減。……此項價值之高低與民生所關最切。幣制一項誰不望有畫一辦法,況銅幣尤為緊要〔註285〕。在 1908 年天津的報告中提到,由於銅元已大加整頓,所以從年前洋銀一元易銅元 150 枚,降至現時的 125 枚。當地採取了將私版銅元入口之人獲拿懲辦,令銅元局暫行停鑄的措施〔註286〕。

各地的報告多把銅元價格下跌看成是阻礙經濟發展的重要原因,在很多報告中都記錄了銅元價格下跌對本地的經濟所造成的影響。1905 年宜昌的報告說:「查初用銅元之時,小錢皆攜往上游,實屬銅元之益。近則制錢亦被攜去,街市制錢甚稀,其價又比銅元較大。本口百物皆以制錢計價,由是騰貴異常,各販注意制錢比比皆是,即如米販售米,一概不用銅元,亦一顯證。然則百物之騰貴能謂非銅元所使歟?」〔註287〕岳州的報告說:「計正二月間,本口每銀一元只兌換銅元八十五枚;至冬月間,則每銀一元可兌銅元一百十枚,亦以新鑄當十銅元異常充斥,以致錢價日形低落。查中國為用銀之國,錢價既低,則貨物與工價勢必日漸加漲。如是則出洋各貨成本自較從前益重,成本既重,則獲利更絕無幾矣。」〔註288〕漢口的報告說:「本省銅元既如潮湧,於是錢價日跌。年初每百枚當制錢一千文,值漢關平銀八錢三分;至年底,只值六錢二分。銅元既跌,日用各物價皆飛漲,而向日制錢乃寥落如晨星矣。」〔註289〕九江的報告說:「聞本年南昌府所鑄成之銅元甚夥,以致錢價逐見跌落。查光緒三十年十一月二十六日,漕平銀每兩換制錢一千二百三十文,至本年二月二十六日,換一千二百六十四文,五月二十八日換一千四百二十一文,九月初二日換一千四百三十五文,十二月初六日換一千六百四十萬文矣。」〔註290〕杭州的報告稱,由於銅元行用之數過多,致錢價大受其牽累,「每洋一

〔註285〕《光緒三十四年通商各口華洋貿易情形總論》,《中國舊海關史料》第48冊,京華出版社 2001 年版,中文第 9 頁。

〔註286〕《光緒三十四年天津口華洋貿易情形論略》,《中國舊海關史料》第48冊,京華出版社 2001 年版,中文第 206～207 頁。

〔註287〕《光緒三十一年宜昌口華洋貿易情形論略》,《中國舊海關史料》第42冊,京華出版社 2001 年版,中文第 222 頁。

〔註288〕《光緒三十一年岳州口華洋貿易情形論略》,《中國舊海關史料》第42冊,京華出版社 2001 年版,中文第 241 頁。

〔註289〕《光緒三十一年漢口華洋貿易情形論略》,《中國舊海關史料》第42冊,京華出版社 2001 年版,中文第 248 頁。

〔註290〕《光緒三十一年九江口華洋貿易情形論略》,《中國舊海關史料》第42冊,京華出版社 2001 年版,中文第 264 頁。

元初只易銅圓九十枚，轉瞬間忽加至一百五十枚」。報告建議把銅元巨減少出數，同時認爲銅元減價的原因除了出數過大外，和所用之紫銅內所摻雜質日漸加多也有關係〔註291〕。寧波的報告談到，「銅元向無限制，市面因之充塞，銀價漸漲。」〔註292〕福州的報告稱，閩省見銅元出口和就地發售均顯厚利可圖，增設兩處新局。但不曾想「曩者市價每銅元一枚計值錢十三文，今則逐漸低跌至不敵所值十文原數，而各局鑄造之利與始設之望已覺大相徑庭。其尤可惜者，北京政府忽飭限以每日只准鑄造三十萬枚，復禁止將銅元販運往他省行銷，是以目今該新局兩處俱已停鑄。」〔註293〕

1906年重慶的報告說：「鄂省銅圓在下游暢行，錢價甚賤，以致本埠生意頓形減色之故。……且川省錢價亦減，因致商務暗形虧耗矣。」〔註294〕沙市的報告稱：「銅元進口日多，以補制錢之不足。市價逐漸臻平順，於是商賈、農夫遂無不交受其益，而樂有流通盡利之效矣。〔註295〕漢口的報告講到，本年復出口紫銅較進口多一百二十萬擔，係銅幣局餘存不用之貨。「一因春間有限制鑄數之明文。二因外洋價漲，存之虧本，售之有利，是以運滬轉售歐洲也。」〔註296〕南京的報告也提到，因爲銅元少鑄，紫銅進口減少〔註297〕。

天津和膠州1907年的報告都用較多篇幅分析了本口銅元價格下跌帶來的不便，並給出了自己的建議。

天津的報告說：「本埠之貨價有增無減，本年下半年間，各商咸觀望不前，訂購洋貨大半緣津地銅元價低之故。自當十銅元通用以來，制錢因之全無，

〔註291〕《光緒三十一年杭州口華洋貿易情形論略》，《中國舊海關史料》第42冊，京華出版社2001年版，中文第299頁。
〔註292〕《光緒三十一年寧波口華洋貿易情形論略》，《中國舊海關史料》第42冊，京華出版社2001年版，中文第308頁。
〔註293〕《光緒三十一年福州口華洋貿易情形論略》，《中國舊海關史料》第42冊，京華出版社2001年版，中文第331頁。
〔註294〕《光緒三十一年重慶口華洋貿易情形論略》，《中國舊海關史料》第44冊，京華出版社2001年版，中文第221頁。
〔註295〕《光緒三十二年沙市口華洋貿易情形論略》，《中國舊海關史料》第44冊，京華出版社2001年版，中文第233頁。
〔註296〕《光緒三十二年漢口華洋貿易情形論略》，《中國舊海關史料》第44冊，京華出版社2001年版，中文第247頁。
〔註297〕《光緒三十二年南京華洋貿易情形論略》，《中國舊海關史料》第44冊，京華出版社2001年版，中文第274頁。

及至邇來，則當十銅元每元銅質僅值之前三四枚之譜。視此情形，銅元之用必須設法維持，嚴定限制，方可黜虛名而歸實跡。雖然維持銅元銅質妥協，而後奈無制錢何？假使每銅元實當制錢十枚之用，彼貧人仍不免困累者，緣銅元之用不如制錢之用便且廣也。因此貧者受累日深，竟變成此，實在苦。況憶銅元向以洋一元可易銅元百枚者，至年終竟易百五十枚之多，是銅元價值減至分之三十三。其價似此之低，究竟係造幣廠鑄造過多耶？抑或私鑄耶？此兩項各有妨害，無從查悉。蓋以值兩制錢之銅造一當十銅元，其利益之厚不但令私鑄者存此思想，且使造幣廠亦存此思想。於是利益心熾，而銅元之限制遂失也。現中國各官員竭力禁止私鑄，並禁假銅元進口，此法雖不敢謂必無成效，而辦理頗爲不易。彼尚未籌及者，或造幣廠停止鑄造，或將銅質加重。就目下情形而論，銅元價值只能跌減，不能增漲，所有日得銅元之工人益見艱苦。即以銀爲薪水者，初思之可以銀多易銅元，似有裨益。豈知日用各物價已奇昂，今之多易銅元爲有益者，實不抵向之少易銅元爲有益矣。」〔註298〕

　　膠州的報告說：「又因濟南自光緒三十一年起，新鑄銅元價值太低，銀貴錢賤，銅元日見其多，銀價日見其漲。且新鑄銅元因未鑄小者，從前制錢漸漸短少，是以百姓皆不敢留存銅元。因此二事，進口貨物大見減少，如濰縣等處不使銅元。當初銅元不敷所用，故市價銅元甚貴，因此則安徽等省由陸路陸續販運來東省之銅元充斥市面，歷時甚久。迨後官諭禁止販運，倘若拿獲，即罰充入官。因此商民更不敢信用銅元。當時南省銅元輸入東省已有四成，其初鑄成銅元之時，換銀元每元合銅元八十至九十個。自光緒三十二年至三十三年六月，則每銀元一元合銅元九十五至一百八個不等。此銀價行市全憑市上銅元存儲及行用之多寡爲準，故漲落迄無一定。自光緒三十三年六月起，在濟南每銀一元換一百八個，漸漸減價；至八月，每銀一元換銅元一百十五個；到九月忽然減價甚大，每銀一元換一百三十二個。在西曆十一月至十二月間，錢價每元自一百二十六至一百三十一。當此時，濟南及內地錢價與青島比較，約賤百分之三至百分之六之數，而進口之貨因此則價值日見加增。其新鑄之當十銅元因無制錢相輔而行，故商人不喜用之。蓋彼向來用慣制錢，而一旦改變用當十文銅元，自覺不便。若當時能添鑄一文、二文、

〔註298〕《光緒三十三年南京華洋貿易情形論略》，《中國舊海關史料》第46冊，京華出版社2001年版，中文第211～212頁。

五文銅元以輔之，則市價漲落不至於此。而市價平穩則人自不以銅元爲不便。若不設法添鑄小銅元，則不能希望市面生意情形改好。青島進口貨均係銀項交易，銷售於內地係銅錢交易，最要緊貨物以棉布類約占五成。該貨利息最小，銅元行市數月內忽減二成有奇，所以本口商家因此大受虧累，此勢所必然。先期望下半年洋貨必暢銷，後而進口洋貨反甚見減少，比上半年少，且比去年下半年亦少。」〔註299〕報告中鑄造小額銅元的建議對購買零星貨物會有一定的幫助，但顯然無法實現平穩物價的作用。

　　1907年沙市的報告稱：「銅元價值異常低小，是以進出口生意殊覺清淡。」〔註300〕1909年重慶的報告說，由於銀貴錢賤，所以鋪戶大受虧折〔註301〕。鎮江的報告說，雖然銅元停鑄，但市面仍未見起色，與貿易大爲有礙〔註302〕。1910年上海的報告談到，本年規平銀10兩可換1658～1847枚。西曆十二月間約在1750枚左右。雖照以上之價值，然以之掣比制錢每規平銀一兩得換1847文。「因純用制錢兌價，另有一種行市之故。大凡市上未滿十文之零找，用以制錢，過此皆須行用銅元。」〔註303〕

　　全國和各口的貿易報告從不同方面說明了銅元價格下跌對經濟造成的不利影響。一些報告還提出了克服這一難題的辦法。但貿易報告中把銅元價格下跌看做是妨礙經濟發展的重要因素的觀點並不正確。銅元作爲小額貨幣，百姓日常所儲存的數量較少，所以它的價格變化對持有者的影響並不太大。而隨著銅元價格出現變化，物價和工價也會進行相應調整，以適應銅元價格所出現的變動。因此，銅元價格的下跌對商民所造成的影響總體上是有限的，並且並非對所有人的影響都是負面的。同時我們也要看到，銅元價格的下跌與其源源不斷流入市場的龐大數量有很大關係，而這也是錢荒得以緩解的重要原因，所以對發展商品經濟是有利的。

〔註299〕《光緒三十三年膠州口華洋貿易情形論略》，《中國舊海關史料》第46冊，京華出版社2001年版，中文第227～228頁。

〔註300〕《光緒三十三年沙市口華洋貿易情形論略》，《中國舊海關史料》第46冊，京華出版社2001年版，中文第251頁。

〔註301〕《宣統元年重慶口華洋貿易情形論略》，《中國舊海關史料》第51冊，京華出版社2001年版，中文第267頁。

〔註302〕《宣統元年鎮江口華洋貿易情形論略》，《中國舊海關史料》第51冊，京華出版社2001年版，中文第319頁。

〔註303〕《宣統二年上海口華洋貿易情形論略》，《中國舊海關史料》第54冊，京華出版社2001年版，中文第353頁。

清末的貿易報告非常關心銅元的發行數量，並記錄了各地銅元價格變化的情況，分析了銅元價格下跌對經濟造成的不利影響。貿易報告把銅元發行數量過多看成是導致其「價值日賤」的主要原因，並且「愈多愈賤」。報告認為只有使銅元數量和市場的需求相適應，做到讓之前需要使用一定數量制錢的人「改用銅元，亦需若干」，才能保持價格的穩定。貿易報告中對於銅元發行量和價格關係的認識符合西方貨幣數量論的觀點。

貨幣數量論是西方重要的貨幣思想。最早提出這一理論的是法國人讓·博丹（Jean Bodin，1530～1596）。1569 年，他在分析 16 世紀法國物價上漲的原因時，就指出是由於金銀的流入導致了它們價值的下降，從而造成商品價格的上漲。孟德斯鳩、洛克等人又進一步發展了這一理論。

早期貨幣數量論的代表人物是英國的休漠。他把貨幣看做單純的價值符號，認為「貨幣只是一種代表勞動和商品的象徵，一種評價和估計勞動和商品的方法」〔註 304〕，「一種交換的通用手段」〔註 305〕。對於商品的價格，他說：「一切東西的價格取決於商品與貨幣之間的比例，任何一方的重大變化都能引起同樣的結果——價格的起伏。看來這是不言自明的原理。商品增加，價錢就便宜；貨幣增加，商品就漲價，反之，商品減少或貨幣減少也都具有相反的傾向。」〔註 306〕他還認為貨幣數量變化而引起的商品價格變動具有一定的滯後性。「雖然商品價格的騰貴是金銀增加的必然結果，可是這種騰貴並不緊跟著這種增加而來，而是需要一些時間，直到貨幣流通到全國並使各界人民都感覺到它的影響的時候。」〔註 307〕休漠不把儲藏起來的貨幣和不用來流通的商品看做會對商品價格造成影響的因素，認為「如果鑄幣鎖在箱子裏，對於價格來說它就好像消滅了一樣；如果商品堆在倉庫和穀倉裏，結果也會相同」。〔註 308〕「流通中的貨幣與市場上的商品之間的比例決定著物價的貴

〔註 304〕〔英〕大衛·休漠著，陳瑋譯，《休漠經濟論文集》，商務印書館，1984 年版，第 32 頁。

〔註 305〕〔英〕大衛·休漠著，陳瑋譯，《休漠經濟論文集》，商務印書館，1984 年版，第 37 頁。

〔註 306〕〔英〕大衛·休漠著，陳瑋譯，《休漠經濟論文集》，商務印書館，1984 年版，第 36 頁。

〔註 307〕〔英〕大衛·休漠著，陳瑋譯，《休漠經濟論文集》，商務印書館，1984 年版，第 34 頁。

〔註 308〕〔英〕大衛·休漠著，陳瑋譯，《休漠經濟論文集》，商務印書館，1984 年版，第 36 頁。

賤。」〔註 309〕他還強調「超出同勞動和商品的正常比例來增加貨幣，只能使商人和製造業主要出更高的價格去購買這些東西。」〔註 310〕

對於休謨的貨幣數量論，馬克思指出，休謨所考察的貨幣價值是貴金屬本身發生革命時代（即價值尺度發生革命時代）。在這個時代，隨著金屬貨幣量的增加同時發生了商品價格的提高。休謨把片面觀察到的事實不加批判地變成了一般原理。他的錯誤貨幣理論在於建立在這樣一種荒謬假設之上：在進入流通過程時，貨幣沒有價值，商品也沒有價格。然後在這個過程中，商品堆的一定部分同金屬堆的相應部分交換，貨幣的價值「是由它們自己的數量和商品數量之間的比例決定的，因為這兩個數量是必定相抵的」。〔註 311〕按照這種假設，貴金屬在進入流通之前是沒有價值的東西，只是在流通過程中作為商品的代表獲得了一個虛擬的價值量。由此，馬克思一針見血地指出，休謨「絲毫不懂得價值，因此完全不瞭解貴金屬作為價值尺度的職能」。

約翰·穆勒是早期貨幣數量論的集大成者。他的貨幣數量論和休謨相比，有所發展。首先，他認為：「貨幣的價值和購買力，首先取決於需求和供給。」〔註 312〕其中，「貨幣的供給就是當時在流通的全部貨幣。」〔註 313〕「如果其他情況不變，貨幣的價值與其數量成反比的變動。數量的任何增加都使價格按恰好相等的比例下降，而數量的任何降低則使價值按恰好相等的比例上升。」如果貨幣數量增加，「價格將按一定的比例而上升，而貨幣價格將按同一比例而下降。」〔註 314〕他還把貨幣流通速度視為決定貨幣價格的一個重要因素，指出「在貨物的數量與交易額不變時，貨幣的價值與貨幣的數量乘所謂流通速度之積成反比。而流通中的貨幣數量則等於出售的全部貨物的貨幣價值除以流通速度。」〔註 315〕穆勒把流通速度定義為「為了實現一定金額的

〔註 309〕〔英〕大衛·休謨著，陳瑋譯，《休謨經濟論文集》，商務印書館，1984 年版，第 37 頁。

〔註 310〕〔英〕大衛·休謨著，陳瑋譯，《休謨經濟論文集》，商務印書館，1984 年版，第 31 頁。

〔註 311〕馬克思：《政治經濟學批判》，參見《馬克思恩格斯全集》，13 卷，154 頁。

〔註 312〕〔英〕約翰·穆勒，胡啓林、朱決譯：《政治經濟學原理及其在社會哲學上的若干應用下》，商務印數館 1991 版，第 16 頁。

〔註 313〕〔英〕約翰·穆勒，胡啓林、朱決譯：《政治經濟學原理及其在社會哲學上的若干應用下》，商務印數館 1991 版，第 17 頁。

〔註 314〕〔英〕約翰·穆勒，胡啓林、朱決譯：《政治經濟學原理及其在社會哲學上的若干應用下》，商務印數館 1991 版，第 19 頁。

〔註 315〕〔英〕約翰·穆勒，胡啓林、朱決譯：《政治經濟學原理及其在社會哲學上的

交易，每一筆貨幣所進行的平均購買次數。」〔註316〕

同時，他並不簡單的認爲貨幣的價值取決於它的數量和流通速度，而是貨幣同一般商品一樣，「其價值最終並不取決於需求和供給。貨幣價值的最後規定者是生產費用。」〔註317〕「貨幣的價值經常——在自由狀態下幾乎直接——與用以造幣的金屬的價值相一致。」〔註318〕但穆勒指出，金銀貨幣的生產成本的變化並不能直接決定貨幣價值的變化。「貴金屬生產費用的變化，只是與它的數量的增加或減少成比例地影響貨幣的價值」。〔註319〕在流通領域中，依然是貨幣的數量和流通速度來決定貨幣的價值。生產成本的變化只會影響流通中的貨幣數量，再通過數量的變化來影響貨幣的價值。因此，「生產費用最終規定數量；而每一個國家所擁有並在流通的貨幣數量（不計各種暫時的變動），都剛好使一切交換得以進行，使貨幣的價值連同它的生產費用始終保持一致。一般說來，各種物品的價格將是這樣：貨幣按其本身的費用同其他一切貨物相交換。同時，正因爲貨幣的數量不可避免地會影響貨幣的價值，因而貨幣數量本身將（由於一種自動機制）保持於與其價格水平相一致的數額，即保持於爲按這種價格進行一切交易所必需的數額。」〔註320〕

總的來看，早期的貨幣數量論者大多認爲金屬貨幣在流通領域只是一種價值符號，而商品價格決定於流通中的貨幣量。商品和貨幣在進入流通領域之前都沒有價值，雙方只是在流通過程中發生接觸並相比較才擁有了各自的價格或價值。在其他條件不變的情況下，物價水平和貨幣價值都是由一國的貨幣數量所決定的。貨幣數量增加，物價隨之正比上漲，貨幣價值隨之反比下降。貨幣數量減少，物價隨之正比下降，而貨幣價值則隨之反比上漲。這一理論從現象出發，探索了貨幣數量和商品價格之間的關係，在一定程度上

　　　　若干應用下》，商務印數館 1991 版，第 21 頁。
〔註316〕〔英〕約翰·穆勒，胡啓林、朱決譯：《政治經濟學原理及其在社會哲學上的若干應用下》，商務印數館 1991 版，第 22 頁。
〔註317〕〔英〕約翰·穆勒，胡啓林、朱決譯：《政治經濟學原理及其在社會哲學上的若干應用下》，商務印數館 1991 版，第 27 頁。
〔註318〕〔英〕約翰·穆勒，胡啓林、朱決譯：《政治經濟學原理及其在社會哲學上的若干應用下》，商務印數館 1991 版，第 30 頁。
〔註319〕〔英〕約翰·穆勒，胡啓林、朱決譯：《政治經濟學原理及其在社會哲學上的若干應用下》，商務印數館 1991 版，第 33 頁。
〔註320〕〔英〕約翰·穆勒，胡啓林、朱決譯：《政治經濟學原理及其在社會哲學上的若干應用下》，商務印數館 1991 版，第 34 頁。

揭示出了貨幣的流通規律，爲現代的貨幣數量論打下了理論基礎。但他們不懂得貨幣價值的變動是由物化在其中的社會必要勞動量來決定的，而是把貨幣價值的變化歸於貨幣數量的增加或減少。他們忽視了貨幣作爲價值尺度、貯藏手段的職能。不知道貨幣本身就是一種擁有價值的特殊商品。商品價格在一般情況下反映著商品價值和貨幣價值的關係。如果雙方價值不變，貨幣數量的增加不會引起商品價格的提高，而是讓超出流通所必需數量的那部分貨幣退出流通領域；如果流通領域的貨幣數量減少，儲藏中的貨幣就會進入流通領域來滿足流通所必須的數量。在使用金屬貨幣的情況下，貨幣流通量是由商品的總價格所決定的。

　　對於清末銅元的不斷貶值問題，中國朝野內外的人士也給予了高度關注。國內人士基本採用了貨幣價值由貨幣數量決定的貨幣數量觀。這一觀點以春秋時期管子的「物多則賤，寡則貴」爲理論基礎，認爲貨幣的總數量越多，價值就越低；總數量越少，價值就越高。持這種觀點的人往往是根據兩種貨幣比價的變化來判斷貨幣數量的變化，當一種貨幣同另一種貨幣的比價下降時，就認爲是這種貨幣的數量減少或者另外一個貨幣的數量增加造成的；當一種貨幣同另一種貨幣的比價上升時，就認爲是這種貨幣的數量增加或者另外一個貨幣的數量減少造成的。在分析清末銀價上漲的原因時，他們認爲「銀價之貴，多由銅元充斥」〔註321〕，把銅元鑄造過多看成是銀價上漲的主要因素。

　　國內流行的這種觀點同貿易報告中所使用的西方貨幣數量論相比，有著許多相同之處。二者都是研究貨幣數量和貨幣價值之間的關係，試圖通過貨幣的數量的變化來解釋貨幣價值的變化，都將貨幣的數量增加看成是造成貨幣價值減少的因素，把貨幣數量減少看成是造成貨幣價值增加的因素，都認爲貨幣數量越多價值就越小，貨幣數量越少價值就越高。因此，它們具有一定的相似性。

　　但需要注意的是，儘管二者的一些看法十分相似，但也存在很多不同之處，不能混爲一談。首先，貨幣數量論完全忽略了貨幣自身的價值，認爲貨幣在進入流通領域之前是沒有價值的東西，只有在流通領域中對應了相應的商品才具有了價值。晚清的貨幣數量學說卻認爲貨幣是具有價值的，但價值完全是由它們總量的多少決定的。其次，貨幣數量論認爲貨幣的價值除了和

〔註321〕《光緒朝東華錄》，光緒三十三年九月，第 5764 頁。

流通中的貨幣數量有關外，還和流通中的商品數量有直接關係。貨幣的價值要看貨幣數量和商品數量的共同變化。只有貨幣增加的比例超過商品增加的比例，貨幣價值才會下降，如果貨幣增加比例小於商品增加的比例，則貨幣價值會上升。晚清的貨幣數量學說則是從貨幣的絕對數量變化來考慮它們的價值變化，依據是「物多則賤，寡則貴」，並沒有考慮商品的數量、價格以及流通速度。在分析兩種貨幣價值變化時，是根據它們的比價變化來進行判斷。當一種貨幣相對另外一種貨幣的比價上升時，就認為是這種貨幣的數量減少或者另外一種貨幣的數量增加造成的；而比價下降時，就是這種貨幣的數量增加或者另外一種貨幣的數量減少造成的。人們往往弄不清楚到底是因為哪種貨幣的增減而造成了比價的變化。在分析銅元價值變化時，就根據銅元對銀元的比價不斷下跌，認為是銅元鑄造數量過多造成其價值的下跌以及白銀的外流造成銀價的升高。再次，貨幣數量論通過不斷地完善，認識到貨幣的價值除了取決於貨幣的數量和商品的數量外，還取決於流通速度。「在貨物的數量與交易額不變時，貨幣的價值與貨幣的數量乘所謂流通速度之積成反比。」流通速度的加快會造成流通中的貨幣數量增加的效果。晚清的貨幣數量學說並沒有認識到流通速度對貨幣價值的影響。最後，西方的貨幣數量論只把進入流通領域的貨幣看成是有價值的，那些貯藏的貨幣則沒有任何價值。晚清的貨幣數量學說把流通中和貯藏的貨幣作為一個整體看待，認為貨幣的價值是由它們的總量所決定的，所以儲藏的貨幣也是有價值的，並且它們的數量也影響了貨幣的價值。

　　同中國傳統的單純由貨幣數量決定貨幣價值的貨幣數量學說相比，西方的貨幣數量論從流通的貨幣和待售的商品兩個方面來分析了貨幣的價值。儘管由於忽略了貨幣自身價值等因素，使得它們在金屬貨幣時代不可能正確分析出貨幣價值和商品價格變化的真正原因，但對貨幣數量的變動和物價變動的關係進行了不斷探索，研究了貨幣的流通規律，對我們認識商品價格和貨幣價格的變化起到了一定的幫助。貿易報告運用貨幣數量論來分析銅元濫發，是中國近代海關應用西方古典經濟思想來對中國貨幣問題探討。

　　應當說，由於中央對銅元缺乏有效控制，清末確實存在銅元發行量過猛，管理混亂的問題。銅元價格下跌過快也給商民帶來了不小的麻煩。但銅元價格的大跌卻並不能直接證明清末所發行的銅元數量已經超過市場需求。已經有學者對銅元的成本進行過分析。清朝最後幾年，國際市場上每擔

銅塊的價格一般在關平銀三十兩左右，按照這種價格，適當考慮工本費用，每關平銀一兩應得 270 枚銅元，每銀元一枚可以兌換 190 枚銅元。而實際上，銅元與銀元的比價一般均未達到這種水平，也就是說，銅元在市場上的價格依然超過它的實際價值，從這上面看不出銅元的發行數量已經超出流通的需要量〔註 322〕。

從地方對於中央停鑄銅元的態度上，也可以看出鑄造銅元依然有利可圖。光緒三十四年二月二十七日，上諭：「著照所請，京外各廠暫行停鑄銅元數月，俟銅元價值稍平，察看市面情形，再行復鑄。」〔註 323〕這暫行停鑄的旨意發出後，要求卻遭到了地方的強烈抵制。「川督趙爾豐首先電請免停，奉批，仍尊前旨，而川督再奏，有岌岌不可終日之語。部議允准，詔遂依議。七月間，江、鄂、湘、閩、浙、豫六省均請就現存銅斤准其續鑄，部議允准，並准津、一粵各省將已購之銅盡數鑄造銅元。九月，又議准東三省援照各省成案，盡數開鑄。於是停鑄之旨幾等於無效，而各省銅元跌價日甚一日。」〔註 324〕各省大多以銅元不足為由，要求繼續鑄造。如岑春煊上奏說：「現在省城及常德、湘潭各官錢局尚且不敷周轉。此外，各錢鋪以及各州府廳縣鎮市店鋪更屬難於購求。有欲兌數十枚銅幣而不可得者，市面艱窘異常」〔註 325〕。各地要求繼續鑄造的最主要原因是鑄造銅元依然可以獲利。倘若銅元的發行量已經超過市場的需求量，其市場價格必然會接近或者跌破成本，各錢局也會因無利可圖而自動放棄鑄造銅元，所以銅元的發行量並沒有超過市場的需求量。

因此，清末銅元的投放量並未在市場中達到完全飽和，銅元的市場價格依然要超過其生產成本。即使真的出現了銅元發行量超過了市場的需求的情況，市場也會自發進行調節。超出市場需求的銅元會被民眾儲存起來，從而退出流通領域，使流通領域的銅元數量和市場的需求相適應，令市場上銅元的價格和自身的價值相吻合。

〔註 322〕王宏斌，《晚清貨幣比價研究》，河南大學出版社，1990 年版，第 137 頁。

〔註 323〕《上諭—令各省暫停鑄造銅元》，光緒三十四年二月二十七日。見：中國人民銀行總行參事室，《中國近代幣史資料》，第一輯，下冊，中華書局，第 963～964 頁。

〔註 324〕章宗元，《中國泉幣沿革》，經濟學會，1915。

〔註 325〕《岑春煊奏湘省市面錢少籲懇增鑄銅幣摺》，《政治官報》第 169 號，光緒三十四年三月初九日。

六、年度貿易報告對銀元問題的分析

清朝中後期，傳統的紋銀已難以適應商品經濟發展的需求。這是因爲中國市場上流通的紋銀種類眾多，不僅不同類別的紋銀分量和成色各異，即使同類紋銀也經常會有所差異。人們支付紋銀時，需要對它們的分量和成色進行專門鑒別，這就使交易過程變得非常繁瑣，不利於商業的順利進行。而由於商業的不斷發展，市場對白銀的需求量越來越大，白銀交易越來越頻繁，不利於使用的紋銀逐漸遭受到了冷落。

與紋銀形成鮮明對照的是，外國銀元在中國市場上大量流通，並受到商民的普遍歡迎。「洋錢」由於規格統一，重量和成色穩定，十分便於商品交易，很快就成爲了市場的寵兒。清中葉，中國市場上已經普遍流通了多種「洋錢」，其中以西班牙「本洋」最爲流行。但由於「本洋」之後在墨西哥停止鑄造，其數量已經無法繼續補充，最終難以滿足市場的需求。「本洋」在中國市場上的地位也逐漸被墨西哥所鑄的「鷹洋」所取代。

「洋錢」在中國的盛行也引起了一些思想開明的官員的重視，他們看到了銀元具備的優勢，建議中國也仿鑄銀元。早在道光末年，兩江總督陶澍和江蘇巡撫林則徐就奏請鑄造銀元，但被道光帝拒絕。隨後，又有一些官員提議鑄造銀元，但均被拒絕。由於深受傳統的貨幣觀念的束縛，統治者一直堅持將紋銀作爲國家的基本貨幣。隨著近代中國的開放程度不斷加深，中國同世界的聯繫日益緊密，國人同西方的接觸逐漸增多，貨幣觀念也在不斷進步。鑄造本國銀元以抵制外國銀元和彌補因制錢不足對經濟的妨礙的呼聲也越來越高。1887 年，張之洞奏准在廣東設局鑄造銀元。

中國官方鑄造並流入市場的銀元始於 1890 年，由英國滙豐銀行在廣東代鑄。其發行的銀元有五號，重量分別爲七錢二分、三錢六分、一錢四分五釐、七分二釐、三分六釐，正面刻有「廣東省造」等字，背面刻盤龍紋，外附英文。由於鑄幣形態的白銀較之傳統的紋銀具有做工精美、規格統一、成色穩定的優點，便於商品交易，因此受到了市場的歡迎。其中，小面值的銀元也對於小額商品交易也起到了一定的幫助。隨後，其他許多省份進行了銀元的鑄造。由於銀元的鑄行需要一定數量的輔貨，而銅元又是完全符合這一要求的貨幣形式，因此，銀元的發行對銅元的出現也起到了一定的推動作用。廣東最早的銅元就是作爲銀元的輔助貨幣發行的，開始還規定了銅元和銀元之間的兌換比例。但由於缺乏統一管理，各地所鑄銀元並不一致，引起了貨幣

市場的混亂，未能達到預期的效果。儘管晚清發行的銀元並不十分成功，但相對於已經嚴重落後的紋銀，依然是一種進步。

中國鑄造的銀元所存在的各種問題在貿易報告中也有所記錄。如 1900 年的全國貿易報告在介紹北方地區白銀貨幣的使用情況時說：「聞滿洲地方洋銀暢行，該處嚮用之紋銀，若似被其所禁，市反罕見。直隸現在洋銀所到亦多，恐將來市面亦係仿此。滿洲所出之金因亂頗有阻礙，而殷實華人惟恐避亂樂購金錢（即俗稱之金鎊），希圖便於攜帶，是以本年銷路甚大。按此等金錢，銀行大半係由日本裝運，進口至中國各省。」對於中國已經鑄造的銀元，報告指出：「現鑄之銀錢民間仍難信用，以致不能通行各處，殊多未便。」報告認為要想解決民間對現鑄之銀錢不被民間信用的問題，只有改弦更張，「派一深悉銀色者隨時留心查看，平色自準，俾廣流行，一無所阻。此實當今開源之要政，不可稍緩須臾者也。」〔註 326〕報告所給出的通過加強管理，讓各地所鑄銀元具有一致的成色和重量，以便可以在全國範圍內暢行的建議是比較合理的，準確找到了國內鑄造的銀元不被民間信用的關鍵所在。由於各地所鑄的銀元重量和成色並不一致，在外地使用多有不便，因此不能在國內通行各處。只有各地區的銀錢重量和成色都能保持一致，才能便於在全國範圍內廣泛通行。同時，自鑄銀元的在數量上不足也制約了它們在全國範圍內的使用。

1902 年蘇州的報告也談及了各省所造的銀元難以流通的情況。報告認為各省所造銀元不能通行，尤與市面有礙。報告說：「本口所行銀元以鷹洋為多，除北洋、龍洋不用外，其餘各省所造，或貼水，或摻用，即如安徽銀元每元貼水六分，江南、湖北、廣東三省銀元如用在五十元以上，必須鷹洋居三分之二，龍洋居三分之一方可收用。」外地所鑄銀元之所以不受市場歡迎，「皆因各省所造銀元或成色欠佳，不如鷹洋，均係九成銀色，是以商民樂於用鷹洋，不樂於用龍洋也。報告也給出了自己的建議。「現在欲籌補救之方，亟應由國家專派大員管理各省銀元局，務定畫一銀色，使各省所造皆歸一律，毫無參差，各處自然通行。若果如此，亦維持商務之一端也。」〔註 327〕報告中所提出的由國家管理各省銀圓局，統一銀的建議和 1902 年全國貿易報告中的建議是一致的，兩份報告都準確抓住了中國所鑄銀元的癥結所在。

〔註 326〕　《光緒二十六年上海口華洋貿易情形論略》，《中國舊海關史料》第 32 冊，京華出版社 2001 年版，中文第 15 頁。

〔註 327〕　《光緒二十八年上海口華洋貿易情形論略》，《中國舊海關史料》第 36 冊，京華出版社 2001 年版，中文第 210 頁。

銀元及銅元的發行均出現地方各自為政，最終導致貨幣鑄造混亂的情況，與清末的政局有很大關係。日益衰落的中央對地方控制力大不如前，無法像清朝前期和中期那樣有效掌控地方事務，造成了幣制缺乏統一管理，各地採用了不同的標準的局面。地方又多從自身利益出發，拼命鑄造有利可圖的貨幣，導致貨幣市場日益混亂。儘管人們意識到應該由朝廷加強統一管理，以規範貨幣的鑄造，但中央和地方力量對比的變化使地方不再完全聽命與中央的號令，所以這一願望最終無法真正實現。

在中國商業不斷繁榮的情況下，大額交易的越來越頻繁，對白銀以及白銀貨幣的需求量也在逐漸增加，一些貿易報告的記錄也反映了這種趨勢。1897年上海的報告描述當地銀條和銀元之間的進出口關係。「銀條進口其數雖查無二十年、二十一年之多，而運進之數尚屬可觀。該兩年銀價雖然見昂，而運進之數反見其贏者，其故外洋所來之銀條皆在市上鎔化，元寶流通各處並非為做輸贏起見。倘有懷疑之處，本關貿易冊內歷歷可考。凡銀條多運進口，則元寶亦必多運出口。前年本口銀條少進，則元寶之出口之數亦少，此固顯而易明者也。」〔註328〕報告所反映的將進口的銀條鑄造成元寶的情況，表明國內對白銀貨幣的需求的旺盛。

1909年上海的報告注意到經濟發展會造成市場交易中用銀的增多。報告說：「竊料自茲以往既有鐵路之便捷，又有內地之交通，用銀者必較從前為多。雖當此之際未可逆料他日之究定何項本位，但照此情形，彼農工等輩向所用制錢者，日後工值必改銀質矣。」〔註329〕這一判斷是符合經濟發展趨勢的。

相較紋銀，洋銀在中國市面中更為常見，它們在流通中所出現的一些問題也被一些口岸的貿易報告所記錄。1900年煙台的報告記錄了當地洋銀因貶值而被大量鎔化為元寶的情形。「當六、七、八等月之間，洋銀市價大落，每元僅值曹平銀六錢七分五釐，故錢莊多以洋銀鎔化元寶，蓋市面交易樂於收用，即遇地方不靖，亦便於取攜。」〔註330〕只有在洋銀價格下跌幅度很大的情況下，擇把洋銀鎔化為元寶才會有利可圖。

〔註328〕 《光緒二十三年通商各口華洋貿易情形總論》，《中國舊海關史料》第26冊，京華出版社2001年版，中文第169頁。

〔註329〕 《宣統元年上海口華洋貿易情形論略》，《中國舊海關史料》第51冊，京華出版社2001年版，中文第331頁。

〔註330〕 《光緒二十六年煙台口華洋貿易情形論略》，《中國舊海關史料》第32冊，京華出版社2001年版，中文第113頁。

　　1901 年牛莊的報告記錄了由於使用現銀時需要進行加色，從而給商業發展帶來的妨礙的情況。報告說：「本年實銀進口計關平銀六十一萬四千五百七十兩，較歷年爲最少之數。出口計關平銀二百十二萬五千五百三十四兩，較近年爲最多。緣向來客在本口收銀匯滬交付者，須給與匯費，是以進口甚多。本年因銀根甚緊，各項貿易不付現銀，均用劃兌，而出銀者轉給收銀者之匯費。夏間每百兩匯費六八兩，秋季增至十五兩，故商人將實銀運至上海，再用匯票匯回本口，以圖利益。至於買貨均用劃兌銀兩，如欲現銀使用，必須加色始能換出，以致色銀日增。每實銀一錠加至十三兩五錢，或云本口現銀本敷於用實，因銀行爐房於三、六、九、臘等月之卯期不願付給，遂藉口現銀缺乏，仍用劃兌，冀圖厚利。即以本年銀行爐房獲利之大而論，其言誠不誣也。幸十一月杪出有示，論嚴飭號商於臘月之卯期，務當交付現銀。雖銀行爐房謂之礙難，然亦終須遵辦。若論現銀加色，誠不便於商務。如非本年生意得利，而色銀加至如此之多，勢必賠累者眾。倘能禁止劃兌加色，自於民生大有裨益。蓋百貨俱歸於民購用，如資本既重，貨價必高，民間之受害實甚。並據洋商云，本埠銀行爐房巧於設法，致累商務其尤甚者，如墨西哥國之新式大銀元，出則照數行使，入須加以三元始做百元之用。本年商人赴內地收買俄國銀元，票約數兆元，安置行李之中，又省運費，赴滬購買大銀元，並往杭州及長江一帶之銀元局收買小銀元，每百元獲利二元五角至五元，現已得至七元五角。惟是國家亟宜將各省所鑄之銀元價值定爲一律，不准商人任意低昂，以重圜法云云。」〔註331〕報告所提出的將各省所鑄之銀元價值定爲一律，不准商人任意低昂，以重圜法的建議並不符合經濟規律。市場中銀幣的價格由自身的重量和成色決定，並受到供求關係和運輸成本等因素的影響。因此，單純靠行政手段是難以保證讓市場上不同種類的銀元進行等面額交易的。

　　1902 年蕪湖的報告談了「本洋」和「英洋」價值變化的情況。報告中說：「皖省附近本口各城鎮向來喜用本洋，究竟本洋比英洋獨輕少許，且係遠洋所鑄，至今存亦有限，往往周轉不靈，以至本年每元提價至一兩有餘。省憲知民間受累不小，特張曉諭，禁止本洋抬價，只准與英洋、龍圓一律行用。無如本洋價已抬高，仍不稍落行用，與英洋、龍圓大相懸遠，何其藐視示諭

〔註331〕《光緒二十七年牛莊口華洋貿易情形論略》，《中國舊海關史料》第 34 冊，京華出版社 2001 年版，中文第 109～110 頁。

如具文耶！英洋在年頭二月每元可換銅錢九百五十文，迨至十月，換八百二十五文，英洋之不值錢至於如此。」〔註332〕銀幣的價格是由市場所決定的。本洋由於已經停產，所以存銀有限，在受到人們追捧時出現抬價的情況不足爲奇。官府的示諭也無法改變供求關係，因此不能改變本洋的價格。

　　1902 年天津的報告介紹了市面因貼水無準對商貿的影響，以及對官府的應對舉措的看法，並對袁世凱鑄造一兩重銀元的計劃給予評價和建議。報告說，當初夏時，即有商人預料商務漸衰，緣華洋交易匯兌貼水無準，以致許多生意受虧。厥後外國匯價較前奇跌，而進口之貨幾乎全爲停滯。惟出口貨物彼此踊躍，陸續進行裝運，迨封河後，獨有小宗貨物由秦王島裝運出口也。華人所開之大小錢鋪不免惶惶失措，因傳言現銀短絀，華商銀票貼水十成之三。究之其中底蘊，即中國官商無從捉摸，故此冊內亦難確陳。再查都統衙門曾倡議禁止撥條，諭各銀行、錢店必須取具妥實保結。倘所出銀條不敷所保之銀數，即不准再寫銀條。未幾，中國官禁止實銀出口，然俱未能照辦者，實迫於勢不得已。蓋進口貨共值關平銀 80181683 兩，而出口貨只值 17839063 兩。所有進口貨銀如許之多，不能不如數照付之故耳。中國官員與外國銀行會商多次後，嚴飭將貼水逐漸減盡。適有某華商銀號達貼水之禁，除重罰外，又禁押數時。此事若按西國理財辦法，官員竟如是嚴勒錢商，實爲危險。詎料華商果因此法，幾乎全行歇業。惟禁止用私錢，只用官錢一事，本難猝辦。當通用官錢之際，幾無官錢。迨通用官錢，貧苦之有私錢而無官錢者吃虧非細。所幸私錢撥條一律禁止後，袁宮保急圖整頓，即擬鑄一兩重之銀元，實與北方不無裨益。從來洋元雖按兩計，並無一兩重者，若能照一兩廣鑄行使，當有準則矣。聞都署附近地方設鑄造銀銅元局一所，延聘美國藩庫精明金銀成色者一員監製，倘一兩重之銀元果能各直省通行，商務必大爲獲益。但不識政府當道諸公與鄰省執政諸公亦效本省制軍之辦法否耶〔註333〕？報告並不認可官員對錢商的強制干涉，認爲此舉十分危險，會使使用私錢者受損，但對鑄造一兩重的銀元的計劃給予了肯定。

　　1902 年南京的報告在分析本口貿易阻滯的原因時說：「又各等貨物用各等銀洋，譬如此等貨必用本洋。本洋既無新鑄，自有限數。商人乃得以暗中操

〔註332〕《光緒二十八年蕪湖口華洋貿易情形論略》，《中國舊海關史料》第 36 冊，京華出版社 2001 年版，中文第 182 頁。

〔註333〕《光緒二十八年天津口華洋貿易情形論略》，《中國舊海關史料》第 36 冊，京華出版社 2001 年版，中文第 110 頁。

其術，以低昂價值。又如彼等貨必用鷹洋、龍洋，或又必用銀兩，而銀兩之
平色又各不同，故非熟於此者，殊難知其底細。」〔註334〕中國市場流通的白
銀貨幣種類繁多，雜亂的幣種對商貿的影響是不容忽視的。

　　1908年天津的報告介紹了因使用低潮寶銀而引發的爭執。事情起因是過
去完納稅餉例用足色寶銀，但是當年官府出示曉諭，規定自3月1日起，凡
完關稅應用足九九二成色行平化寶銀105兩，合關平銀一百兩交納。若無九
九二足色化寶，則折交行平白寶足銀104兩2錢亦可嗣復訂明。倘以現時市
面通用低潮寶銀完稅，則關平銀每百兩者須繳行平銀107兩，俾與足九九二
成色相侔。自此論發佈後，華洋各商紛紛爭執，於是官府又於9月28日復
又曉示各商，撤回前諭。嗣後仍以行平化寶銀105兩合爲關平銀100兩完稅，
惟必須九九二成色之公估銀方可。但此辦法既定，卻枝節復生。因爲西商銀
行只有通行之潮銀，而往來支票不能按印有公估銀字樣者使用，於是商人完
稅諸多不便，或用寶銀，則成色之高低任憑海關銀號斷定；或用銀條，則必
想公估局發給執照准開之六家爐房貼色兌購〔註335〕。報告對此事給予了評
論，認爲中國官家所持之宗旨，商人納稅例應足銀，既已載在約章，無論本
埠通用銀色如何，必須尊章辦理。而商人一面則僉稱銀色低潮責在中國官
家，遇有虧耗，即應擔償。似此情形恐生衝突，惟冀從速調停，俾臻妥協〔註
336〕。報告說，挽救的辦法有兩端，「一永立公估局。二將各西商銀行所存之
潮銀約在一百萬或一百二十萬兩悉數鎔化。」但是成色鼓鑄所難者在官家與
銀行均不願擔此虧折耳。中國官家以爲該銀行既已收用此項潮銀，現在時改
鑄足色，自應認虧。而各商意以中國官家理有維持之責，各爐房鎔銀錠時攙
以雜質獲利已豐。既屬失察在先，自應勒令各該爐房賠補現時西商銀行所儲
低潮寶銀，掃數鎔化，改鑄足色寶銀，則所須補色之數至多約一萬五千兩之
譜。對此，報告說：「果能以此數解脫，本埠銀幣上所生種種爲難衝突各情
節，則此一萬五千兩不爲多也。」〔註337〕天津金融市場對低潮寶銀的爭議，

〔註334〕《光緒二十八年南京口華洋貿易情形論略》，《中國舊海關史料》第36冊，京
　　　　華出版社2001年版，中文第187頁。
〔註335〕《光緒三十四年天津口華洋貿易情形論略》，《中國舊海關史料》第58冊，京
　　　　華出版社2001年版，中文第205～206頁。
〔註336〕《光緒三十四年天津口華洋貿易情形論略》，《中國舊海關史料》第58冊，京
　　　　華出版社2001年版，中文第206頁。
〔註337〕《光緒三十四年天津口華洋貿易情形論略》，《中國舊海關史料》第58冊，京
　　　　華出版社2001年版，中文第206頁。

反映了在官方政策朝令夕改以及官方自身出現一些問題的情況下，官府和商人為各自利益所產生的衝突。報告顯然並不認可官家的行為，還給出了應對的辦法。

銀元作為清末最重要的貨幣之一，在中國市場中有著舉足輕重的作用。晚清的年度貿易報告對銀元在市場的流通中所存在的主要問題以及對經濟的影響進行了記錄和分析，也給各自出了一些意見，反映出海關的外籍人員們對銀元問題的不同認識。

小結

貨幣是影響中國近代經濟發展的關鍵因素之一。海關對貨幣在經濟發展中的作用極為重視。貿易報告中涉及了大量關於銀、銅貨幣的內容。報告對金、銀、銅的流向和各種金屬貨幣價格波動情況進行了比較詳盡的介紹和分析，提出了許多的建議。這些都體現了很典型的西方經濟思想和思維方式，很多建議值得當時的官員參考。

報告對金銀流向的關注體現了重商主義在對待貴金屬貨幣問題上所持有的基本態度，是重商主義思想的體現，反映出重商主義對貿易報告的深刻影響。海關為了更好掌握金銀的去向，在貿易報告中對各年貨物和金銀的進出口統計進行了一系列的修正。這說明近代海關在努力通過不斷引入西方先進的統計方法來記錄和分析中國進出口貿易，以便更全面和準確掌握中國的金銀流向，以判斷中國的所面臨的經濟狀況。報告在對金銀流向問題的分析中，非常重視國際因素對金銀流向的影響，列舉了很多對金銀流向有重要影響的國際因素，並利用了大量的國外相關記錄來對金銀流向進行分析，表明近代海關所具有的廣闊的國際視野。

金銀比價的變化也是海關非常關注的一個貨幣問題。對於金銀價值的關注也符合重商主義的特點。貿易報告在對金銀價格的介紹中，除了利用國內外的相關文獻記錄以和對金銀價格有重大影響的國內外因素來分析引起金銀比價變化的原因外，還對金銀比價變動給中國的進出口以及其他經濟活動所造成的影響進行了分析，體現出這一時期的西方人對於匯率和國際貿易關係的認識水平。報告不但幫助當時的國人瞭解到金銀價格變化對經濟的影響，也對當代人研究晚清經濟有著很高的參考價值。

　　銅製貨幣作爲中國近代貨幣的一個重要組成部分，貿易報告也給予了較高的關注。報告記錄了光緒時期中國所面臨的制錢匱乏的困境，並對造成嚴重錢荒的各種原因和對中國經濟帶來的影響進行了分析。同時，報告還對新出現的銅元進行了介紹。報告重點涉及了銅元的鑄造數量和價值變化的情況，以及給中國商業發展和民眾日常生活所造成的影響。貿易報告中運用了貨幣數量論和格雷欣法則等西方貨幣理論來對銅元問題進行分析，對於這些西方經濟理論在中國的傳播起到了一定的促進作用。海關對銅元的重視說明清末銅製貨幣在中國商業發展中的重要作用和西方人對於賤金屬貨幣的認識水平。

　　外國銀元和本國自鑄銀元的流通情況和所出現的一些問題也在貿易報告中也有所反映。銀元的種類繁多給中國的市場帶來了一些困擾。本國自鑄的銀元因爲數量不足和沒有能夠在各地實行統一標準，所以難以在全國範圍內被廣泛使用，其受歡迎程度不及洋銀。而洋銀也因爲種類較多和自身數量的原因而引起了一些不便。只有發行足量並且規格統一的貨幣才能眞正有效解決晚清市場上銀元所存在的問題。

第四章　年度貿易報告對改善貿易條件的建議

　　以重商主義爲代表的許多西方經濟思想都把發展貿易看成是實現國家富強的重要途徑。受此影響，近代海關將貿易繁榮視爲實現國家富強的根本，提倡中國以發展商貿的方式來增強國力和提升國際地位。貿易報告中不僅強調了實現貿易繁榮的重要意義，還非常重視通過改善貿易條件來促進商貿的健康、快速發展，對與商貿發展有密切關係的鐵路、金融、稅賦等幾方面內容進行了著重介紹，反映出近代西方人對於這些因素的認識水平。

第一節　年度貿易報告中的重商理念

　　近代以來，西方國家一直將發展貿易當做促進國家進步的重要途徑。各國都推行了一系列有利於商貿發展的政策，如開拓海外殖民地、減免相關稅收、發展交通設施、頒佈鼓勵國內工業發展的政策等等，以便改善發展貿易的條件，確保本國商業繁榮和國家強盛。這些舉措對推動西方的貿易繁榮起到了一定的幫助。

　　在經濟思想方面，重商主義、自由貿易理論、貿易保護主義等，都對發展貿易高度重視，分別從不同角度闡述了發展貿易的思路。如重商主義認爲，增加以金銀爲代表的國家財富的主要途徑是商業，只有實現外貿出超才提高一國金銀貨幣的數量。國家應該積極干預對外貿易，以確保本國的出口大於進口，增加國民財富。自由貿易理論則倡導通過自由競爭的方式來發展國內和國際間的貿易，國家儘量不要對進出口貿易進行干涉和限制，這樣才會使

貿易各方共同受益。一個國家應該採用禁止輸入和徵收高額關稅等手段，對本國那些剛剛起步並且面臨外國激烈競爭的幼稚工業進行保護，並以免稅或徵收少量進口關稅的方式鼓勵複雜機器的進口，從而幫助民族工業崛起。儘管它們對發展貿易的具體理念和所推崇的方式不盡相同，但都強調了商貿的重要性。

近代中國海關完全繼承了西方重視貿易的理念，認爲貿易的繁榮將會給中國帶來巨大的幫助，可以使中國的國力和國際地位都大爲提升，從而一躍成爲世界強國。海關這種思想也體現在貿易報告之中。報告對貿易繁榮所帶來的意義給予了極高的評價。如 1889 年的貿易報告說：「貿易一興，不特堪與各國齊驅，且足駕諸邦而上，國富民裕，當卜於斯書，竟不勝欣幸。」〔註1〕

要想瞭解一個國家或地區的貿易是否繁榮，繁榮程度如何，就需要有一個基本的判斷標準，貿易報告中對此進行了介紹。如 1891 年上海的報告說：「貿易盛衰之故，悉以貨值之總數（即本口進口貨物與復運各口貨物價值爲之總數）爲衡。總數一增，南至閩浙，北迄遼津，貿易當無在而不旺。若各口消場未能流暢，則本口貨物不免滯留。故總數宜多，淨數（從總數除去復出口爲之淨數）宜少。」〔註2〕從報告的表述中可以看出，海關是從數量統計角度對中國貿易發展狀況進行的判斷，把對外貿易的總貨值和淨數作爲衡量國家或地區的貿易繁榮與否的主要標準。在各年的貿易報告中，海關也多是以進出口貨物的價值量作爲判斷貿易興衰的主要依據。應當說，外貿總值的變化情況和貿易繁榮確實有著十分密切的聯繫。儘管這種判斷方法自身也存在一定的局限性，不能完全反映出某地區在一定時期內的貿易發展狀況，但確實是一個簡便有效的參考標準。時至今日，這一標準仍然具有重要的參考價值。

在 1911 年的全國貿易報告中，比較詳盡的介紹了發展貿易能夠給中國所帶來的各種好處。報告說，中國誠能興盛，各國亦無不興盛。中國本地大物博，未發明者不知幾許，如照各國情形，振興實業，則將來採辦外國貨之能力膨脹至如何地步，竟難逆料。若再一躍而躋至列強，勢力既均，爭端自免〔註3〕。

〔註1〕《光緒十五年通商各口華洋貿易情形總論》，《中國舊海關史料》第 15 冊，京華出版社 2001 年版，中文第 16 頁。

〔註2〕《光緒十七年上海口華洋貿易情形論略》，《中國舊海關史料》第 17 冊，京華出版社 2001 年版，中文第 145 頁。

〔註3〕《宣統三年通商各口華洋貿易情形總論》，《中國舊海關史料》第 57 冊，京華出版社 2001 年版，中文第 10 頁。

報告認為，倡導和平的中國相對於重視武力的西方，有著更大的發展優勢。因為泰西各列國素重武備，因此受累匪輕。而中國與世無爭，和平主義，「足作西歐之程式」。各國如亦樂效法，以卸從前之重負，豈不善哉〔註4〕？

　　報告還強調貿易繁榮和民德進步是一致的。「貿易一道，本為軍界、官界、美術家所輕視，甚而至於宗教亦鄙，不與倫鋪商更等而下之，以為執業不高。要之商務乃文化之真點，民德大進地方即商務茂盛地方。第因商務係用和平手段，何處商務有進步，即何處商務占優勝。」〔註5〕同時，貿易對於滿足人民日常的物質需求也有著很大幫助。「論人類之進化，自以民德為首。中國民德本高，商務為人之生機，而人之賴以享用者，悉取自商務。如捨此，他固競競從事於厚勢力壯觀瞻，無非勞民傷財。譬如田畝較勝於操場，紗廠較勝於機廠，浮宮（即最大商輪船中陳設，無美不備，乘是船者如遊宮殿，故命名之曰浮宮）較勝於軍艦。況乎地不愛寶，地中、地上遍國皆是。」〔註6〕

　　辛亥革命的爆發使中國發生了巨大的變化，海關希望剛剛取代了清王朝的中華民國能夠更加努力地發展貿易，以促進國家進步。報告說：「如今日之新中國，仍襲舊中國純美之天性，善於經商，則寰球各國亦可奉為師表。第以天之所施，地之所產，不獨不害於人，反利於人。種種幸福，吾敢臆斷。如其不然，民生無聊，鋌而走險，窮則戰，戰更窮。倘商務能興，吾人互相交易，自顧且恐不暇，談及戰爭，莫不以為無謂之極事。以愚所度，天下所希冀者，除製物、植物、售物而外，未有一事能駕乎其上，即將來享千年澄清之氣象，亦全賴誠篤之商家。譬如夢寐中恍似歌舞臺前，群英環列其中，有發明格致者，有發明製造者，有發明技藝等事者，及至靜觀此等人才，皆被一貌似謙和之商人羅而致之。可見當今之世，商務最重，如無商務，雖有此才，誰能用之？容之？供給之？況共和時代，商務一興，國利民福，可立而待。」〔註7〕

　　1911年的全國貿易報告從多個方面闡述了中國發展商貿的必要性，認為

〔註4〕《宣統三年通商各口華洋貿易情形總論》，《中國舊海關史料》第57冊，京華出版社2001年版，中文第10頁。

〔註5〕《宣統三年通商各口華洋貿易情形總論》，《中國舊海關史料》第57冊，京華出版社2001年版，中文第10頁。

〔註6〕《宣統三年通商各口華洋貿易情形總論》，《中國舊海關史料》第57冊，京華出版社2001年版，中文第10頁。

〔註7〕《宣統三年通商各口華洋貿易情形總論》，《中國舊海關史料》第57冊，京華出版社2001年版，中文第10～11頁。

貿易的繁榮對國家強盛、人民富裕、道德提高、和平維護等方面都至關重要。報告還對剛建立的中華民國充滿了期待，希望它能更加重視貿易的發展，積極推行各項利於貿易發展的政策來促進貿易的繁榮，幫助中國更迅速的崛起。報告中的論述也充分體現出了海關對發展商貿的高度重視。

貿易報告對發展貿易的推崇不僅體現在對貿易繁榮的高度評價上，更表現在對與貿易發展有密切關係的鐵路建設、金融機構的信用、稅賦等內容的關注上。貿易報告對它們都進行了一定篇幅的介紹，重點分析了它們實際狀況以及給貿易發展所帶來的影響，並提出了一些改進建議。

第二節　鐵路與貿易的繁榮

鐵路是近代出現的一種陸上運輸工具，具有速度快、運量大、成本低、安全性高等特點。作為工業革命的重要成果之一，鐵路的出現對整個世界產生了深遠影響。隨著它的廣泛應用，極大提升了人們在陸地上的運輸能力，對世界的軍事、經濟、政治、文化等方面都發揮了巨大的推動作用。貿易報告非常重視鐵路對商貿的促進作用，反覆強調了修建鐵路對發展中國經濟所具有的積極意義，並對中國鐵路的修建狀況給進行了介紹。

一、鐵路在中國的艱難起步

在英國斯托克頓（Stockton）和達林頓（Darlington）之間，建造了世界上最早的一條鐵路，並於 1825 年 9 月 27 日正式通車。這條全長只有 40 公里的鐵路的通車，標誌著一個鐵路時代的到來。隨著第一條鐵路在英國的順利開通，鐵路越來越受到人們的重視。歐美在幾十年內便修建了數量眾多的鐵路。這些鐵路如同網絡一般分佈在各地。到 19 世末，全世界的鐵路長度已達 650000 公里。在鐵道上不斷飛馳的列車為人類的軍事和經濟發展做出了突出貢獻，成為改變世界面貌的一項偉大交通工具。時至今日，它們依然在世界各地發揮著不可替代的運輸作用。

中國人對鐵路有著一個漫長而複雜的認識過程。早在第一次鴉片戰爭時期，對「鐵路」、「火車」的介紹就已經出現在《四洲志》、《海國圖志》等著作之中。19 世紀 60 年代，為了方便運送貨物，不斷有西方人向中國提議修建鐵路。這引起了清朝官員們的警覺。由於此時中國人還普遍對鐵路缺乏基本瞭解，加上對列強的敵視心理，大多官員認為洋人建議修建鐵路的真實目的

是爲了便於他們對中國進行進一步侵略。

　　江蘇巡撫兼南洋通商大臣李鴻章認爲洋人要求修造鐵路「必有爲之謀者，未必盡出於商人，亦未必甘於絕望。」〔註8〕他主張堅決予以拒絕。總理衙門也以「山川險阻皆中國扼要之區，如開設鐵路，洋人可以任束其畝，於大局更有關係」〔註9〕爲由，堅決反對在中國修鐵路。這一時期的其他主要官員也大多表示反對修建鐵路。如江西巡撫沈葆楨認爲：「鐵路一節窒礙尤多，平天險之山川，固爲將來巨患，而傷民間之廬墓，即啓目下爭端。」〔註10〕三口通商大臣崇厚認爲：「興作鐵路，必致擾民，有識者皆以爲不可。」〔註11〕江西巡撫劉坤一認爲：「輪船電機益令彼之聲息相通，我之隘阻盡失，以中國之貿遷驛傳固無須比，而地勢物力均所不能，斷不可從其所請。」〔註12〕陝甘總督左宗棠認爲：「至鐵路原因火輪車而設，外國造鐵路抽火車之稅，利歸國家，我無火車，顧安用此。」〔註13〕兩江總督曾國藩認爲：「自洋人行之，則以外國而占內地之利；自華人之附和洋人者行之，亦以豪強而占奪貧民之利，皆不可行。」〔註14〕

　　朝廷對這一時期西方人所提出的修建鐵路的建議都予以了回絕。官員們普遍擔心修建鐵路會威脅到中國的安全，並對鐵路可能引起的一些負面作用表示擔憂。這說明他們對鐵路還不熟悉，沒有認識到它在提升軍事實力和促進經濟進步方面所具有的重要意義。

　　中國歷史上的第一條鐵路是1876年在上海修建的淞滬鐵路。這條由英資怡和洋行投資興建的鐵路，於1876年初開工建設，1876年7月3日江灣段正式通車營業，在當時引起強烈的轟動。8月3日，一名中國人不幸被火車碾死，引起了沿途居民的抗議。對鐵路充滿敵視情緒的清政府也利用這一機會，一

〔註8〕　《江蘇巡撫李鴻章致總理衙門》同治三年正月初五日，《海防檔.購買船炮》第365號，第59頁。
〔註9〕　《海防檔.電線》第5頁。
〔註10〕　《海防檔.電線》第10頁。
〔註11〕　《三口通商大臣崇厚奏》同治五年三月，《籌辦夷務始末》（同治朝）卷41，第27頁。
〔註12〕　《江西巡撫劉坤一奏》同治五年四月十六日，《籌辦夷務始末》（同治朝）卷41，第44頁。
〔註13〕　《左宗棠說帖》同治六年十月二十五日，《籌辦夷務始末》（同治朝）卷51，第21頁。
〔註14〕　《兩江總督曾國藩奏》同治六年十一月二十三日，《籌辦夷務始末》（同治朝）卷54，第2頁。

邊命令英國公司停止施工，一邊發動百姓進行抗議。最終通過談判，於 10 月 24 日由中國出銀 285000 兩買下了這條鐵路。由於官員內部對鐵路還存在嚴重的偏見，這條鐵路在次年的 10 月被拆毀。中方的這種愚蠢的行為表明，中國人對鐵路依然存在著很深的誤解。淞滬鐵路被拆毀是中國鐵路發展中的一個重大挫折。

儘管遭受到強烈的阻撓，但中國修建鐵路的潮流已經不可阻擋。1881 年 6 月 9 日，唐胥鐵路開始動工興建，並於 11 月 5 日竣工。這段鐵路從唐山至胥各莊，全長 9.7 公里，1882 年改用機車牽引，1887 年延長至蘆臺，1888 年修至天津，全長 130 公里，命名為「津唐鐵路」。這是中國鐵路發展史上的一次成功嘗試。

隨著中國和世界的聯繫日益緊密，中國人對鐵路的認識也在逐漸轉變著。1880 年，劉銘傳上奏請求修建鐵路。他認為：「鐵路之利於漕務、賑務、商務、礦務、釐捐、行旅者不可殫述，而於用兵一道尤為急不可緩之圖。」由於中國幅員遼闊，只能畫疆而守，防禦起來非常困難。一旦擁有鐵路，便可以快速集結和運送兵餉，有利國家安全。鐵路還有助於朝廷掌控兵權、餉權，不為疆臣所牽制。「方今國計絀於邊防，民生困於釐卡，各國通商爭奪利權，財賦日竭，後患方殷。如有鐵路，收費足以養兵，則釐卡可以酌裁，並無洋票通行之病，裕國便民之道，無逾於此。」〔註 15〕劉銘傳建議借外債修建四條以北京為中心的鐵路幹路。李鴻章、薛福成、劉坤一等人十分贊同劉銘傳修建鐵路的建議。但由於張家鑲、劉錫鴻等眾多官員的反對而未能通過。1885 年，左宗棠也極力建議修建鐵路。他認為修建鐵路既利於海防，又利於經濟發展，可以富民強國，有利無害，建議江浦至通州宜先設立鐵路，「以通南北之樞，一便於轉漕，而商務必有起色；一便於裁徵調，而額兵即可多裁。」〔註 16〕在這一時期，已經有越來越多的開明官員開始贊成在國內修建鐵路。

同時，以王韜、鄭觀應為代表的一些學者也極力推薦修建鐵路。其中，王韜認為鐵路作為一種交通工具，不僅對發展經濟十分有利，還有重要的軍事意義。「國家於有事之時，運餉糈，裝器械，載兵士，征叛逆，指日可集事，

〔註 15〕《光緒六年十一月初二日前直隸提督劉銘傳奏》，《洋務運動》，第 6 冊，第 138 頁。

〔註 16〕左宗棠：《擬專設海防全政大臣以一事全疏》，盛康輯：《皇朝經世文續編》，卷 90，第 48 頁。

何哉？以兵警軍情傳遞甚速，彼此應援捷於呼吸也。」〔註17〕鄭觀應認爲火車利往來而便轉運，風馳電掣，迅速無倫，「誠亙古未有之奇製也」。他在蓋嘗訪諸西人後，認爲其利有十：「所得運費除支銷各項及酌提造費外，餘皆可助國用，其利益；偶有邊警，徵兵籌餉，朝發夕至，則糧臺可省，兵額亦可酌裁，其利二；各處礦產均可開採，運費省而銷路速，其利三；商賈便於販運，貿易日旺，稅項日增，其利四；文報便捷，驛站經費亦可量裁，其利五；中國幅員遼闊，控制較難，鐵路速則巡察易周，官吏不敢逾法，其利六；二十三行省可以聯成一氣，信息便捷，脈絡貫通，而國勢爲之一振，其利七；中國以清議維持大局，拘攣束縛頗難挽回，有鐵路則風氣大開，士習民風頓然丕變，而士大夫之鄙夷洋務者亦可漸有轉機，其利八；歲漕數百萬石，河運、海運皆靡費無算，一有鐵路則分期裝載，瞬抵倉場，鉅款可以撙節，其利九；各省所解京餉，道路遙遠，鞱斷累重，中途每至疏虞，鐵路既通則斷無實事之患，其利十。」〔註18〕從王韜和鄭觀應的建議中不難看出，這時期的開明知識分子已經對鐵路有了比較全面的瞭解，他們認識到修建鐵路的緊迫性和重要性。

　　至90年代，朝野上下依然有一些思想頑固者反對修建鐵路，但贊成修建鐵路的呼聲已經明顯佔據上風，越來越多的鐵路被批准修建，中國發展鐵路的步伐逐步加快。應當說，早期支持建造鐵路的中國官員和學者雖然對鐵路在促進經濟發展上的作用也十分重視，但最爲看重的還是鐵路的軍事價值，將它視爲抵禦外敵入侵，保衛國家內部穩定和提高軍隊效率的利器。這和晚清時期中國所要面對的嚴峻國內外安全形勢有很大關係。

二、貿易報告對修建鐵路的推薦

　　與中國的官員、學者大多會從軍事角度進行考慮不同，貿易報告的外籍撰寫者們和那些希望在中國修建鐵路的洋商一樣，基本是從促進商業發展的角度來看待鐵路的。貿易報告將便利的交通視爲了保證商貿繁榮的重要條件，並不斷對此加以說明。

　　早在1865年，海關總稅務司赫德就在他的《局外旁觀論》中就指出：「外國之方便者不一而足，如水陸車舟、工織器具、寄信電線、銀錢式樣、軍火

〔註17〕王韜：《弢園文錄外編》，鄭州，中州古籍出版社1998年版，第149頁。
〔註18〕鄭觀應：《盛世危言》，鄭州，中州古籍出版社第1998年版，第334～335頁。

兵法等，均極精妙。」〔註19〕赫德認爲中國要想變得富強，應該向西方學習
各種富強之術，而鐵路就是其中之一。

　　1888 年的全國貿易報告對修至天津的唐胥鐵路進行了介紹。報告中說：
「在 1888 年見證了從天津到唐山的一段 81 英里長的鐵路的開通。它的重要
性在於可以使唐山的煤礦所產的煤運往位於天津白河的倉庫。這條尚未經常
使用的鐵路是這個巨大帝國最早的一條鐵路。現在國內還未能遍佈鐵路以運
送商品與全世界進行貿易。」〔註20〕從報告中可以看出，海關對未來中國大
量修建鐵路以促進商品貿易發展是非常期待的。

　　1897 年的全國貿易報告中稱：「如水陸兩路均有坦途，則來日之振興，更
可不卜而知。」〔註21〕1899 年的全國貿易報告對正在建造和未能開工建造的
鐵路給予了一定的關注。正在建造的鐵路中，盧漢鐵路節節進步，自北至南，
六月以內可以造至正定；自南至北，兩年以內可以造至信陽；五年之後兩端
可接，大功告竣。津榆鐵路現在將已造至營口，生意之旺，可見一斑。對於
其餘幾條未經議定承造的鐵路，報告表達了惋惜之情，還設想了將來中國遍
佈鐵路後使貿易大爲繁榮的美好景象。「惜乎彼此意見目前稍有徑庭，但願不
存成見，立即冰釋，水乳交融，和衷商辦，俾得處處鐵路皆成，一無所阻，
將來中國之貿易日增月盛，恐駕乎五洲萬國之上，富甲天下，可計日而待也。」
〔註22〕貿易報告還指出，中國的貿易現在本該甚大，而實際上往來交易卻並
不過大。「洋行林立，懋遷止此，各行分賺，其利自微。」稅務司戴樂爾認爲：
「待至鐵路造成，將來之生意定有不可限量者。」爲了說明將來中國商務究
能盛至如何地步，他拿印度和中國進行了對比。「緣中國地方與印度之幅員相
等，所有出產花色又係相類，惟生人之數則數倍於印度，且其聰明耐勞又遠
過於印度，所出五穀地力甚厚，所有五金、礦產甚多，而中國此時反不能及，
殆以印度之貿易實有輔助，以成其盛者。如支路則有馬路，幹路則有鐵路，
運貨無阻，水腳極廉，兼之報運出口並不徵稅，即內地稅大半是無，縱有亦
無幾。中國反是，既無馬路，又無鐵路，所收關稅兼有過重之處，以致內地

〔註19〕　赫德：《局外旁觀論》，《籌辦夷務始末》（同治朝）卷 40，第 18 頁。

〔註20〕　《Report On The Foreign Trade Of China For The Year 1888》，《中國舊海關史
料》第 14 冊，京華出版社 2001 年版，第 8 頁。

〔註21〕　《光緒二十三年通商各口華洋貿易情形總論》，《中國舊海關史料》第 26 冊，
京華出版社 2001 年版，中文第 11 頁。

〔註22〕　《光緒二十五年通商各口華洋貿易情形總論》，《中國舊海關史料》第 30 冊，
京華出版社 2001 年版，中文第 11 頁。

商民視爲畏途，欲行且卻。若以現在印度出口土貨價值比之，則較中國已多三倍矣。」正是因爲印度修建了大量鐵路、公路等交通設施，極大推動了貿易的發展，導致出口商品的價值遠超中國。因此報告認爲：「倘兩國情形如能相若，恐來日貿易更駕乎印度之上。」〔註23〕報告稱：「現在各處開辦鐵路，一俟告成，則往來內地便宜良多，恐不必再俟十年。比之本年，出口貨價諒能又多一倍。」報告認爲目前阻礙商品銷售的一個重要原因是價值太貴。「價值之大，由於水陸兩途運費浩繁，兼之沿途關卡節節抽收，釐稅甚重。」「如有鐵路，水腳無幾，貨價固廉，再能多運，貨價尤減。殆以無奇貨之可居，爭相出售，價不能昂。」〔註24〕因此，修建鐵路是降低貨物成本，提高商品競爭力的良策。

　　1900年的全國貿易報告通過清廷西逃中的遭遇，分析了有無鐵路在行路和運送物資上的重大差別。「昔有人云，耳聞不如目見之眞。此次朝廷蒙塵，山路崎嶇，跋涉之勞，身親歷之。所需對象盤運維艱，及至運到，遺失者有之，損壞者有之，其所以不便者，皆因向無鐵路。如有鐵路，往來便捷，幾不知行路之苦矣。」同時報告還列舉了因沒有鐵路而救災不便的例子。「即如本年，陝西奇荒，餓民遍野，國家賑恤之詔迭下，善士救濟之。念亦切苦於長途艱險，天庚正供，起解不易，民間賑粟轉運尤難，即或能到些須，耽延太久，既慮緩不濟急，復恐少不能敷。如有鐵路，公私兩便，移民移粟，皆易事也。」報告最後認爲：「朝廷親歷其境，目睹情形，想亦痛悔，早有鐵路，軍民不致交受其困。」〔註25〕

　　1901年的全國貿易報告介紹了鐵路的速度優勢。報告說：「溯查自西安起，至正定止，共行三月之久，除一路休息外，每日不過行九十里。自正定至保定，保定至京，換坐火車，較之無鐵路之陸地，其快慢懸殊，勞逸迥別。如有人尚存成見，自親歷之，後當亦不難易其初心。」〔註26〕報告還分析了鐵路推廣對擴大出口規模和償還外債的重要性。「殆以洋債甚多，土貨不旺，

〔註23〕《光緒二十五年通商各口華洋貿易情形總論》，《中國舊海關史料》第30冊，京華出版社2001年版，中文第12～13頁。

〔註24〕《光緒二十六年通商各口華洋貿易情形總論》，《中國舊海關史料》第32冊，京華出版社2001年版，中文第14頁。

〔註25〕《光緒二十六年通商各口華洋貿易情形總論》，《中國舊海關史料》第32冊，京華出版社2001年版，中文第12頁。

〔註26〕《光緒二十七年通商各口華洋貿易情形總論》，《中國舊海關史料》第34冊，京華出版社2001年版，中文第11頁。

債恐難償，實與大局有關，支持不易。按新約大綱所訂，每年償款須關平銀一千八百萬兩，始可敷足。以後出口土貨如比本年能增一成半之數，即敷抵償。此項鉅款若照極旺之光緒二十五年，出口貨價已有一萬九千五百七十八萬四千餘兩，則一成半之數不難增。至鐵路、火車再能日漸推廣，其區區一成半之數更係易事。」〔註27〕

1911 年的全國貿易報告在談到安東的前景時，認爲：「臆料來年貿易必得大有可觀，殆因鴨綠江之鐵路橋中韓路線接通，轉輸更捷。」〔註28〕正是由於鐵路具有極強的運輸能力，其所到之處，商貿發展必然大爲受益。

不僅在全國的貿易報告中多次對鐵路在發展商貿中的所起到的作用給予了高度評價，各口的報告也同樣持此看法，它們對中國修建鐵路表示出了殷切的期待。1897 年天津的報告中說：「華人從未見鐵路，然既開矣，客商自必爭先購票，運貨乘坐，以收便捷之益。」〔註29〕報告認爲可以便捷運輸貨物的鐵路一定會受到客商的熱烈歡迎。1898 年杭州的報告強調了馬路和鐵路是開埠通商之始基〔註30〕。1901 年南京的報告在分析發展本口商貿的措施時說：「此間果能鐵路暢通，定不難復當年全盛之象。」〔註31〕

1903 年鎮江的報告介紹了蘆漢鐵路的修建進度以及建成後對未來商業的影響。報告中說：「蘆漢鐵路聞現已由漢口通至河南省之陳州府界內，該處附近一帶物產素稱繁盛，向由內地運至鎮江者，不知凡幾。每屆冬令，適貿易極盛之時，苦於水道難通，運河日涸，殊費周折。恐日後出入內地之洋貨、土貨將擇一轉運最速，取價極廉之捷徑，爭趨恐後。經商者謂現已有人取道漢口，將來由鐵路運貨者，勢必日多一日。當知年終時，銀息必重，商賈能否獲利，全以管運便捷爲主。」〔註32〕

〔註27〕《光緒二十七年通商各口華洋貿易情形總論》，《中國舊海關史料》第 34 冊，京華出版社 2001 年版，中文第 17 頁。

〔註28〕《宣統三年通商各口華洋貿易情形總論》，《中國舊海關史料》第 57 冊，京華出版社 2001 年版，中文第 12 頁。

〔註29〕《光緒二十三年天津口華洋貿易情形論略》，《中國舊海關史料》第 26 冊，京華出版社 2001 年版，中文第 103 頁。

〔註30〕《光緒二十四年杭州口華洋貿易情形論略》，《中國舊海關史料》第 28 冊，京華出版社 2001 年版，中文第 187 頁。

〔註31〕《光緒二十七年南京口華洋貿易情形論略》，《中國舊海關史料》第 34 冊，京華出版社 2001 年版，中文第 176 頁。

〔註32〕《光緒二十九年鎮江口華洋貿易情形論略》，《中國舊海關史料》第 38 冊，京華出版社 2001 年版，中文第 210 頁。

1904 年重慶的報告講到了地理條件對發展商務的制約。「查蜀道之難，自昔詩人已有難於上青天之詠，水則澎湃湍流，盤旋曲折；陸則高峰峻嶺，叢難紆回，坐使天然當富庶之區，商務不能擴充，利源不能日闢，眷懷時局者，莫不心焉憂之。」但修建鐵路是克服這種不利條件的良方。「茲一旦創修鐵路，瞬息千里，昔之視爲荊棘者，今則一變而爲康莊，非惟開前古未有之奇，且可溥蜀道無疆之利，豈非一舉而眾善俱備耶？」〔註33〕

1906 年天津的報告將鐵路看作是關係到當地商業發展的重中之重。報告說：「查鐵路載運貨物，實攸關於本埠現時並將來商務。」〔註34〕

1907 年大連灣的報告對於正在修建中的南滿鐵路給予了很高的期待，認爲「將來本口貿易之盛衰全視南滿鐵路以爲樞紐。」「一俟工竣，商務必能大有起色。」〔註35〕

貿易報告把鐵路和中國經濟發展緊密聯繫了起來，將其視爲保證貿易繁榮的一個關鍵因素，給予了鐵路高度的讚譽，表明近代海關對於交通條件在經濟發展中所起到的作用有著清醒的認識。報告從便利運輸、降低成本、促進出口、繁榮貿易等方面介紹了鐵路給中國所帶來的巨大經濟效益，增強了國人對鐵路的瞭解。

三、貿易報告對已通車路段的介紹與評價

隨著大量的鐵路開始在中國通車運營，中國的貿易形勢也發生了很大的變化。貿易報告中多次列舉了中國修建鐵路後所產生的一些眞實變化，以說明鐵路爲中國商貿所帶來的各種實際效益。

1899 年的全國貿易報告在分析本年生意能夠有起色的原因時認爲：「足見既有鐵路，轉運較易，水腳無多，貿易一道自能蒸蒸日上。」同時報告還以一些口岸的貿易發展狀況爲例，進行了說明。其中牛莊、天津兩口，在牛莊遭到瘰子疫症的影響的情況下，貿易不但不減，還較往年更勝一籌，就是因爲兩地已經擁有鐵路，各種貨物便於運送。「嘗見從前本是僻壤荒村，不通交

〔註33〕　《光緒三十年重慶口華洋貿易情形論略》，《中國舊海關史料》第 40 冊，京華出版社 2001 年版，中文第 179 頁。

〔註34〕　《光緒三十二年天津口華洋貿易情形論略》，《中國舊海關史料》第 44 冊，京華出版社 2001 年版，中文第 209 頁。

〔註35〕　《光緒三十三年大連灣口華洋貿易情形論略》，《中國舊海關史料》第 46 冊，京華出版社 2001 年版，中文第 203 頁。

易之處，而自有火車往來，突然商賈輻輳，立成鬧市，滄海桑田，似憑人事。」盧溝橋與保定府在未通鐵路以前，向來無甚交易。而自從開通鐵路以後，則頗多交易。俄國承辦向北之鐵路將至盛京，「一旦告成，則自可知滿州出產之多，生意之旺矣。」〔註36〕上海的報告說：「其運往牛莊棉布最為獲利，因該處新築鐵路，易荒漠而為繁庶，是以商務頗有起色。可見中華各省將來鐵路通行，生意似必昌盛，洋貨亦可暢銷。」〔註37〕

　　1902 年的全國貿易報告在分析芝麻出口大增的原因時指出：「本年蘆漢鐵路開通，多處易於運出，是以本年出口已增至八十八萬二千三百二擔，上年不過只有二十九萬七千三百六十五擔。」〔註 38〕可見開通鐵路對於芝麻出口量的增加是十分明顯的。膠州的報告講道，自從火車通濰，青島生意以及火車買賣均有起色〔註 39〕。天津的報告稱：「現時兩宮頗贊乘火車之便捷」。報告中介紹了火車在當地受歡迎的程度。「華人近皆在車站票房，左右異常擁擠，雖乘運貨之車，獨欣欣然有喜色。蓋風氣已開，如火車頭之噴氣，然將來不難與各國並駕齊驅焉。」〔註40〕報告對於通車後的發展前景充滿了信心。

　　1903 年漢口的報告說：「本口貿易實為蒸蒸日上，倘後此無意外不測之事，則蓬蓬勃勃，正未有艾。蓋鐵路通至內地，則又興盛之一大源也。」〔註41〕1911 年煙台的報告在介紹本省商貿形勢時說：「大約全球之上，有一鐵路即能大獲便利，立時發達之處，無如山東西北一隅之更亟者。」〔註42〕

　　貿易報告中多次以開通的膠濟鐵路為例，對比了鐵路修建前後貿易形勢所出現的變化，以說明開通鐵路的地區在發展貿易中所具有的優勢。1900 年

〔註36〕 《光緒二十五年通商各口華洋貿易情形總論》，《中國舊海關史料》第 30 冊，京華出版社 2001 年版，中文第 11 頁。

〔註37〕 《光緒二十五年上海口華洋貿易情形論略》，《中國舊海關史料》第 30 冊，京華出版社 2001 年版，中文第 188～189 頁。

〔註38〕 《光緒二十八年通商各口華洋貿易情形總論》，《中國舊海關史料》第 36 冊，京華出版社 2001 年版，中文第 14 頁。

〔註39〕 光緒二十八年膠州口華洋貿易情形論略》，《中國舊海關史料》第 36 冊，京華出版社 2001 年版，中文第 129 頁。

〔註40〕 《光緒二十八年天津口華洋貿易情形論略》，《中國舊海關史料》第 38 冊，京華出版社 2001 年版，中文第 116 頁。

〔註41〕 《光緒二十九年漢口華洋貿易情形論略》，《中國舊海關史料》第 38 冊，京華出版社 2001 年版，中文第 177 頁。

〔註42〕 《宣統三年煙台口華洋貿易情形論略》，《中國舊海關史料》第 57 冊，京華出版社 2001 年版，中文第 234 頁。

膠州的報告在分析本地絲業時就曾指出，此時膠州的絲都運至去煙台而不去青島，因爲去青島交通不便，並且沒有絲行。將來一旦鐵路修好，就可放心到此，而不赴煙台也〔註43〕。1905 年的全國貿易報告說：「再因有無鐵路使山東兩口於此項貿易大爲更變。在二十九年，煙台出口占七十分，膠州不過三十分；三十年煙台僅占四十分；三十一年更少，僅占二十一分，餘則全歸膠州。可見有無鐵路既分遲速，又分勞逸，人所共知，所以鐵路不能不辦。」〔註44〕1907 年的全國貿易報告談到了對煙台所擬建的鐵路的看法。「論貿易之盛衰，全在轉運之便與不便。煙台擬建之鐵路如可造成，自不致壞於膠州。否則一經退縮，即恐終不能及。」〔註45〕1910 年的全國貿易報告在分析煙台的商務狀況時說：「若論該口商務，非籍鐵路之助，恐將來內地貿易漸歸烏有。」而「膠州得鐵路接通之益，貿易自與煙台有別，出口土貨、進口洋貨均大加增。」〔註46〕1910 年煙台的報告在談及本口進出口減色的原因時也指出，本地貿易的衰敗同青島、濟南擁有鐵路後所具有的競爭優勢有很大關係。「其貿易之範圍，已漸爲青島鐵路勢力所削奪矣。誠欲圖抵制此項競爭，以固煙台商務之根本，就地勢而保天然應有之利源，僅需興修煙台與黃縣、濰縣交通之鐵路而已。」〔註47〕1911 年的全國貿易報告介紹了鐵路給膠州進出口貿易帶來的好處。「膠州既有鐵路，則與內地交通較爲便捷，進出口貨故均加增。」〔註48〕

　　從報告的上述介紹中可以看出，鐵路的開通確實給各地商貿的發展起到了不小的促進作用。新修建的鐵路有力推動了各地經濟的發展。這些積極的變化也成爲海關鼓勵中國大規模修築鐵路的重要依據。

〔註43〕　《光緒二十六年膠州口華洋貿易情形論略》，《中國舊海關史料》第 32 冊，京華出版社 2001 年版，中文第 117 頁。

〔註44〕　《光緒三十一年通商各口華洋貿易情形總論》，《中國舊海關史料》第 42 冊，京華出版社 2001 年版，中文第 30 頁。

〔註45〕　《光緒三十三年通商各口華洋貿易情形總論》，《中國舊海關史料》第 46 冊，京華出版社 2001 年版，中文第 12 頁。

〔註46〕　《宣統二年通商各口華洋貿易情形總論》，《中國舊海關史料》第 54 冊，京華出版社 2001 年版，中文第 12 頁。

〔註47〕　《宣統二年煙台口華洋貿易情形論略》，《中國舊海關史料》第 54 冊，京華出版社 2001 年版，中文第 259 頁。

〔註48〕　《宣統三年通商各口華洋貿易情形總論》，《中國舊海關史料》第 57 冊，京華出版社 2001 年版，中文第 13 頁。

四、貿易報告對合理利用鐵路的看法

鐵路對推動中國經濟發展發揮著難以估量的作用，但在修建和運營過程中也存在一些問題。這些問題一直被國內所關注，並存在著巨大分歧。貿易報告對這些問題也進行了大量的分析。

由於中國資金匱和技術落後，修建鐵路時需要從國外大量貸款並購進設備。很多國內人士對這些巨額貸款表示出很大憂慮，擔心會給中國帶來過於沉重的財政壓力。1908 年的全國貿易報告認爲國人的這些憂慮是沒有必要的。報告說：「鐵路一事亦係新政中最關緊要者，惟建造成效本年尙未大著。若以現在輿論而言，莫不以鐵路爲利國便民之要舉。欲速成者又慮國中無款可籌，不得不借資他國。在忠愛之人，持重太過，談及洋債，總覺畏首畏尾。至於暫用外資，取材異地，似亦勢所必然，只要合同訂妥，或亦無礙難之處。」〔註49〕顯然，報告中對貸款修建鐵路持樂觀態度。以當時國內所具備的財力，只有大舉借貸才能實現鐵路的大規模修建。儘管高額的貸款確實會給中國帶來不小的財政負擔，但修建鐵路是大勢所趨，只要貸款數額控制在自身可以承受的範圍內，修建的鐵路所產生的積極影響將遠遠大於消極影響的。因此，貿易報告中對於借貸修築鐵路的解釋是較爲合理的。

如何讓已經建成的鐵路最大限度發揮出提升運力的價值，以推動商貿的發展，也是貿易報告所關心的問題。1908 年鎮江的報告在分析滬寧鐵路裝貨無多的原因時，認爲不僅是因爲被過重的釐金所牽制，缺乏相應的客棧也是一個重要原因。「商人運貨進口，必須建有極合式之棧房，以便屯儲各貨餘。如搬運貨物以及工人價目，均應明訂規條，並須於車站、馬頭設立民船起下貨物之處方可利便。倘不照此辦理，恐新章所准請領免重徵執照之貨，久之亦鮮願裝搭火車往來也。」〔註50〕配備足夠的貨物存儲場所是確保鐵路發揮其運輸作用的重要環節之一，鎮江的報告很準確的抓住了這一點。

1909 年天津的報告認爲鐵路之足以興商務，但是必須善爲維持，如修築支路、疏通河港、整茸路途等。其中著重強調了「劃一路軌」的重要性。報告中說：「劃一路軌亦爲切要關鍵，允宜循守。如是則此路之重載車輛一經到

〔註49〕《光緒三十四年通商各口華洋貿易情形總論》，《中國舊海關史料》第 48 冊，京華出版社 2001 年版，中文第 10 頁。
〔註50〕《光緒三十四年鎮江口華洋貿易情形論略》，《中國舊海關史料》第 48 冊，京華出版社 2001 年版，中文第 294 頁。

站，即可轉入彼軌，既免卸車另裝之弊，又省輾轉搬運之費。」〔註51〕應當說，使用統一路軌是確保鐵路運輸效率的重要條件，可以減少運輸成本，縮短運輸時間，從而大幅提升鐵路的運輸效率，報告的這一建議是非常可取的。

　　1910 年杭州的報告談了因爲鐵路運輸成本過重而改用船運的情況。「按貨物不由鐵道逕行來往申閘，而裝船往來申杭。報由本關非因關乎由申至航車運比較船載費重之故，實緣鐵路之釐金頗重所致。」〔註52〕爲了進一步說明這一問題，杭州的報告給出了申杭運貨費用進行了列表比較，見表 4.1。

表 4.1　申杭運貨費的比較表

貨名	斤兩	火車運費	輪拖運費
豆	每擔	一角三分	一角八分
棉花	每擔	二角二分	三角五分
麻皮	每擔	二角二分	二角
絲	每擔	三角四分	二元
綢緞	每擔	三角四分	二元五角
糖	每擔	一角三分	一角五分
茶	每噸	三元四角四分	二元五角
煙絲	每擔	三角四分	一角五分
煙葉	每擔	二角二分	二角五分

資料來源：《宣統二年杭州口華洋貿易情形論略》，《中國舊海關史料》第 54 冊，京華出版社 2001 年版，中文第 367～368 頁。

　　從表 4.1 可以看出，在這 9 種貨物中，有 6 種貨物用火車運輸的費用更加低廉。因此，火車的運費並非造成選擇人們改用船運的唯一原因。鐵路運輸的釐金過重也是人們選擇相對緩慢的「船載」，而放棄更爲快捷的「車運」的一個重要的因素。運貨的費用往往是商人們所重點考慮的內容之一。儘管釐金可以爲政府帶來一定的收益，但如果設定過高，就會影響人們對運輸方式的選擇，造成無人使用鐵路運貨的尷尬局面，從而使這種高效運輸方式起不

〔註51〕　《宣統元年杭州口華洋貿易情形論略》，《中國舊海關史料》第 51 冊，京華出版社 2001 年版，中文第 237 頁。

〔註52〕　《宣統二年杭州口華洋貿易情形論略》，《中國舊海關史料》第 54 冊，京華出版社 2001 年版，中文第 367 頁。

到應有的作用。所以只有合理徵收鐵路的釐金，才能讓更多的人選擇火車運輸，以便發揮它的強大運輸效力，從而更好地促進商務的繁榮。

1910 年廣州的報告也認爲粵漢鐵路的釐金問題應設法議定，以免鐵路所運貨物爲其所困，否則鐵路雖已擴充，而商務仍不能實受其益。建築鐵路所費甚巨，如欲取盈於此，則必須將現時內地徵收各捐從新整頓，免於貨物往來有所阻礙。似此改良，所收效果直接受益者爲鐵路，間接受益者爲商務。而國家稅課及通國商民均有無窮之利益。較之現時所收釐金之數，其利益之增勝不止倍蓰。逆料將來必有如是之日也〔註53〕。

從以上介紹中可以看出，貿易報告不但指出了中國鐵路存在的一些問題，還給出了解決的辦法。這反映了近代海關的外籍工作人員對鐵路有著比較全面和深入的瞭解。他們所給出的建議也大多較爲中肯，具有很高的參考價值。

五、貿易報告對鐵路修建狀況的關注

20 世紀初，中國修建的鐵路規模在不斷擴大。海關對於鐵路的建設情況也更爲關心。在 1901～1911 年的貿易報告中，開始更詳細地介紹國內鐵路的修建狀況。

1901 年的全國貿易報告認爲「現當細核每年究作若干工程」。報告對當時國內修建鐵路的情況進行了介紹。報告說：「以東省鐵路而論，迨至年底，共造有一百六十箕羅密特（一箕羅密特約合中國一里零八分之七）。火車由青島至昨山，可以間行。據該公司云，來春即可造至馬士煤礦，地方三年內必能通至濟南。津榆幹路已通京師、天津、牛莊等處，尚有枝路通達秦王島矣，並自豐泰已達接蘆漢大道。又有枝路已至北通州並新民屯。論枝幹各路共長有九百零一箕羅密特。淞滬鐵路亦有十八箕羅密特，訪聞已見成效。惟上海至蘇杭、寧波等處，尚無開辦之期，殆因鉅款難籌，以至遷延時日。並聞此項商人亦因合同之內尚有幾款未能見信。蘆漢鐵路年內仍是接造，與生意一道頗沾利益。若論盧溝橋至保定之鐵路因亂被損，刻已修好，並接至正定，均已開車，暢行無阻。自正定至北京，共計已有二百六十二箕羅密特，想來年年內再多造一百二十五箕羅密特，便可直通順德。此是蘆漢鐵路北頭之情

〔註53〕 《宣統二年廣州口華洋貿易情形論略》，《中國舊海關史料》第 54 冊，京華出版社 2001 年版，中文第 411 頁。

形也。至於南頭，由漢口往北，已造至一百七十五箕羅密特，俟來年三月底，火車殆可通至河南之信陽，共計有二百二十箕羅密特。再由信陽往北，接造至年底，又可多成一百箕羅密特之路。粵漢鐵路雖未動工，聞亦開辦在即。」〔註54〕報告對已經建好的鐵路給予了充分的肯定，認爲：「可助興商務，民甚樂從」〔註55〕。

　　晚清時期，除 1901 年的全國貿易報告外，1904、1905、1908、1909、1910、1911 年的全國貿易報告都花費了一定篇幅對國內鐵路建設的進展情況進行了介紹。

　　1904 年的全國貿易報告說：「山東自青島至濟南之鐵路業已告成，計八百二十四里。」漢口「以北之鐵路建至許州（許昌），約長八百六十八里，業經開車。至於車路，已築至黃河。」「廣州至三水鐵路已作成，有六十四里。」〔註56〕

　　1905 年的全國貿易報告介紹了京漢鐵路、廣漢鐵路、滬寧鐵路以及雲南地區的鐵路修建情況。報告說：「如論自京至漢鐵路，業已暢行。廣漢鐵路工程因派人籌款兩節，遷延時日，迄今始經議定自籌自辦。滬寧已經開工，由滬至蘇開，年可成。東京、雲南鐵路將要開辦，惟雲南年年時疫流行，工人傳染，每易耽延，故此路難望速成。」〔註57〕

　　1908 年的全國貿易報告中對南滿鐵路、津浦鐵路、粵漢鐵路等多條鐵路的修建進度進行了介紹。「南滿鐵路改闊鐵軌，現寬計四英尺八寸半，於四月間告成。雙軌路線現已經改建至蘇家屯爲止，即距大連七百餘里。津浦鐵路測勘尚未竣事，動工想在來年。鎮江、南京鐵路之交通始於二月，現在由滬至寧只須時七點半鐘。七月復建一枝路，由南京下關至省城，將來接續蕪湖，聯爲一氣。開封至河南府路線成於本年夏間，蘇路由上海至松江之六十里，已於三月開車。由上海至楓涇百十一里，落成後亦當不遠。浙江路與蘇路銜接之處即在楓涇。聞將由杭嘉一帶接連楓涇，以至上海不日即將告成。粵漢

〔註54〕《光緒二十七年通商各口華洋貿易情形總論》，《中國舊海關史料》第 34 冊，京華出版社 2001 年版，中文第 11～12 頁。
〔註55〕《光緒二十七年通商各口華洋貿易情形總論》，《中國舊海關史料》第 34 冊，京華出版社 2001 年版，中文第 12 頁。
〔註56〕《光緒三十年通商各口華洋貿易情形總論》，《中國舊海關史料》第 40 冊，京華出版社 2001 年版，中文第 10～11 頁。
〔註57〕《光緒三十一年通商各口華洋貿易情形總論》，《中國舊海關史料》第 42 冊，京華出版社 2001 年版，中文第 13 頁。

鐵路本年建造二十八英里，至年終告成一段，由廣州起有四十五英里之遠。餘如湘粵兩省，均在測量蕪湖至廣德州路線，進步殊屬有限。漢口、成都路線亦同此情。漳夏一段及廣州濱海南岸之新寧、陽江鐵路成功較緩，東京、雲南鐵路之首段造至拉黑，地距邊界七十一箕羅密達，於五月三日開車。迨至歲杪造路，火車達到蒙自只隔數英里之遙。此外方從事經營及甫經開議之處，尚屬不少。如由雲南至四川、湖南、緬甸三處，並由北海至南寧，由福州至南京各路線，惟煙台至濰縣一段賴以保全。煙台口之商務者尚未實行，安東至奉天路線其軌道尚須照式改闊，並須建一橋樑架過鴨綠江，以與高麗鐵路相接。」〔註58〕

1909 年的全國貿易報告關注了安峰鐵路、津浦鐵路、粵漢鐵路等十條鐵路的建設狀況。「安奉鐵路自本年西八月間改造鐵路，迨至年終，極有進境，想於一千九百十一年間當可完工。津甫鐵路自天津至德州為第一段，計長一百四十英里，想來年西四月可以開車。粵漢鐵路南北兩段起首，地方成效尚未大增，係因工程難辦，經費難籌，年內南段僅告成十英里。即連已開車之路，自粵東省城起，不過共成五十四英里。長沙至株洲一站車路計三十英里，於本年西八月動工。該路一經通行，則與萍鄉煤礦大可望沾利益。江蘇鐵路由松江至楓涇，本年西六月上旬開車。浙江鐵路由楓涇至杭州本年西九月開車，往來滬杭之路業已交通。宜昌萬縣鐵路係接湖北、四川兩省之線，已於本年西十二月間興工。廣州至九龍鐵路現在中英兩界均大有進步，想英站之香港、大浦線路約於一千九百十年六七月間可以開車，華站三十一英里，是年九月間當亦可以竣事。緣其辦理得法，故一千九百十一年夏間可有接通之望。九江、南昌鐵路工程亦極得手，該路共計一百三十英里，內有三十二英里，一千九百十四年四月間當可開車。東京邊疆鐵路業於西四月造至蒙自，年底造路，火車已可開抵雲南省城，相近約離四十四箕羅密達之處，約十小時搭客可由蒙自即抵邊界之河口。廈門至漳州，蕪湖至廣德州兩條鐵路進步極為遲滯。」〔註59〕

1910 年的全國貿易報告提到了京張鐵路、川漢鐵路等十餘條鐵路的修建情況。「京張鐵路之推廣，由張家口經過大同府至山西綏遠一線，本年正在進

〔註58〕《光緒三十四年通商各口華洋貿易情形總論》，《中國舊海關史料》第 48 冊，京華出版社 2001 年版，中文第 10 頁。

〔註59〕《宣統元年通商各口華洋貿易情形總論》，《中國舊海關史料》第 51 冊，京華出版社 2001 年版，中文第 10～11 頁。

行。吉林至寬城子鐵路於今春開工，來年秋間可望其竣。安奉鐵路改造闊軌
工程大有進步，然來年多杪之前，恐難望其全路告成。惟由安東起六十四英
里改造闊路，已於本年西十二月開車。津浦路北站本年西四月開車至德州，
去年所預料者已見有憑，西十月至濟南，十二月至泰安，過黃河另用渡輪。
其已經開車路線統計二百八十八英里。該路南站所至之處來年西正月由浦口
至臨淮關一百英里之路，已用材料車開始載客。川漢鐵路由宜昌至湘溪一段
一百十英里，本年工程最為奪力。粵漢鐵路進步遲滯，湖北一段本年並未興
作。株洲至長沙一段循序漸進，竣工需時，以致萍鄉煤礦轉運機車開至今尚
未如願。廣東一段已經開車之路線不過加長數英里，自廣州起，迄今共成不
過六十英里。九江、南昌鐵路亦失所望。惟本年西十二月底自九江起六十五
華里之路已經安設鐵軌。其至德安縣三四十英里之路來年夏間當渴望其接
通。浙省之杭甬鐵路無甚進步。九廣鐵路英站二十二英里有半，於西十月一
號開車。華站首段由廣州至仙村二十九英里，於西十二月六號開車。雲南鐵
路建築時期已及八年，於本年西四月一號行開車禮。是時，蒙自添設一分關
於雲南府蕪湖至廣德州鐵路，毫無進步。漳廈鐵路由廈門起，約五十六華里，
業已開車。新寧鐵路由公益至斗山一段已於西七月開車，而推廣路線由公益
經過新會至江門一段亦正在趕造。其餘如由潼關至河南府，及由清江浦至許
州各路，本年中其進步各有遲速之不同。」〔註60〕

　　1911年的全國貿易報告又對國內多處鐵路的建設狀況進行了詳細說明。
「津浦南站第一段自浦口起九十四英里，已於二月二日開車交易，站首係在
磯頭，對徑南京，約計江面之闊不過一英里四分之三，惟與滬寧路線接通，
是設渡船，是建鐵橋，是挖底洞，現今尚未議決。津浦鐵路除黃河外，總算
大功告竣。南北兩站合計，該路共長六百二十六英里，惜自張勳退兵後，多
半被南北兩軍佔用，以致迄今尚未開正式落成之禮。廣九鐵路自十月四號起，
載客之生意已臻，多數載貨之生意不過開端。十一二月間光復之後，該路貿
易稍因阻礙，幸不久即通粵漢路線，進步上年已云遲滯，不意今年更緩。株
州至長沙一段業於九月十號開車，新寧鐵路建造不少，已與江門城路線相接。
雲南鐵路夏季雨水太多，被損極重，及至秋季，依然停止。年底雖有幾路修
好，危險不免，殆因某山傾塌圯，直封軌道。中國中段除蕪湖幾次運進鐵軌

〔註60〕　《宣統二年通商各口華洋貿易情形總論》，《中國舊海關史料》第54冊，京華
　　　　　出版社2001年版，中文第9～10頁。

外，皖省已勘之路線幾全動工。川漢鐵路線內之宜昌工程已全停辦，在事員役大半發薪遣散，兼之交通銀行閉歇，漢陽鐵廠暫停，造路經費無著，該路更不能辦。安奉改造一段闊軌亦於十一月一號開車，鴨綠江橋雖於六月大受損傷，幸居時尚能通行。」〔註61〕

　　各口的報告也對本地的鐵路修建及運營情況十分關心，大都在報告開頭部分對本地所修建的鐵路以及和本地商貿密切相關的其他鐵路的修建情況進行介紹，表現出對鐵路建設的高度重視。下面以 1909 年上海的貿易報告爲例，說明地方貿易報告對當地鐵路建的重視。

　　1909 年上海的貿易報告在一開始就先介紹了鐵路公司與輪局合作，使交通更爲便利的情況。「竊查本埠貿易情形，西北一帶交通日見發達，其故因滬寧鐵路公司與行使運河內港之各輪局妥訂聯貫商情之法，故現在往來之旅客趨之若鶩，實較從前便捷不少。即如本省內地極遠之鄉鎮，不費多時亦即抵滬。該鐵路公司自與各輪聯絡後，本年所載搭客較之去年計增二十八萬六千二百三十六人之多，足見新訂之辦法實與貿易大局不無關係。」緊接著，報告又談了新修成的這段滬杭鐵路的特別之處。「其在沿南一帶亦以滬杭鐵道已達杭垣，往來甚便。該路於本年六月二十八日告厥，成功乃係中國營造司獨出心裁，並無洋工匠從中助臂，可知中國幅員所至，非爲凡百食物日見興盛，即人民之智慧與自立之性質亦無不年進一年。」隨後報告分別介紹了滬杭鐵路在江蘇和浙江兩段的情況。「按滬杭一路在江蘇一段者，貴滬嘉公司辦理。該路於本年正月二十四日告竣，惟松江至楓涇一段直遲至四月十二日始行開車。江蘇一段即上海至楓涇而止，計程一百十二里。該段於三十三年勘畢，三十四年開工，迨至成功，屆計二年零三閱月站，共有十橋，共四十八座橋洞不計在內。其最大者厥推斜塘之橋，計長四百四十英尺。該橋頭尾兩梁係用純鋼製造，中間橋沾計高出水面三十二英尺。該斜塘係浦江分漢水流，既異尋常，而又復深有四十英尺，故此項橋工甚非易易。所有鐵軌皆係漢陽鋼鐵廠製造，每碼重有七十五磅，每距三十尺，墊以滿洲枕木十三根，統計該段工價大約在二百萬兩之內。而價之至巨者，厥推斜塘橋工爲最次。即緊要之圓泄涇一橋，計長四百英尺。再次則又有稍小之兩橋，一在蘆田灣，計長二百英尺。一在北搖涇，計長一百英尺。以上皆係徐營造司於行開車禮日，

〔註61〕《宣統三年通商各口華洋貿易情形總論》，《中國舊海關史料》第 57 冊，京華出版社 2001 年版，中文第 11 頁。

當眾布告之辭，故筆而計之，非臆說也。其在浙江一段者，歸杭嘉公司辦理，即係由楓涇至杭州爲止。杭州至嘉興於本年三月間開車，杭州至楓涇於五月間開車。據云，上海至松江每月約載搭客三萬人，到楓涇者四千人，到杭州者一萬五千人。」〔註62〕我們可以通過上海 1909 年的貿易報告對當地的鐵路建設情況有一個比較詳盡的瞭解。其他各關的報告也很多也在 20 世紀初對本地鐵路建設狀況有大篇幅的介紹。

　　清末的年度貿易報告對國內計劃修建或正在建造的主要鐵路都進行了較大篇幅的介紹。通過這些介紹可以讓我們對國內的鐵路修建狀況有一個基本瞭解。從介紹的內容中能夠看出，這一時期的鐵路建設規模有了明顯增加，但也遇到了很多困難，表明清末的中國鐵路建設事業在十分艱難的環境下不斷前進著。

第三節　金融機構信用對商貿的影響

　　1910 年發生的「橡膠風潮」是清末的重大經濟事件之一。這次金融危機爆發的強度之大，波及範圍之廣，持續時間之久，在中國近代金融史上是非常罕見的。貿易報告對這場金融災難進行了介紹，並通過這次金融危機，分析了金融機構的信用對維持金融市場穩定的重要性。

一、「橡膠風潮」的爆發

　　橡膠是一種重要的工業原料，被用於製作輪胎、膠管、電纜等各種橡膠製品，在有著非常廣泛的應用。橡膠樹原產於南美洲，後經人工移植，在東南亞等熱帶地區開始大量種植。汽車的發明和普及使國際市場對橡膠的需求與日俱增，而橡膠的產量卻逐漸難以滿足對其日益增長的需求，供需矛盾開始不斷凸顯。20 世紀初，橡膠的供應出現了嚴重緊張的局面，這導致了橡膠的價格飛速上揚。1908 年，倫敦市場的橡膠每磅售價爲 2 先令，1909 年底升至每磅 10 先令，至 1910 年春，已經達到每磅 12 先令。橡膠價格的暴漲吸引了大量的國際投機資本的瘋狂參與。1910 年初，已經有 122 家開發東南亞橡膠資源的公司成立。倫敦市場上的橡膠公司股票也大受追捧，往往在極短的時間內就被搶購一空。

〔註62〕《宣統元年上海口華洋貿易情形論略》，《中國舊海關史料》第 51 冊，京華出版社 2001 年版，中文第 325～326 頁。

　　由於距離東南亞較近，又是遠東最大的金融中心，上海被很多橡膠公司選爲總部所在地。1910 年，至少有 40 家在東南亞開發橡膠的公司把總部設在了上海。爲了便於在當地融資，這些公司多由上海的洋行經辦並代售股票。它們開始多是通過廣告等形式發佈一些誘人的信息來吸引人們前來購買股票。隨著橡膠公司的股票價格飛快上漲，對橡膠並不熟悉的中國民眾開始變得瘋狂起來。上海乃至全國的商民都積極加入到這場橡膠的投機活動之中，連眾多錢莊和票號也都參與進來。參與者多是通過直接購買股票和提供貸款的方式而參與其中。1909～1910 年，上海各界購買橡膠股票動用的資金達到4000 萬兩。

　　20 世紀初的這次橡膠股票的暴漲帶有很大的炒作成分，橡膠供求關係的緊張程度遠沒有達到股票價格所表現的那樣誇張，被嚴重高估的股價顯然無法長期維持。隨著 1910 年美國開始實行對橡膠限制消費的政策，橡膠股的走勢也開始急轉直下。1910 年 6 月，倫敦市場中的各種橡膠票的股價出現了暴跌，這立刻引起股票持有者們的極度恐慌，於是人們開始爭相拋售股票，橡膠股的股價一瀉千里，引發了一場嚴重的國際金融動盪。中國購買股票的商民也因此而損失慘重。大批購買股票或提供貸款的錢莊和票號開始倒閉，一場近代罕見的金融風暴在中國爆發了。

　　在危機初期，幾家最具規模的錢莊和票號雖然遭受重創，但是由於實力較爲雄厚，因此尚能勉強維持。如果政府的政策得當，可以最大程度減少損失。此時上海的官員爲了挽回局勢，很快便採取了一些穩定金融市場的應對措施。上海道臺蔡乃煌通過向外國銀行借款和將官銀存放於最大的錢莊源豐潤和最大的票號義善源，讓市場的恐慌情緒得以緩解，中國的金融市場獲得了暫時的穩定。但中央政府卻沒有意識到事態的嚴重性，對於蔡乃煌所上奏的暫不從源豐潤等錢莊中提取「滬關庫款」，而改由大清銀行撥銀 200 萬兩墊付「庚子賠款」的請求，不但給予了嚴厲的斥責，還將其革職。這一愚蠢的決定立刻帶來了災難性的後果。由於蔡乃煌被迫從源豐潤等錢莊提回 200 多萬兩的款項，導致存銀嚴重不足的源豐潤於 1910 年 10月宣告倒閉。同時還有數十家錢莊相繼歇業。1911 年 3 月，義善源也因無力維持而破產。源豐潤和義善源的相繼倒下，使金融市場徹底跌入深淵。這場全國性的金融危機引發了中國金融市場長達數年的蕭條，也在一定程度上動搖了清王朝的統治。

二、貿易報告對「橡膠風潮」和金融機構信用的認識

　　這次「橡膠風潮」所引發的金融動盪也成為海關的一個關注重點。1910年的全國貿易報告在一開始就對這次「橡膠風潮」進行了描述。報告說：「竊查本年貿易情形，關係最重者即在橡皮公司之股票。上年冬季，商民等甫經嘗試，不意本年六月結帳一敗塗地。其始不過挪動正經貿易之款，繼而元氣大傷，錢莊失其信用，以致各種貿易受害匪淺，不然否極泰來，容有恢復之望。細核該股分之漲價，計延六七個月之久。上海股票公所名簿上，該公司又加三十五被櫻，資本銀二千萬兩，且由上海兌款至倫敦購買該股份者，為數亦甚巨。至失敗之時，上海及他埠著名錢莊牽連，倒閉者亦不乏矣。」〔註63〕這次「橡膠風潮」所造成的破壞可見一斑。

　　為幫助錢莊和票號渡過難關，挽救信譽，上海道臺蔡乃煌於8月4日與9家外國銀行簽訂「維持上海市面借款合同」，共借款350萬兩白銀，同時撥上海官銀300萬兩存放於源豐潤和義善源。這一系列救市的措施較為及時、有效，上海的金融危機也暫時得到了控制，市面的恐慌情緒有了極大的緩解，報告也對此進行了介紹。「論上海莊票素為上海貿易之利器，本年因此失信，商務阻滯。不得已，官商出而維持，挪公款，借外債，以冀復原。」同時報告還指出：「兼之囤土商家來源日減，亦如上年之爭相購積，現銀有限，一再流出，無怪銀根到處吃緊，懋遷者受其虧折，亦時有所聞。」〔註64〕此時市場上的銀根的吃緊已經對商家產生了很大的影響。

　　全國貿易報告將這次「橡膠風潮」看成是1910年貿易情形的關係最重者。除對這次金融危機做了簡要介紹外，還把因股票暴跌所造成的「錢莊失其信用」看成是這次金融危機的關鍵。金融機構的良好信譽是維持其生存和確保金融市場秩序穩定的前提。貿易報告以錢莊失信為切入點，對此次「橡膠風潮」進行了分析，表明海關十分看重錢莊自身信譽在金融市場中的重要性。

　　上海作為此次金融風潮的重災區，遭受的損失極為慘重。上海的報告對這次金融危機進行了更為詳盡的介紹和分析。1910年上海的報告從一開篇就談了這次金融危機的嚴重性和突然性。報告說：「竊查本口貿易情形，本歲為

〔註63〕　《宣統二年通商各口華洋貿易情形總論》，《中國舊海關史料》第54冊，京華出版社2001年版，中文第9頁。

〔註64〕　《宣統二年通商各口華洋貿易情形總論》，《中國舊海關史料》第54冊，京華出版社2001年版，中文第9頁。

彗星出現之年。本口所志各事而令人最爲印鬧不忘者，莫若橡皮風潮。當年初之際，似覺本埠貿易情形必有可觀，厥後所生之種種不妥情事，彼時絕無一人預料及此，迨至無可收拾之地步。」〔註65〕報告認爲如果要解免此紛亂之現象，可以一言以蔽之，「彼此信用而已」。由於人們失去對錢莊的信任，才會爭相將存銀提出，導致錢莊陷入困境，引發了上海乃至全國的金融危機。「縱由本口匯購南洋各島種植橡樹地址之現銀，照上海一埠貿易資本總數而計，本不覺多，即於其中籌匯，而於金融界尚不致有所關礙。但錢貴流通，即屬流出無多，自亦勢必設法收回，以彌其缺。以故各將存放現銀急欲提取，迨至難以應手。而中國各錢莊內容，種種腐敗軟弱之情狀，曩昔尚在疑似之間者，今則圖窮匕見矣。」〔註66〕正是由於錢莊信譽的喪失，才導致人們急於提取，使它們最終無力維持。而錢莊所存在的很多隱患也通過這次金融危機充分暴露了出來。

報告對西方銀行在金融危機中的表現也做了介紹。報告稱：「此中之最爲困難者，要推西曆六月底眾業公所各經手結帳之期爲極點，實爲歷來所罕睹。職是之故，西國各銀行聯絡一氣，概不收用中國莊票，即收亦無幾，且須有股實妥保。按向來西國各銀行與中國各錢莊，本若左右手之如取如攜，多有相助爲理之處，今忽斷掴注，獨力豈尚能支耶？遂致市面之紛亂恐慌之景象，愈逼而愈緊耳。甚至將數家大莊並著名數股商擠軋其中，一籌莫展。及欲追索被欠各戶，而至是亦實無從著手其中。」〔註67〕報告認爲西國各銀行概不收用中國莊票的做法加劇了此次危機。

金融危機引起的銀根吃緊和西國銀行不收莊票不但給商業造成了沉重打擊，也給上海的工業的發展帶來嚴重的不便。受此次金融危機影響最大的是上海的機織廠。「因該各機織廠向例存銀無多，即有餘銀，亦均分派於各股東生息，約計本口一帶此項工役共有三十萬之譜。工價日必一發，但大半資本原來不足每日需發之工洋，咸將本廠機屋向中國錢莊抵保，由錢莊給票轉向西國銀行換取現銀，乃自莊票不收，以後而該各機織等廠之萬分受逼，更不

〔註65〕《宣統二年上海口華洋貿易情形論略》，《中國舊海關史料》第53冊，京華出版社2001年版，中文第351頁。

〔註66〕《宣統二年上海口華洋貿易情形論略》，《中國舊海關史料》第53冊，京華出版社2001年版，中文第351頁。

〔註67〕《宣統二年上海口華洋貿易情形論略》，《中國舊海關史料》第53冊，京華出版社2001年版，中文第351頁。

待言。」〔註 68〕從機織廠的遭遇可以看出，上海的工業因各西國銀行只收現銀，不收莊票，面臨著十分困難的經營局面。

　　報告又通過地方官員能夠順利向國外銀行借款，再次說明了金融機構信用的重要性。「至是地方官始無可如何，不得不起而設法解圍。稟經兩江督憲，轉請政府允准，由官擔保，向西國各銀行籌借鉅款，而竟一諾無辭，毫不延緩，可見本口財力之充足，富而有餘裕者也。於以知向之周轉不靈者，要亦不過彼此稍失信用之故耳。」〔註 69〕在報告看來，本口的財力足以應對這場危機，只是錢莊信用的缺失才造成了資金周轉出現嚴重問題，導致了如此嚴峻的局面。

　　報告還將資本家貿易之心理分爲了四類。「一將本求利。二專門貿易。三直與孤注無異。四專以賣空買空爲生涯。」報告認爲這四種心理欲逐一分別此中界限向非易易。其中以購股按期結算之法而論，似亦不得直指其爲賭博。因爲「至凡購買橡皮公司股份之意旨，非爲將本求利者，實居多數。因購股諸君無一非立盼股價飛漲，爲早早售出起見，即創設公司之經理等人亦屬彰明較著，希圖將初得之股票達其高價早售之目的。由是觀之，似該經理言不由衷，只編美滿誘人入股之詞，在入股者原以深信其美滿之詞言，並服總理等人之可靠。迨後始則聞風生慮，既而又得英京倫敦橡皮價值略低之電告，而此間股價亦即因之稍跌，乃不久竟有一落千丈之勢，人心以亂，往往顯已不暇，而全域亦竟爲之牽動。」報告把經理的欺騙性言論和人們盲目跟風的心理歸爲引發這場危機的重要原因。「當西曆三月分一結，無一不爭相入股，所以原定之股份有十先令者，照按期結算之購價，竟漲至十七兩。迨至西六月結帳之期，忽又大爲相反，前之爭相入股者，至此多思脫手。及至西九月並年底，竟跌至七兩左右，致令波及專門貿易之家，不得不將他項股價隨之而跌。」對於眼前的局面，報告並沒有完全持悲觀態度。報告中說：「然雖如此，而現在橡皮公司間有尚佳者，似股東他日或可卜大操勝券，且足以令賭博一流見此無利可圖，廢然而返，未使於大局無裨。」〔註 70〕

〔註 68〕　《宣統二年上海口華洋貿易情形論略》，《中國舊海關史料》第 53 冊，京華出版社 2001 年版，中文第 351 頁。

〔註 69〕　《宣統二年上海口華洋貿易情形論略》，《中國舊海關史料》第 53 冊，京華出版社 2001 年版，中文第 351～352 頁。

〔註 70〕　《宣統二年上海口華洋貿易情形論略》，《中國舊海關史料》第 53 冊，京華出版社 2001 年版，中文第 352 頁。

面對日益嚴重的「橡膠風潮」，報告給出了應對建議。「現因有鑑於此，特爲之籌劃多端，爲將來取締之策，從此諒不致再生此項風潮。其取締之策一如拍賣股份者必須現銀交易，庶於眾業公所賣買股票行市之漲落稍有阻力，所幸與盛時創立公司間有多數，其原定之估價迄未見減。」〔註71〕用現銀交易是在金融危機中最爲可行的付款方式。同時報告也指出：「橡皮股份雖未孤注之一擲，然彼時賠累者，正不止此一端，即如棉花廠股價由百六十兩跌至九十兩，藍格股價由千八百兩跌至千兩以內，直至時交西十月，稍見鬆動，未幾而欣聞年占大有，不啻雲霧一開矣。」〔註72〕

對於西方各銀行不收中國商票的行爲，報告提出了自己的看法。「本口本年貿易之困難原與西國各銀行拒不收中國莊票係屬相因。查該各銀行向例收用中國莊票，須於十天後往取現銀，現所以拒不收受者，實欲改作當時取銀。若不當時取到，即不准商家提取押貨，此即非有現銀不得提貨之意。但向來商家提貨不定，由遠近他埠匯劃，今西國各銀行既定如此辦法，無非逼令商家在本口提取所存之現銀，實爲貨主向所料不及此。然則以上提貨既須現銀之新例，又復將多數現銀購買股票。有此兩層，以致銀根愈逼愈緊，其實乃略因以舊翻新例之故耳。且中國各莊歷來之辦法原係無從查考，復見有多家倒閉，又加以濫發之紙幣，竟無窮盡。」因此，報告認爲有此三層，則西國各銀行之聯絡一氣，似亦無足深怪。儘管銀行的做法無可厚非，但「嗣以似此辦法，實與市面有礙。經本口商務總會一再與各國銀行通融籌商，將以上莊票窒礙商務之處酌量變通。」〔註73〕

報告還指出現今亟須整頓的兩個方面。一是設法改良賒欠之法。由於當時的賒欠之法在瘋狂的投機活動中存在巨大的風險，因此進行改良以減少商業活動中的風險是十分必要的。二是交通以處處快捷爲要。因爲以貿易中偶有一埠吃虧，他埠無不被其牽累。此固爲各商販盡人咸知之一事。「即如橡皮風潮，雖僅在上海一口，而畢竟一轉瞬間，金融界恐慌之眞相盡情畢露，他口因之而如何受其大虧者，正不知凡幾。且上海爲通商巨擘之口，恐慌尚且

〔註71〕《宣統二年上海口華洋貿易情形論略》，《中國舊海關史料》第53冊，京華出版社2001年版，中文第352頁。

〔註72〕《宣統二年上海口華洋貿易情形論略》，《中國舊海關史料》第53冊，京華出版社2001年版，中文第352頁。

〔註73〕《宣統二年上海口華洋貿易情形論略》，《中國舊海關史料》第53冊，京華出版社2001年版，中文第353頁。

如此，而東方一帶之各埠，勢必無一不受其影響。」〔註74〕也可以看出，海關對這次金融危機影響的廣泛性有比較清醒的認識。

報告最後還介紹了各錢莊拆息和匯價的情況。「中國新春之際，每日各莊拆息每千兩計銀一錢，及至西七月間，竟高至二錢七分，直至西十一二月間，方見跌減，每日計銀三分，可見市面全行恢復。其現期匯至倫敦高低之價值，計於西三月初三日至低者，規元每兩計二先令三邊士零十六分之九，及至西十月二十二日高者，每兩二先令六邊士零四分之三，直至西曆年底，約在二先令五邊士零八分之五左右。」〔註75〕從中也可以看出，金融形勢得到了暫時的穩定。

1910 年也有多地的海關提及了這次金融危機對本地經濟的衝擊。如大連野蠶絲及野蠶繭出口額較上年減少了百分之三十，由於以往煙台巢絲局所用的資本一向是來自上海的商人，金融危機導致了上海資金匱乏，造成了大連貿易額的大幅減少〔註76〕。秦皇島前大半年貿易仍日有增進，但隨著上海的銀根奇細，利息騰漲，當地貿易額從秋末開始逐漸下降〔註77〕。膠州因上海金的銀號倒閉，導致周轉弗靈，市面銀根奇絀。過去商家從上海往來運貨均向銀號通融周轉，現在皆須現銀購辦貨物，上海銀號均催收欠款，進口貿易一落千丈，銀號、商家都深受影響〔註78〕。廣州的布疋在開春之時銷場甚好，交易快捷，後因銀號倒閉，銀根緊急，轉動匪易。秋季開始銷售困難，至年底有大量貨物囤積〔註79〕。九江因有人紛紛將現銀運送外洋購買橡皮公司股票，以致市面恐慌，銀根緊急，華商銀行不能流通，造成銀價昂貴，商業不興〔註80〕。除此之外，天津、煙台、漢口、南京、杭州等口的貿易報告也都

〔註74〕《宣統二年上海口華洋貿易情形論略》，《中國舊海關史料》第 53 冊，京華出版社 2001 年版，中文第 353 頁。

〔註75〕《宣統二年上海口華洋貿易情形論略》，《中國舊海關史料》第 53 冊，京華出版社 2001 年版，中文第 353～354 頁。

〔註76〕《光緒二年大連灣華洋貿易情形論略》，《中國舊海關史料》第 54 冊，京華出版社 2001 年版，中文第 229 頁。

〔註77〕《光緒二年秦王島口華洋貿易情形論略》，《中國舊海關史料》第 54 冊，京華出版社 2001 年版，中文第 255 頁。

〔註78〕《光緒二年膠州口華洋貿易情形論略》，《中國舊海關史料》第 54 冊，京華出版社 2001 年版，中文第 267 頁。

〔註79〕《光緒二年廣州口華洋貿易情形論略》，《中國舊海關史料》第 54 冊，京華出版社 2001 年版，中文第 412～413 頁。

〔註80〕《光緒二年鎮江口華洋貿易情形論略》，《中國舊海關史料》第 54 冊，京華出版社 2001 年版，中文第 345 頁。

記錄了金融危機對本地造成的影響。可見 1910 年的金融危機影響的範圍相當之大。

1911 年上海的報告繼續對這次愈演愈烈的金融危機予以關注。報告說：「當年初之際，情形不佳因彼此商家各不信用，其故即係金融界漲落風潮，業於去年論略重詳為述及。」隨後報告分析了股市的形勢。「倘將眾業公所逐年經手本口各項股份之價值逐一比較，固覺無甚參差。然再以本年之價值較之去年，則大為低落。但雖低落，而其故不得謂該股份公司生意多半不善。緣現銀雖可作為產業，而產業要皆不盡現銀。若將產業變售現銀，則所售幾何自須視市值之高低為斷。」在報告看來，本年股份間有低價者，實因去年漲價過高，而於將本求利者不甚合算之故。在股票整體低迷的情況下，碼頭公司股份反而見漲，是別有原因的。這是因為「在內當貿易興盛之際，進口各貨易於銷售，各碼頭棧房幾十室九空，所以買此股份之人無利可賺。迨至年底數月，以時局不靖，難於銷脫，各棧房貨均堆積如山，致令商棧間有改作並棧辦法者。去年底僅有九家已敷足用，而本年則有二十三家之多，尚無隙地。」〔註81〕從報告的上述分析中可以知道，因為 1911 年的股票價格大多較 1910 年大為低落，因此根本無法實現「將本求利」。

由於華洋商人各不信用，因而爭端迭起，控訴公庭，這成為 1911 年上海市面的一大特徵。報告說：「查此種爭端無非欲知中國莊票與發行鈔票之辦法有無兩歧，暨該莊票所開銀數有無現銀抵付，以及若何流通之法，此皆當初彼此意料所不及。迨一經涉訴，中國商人向為人所信任者，今則效力一失，而損失亦即不免隨之。」報告認為這種局面非常危險，「此事若不亟行，妥為規定，誠恐循此以往，構訟一次即令人疑懷一次，愈疑懷則愈失信用，而華洋各商自不免同受其害。」〔註82〕

1911 年市面不旺的一個重要原因是橡皮公司有數家出產不足，加以數大公司查獲創辦時經理人舞弊實據之故〔註83〕。橡膠股票泡沫的徹底破裂，意味著金融市場的蕭條難以盡快恢復。人們對於這些公司缺乏基本的瞭解和對

〔註81〕《宣統三年上海口華洋貿易情形論略》，《中國舊海關史料》第 57 冊，京華出版社 2001 年版，中文第 319 頁。

〔註82〕《宣統三年上海口華洋貿易情形論略》，《中國舊海關史料》第 57 冊，京華出版社 2001 年版，中文第 319～320 頁。

〔註83〕《宣統三年上海口華洋貿易情形論略》，《中國舊海關史料》第 57 冊，京華出版社 2001 年版，中文第 320 頁。

它們的監督不到位造成這次慘劇的發生。

　　報告還注意到，1911 年 12 月間，香港政府新定了創立有限公司註冊規則，凡在上海設立有限公司，向在該政府註冊，即須由該政府直接管理。報告對此給予了積極評價，認為：「似此意美法良，定可將其信用恢復」。〔註 84〕報告把政府加強監對有限公司的監管看成是保障信用的良策，這種看法很有道理。在高度市場化的環境下，只有政府對上市公司加強監管，才能最大限度保證市場的規範性，降低因公司弄虛作假所帶來的弊病。

　　清末的「橡膠風潮」之所以破壞力如此嚴重，與當時中國金融市場的不成熟以及商民對股票缺乏瞭解有很大關係。錢莊和票號因股票大跌導致現銀缺乏，因此無法維持正常的支付和兌換，從而導致了市場的高度恐慌，局勢一發不可收拾。外國銀行在危機面前，出於對風險的迴避，也不肯出手相救。中央政府對這次危機缺乏足夠的認識，關鍵時刻不但沒能協助地方政府救市，還愚蠢的下令提取「滬關庫款」，造成了源豐潤和義善源的破產，這也是造成危機一發不可收拾的重要原因。最終，很多錢莊和票號都因無力維持而被迫倒閉，造成了中國金融數年的蕭條。

　　這次金融危機表明，尚不成熟的中國金融市場和體制陳舊落後的錢莊、票號均存在眾多缺陷，抵御風險的能力十分薄弱。1910 年和 1911 年上海的報告比較詳細的敘及了「橡膠風潮」爆發的經過，認為由於股票的下跌導致了錢莊的信用缺失，造成了這次危機的不斷加劇，並向全國迅速蔓延，最終給中外商家都造成了巨大損失。報告通過對這次金融危機分析，反覆強調了信用在近代金融領域乃至整個商業領域所起到的重要作用。報告還提出一些有針對性的整頓建議，將恢覆信譽視為克服金融危機的關鍵。保證金融機構的信譽是為商業發展創造良好環境的重要環節。貿易報告中對信用的認識和所給出的建議，即使今天看來，依然有值得借鑒之處。

第四節　稅收政策與經濟發展的關係

　　稅收是國家財政的最主要來源。為保證得到足夠的收入，國家需要推行一系列的稅收政策。而一國所推行的稅收政策往往對經濟的發展發揮著巨大

〔註84〕　《宣統三年上海口華洋貿易情形論略》，《中國舊海關史料》第 57 冊，京華出版社 2001 年版，中文第 319～320 頁。

的作用。合理的稅收政策不但能夠讓國家機器維持正常運轉，還可以對國民經濟的發展起到適當的調節作用。稅收問題也是貿易報告中最爲關心的內容之一。貿易報告中除了大量介紹每年海關的各項主要稅收變化情況外，還多次談到了稅收政策對商貿發展的影響。

「值百抽五」是中國近代所確立的關稅標準。1858 年 11 月 8 日，中英雙方簽訂了《中英通商章程善後條約》。其中的《海關稅則》規定：海關對進出口貨一律按時價值百抽五徵稅；洋貨運銷內地或英商從內地收購土貨出口，只納子口稅 2.5%，不再納釐金稅。從此，中國海關確立了「值百抽五」的徵稅原則。但由於徵稅額度是根據當時各種商品的價格所制定的，隨著進出口貨物價格的不斷變化，海關所徵收的關稅稅額已經逐漸不符合百分之五的要求。在八九十年代，進口的大宗商品所實際徵收的稅率大部分都低於 5%。因此 5% 的稅率在很長時間內並沒能在關稅的徵收中被眞正執行。直到《辛丑條約》簽訂後才有所調整。條約中明確規定，海關關稅要「切實值百抽五」。貿易報告對這次稅則的修訂非常重視，並進行了評價。

在 1901 年的全國貿易報告就曾談道：「而商約議定，想與貿易一道尤有起色」。報告認爲咸豐八年的原訂進口稅則本係值百抽五，「甚屬平允」。不料立約後，金銀價值迭有更變，金價日高，銀價日低。由於進口貨值係隨金價，不得不增，以致所徵稅項不過值百約抽其三。「去年新約所訂大綱第六款內議明，由海運進貨物，核實值百抽五，並將向來進口免稅各物除米、各雜色糧麵以及金銀外，均照核實值百抽五徵稅。故十月初一日，各關遵照，一律開辦。至於疋頭一項，洋商各公司已與海關暫且商訂，將前三年各種進口疋頭分清花色，按照適中價值通扯徵稅，庶免彼此爭論。各口業經權辦，與關務商情均甚便益俟。」〔註 85〕儘管重新修訂的海關稅則會使稅率有所增加，但報告認爲：「此次重訂商約，如能分別某貨應納若干，重刊稅則，通行遵辦，尤爲有益。稅課雖則增多，而與貿易尚無所礙。」〔註 86〕1901 年上海的報告也提到，本年進出口貿易所最顯著者，在進口貨現收之稅係照估實之價，須抽足百分之五。凡免稅之貨除洋米、五穀、麵粉，並已籌、未籌之金銀准仍豁免外，其餘均照新約，必須完稅。惟稅既加增，局勢遂變，商人則咸惴惴

〔註85〕 《光緒二十七年通商各口華洋貿易情形總論》，《中國舊海關史料》第 34 冊，
　　　　京華出版社 2001 年版，中文第 12 頁。
〔註86〕 《光緒二十七年通商各口華洋貿易情形總論》，《中國舊海關史料》第 34 冊，
　　　　京華出版社 2001 年版，中文第 12 頁。

於心，深恐於貿易一途必多妨礙。於是寓滬之英、美、德、日商會公同集議辦法，商請海關暫立一表，以做稽徵疋頭之新稅則，冀可減輕其妨礙商務之處〔註87〕。

　　1902 年的全國貿易報告再次對新訂的稅則進行了分析。「修改進口稅則係按京約大綱所定三年進口之貨價牽算，切實值百抽五之稅。此三年即光緒二十三四五等年。照此三年貨價以定徵稅之則，與現在貨價值百抽幾仍是一樣。緣不照此三年之貨價抽收稅項，從前值百已抽三成以外，現照此三年以定稅數，值百亦不過抽四成以外，第以彼時貨價較賤於現在之貨價。照此雖改進口稅則，故於貿易並無所礙。」〔註88〕新的稅率對增加稅收也起到了一定的幫助。1902 年的海關關稅為關平銀 30007044 兩，比上年多徵 4469470 兩〔註89〕。

　　貿易報告認為「切實值百抽五」雖然提高了實際的稅率，但於貿易並無所礙。從實際的效果來看也確實如此。這除了多抽的比例並不太高之外，還因為符合稅收的「公平」原則。「公平」原則被亞當‧斯密視為最重要的一項稅收原則。他認為：「每個國家的國民都必須按照各自的能力，也就是說，按照各自在國家保護下所獲得收入的比例，盡可能的交納稅賦以確保政府運轉。」〔註90〕亞當‧斯密的「公平」原則強調稅收時要做到稅率的公平，而海關重刊稅則，「切實值百抽五」，顯然符合這種精神。將各種實際稅率早已不同的商品重新修訂稅率，讓它們再次擁有相同的稅率，可以確保商品在稅收上的公平性。儘管新的稅率造成商品實際稅率有所增加，但由於較之前的稅率更為公平，再加上所提升的程度也不太大，所以對貿易並沒有產生明顯的妨礙。在不影響貿易的情況下，海關稅率的提升對於增加國家財政則會有所幫助。

　　西方列強強迫中國接受的「值百抽五」的關稅原則一直飽受爭議。它是建立在不平等的基礎之上，體現了侵略者的利益。其對中國經濟所起到的作

〔註87〕　《光緒二十七年上海口華洋貿易情形論略》，《中國舊海關史料》第 34 冊，京華出版社 2001 年版，中文第 189 頁。

〔註88〕　《光緒二十八年通商各口華洋貿易情形總論》，《中國舊海關史料》第 36 冊，京華出版社 2001 年版，中文第 11 頁。

〔註89〕　《光緒二十八年通商各口華洋貿易情形總論》，《中國舊海關史料》第 36 冊，京華出版社 2001 年版，中文第 12 頁。

〔註90〕　〔英〕亞當‧斯密，唐日松譯：《國民財富的性質和原因的研究》，華夏出版社 2005 年版，第 589 頁。

用也長期被國人所詬病。近代以來，人們大多認爲強制推行的這一稅率給中國造成了重大的損失，使中國喪失了關稅自主權，並且失去了對國內商品的保護，便於國外商品向中國的輸入。對此，筆者認爲，「值百抽五」原則有利於維護列強在華的貿易利益，也是對中國主權的一種踐踏。但客觀上也並非沒有帶來任何益處。這一稅率即使今天看來也並不太高，而在當時世界範圍內則屬於極低的稅率，因此對於中國的商品的輸出是十分有利的。較低的關稅降低了中國商品的價格，也就提升了它們在國際市場上的競爭力。在對進口貿易的影響上，也要進行具體分析。對於那些完全需要從外國進口的商品，低稅率有利於減輕它們的成本，從而增加銷售數量，對國內消費者是有益的。而對於那些需要保護的民族工業來說，對與之相競爭的外國商品徵收較低的進口稅率確實具有很大的消極影響。中國尙且薄弱的民族工業會因此遭受到強力衝擊，阻礙民族工業的發展。但也要看到，外國商品的衝擊會在一定程度上刺激民族工業的崛起，並非完全沒有好處。

需要指出的是，在實行「值百抽五」之前，中國官方並無通過較高關稅保護民族工業的思想認識，也沒有出臺過保護民族工業的政策，所設的關稅稅率只是單純爲了增加國家的收入，並不是以保護國內的手工業爲目的。從國家財政角度來看，較低的關稅顯然是不利的，會減少國家的財政收入。但也應看到，固定的稅率避免了朝廷爲了追求稅收而抬高關稅的可能性，對於進出口貿易的發展起到了一定的保護。從長期來看，過高的關稅會降低對外貿易的發展速度，而低關稅則有利於對外貿易的迅速發展。而中國日益繁榮的對外貿易給國家的稅收所帶來的好處是顯而易見的，近代海關的關稅能夠長期保持快速增長也得益於此。

相對於之前中國各關關稅標準不一，官吏大肆盤剝商人，走私氾濫，缺乏商業公平的局面，統一的稅率所帶來的好處也是不容忽視的。它符合了稅收的「確定」原則。亞當·斯密稱：「每個國民應當完納的賦稅必須是確定的，且不得隨意變更。完納的日期、方式和數額都應當讓一切納稅者及其他人瞭解得十分清楚明白。否則，每個納稅人就會或多或少爲稅吏的權力所左右；稅吏會乘機向任何討厭的納稅者加重賦稅，或者以加重賦稅爲恐嚇，勒索贈物或賄賂。」〔註91〕只有稅收明確，才能確保納稅人不被稅吏借機進行勒索。

〔註91〕 〔英〕亞當·斯密，唐日松譯：《國民財富的性質和原因的研究》，華夏出版社 2005 年版，第 589 頁。

因此,「值百抽五」原則對於維護公平的市場秩序,保護商人的正當利益,具有不容忽視的作用。中國近代對外貿易能夠迅速發展,與全國統一執行明確的關稅標準有一定的關係。

貿易報告中也多次體現出了稅收的「確定」原則。如1894年的全國貿易報告在評價新定土藥徵稅專章時說:「溯自光緒十七年起,新定土藥徵稅專章,每擔一律徵銀六十四兩八錢,從此川土出口年盛一年,比之昔年徵抽不一較為遠勝。」〔註92〕1902年的全國貿易報告談道,發展貿易「尚有阻礙之處,即目前籌餉之法」。如用銷場稅、出廠稅,皆非善策。況欲進口洋貨之暢銷,必先多備出口之土貨。土貨難於暢旺的一個重要原因是由於「沿途釐金抽稅太重,且抽收之法又無一定」。「倘能除此弊端,並除富貴人需用之物抽收捐款外,餘則全裁,食鹽局卡、土藥稅所另訂辦法,則立見國用充足,貿易興盛,中國之富強定可甲於天下。」〔註93〕1909年鎮江的報告說,鎮江至清江浦沿途關卡過多,尤足妨礙商務。假如行貨之釐金全行裁撤,則中國內地及出口之貿易其興旺當不可言狀〔註94〕。1910年鎮江的報告又說,應以振興商務為最要之舉。在妨礙貿易之處中,百貨完納釐金不能不指為第一累商之舉。「商貨多遇一卡,即多完釐金一道,釐捐愈多,貨本愈重,幾照置價加至十二之二有奇。職此之故,非特運行不能推廣,即出產亦因此而縮減也。大抵貨物過卡每每停侯多日,延不放行,且完釐亦無一定規則,究竟每貨應抽釐金若干,無從查考,此弊尤與商務大有障礙。」〔註95〕內地的釐金過重,設卡太多,並且徵收標準不明確,對貿易的發展十分有害。通過明確商品的徵稅標準,就能有效防止官吏們的各種盤剝,降低商人的成本,提高他們經商的積極性,從而確保貿易健康發展。

鴉片的各種稅收是晚清的一項重要稅收來源。其中,土藥的稅釐長期混亂,這對土藥的銷售有所妨礙。對此,1890年鎮江的報告稱:「若將土藥釐稅核定劃一辦理,列入海關稅則,照洋藥並徵辦法,並准華商照本口三聯報單

〔註92〕　《光緒二十年通商各口華洋貿易情形總論》,《中國舊海關史料》第21冊,京華出版社2001年版,中文第13頁。
〔註93〕　《光緒二十八年通商各口華洋貿易情形總論》,《中國舊海關史料》第36冊,京華出版社2001年版,中文第12頁。
〔註94〕　《宣統元年鎮江口華洋貿易情形論略》,《中國舊海關史料》第51冊,京華出版社2001年版,中文第319頁。
〔註95〕　《宣統二年鎮江口華洋貿易情形論略》,《中國舊海關史料》第54冊,京華出版社2001年版,中文第345頁。

章程具結領單，自行採買，赴關完繳釐稅，運往通商各口銷售，亦華商所甚願其意。並非因為內地釐稅繁重，亦非希圖偷漏，實因完納內地釐稅諸費周折，果能改歸海關統徵一次，最為簡便。若是，則各省可以多收釐金，且更有把握矣。」〔註 96〕報告希望通過將土藥的稅釐歸海關統一徵收，以保障華商的利益的看法，符合稅收的「便利」原則。「便利」原則是指：「各種賦稅徵收的日期和方式必須給予納稅者最大的便利。」〔註 97〕土藥的稅釐歸海關統一徵收就可以為商人們節約時間和成本，帶來不小的便利。

貿易報告中多次提及了土藥稅釐徵收便利對銷售的促進作用。如 1891 年上海的報告說：「川土自奉奏定新章，運銷日漸其廣，迨至秋冬，來數愈旺。按定章完清稅釐即可行銷各處，免其重徵。可見土藥新章與洋藥並徵章程並無歧異，各處果能一律照辦，將來兩藥爭銷，孰盈孰絀，不難立見矣。」〔註 98〕1892 年的全國貿易報告說：「洋藥稅（連土藥計釐金在外）共少十六萬九千餘兩。若以川、滇二省土藥稅比較，則十七年僅徵三萬一千餘兩，十八年則有十六萬一千餘兩之多。其驟增之由蓋因此項土藥從前向少報關，近今兩年開始入關冊。邇來商等遵照新章，多赴重、宜兩關報完稅釐，由關黏貼封印，此後無論經過何處局卡，毫無難滯，故商情愈稱妥便，愈益踴躍。」〔註 99〕1908 年九江的報告在談到子口貨物徵稅情況時說：「保商局對於子口貨物查驗既徵稅，皆予商人以利益，其所徵之稅即留作本省經費。夫如是，則本關之子口日就衰危，固勢有所必至者。子口辦法已屬簡捷，倘更有盡善之法，則運入內地之貨愈便，商務當愈興矣。〔註 100〕從以上列舉的材料可以看出，稅釐徵收便利的地方，就會吸引更多的商人前來經商和納稅，使商務繁榮。

1891 年的全國貿易報告談了子口稅對於鴉片貿易和稅收的影響。報告說：「查十六年之土藥稅僅徵三千餘兩，而本年竟增至十倍之多。非所產土藥

〔註 96〕 《光緒十六年鎮江口華洋貿易情形論略》，《中國舊海關史料》第 16 冊，京華出版社 2001 年版，中文第 140 頁。

〔註 97〕 〔英〕亞當·斯密，唐日松譯：《國民財富的性質和原因的研究》，華夏出版社 2005 年版，第 589 頁。

〔註 98〕 《光緒十七年上海口華洋貿易情形論略》，《中國舊海關史料》第 17 冊，京華出版社 2001 年版，中文第 150～151 頁。

〔註 99〕 《光緒十八年通商各口華洋貿易情形總論》，《中國舊海關史料》第 18 冊，京華出版社 2001 年版，中文第 11～12 頁。

〔註 100〕 《光緒三十四年九江口華洋貿易情形論略》，《中國舊海關史料》第 48 冊，京華出版社 2001 年版，中文第 280 頁。

視昔爲多，緣遵照本年新訂稅則，凡川土、雲土每百斤徵收六十四兩八錢。若運往他處，稅釐概不重徵，故本年海關復有納土藥稅者。以本年而論，土藥稅已有轉機，不似從前之愈趨勢愈下。憶光緒九年，輪船由宜昌出口土藥計七百餘擔。七年輪船由漢口出口土藥計三千餘擔，其後海關遂無此項稅課，或者商人因海關稅重，常關稅輕，改由民船裝運，亦未可知。然而自今以往，土藥稅庶幾漸復舊觀也。」〔註101〕「凡進口洋貨，執子口單運往內地，經過內地釐卡，概不重徵，故近來商人用子口稅單者極多。在光緒八年，各關發給子口單計九萬一千五百餘張，運往內地洋貨價值計一千二百萬六千兩。十七年各關發給子口單計十八萬六千七百餘張，運往內地洋貨價值計二千一百八十六萬三千兩。自重慶開關，凡洋貨之運往四川者，皆逕至重慶，既不須在宜、漢兩口請子口單，則該兩口入內地子口稅因此減少約有六萬兩。查十六年由宜、漢運往四川洋貨，價值計四百八十一萬五千九百餘兩，本年僅二百九十八萬九千五百餘兩。夫宜、漢之子口稅雖絀，幸粵關子口單近始通行。無論洋貨運往粵省、內地，即運往廣西、雲南、貴州，皆向粵關請領子口稅單，可見該處子口稅日益興旺。其於宜、漢兩口之絀庶可彌補。查十六年粵海關發給子口單七十九張，所運洋貨價值十九萬五千兩。本年發給子口單一千九百四十餘張，所運洋貨價值一百七十四萬兩。由粵省所屬之六處海關，其進口洋貨子口單之價值，除洋藥外，在十六年共計三千六百萬兩，本年共計三千一百萬兩。設以該省進口洋貨轉運內地，則粵關之子口稅恐各口亦莫與京。然子口稅與內地釐金視爲消長，若釐金重於子口稅，子口稅必旺；若釐金輕於子口稅，釐金必旺。此商情之向背所繫焉者也。」〔註102〕這說明稅收的明確和便捷有利於商人的販運。而商人還會權衡當地的子口稅和內地釐金之間的稅率高低，選擇較低的那一種納稅。

貿易報告還注意了一些免進口稅的商品對的稅收影響。如 1890 年的全國貿易報告認爲，進口稅銀之多寡不能按進口之洋貨之數推加，以其中有洋米進口較上年多至 330 萬擔，值銀 500 萬兩之多，皆須免稅故也〔註103〕。

〔註101〕《光緒十七年通商各口華洋貿易情形總論》，《中國舊海關史料》第 17 冊，京華出版社 2001 年版，中文第 12 頁。

〔註102〕《光緒十七年通商各口華洋貿易情形總論》，《中國舊海關史料》第 17 冊，京華出版社 2001 年版，中文第 15～16 頁。

〔註103〕《光緒十六年通商各口華洋貿易情形總論》，《中國舊海關史料》第 16 冊，京華出版社 2001 年版，中文第 12～13 頁。

1907 年的全國貿易報告認為，本年海關關稅如論貨價則增多，論稅銀則減少，考其原因，由於免稅貨物本年更外加多〔註 104〕。報告說，貨價既增，稅銀亦應隨之。本年不獨不增，反而見減。況以上所論本年貿易並不興旺，何以貨價是增？可見貿易情形與貨物價值迥不相侔，真令人無從索解。細考其故，實由於免稅之貨進口真多。上年饑荒，糧食價值有長無增，從外運進之麵粉及米價值比較上年多有 30356000 兩，鐵路物料亦多 1364822 兩，以上三宗免稅貨物合計價值共多 31720822 兩。本年貨價之多，異乎常人所難解者。核算此三宗免稅之物，亦可了然於心目〔註 105〕。免除這些對人民日常生活和國家建設具有重要意義的大宗商品的進口稅，固然不利於增加海關稅收，但有利於減輕購買的成本，擴大的進口數量，對民生和經濟的發展是有益的。

　　減稅政策是降低出口商品成本，擴大其銷售數量的一個重要手段。這種稅收政策是西方一種常見的鼓勵出口的措施，被重商主義等經濟理論所推崇。如托馬斯・孟認為：「對於國產品不要課以過重的關稅也是很必要的，這樣免得使外國人嫌這些商品價格昂貴而影響了銷路。」〔註 106〕近代海關也認為中國的稅釐過高增加了土貨的成本，不利於出口。1901 年的全國貿易報告就曾指出：「兼之內地釐金太重，成本隨之，此皆足以礙及土貨之暢旺也。」〔註 107〕1902 年的全國貿易報告談了釐金過重對出口的危害。由於中國此時所要面對巨額的賠款，因此亦當多備現銀。「既須現銀，而庫款久空，羅掘已窮，當軸者又只得無可籌措之中而設籌措之策，惟將出口土貨加重抽釐。如此重釐，土貨價值不得不昂。」但是「所可惜者，國家希圖多籌進款，致使商務受累甚重。」報告將中國和日本的外洋貿易進行了對比。「中國人數多於日本則有七倍，該國每年所銷洋貨竟與中國相等。如欲振興外洋貿易，當似今日之日本，則必須先整頓內地貿易。內地弊實最要者，係沿途釐

〔註 104〕　《光緒三十三年通商各口華洋貿易情形總論》，《中國舊海關史料》第 46 冊，
　　　　　京華出版社 2001 年版，中文第 14 頁。

〔註 105〕　《光緒三十三年通商各口華洋貿易情形總論》，《中國舊海關史料》第 46 冊，
　　　　　京華出版社 2001 年版，中文第 16 頁。

〔註 106〕　〔英〕托馬斯・孟，南懷宇譯：《英國得自對外貿易的財富》，商務印數館 1965
　　　　　版，第 11 頁。

〔註 107〕　《光緒二十七年通商各口華洋貿易情形總論》，《中國舊海關史料》第 34 冊，
　　　　　京華出版社 2001 年版，中文第 17 頁。

卡，應行裁撤。仿製洋貨設法輔助，天生材料留心培植。」〔註108〕「此外，尚有阻礙之處，即目前籌餉之法。如用銷場稅、出場稅，皆非善策。」報告還認爲欲進口洋貨之暢銷，必先多備出口之土貨。土貨之難於暢旺也有三方面的原因。「一盤運維艱，水腳太重。幸現在推廣鐵路，此端可以不慮。二沿途釐金抽收太重，且抽收之法又無一定。三摻雜僞貨以及好歹不分，製作不善。」報告認爲，倘能除此弊端，並除富貴人需用之物抽收捐款外，餘則全裁，食鹽局卡，土藥稅所另訂辦法，則立見國用充足，貿易興盛，中國之富強定可甲於天下〔註109〕。報告在對茶、棉花等重要出口商品都提出過應採取減稅的措施來擴大出口。

　　報告還認爲過重的稅釐對進出口也是不利的。如1901年的全國貿易報告闡述了闡述了影響進口稅增減的主要因素和增加釐金對於進口的影響。報告說：「若論以後進口稅項之增減，全憑出口貨物之多寡，金銀之漲落。如因歸還洋債增加各項釐金，減其財力，自然少購洋貨。」〔註110〕報告是從購買力角度分析了進口稅的增減的原因，把出口貨物的多寡和金銀比價看做是決定進口稅增減變化的主要因素，並強調了增加國內釐金會阻礙進口商品銷售。1903年的全國貿易報告也指出：「尙有不能忘者，賠款一節。每年籌此巨項，或明礙商務，貨暗礙商務，勢所難免。即如捐釐加重，土貨之成本既貴；土貨少銷，則進口洋貨亦必因此受損，誠不淺矣。」〔註111〕這種看法是有一定道理的。進口稅的數量同進口商品的規模有著直接關係，而進口商品又和購買力息息相關。中國出口商品的規模是決定購買力大小的一個非常重要的因素。金銀比價的變化和各項稅釐的增加都會影響進口商品的價格和銷售數量，最終對進口貨物的稅收產生影響。報告注意到了稅釐過重對整個商務的妨礙。

〔註108〕《光緒二十八年通商各口華洋貿易情形總論》，《中國舊海關史料》第36冊，京華出版社2001年版，中文第11頁。
〔註109〕《光緒二十八年通商各口華洋貿易情形總論》，《中國舊海關史料》第36冊，京華出版社2001年版，中文第11～12頁。
〔註110〕《光緒二十七年通商各口華洋貿易情形總論》，《中國舊海關史料》第34冊，京華出版社2001年版，中文第13頁。
〔註111〕《光緒二十九年通商各口華洋貿易情形總論》，《中國舊海關史料》38冊，京華出版社2001年版，中文第11頁。

小結

貿易報告中充分繼承了西方重視貿易發展的觀念。報告中多次強調了貿易繁榮給中國帶來的種種好處，希望中國盡可能改善貿易條件來促進貿易的繁榮。貿易報告主要介紹了鐵路、金融、賦稅等對貿易發展有重大影響的幾方面內容。

鐵路作爲近代的一項偉大發明，對經濟發展具有難以估量的推動作用。貿易報告反覆強調了鐵路給中國所能帶來的各種效益，並且介紹了國內鐵路的建設情況，還對鐵路運營中所存在的問題進行了分析。金融機構的誠信是保障金融市場秩序的重點，貿易報告通過「橡膠風潮」中所暴露出的問題，對此進行了說明。稅收政策和貿易的發展有著密切的關係。貿易報告中通過對中國所採取的一些稅釐政策的分析，體現出了西方的多種稅收思想。報告中對鐵路、金融、稅收的介紹，基本代表了西方人在這一時期對它們同經濟發展的關係的認識水平。通過貿易報告眾多的介紹，對西方經濟思想的輸入起到了一定的幫助。這有助於增強國人對貿易的重視，和對這些影響貿易重要因素的認識水平。

結　語

　　近代中國海關具有十分特殊的地位。它不僅肩負著海關的各項基本職能，還兼管了眾多其他業務，是推動中國近代化發展的一股重要力量。它不僅對近代中國的經濟發展作出了巨大貢獻，在思想文化的傳播上也起到了不容忽視的作用。其中，近代海關所出版的年度貿易報告就是中國輸入西方經濟思想的一座重要橋樑。

　　海關年度貿易報告是由外籍稅務司負責撰寫的，主要介紹了中國各年對外貿易的基本情況以及和貿易有關的各方面內容，分析了影響貿易的原因，提出了不少貿易發展方面的建議。報告的撰寫者所掌握的西方經濟思想也反映在了年度貿易報告之中。

　　貿易平衡問題是晚清時期的海關年度貿易報告最為關心的內容。由於在海關工作的外籍人員深受重商主義的影響，報告中體現出了明顯的貿易差額論的思想。近代中國所存在的巨大貿易逆差是海關迫切希望扭轉的。年度貿易報告重點介紹了茶、絲、豆類、草帽辮、棉花、鴉片、棉織品等大宗進出口商品的銷售情況和影響銷售的原因。為了幫助中國實現貿易平衡，報告反覆強調中國要通過各種手段，增加國產商品的競爭力，儘量擴大出口規模，抵制洋貨的進口，以維持貿易的平衡，確保白銀留在國內。報告對茶、絲、豆類、草帽辮、棉花等主要出口商品存在的問題和需要改進之處都進行了介紹，所提出的建議不乏真知灼見。從中可以看出，撰寫者對於中國國情的熟悉和對於扭轉中國貿易逆差局面的迫切心情。海關希望中國通過引進西方先進技術和管理方式，進口機器設備，加強質量監管，減輕稅賦等舉措，增強出口商品的競爭力，以擴大出口，最終實現對外貿易的平衡。貿易報告對鴉

片、棉製品等主要進口商品在中國的銷售狀況也很關心。報告中除了介紹它們的進口數量、價值和銷售的變化情況外，還對變化原因進行了分析。海關對於國內同類商品的抵制作用也做了重點介紹，如土藥對洋藥銷售所產生的抵制作用和禁煙運動對鴉片貿易的影響，國產棉製品的發展狀況以及它們同進口棉製品的競爭等。貿易報告中對這些重要商品的介紹和分析，都充分表現出海關對維持中國貿易平衡的殷切期待，是貿易差額論思想的具體體現。報告中所提出的各種指導性意見，是報告的撰寫者在貿易差額論思想的指導下，對中國的經濟問題所進行的認真思考。

貨幣問題是影響中國近代經濟發展的關鍵因素之一，也是海關所長期關注的經濟問題。貿易報告中對金、銀、銅貨幣都有涉及。它們的流向、價格波動和數量變化是貿易報告關注的重點。海關不僅希望掌握這些變化，並瞭解變化的原因和對中國經濟所產生了哪些影響，希望幫助中國找到應對措施。爲了掌握中國的金銀流向，弄清金銀數量的變化，海關進行了一系列的努力。報告中運用了西方一些更爲先進的統計方法對進出口貿易所統計的數據進行了修正，增加了對金銀進出口數量的統計，分析了匯票對中國白銀流向的影響，還首創了中國國際收支平衡表，以便瞭解中國金銀的實際變化情況。海關特別注意從國際因素上來分析中國的金銀流向，大量利用了外國海關及其他相關統計數據來對中國的商品及金銀進出口數據進行評估。金銀價值的變化也同樣是海關所關心的一項貨幣問題。貿易報告對金銀比價的變化進行了很多介紹。報告中分析了雙方比價變動給中國經濟所帶來的各種影響，探討了這些變化的成因，並且提出了一些應對措施。報告對金銀比價波動給進出口所帶來的影響進行的分析，體現出了這一時期西方人對於匯率同外貿發展關係的認識水平，也說明海關對於金銀價值的重視。銅製貨的價格和數量變化是報告著重關注的另一個重要貨幣問題。報告除了對晚清時期出現錢荒的原因和給中國商貿帶來的困擾進行了介紹外，還重點談及了銅元問題。貿易報告對銅元的鑄造數量，價格變化和對制錢的取代都進行了說明，並運用了大量的近代西方貨幣理論。銀元問題也是影響中國貿易發展的一個重要方面。報告對於市場中流通的各種銀元所出現的一些問題進行了介紹，並給出了一些評論。

發展貿易是確保國家經濟繁榮和國力強盛的重要途徑。以重商主義爲代表的眾多西方的經濟思想都對發展貿易持積極態度，並且從不同角度分析了

貿易繁榮對於社會進步的重要性。這一觀念也體現在了貿易報告中。報告中
強調了貿易繁榮對中國經濟、文化、和平等方面都具有重要意義，並希望通
過改善貿易條件來實現中國的貿易繁榮。貿易報告極其看重鐵路在經濟發展
中的作用，多次談到了建設鐵路對中國經濟發展的重要意義，希望增強國人
對於鐵路的瞭解。報告還分析了鐵路運營中所存在的諸多問題，給出了一些
解決辦法。這些建議代表了西方人對鐵路問題的認識水平，對中國的鐵路事
業也具有很高的參考價值。中國鐵路的建設狀況也是報告十分關心的內容。
全國和地方的年度貿易報告都用較大篇幅對此進行了介紹，爲掌握清末國內
鐵路的發展情況提供了重要的資料。金融機構的信譽是貿易繁榮的一個重要
保障。1910 年爆發的「橡膠風潮」暴露出國內錢莊和票號所存在的一些問題。
貿易報告從金融機構的信譽角度分析了錢莊、票號失去信譽所造成的嚴重危
害。報告還提出了恢復中國金融機構信譽的建議，體現了外籍稅務司對於金
融問題的見解。稅收政策和商貿的發展也有著密切聯繫。貿易報告對於稅收
政策給商貿造成的影響也多有提及。海關希望中國採取適當的稅收政策，來
促進商業的繁榮。

　　近代海關貿易報告作爲一種權威的經濟出版物，在當時就受到了國內外
的高度重視。貿易報告通過免費贈送和公開銷售的方式向全世界進行傳播，
具有廣泛的影響力。由於中國的政府機構和重要官員是海關贈送的重點，所
以報告對中國官方的影響不可小視。同時，一些國內學者和經濟界的重要人
士也會對其進行翻閱。年度貿易報告是他們瞭解中國經濟狀況的重要途徑。
報告中所展現出的國際視野和經濟視角也會給國內的閱讀者們帶來或多或少
的啓示。重商主義、貨幣數量論、「格雷欣法則」等西方經濟思想也通過年度
貿易報告的內容呈現在了國人眼前。報告幫助中國人接觸和瞭解這些西方經
濟思想。

　　西方的經濟思想都是學者們通過對各種經濟實踐不斷進行理論研究和總
結而得出的，是人類智慧的結晶。中國晚清海關年度貿易報告則是它們用於
指導實踐的一個重要成果，體現了從實踐到理論，再從理論回到實踐的認識
過程。晚清海關年度貿易報告也成爲近代西方經濟思想向世界傳播的一座重
要橋樑和在東方進行實踐應用的一個成功範例。

主要參考文獻

（一）官書檔案

1. 中國第二歷史檔案館、中國海關總署辦公廳：《中國舊海關史料》，北京：京華出版社，2001。

2. 陳霞飛：《中國海關密檔》，北京：中華書局，1990。

3. 趙爾巽：《清史稿》，北京：中華書局，1977。

4. 《清實錄》，北京：中華書局，1987。

5. 中國第一歷史檔案館：《光緒朝朱批奏摺》，北京：中華書局，1995。

6. 中國第一歷史檔案館：《光緒宣統兩朝上諭檔》，廣西：廣西師範大學出版社，1996。

7. 蔣良騏：《東華錄》，北京：中華書局，1980。

8. 朱壽朋：《光緒朝東華錄》，北京：中華書局，1958。

9. 王先謙：《東華續錄》，《續修四庫全書・史部・編年類》（376～378），顧廷龍叢本，上海：上海古籍出版社，2002。

10. 劉錦藻：《清朝續文獻通考》，北京：商務印書館，1955。

11. 寶鋆等：《籌辦夷務始末》（同治朝），《近代中國史料叢刊》第六十二輯，沈雲龍叢本，臺北：文海出版社，1971。

12. 王彥威、王亮：《清季外交史料》，《近代中國史料叢刊三編》第二輯，臺北：文海出版社，1985。

13. 海關總署：《舊中國海關總稅務司署通令選編》，北京：中國海關出版社，2003。

14. 李必樟：《上海近代貿易經濟發展概況：1854～1898 年英國駐上海領事貿易報告彙編》，上海社會科學院出版社，1993。

（二）叢書類編

1. 盛康：《皇朝經世文續編》，《近代中國史料叢刊》第八十四、八十五輯，沈雲龍叢本，臺北：文海出版社，1972。

2. 葛士濬：《皇朝經世文續編》，《近代中國史料叢刊》第七十五輯，沈雲龍叢本，臺北：文海出版社，1972。

3. 陳忠倚：《皇朝經世文三編》，《近代中國史料叢刊》第七十六輯，沈雲龍叢本，臺北：文海出版社，1972。

4. 麥仲華：《皇朝經世文新編》，《近代中國史料叢刊》第七十八輯，沈雲龍叢本，臺北：文海出版社，1972。

5. 甘韓：《皇朝經世文新增時洋務續編》，《近代中國史料叢刊》第八十一輯，沈雲龍叢本，臺北：文海出版社，1972。

6. 邵之棠：《皇朝經世文統編》，《近代中國史料叢刊續編》第七十二輯，沈雲龍叢本，臺北：文海出版社，1980。

7. 汪敬虞：《中國近代工業史料》，北京：科學出版社，1957。

8. 海關總署：《中國海關的起源發展及其活動文件彙編》，北京：中國海關出版社，2003。

9. 中央研究院近代史研究所：《海防檔》，臺北：中央研究院近代史研究所，1957。

10. 姚賢鎬：《中國近代對外貿易史資料》，北京：中華書局，1962。

11. 彭澤益：《中國近代手工業史資料》，北京：生活·讀書·新知三聯書店，1957。

12. 李文治：《中國近代農業史資料》，北京：生活·讀書·新知三聯書店，1957。

（三）文集、日記、筆記

1. 馮桂芬：《顯志堂稿》，《中國近代史料叢刊續編》第七十九輯 783～784，文海出版社，1967。

2. 駱秉璋：《駱文忠公奏議》，清光緒 4 年（1878）刻本。

3. 鄭觀應：《盛世危言》，鄭州：中州古籍出版社，1998。

4. 王韜：《弢園文錄外編》，鄭州：中州古籍出版社，1998。

5. 梁啟超：《飲冰室合集》，北京：中華書局，1989。

6. 王韜：《弢園尺牘》，北京：中華書局，1959。

7. 張佩綸：《澗於日記》，臺北：臺灣學生書局，1965。

8. 張謇：《張謇全集》，南京：江蘇古籍出版社，1994。

9. 《馬克思恩格斯全集》，北京：人民出版社，2008。

（四）工具書

1. 陳詩啓：《中國近代海關常用詞語英漢對照寶典》，北京：中國海關出版社，2002。

2. 陳詩啓：《中國近代海關機構職銜名稱英漢對照》，廈門：廈門大學中國海關史研究中心，1990。

3. 陳詩啓：《中國近代海關地名英漢對照》，廈門：廈門大學中國海關史研究中心，1990。

4. 孫修福：《近代中國華洋機構譯名大全》，北京：中國海關出版社，2003。

5. 孫修福：《中國近代海關高級職員年表》，北京：中國海關出版社，2004。

6. 《中國海關百科全書》編纂委員會：《中國海關百科全書》，北京：中國大百科全書出版社，2004。

（五）專著、論文集

1. 陳詩啓：《中國近代海關史》，北京：人民出版社，2002。

2. 陳詩啓：《中國近代海關史問題初探》，北京：中國展望出版社，1987。

3. 戴一峰：《近代中國海關與中國財政》，廈門：廈門大學出版社，1993。

4. 盧漢超：《赫德傳》，上海：上海人民出版社，1986。

5. 蔡渭洲：《中國海關簡史》，北京：中國展望出版社，1989。

6. 湯象龍：《中國近代海關稅收和稅收分配統計（1861~1910）》，北京：中華書局，1990。

7. 連心豪：《中國海關與對外貿易》，長沙：嶽麓書社，2004。

8. 夏良才：《近代中外關係史研究概況》，天津：天津人民出版社，1991。

9. 吳倫霓霞、何佩然：《中國海關史論文集》，香港：香港中文大學歷史系，1997。

10. 邱克：《局內旁觀者——赫德》，西安：陝西人民出版社，1990。

11. 章宏偉：《海關造冊處初步研究》，北京：紫禁城出版社，2003。

12. 趙淑敏：《中國海關史》，臺北：中央文物供應社，1982。

13. 朱榮基：《近代中國海關及其檔案》，深圳：海天出版社，1996。

14. 汪敬虞：《赫德與近代中西關係》，北京：人民出版社，1987。

15. 葉松年：《中國近代海關稅則史》，上海：上海三聯書店，1991。

16. 戴一峰：《中國海關與中國近代社會：陳詩啓教授九秩華誕祝壽文集》，廈門大學出版社，2005。

17. 孫修福：《中國近代海關高級職員年表》，北京：中國海關出版社，2004。

18. 湯象龍：《中國近代海關稅收和分配統計》，北京：中華書局，1992。

19. 連心豪：《水客走水──近代中國沿海的走私與反走私》，南昌：江西高校出版社，2005。

20. 陳詩啓：《從明代官手工業到中國近代海關史研究》，廈門：廈門大學出版社，2004。

21. 楊天宏：《口岸開放與社會變革──近代中國自開商埠研究》，北京：中華書局，2002。

22. 唐凌：《自開商埠與中國近代經濟變遷》，貴州：廣西人民出版社，2002。

23. 中央研究院近代史研究所：《近代中國區域史研討會論文集》，臺北：中央研究院近代史研究所，1986。

24. 姚賢鎬：《中國近代對外貿易史資料》，北京：中華書局，1962。

25. 嚴中平：《中國近代經濟史（1840～1894)》，北京：人民出版社，2001。

26. 楊建飛：《西方經濟思想史》，武漢：武漢大學出版社，2010。

27. 仲偉民：《茶葉與鴉片──十九世紀經濟全球化中的中國》，北京：生活・讀書・新知三聯書店，2010。

28. 王宏斌：《晚清貨幣比價研究》，開封：河南大學出版社，1990。

29. 王宏斌：《禁毒史鑒》，長沙：嶽麓書社，1997。

30. 王宏斌：《大清海關洋總管：赫德爵士傳》，北京：文化藝術出版社，2000。

31. 王宏斌：《晚清海防思想與制度研究》，北京：商務印書館，2005。

32. 戴建兵：《白銀與近代中國經濟（1890～1835)》，上海：復旦大學出版社，2005。

33. 蕭致治、楊衛東：《西風拂夕陽：鴉片戰爭前中西關係》，武漢：湖北人民出版社，2005。

34. 夏東元：《晚清洋務運動研究》，成都：四川人民出版社，1985。

35. 鄭友揆：《中國的對外貿易與工業發展》，上海：上海社會科學院出版社，1984。

36. 嚴中平：《中國棉紡織史稿》，北京：科學出版，1955。

37. 陳爭平：《1895～1936年中國國際收支研究》，北京：中國社會科學出版社，1996。

38. 汪敬虞：《中國近代經濟史（1895～1927)》，北京：人民出版社，2001。

39. 李國祁：《中國早期的鐵路經營》，臺北：中央研究院近代史研究所，1976。

40. 宓汝成：《帝國主義與中國鐵路（1847～1949)》，北京：經濟管理出版社，2007。

41. 朱從兵：《李鴻章與中國鐵路──中國近代鐵路建設事業的艱難起步》，北京：群言出版社，2006。

42. 鄭友揆：《中國的對外貿易和工業發展（1840～1948）》，上海社會科學院出版社，1984 年。

43. 中國海關學會：《赫德與舊中國海關論文選》，北京：中國海關出版社，2004。

44. （日）賓下武志著，高淑娟、孫彬譯：《中國近代經濟史研究——清末海關財政與通商口岸市場》，南京：江蘇人民出版社，2006。

45. （德）貢德·弗蘭克著，劉北成譯：《白銀資本——重視經濟全球化中的東方》，臺北：中央編譯出版社，2000。

46. （英）赫德著，葉鳳美譯：《這些從秦國來》，天津：天津古籍出版社，2005。

47. （英）格林堡著，康成譯：《鴉片戰爭前中英通商史》，北京：商務印書館，1961。

48. （美）馬士著，張匯文譯：《中華帝國對外關係史》，北京：商務印書館，1963。

49. （美）費正清、劉廣京著，中國社會科學院歷史研究所編譯室譯：《劍橋中國晚清史（1800～1911）》，北京：中國社會科學出版社，1985。

50. （英）魏爾特著，陸琢成等譯：《赫德與中國海關》，廈門：廈門大學出版社，1994。

51. （日）濱下武著，朱蔭貴等譯：《近代中國的國際契機——朝貢貿易體系與近代亞洲經濟圈》，北京：中國社會科學出版社，1999。

52. （英）赫德著，傅曾仁等譯：《赫德日記》，北京：中國海關出版社，2001。

53. （英）托馬斯·孟著，袁南宇譯：《英國得自對外貿易的財富》，北京：商務出版社，1981。

54. （英）亞當·斯密著，郭大力、王亞南譯：《國民財富的性質和原因的研究》，上海：上海三聯書店，2009。

55. （英）大衛·李嘉圖著，周潔譯：《政治經濟學及賦稅原理》，北京：華夏出版社，2005。

56. （法）薩伊著，陳福生、陳振驊譯：《政治經濟學概論》，上海：商務印書館，1997。

57. G·Jamieson, "Report on the Balane of Trade between China and Foreign Countries and on the effect of the Fall in Silver on Price of Commodities in China and on the Volurne of Exports". Commereial Reports, 1894.

（六）論文

1. 彭澤益：《鴉片戰後十年間銀貴錢賤波動下的中國經濟與階級關係》，《歷史 275 研究》，1961 年第 06 期。

2. 張九洲：《論近代中國的「自開商埠」》，《河南大學學報》，1996 年第 1 期。

3. 張九洲：《「值百抽五」的稅則究竟何時確立》，《史學月刊》，1996 年第 1 期。

4. 陳敏輝：《第一次鴉片戰爭後進出口稅率事實考》，《福建師範大學學報》，1994 年第 3 期。

5. 王國平：《論近代中國的協定稅則》，《江海學刊》，2003 年第 3 期。

6. 吳義雄：《鴉片戰爭前粵海關稅費問題與戰後海關稅則談判》，《歷史研究》，2005 年第 1 期。

7. 戴一峰：《近代中國租借地海關及其關稅制度試探》，《海關研究》，1987 年第 2 期。

8. 連心豪、詹慶華：《論赫德、海關近代化與洋務運動的關係》，《中國社會經濟史研究》，1993 年第 1 期。

9. 姜鐸：《晚清海關與洋務運動》，《學術月刊》，1996 年第 12 期。

10. 章鳴九：《海關總稅務司赫德與洋務運動》，《學術季刊》，1989 年第 3 期。

11. 文松：《近代海關華洋員人數變遷及分佈管窺》，《民國檔案》，2002 年第 2 期。

12. 文松：《近代中國海關雇傭洋員的歷史原因探析》，《北京聯合大學學報》，2004 年第 2 期。

13. 方志欽：《近代中國海關的特異功能——洋員對華的情報活動》，《廣東社會科學》，1995 年第 5 期。

14. 向中銀：《略論外籍雇員在晚清新式人才培養中的作用》，《晉陽學刊》，2000 年第 6 期。

15. 向中銀：《略論外籍雇員在晚清軍事近代化中的作用》，《求索》，2001 年第 2 期。

16. 譚啓浩：《清末稅務司的品秩》，《中國海關》，1995 年第 2 期。

17. 汪敬虞：《中國近代茶葉的對外易和茶業的現代化問題》，《近代史研究》，1987 年第 6 期。

18. 陳詩啓：《中國半殖民地海關的創設和鞏固過程（1840～1874）》，《廈門大學 276 學報》，1980 年第 1 期。

19. 陳詩啓：《中國半殖民地海關的擴建時期（1875～1901）》，《廈門大學學報》，1980 年第 2 期。

20. 陳詩啓：《論中國近代海關行政的幾個特點》，《歷史研究》，1980 年第 5 期。

21. 陳詩啓：《清末稅務處的設立與海關隸屬關係的改變》，《歷史研究》，1987

年第 2 期。

22. 陳詩啓：《從總稅務司職位的爭奪看中國近代海關的作用》，《歷史研究》，1991 年第 2 期。

23. 戴一峰：《中國近代海關史研究述評》，《廈門大學學報》，1996 年第 3 期。

24. 仲偉民：《近代中國茶葉國際貿易》，《學術月刊》，2007 年第 4 期。

25. 林齊模：《近代中國茶葉國際貿易的衰減：以對英國出口爲中心》，《歷史研究》，2003 年第 6 期。

26. 董方奎：《赫德與海關、洋務運動》，《江漢大學學報》，1995 年第 5 期。

27. 任智勇：《晚清海關監督制度初探》，《歷史檔案》，2004 年第 4 期。

28. 李虎：《中國近代海關與清政府的薪酬制度比較研究——以赫德時期爲例》，《歷史教學》，2003 年第 4 期。

29. 楊天宏：《清季自開商埠海關的改置及其運作制度》，《社會科學研究》，1998 年第 3 期。

30. 康之國：《試論近代中國海關完全殖民地化的特徵》，《史學月刊》，1995 年第 5 期。

31. 蘇鑫鴻、李澤或：《近代賠款與中國海關》，《史學月刊》，1990 年第 2 期。

32. 薛鵬志：《中國海關與庚子賠款談判》，《近代史研究》，1998 年第 1 期。

33. 康之國：《赫德與近代中國賠款》，《河南教育學院學報》，1999 年第 3 期。

34. 戴一峰：《論鴉片戰爭後清朝中西貿易管理徵稅體制的變革》，《海關研究》，1991 年第 1 期。

35. 戴一峰：《近代洋關制度形成時期清政府態度剖析》，《中國社會經濟史研究，1992 年第 3 期。

36. 戴一峰：《晚清中央與地方財政關係：以近代海關爲中心》，《中國經濟史研究》，2000 年第 4 期。

37. 詹慶華：《中國近代海關總稅務司募用洋員特權問題新論》，《近代史研究》，1995 年第 1 期。

38. 薛鵬志：《中國近代保稅關棧的起源和設立》，《近代史研究》，1991 年第 3 期。

39. 陳詩啓：《海關總稅務司和海關稅款保管權的喪失》，《廈門大學學報》，1982 年第 4 期。

40. 吳松第、方書生：《一座尚未充分利用的近代史資料寶庫——中國舊海關係列出版物評述》，《史學月刊》，2005 年第 3 期。

41. 李虎：《清代海關管理制度比較研究》，河北師範大學碩士論文，2003。

42. 京良：《首次中國海關史國際研討會綜述》，《近代史研究》，1989 年第 2 期。

43. 薛鵬志：《中國海關史第二次國際學術研討會綜述》，《歷史研究》，1991年第 2 期。

44. 連心豪：《中國海關關史第三次國際學術研討會綜述》，《中國社會經濟史研究》，1995 年第 4 期。

45. 戴一峰：《論清末海關兼管常關》，《歷史研究》，1989 年第 6 期。

46. 夏良才：《海關與中國近代化的關係——論中國海關駐倫敦辦事處》，《歷史研究》，1991 年第 2 期。

47. 向中銀：《晚清時期外聘人才管理制度初探》，《社會科學研究》，1997 年第 1 期。

48. 向中銀：《淺論晚清聘用洋員的指導思想》，《安徽史學》，1997 年第 1 期。

49. 向中銀：《晚清時期外聘洋員生活待遇初探》，《近代史研究》，1998 年第 5 期。

50. 孫修福、何玲：《外籍稅務司制度下的中國海關人事制度的特點與弊端》，《民國檔案》，2002 年第 2 期。

51. 姚賢鎬：《第一次鴉片戰爭後中國海關行政權喪失述略》，《社會科學戰線》，1983 年第 3 期。

52. 姚賢鎬：《兩次鴉片戰爭後西方侵略勢力對中國關稅主權的破壞》，《中國社會科學》，1981 年第 3 期。

53. 詹慶華：《中國近代海關貿易報告述論》，《中國社會經濟史研究》，2003 年第 2 期。

54. 詹慶華：《中國近代海關貿易報告的傳播及影響》，《廈門大學學報》，2003 年第 4 期。

55. 梁慶歡：《中國舊海關史料（1859～1948）文本解讀》，廈門大學碩士論文，2007。

56. 張瑞霞：《赫德關稅思想研究》，河北師範大學碩士論文，2010。

57. 詹慶華：《中西海關洋員與中西文化傳播（1854～1950）》，廈門大學博士論文，2005。

58. 王哲、吳松弟：《中國近代港口貿易網絡的空間結構——基於舊海關對外——埠際貿易數據的分析（1877～1947）》，《地理學報》，2010 年第 10 期。

59. 單強：《近代江南絲繭市場研究》，《中國農史》，1989 年第 2 期。

60. 章力、楊燕求：《19 世紀晚期影響中國出口需求的因素研究》，《東方企業文化》，2011 年第 6 期。

61. 胡雪梅：《近代中國大豆出口貿易述論》，遼寧師範大學碩士論文，2003。

62. 魏露苓：《晚清使臣思考中國絲、茶業》，《農業考古》，2006 年第 1 期。

63. 劉明強：《中國對外貿易結構變動趨勢研究（1870～1931）》，廣西師範大學碩士論文，2007。

64. 萬海霞：《晚清中國海關造冊處及其職能研究》，河北師範大學碩士論文，2003。

65. 張踐：《晚清自開商埠述論》，《近代史研究》，1994 年第 5 期。

66. 張踐：《晚清自開商埠的分佈特點及作用》，《文史哲》，1999 年第 5 期。

67. 呂興邦：《近代廣西對外貿易研究（1877～1936）——以海關貿易報告爲考察中心》，廣西師範大學碩士畢業論文，2008。

68. 陳強：《晚清低關稅問題研究》，北京工商大學碩士論文，2008。

69. 張盛：《近代長江商路崛起中的長沙經濟貿易——以海關貿易報告爲中心》，廈門大學碩士畢業論文，2007。

70. 朱正業：《甲午戰爭前近代海關收支的研究》，福建師範大學碩士論文，1999。

71. 韓李敏：《海關十年報告及其史料價值述評》，《浙江檔案》，2001 年第 3 期。

72. 韓李敏：《海關十年報告及其史料價值述評（中）》，《浙江檔案》，2001 年第 4 期。

73. 韓李敏：《海關十年報告及其史料價值述評（下）》，《浙江檔案》，2001 年第 5 期。

74. 鄭友揆：《我國海關貿易統計編製方法及其內容之沿革考》，《社會科學雜誌》，1934 年第 3 期。

75. 方志欽：《近代中國海關的特異功能——洋員對華的情報活動》，《廣東社會科學》，1995 年第 5 期。

76. 周廣遠：《1870 年～1894 年中國對外貿易平衡和金銀進出口的估計》，《中國經濟史研究》，1986 年第 4 期。

77. 虞和平：《洋務運動時期中國通商口岸和外貿態勢的轉變》，《四川大學學報（哲學社會科學版）》，2006 年第 5 期。

78. 陳爭平：《1895～1936 年中國進出口貿易值的修正及貿易平衡分析》，《中國經濟史研究》，1994 年第 1 期。

79. 梁辰：《銅元問題研究（1900～1935）》，南開大學博士畢業論文，2010。題研究（1900～1935）》，南開大學博士畢業論文，2010。